Michael Freemans Licht & Schatten

Michael Freeman
www.michaelfreemanphoto.com

Lektorat: Rudolf Krahm
Lektoratsassistenz: Anja Weimer
Übersetzung: Michael Schmithäuser
Copy-Editing: Friederike Daenecke, Zülpich
Satz: Ruhland Text&Design
Herstellung: Stefanie Weidner, Frank Heidt
Umschlaggestaltung: Helmut Kraus, *www.exclam.de*
(unter Verwendung eines Fotos des Autors)
Printed and bound in China

Bibliografische Information der Deutschen Nationalbibliothek
Die Deutsche Nationalbibliothek verzeichnet diese Publikation in der Deutschen Nationalbibliografie; detaillierte bibliografische Daten sind im Internet über *http://dnb.d-nb.de* abrufbar.

ISBN: 978-3-86490-887-3

1. Auflage 2023

Wieblinger Weg 17
69123 Heidelberg

First published in Great Britain in 2022 by Ilex, a division of Octopus Publishing Group Ltd
Carmelite House 50 Victoria Embankment London EC4Y 0DZ

Schreiben Sie uns:
Falls Sie Anregungen, Wünsche und Kommentare haben, lassen Sie es uns wissen: *hallo@dpunkt.de.*

5 4 3 2 1 0

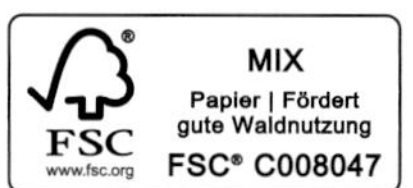

Michael Freeman

Michael Freemans Licht & Schatten

Eine Masterclass für den Einsatz von Licht und Belichtung

Übersetzung aus dem Englischen von Michael Schmithäuser

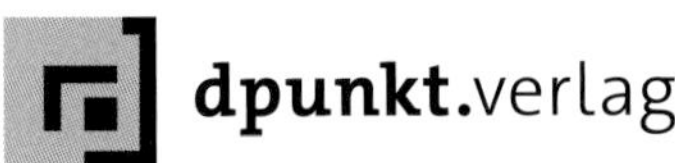

INHALT

EINLEITUNG

Dass Licht die Grundlage der Fotografie bildet, ist keine neue Erkenntnis. Allerdings gibt es viele verschiedene Wege, mit Licht umzugehen, es einzusetzen und zu analysieren. Ein Ansatz ist, alle Arten von Licht zu erkennen und herauszufinden, welche Vorteile sie bieten und für welche Szenen und Motive sie sich am besten eignen. Das war meine Herangehensweise bei meinem letzten Buch zu diesem Thema – *Light and How to Capture It* (vormaliger Titel: *Capturing Light*).

In diesem Werk habe ich mich für einen anderen Ansatz entschieden: Ich möchte mehr darauf eingehen, wie eine Fotografie *aussieht*. Das mag auf den ersten Blick überaus vage klingen, doch wir wissen alle, was es bedeutet. Der Look eines Gegenstands, einer Person oder eines Fotos ist von grundlegender Bedeutung. Wir alle wollen, dass unsere Bilder gut aussehen und etwas Besonderes sind. Es *ist* möglich, den Look eines Fotos zu definieren, und dabei spielt die Qualität von Licht und Schatten eine entscheidende Rolle – wie diese beiden Elemente miteinander interagieren, wie stark die Unterschiede zwischen ihnen ausfallen, ob sie miteinander harmonieren oder gegeneinander kämpfen.

Die Inhalte dieses Buchs folgen zwei grundsätzlichen Ansätzen. Der eine ist eine vorsichtige Annäherung an die Bedeutung von Licht und Schatten in einem Bild – in der Terminologie der visuellen Wahrnehmung als *Salienz* bezeichnet. Obwohl Licht und Schatten bei jedem kreativen Medium dominieren, das Licht abbildet, zeigt ein Blick auf zufällig ausgewählte Bilder, dass andere Aspekte viel mehr Aufmerksamkeit auf sich ziehen – etwa ein augenfälliges Ereignis oder eine faszinierende Ausdrucksform. Darüber hinaus haben Licht und Schatten für jeden Fotografen einen anderen Stellenwert, und auch das Gefühl für diesen Aspekt variiert. Das soll keine Kritik sein: Wir alle setzen beim Fotografieren unterschiedliche Prioritäten. Ich für meinen Teil genieße die Textur und die Stimmung, die Licht einer Szene oder einem Motiv verleiht. Viele Fotografen sind fasziniert von der Art und Weise, wie Licht auf eine Oberfläche fällt oder die ganze Szene einhüllt, und schätzen die Präsenz von Schatten. Das gilt auch für mich. Lassen Sie es mich als *vom Licht getriebene Fotografie* bezeichnen. In ihr haben Licht und Schatten einen großen Anteil an der Bildwirkung oder stellen sogar das Hauptmotiv der Aufnahme dar.

Der zweite Ansatz ist die *Partnerschaft zwischen Licht und Schatten*. Das eine kann es nicht ohne das andere geben, wobei das Licht die größte Aufmerksamkeit genießt, während Schatten oft als Nebenprodukt angesehen werden. In der Tat sind Schatten, rein technisch gesehen, ein Nebenprodukt von Licht, doch in visueller und kreativer Hinsicht handelt es sich bei Licht und Schatten um gleichberechtigte Partner. Mitunter können Schatten die gesamte Bildwirkung bestimmen. Das kann als gewagte These bezeichnet werden – vor allem, wenn man die dem Licht untergeordnete Wertigkeit von Schatten in der westlichen Kunst heranzieht, während traditionelle chinesische und die meisten asiatischen Künstler die Schatten nahezu vollständig ignorierten. Ich werde diese These in Kapitel 5, »Schattenlande«, untermauern und vertiefen.

KAPITEL

1

DIE LIEBE ZUM LICHT

Hier geht es um die Freude an und die Wertschätzung für Licht sowie um das Vergnügen beim Betrachten all seiner Nuancen. Licht vollbringt als grundlegende Komponente einer Aufnahme viel mehr, als lediglich Dinge sichtbar zu machen. Letztendlich sorgt es dafür, dass die Rezipienten mehr Zeit mit dem Betrachten des Bildes verbringen.

Ein Foto besteht aus vielen »Zutaten«, und die Qualität der Beleuchtung ist eine davon. Weitere Ingredienzen sind das Motiv selbst, die Komposition, der Blickwinkel, der Moment, die Farben sowie eher technische Aspekte wie Entwicklung/Bearbeitung und Ausrüstung. Die Rangfolge all dieser Elemente variiert je nach Aufnahmesituation und den Vorstellungen der Fotografen. Was das Licht von allen anderen Bestandteilen eines Bildes unterscheidet, ist seine enorme Variabilität. Denken Sie einfach an die unterschiedlichen Ergebnisse einer Außenaufnahme mit festem Blickwinkel, die zu verschiedenen Zeitpunkten entsteht: eine Stunde, einen Tag oder eine Jahreszeit später. Die Vorhersage von Licht lässt sich mit einem Wetterbericht vergleichen: extrem komplex und nicht immer erfolgreich. Aus dieser Perspektive beeinflusst das Licht zwei Aspekte direkt – Motiv und Moment – sowie alle anderen indirekt. Das grafische Arrangement von Licht bestimmt darüber, wie Sie eine Aufnahme komponieren, welchen Blickwinkel Sie wählen und welches Objektiv Sie verwenden. All das habe ich bereits im ersten

Buch dieser Serie zum Thema Komposition beschrieben. Darüber hinaus beeinflusst Licht auch die Farben, worauf ich im nächsten Buch – *Farbe & Farbton* – eingehen werde, während sich der darauffolgende Titel zum Thema Schwarzweiß-Fotografie mit dem Verhältnis zwischen Licht und Dunkelheit auseinandersetzt.

Im Folgenden werde ich auch auf technische Details eingehen, darunter Helligkeitskonstanz, Schwarz- und Weißpunkte, Schatten öffnen oder Tonwertangleichung. Wenn Sie wie ich das Licht lieben, sollten Sie es wie alle Annehmlichkeiten des Lebens mit dem nötigen Respekt und profundem Fachwissen behandeln. Ich schätze auch gutes Essen, also habe ich gelernt, wie ich meine Lieblingsgerichte zubereite. Ähnlich verhält es sich im Umgang mit Licht und dessen Feinheiten. Wenn Sie wissen, wie Licht funktioniert, wie es mit anderen Dingen wie Atmosphäre und Oberflächen interagiert und auf welche vielfältige Weisen Schatten entstehen können, desto besser werden Sie mit ihm umgehen können. Das trifft im Besonderen auf die ungewöhnlichen Erscheinungsformen von Licht zu, wie sie in diesem Buch beschrieben werden und die nur unter bestimmten Umständen entstehen. Mit dem nötigen Wissen können Sie Vorhersagen treffen und ganz besondere Momente und Kombinationen einfangen, ohne dabei typische Fehler zu machen. Denn Sie haben die volle Kontrolle über die Aufnahme und deren Lichtstimmung.

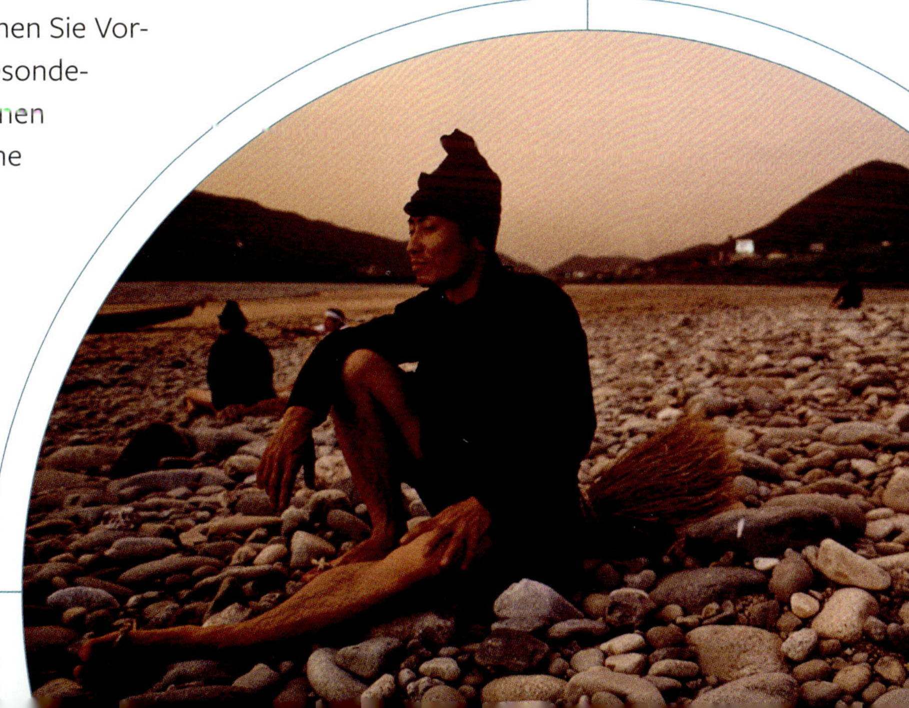

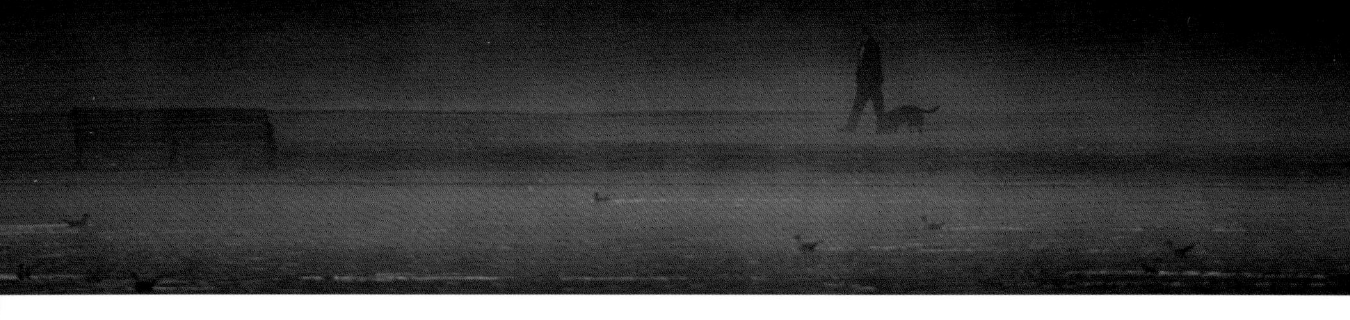

BESONDERHEIT

Die meisten Menschen schätzen das Besondere. Wir streben förmlich danach, egal ob es sich um Produkte, Erfahrungen oder Dinge handelt, die wir tun. Deshalb erscheint uns das Gewöhnliche irgendwie unbefriedigend.

Unabhängig davon wissen wir, dass das Gewöhnliche für Standards und Normalität steht, was im Grunde genommen absolut in Ordnung ist. Dabei bildet das Licht in der Fotografie keine Ausnahme – zumindest für Menschen, die sich darüber im Klaren sind, was eine gute Aufnahme ausmacht.

Vieles in diesem Buch dreht sich um das Finden, Erkennen und Erschaffen besonderer Lichtsituationen. Denn in meinen Augen hat Licht ein großes Potenzial, visuelle Ausrufezeichen zu setzen. Doch zunächst müssen Sie sich mit der Idee anfreunden, nach dem Besonderen zu streben. Das tut nicht jeder. Viele Fotografen sind mit anderen Dingen ausgelastet oder haben schlicht keine Zeit dafür. Das gilt vor allem für den Fotojournalismus, wobei echte Profis um die Wirkung einer guten

↑ Sonnenaufgang hinter Bäumen im Morgennebel, entstanden im September am Round Pond in den Kensington Gardens von London

Einkaufsmeile in Sanlitun, Peking, mit von Fenstern reflektiertem Sonnenlicht

Ausleuchtung wissen und diese in weniger hektischen Situationen auch anpassen können. Auf der anderen Seite sind einige Fotografen eher der konzeptionellen Kunst zugeneigt und nutzen die Symbiose aus visuellem Geschick und attraktiver Bildgestaltung zur trickreichen Befriedigung der Betrachter mit offensichtlichen Mitteln. Ich selbst befürworte diesen Ansatz nicht, doch er ist eine durchaus verbreitete und oft anerkannte Vorgehensweise.

Dabei ist zu unterscheiden zwischen handwerklich perfekt gemachten und gut geplanten sowie eher zufälligen Aufnahmen seltener Ereignisse oder Situationen. Wir haben es meist mit beiden Varianten zu tun, doch die meisten von uns sehen das Besondere eher in den selten auftretenden Konstellationen. Die beiden Aufnahmen auf diesen Seiten gehören zur seltenen Kategorie. Jeder halbwegs gute Fotograf hätte die Möglichkeiten erkannt und auch genutzt, wenn er so wie ich vor Ort gewesen wäre. Solche Situationen werden oft dem Glück oder dem Schicksal zugeschrieben und als unvorhersehbar bezeichnet, doch das ist nur die halbe Wahrheit. Wenn Sie in Peking leben und jeden Tag durch das Sanlitun-Viertel wandern, dann wissen Sie von den goldenen Lichtsprenkeln, die von den Fenstern der umliegenden Hochhäuser auf den Boden geworfen werden. Und wenn Sie so wie ich nahe des Round Pond in den Londoner Kensington Gardens leben, ist Ihnen durchaus bewusst, dass einige wenige Herbsttage einen atemberaubenden Sonnenaufgang im Morgennebel für Sie bereithalten.

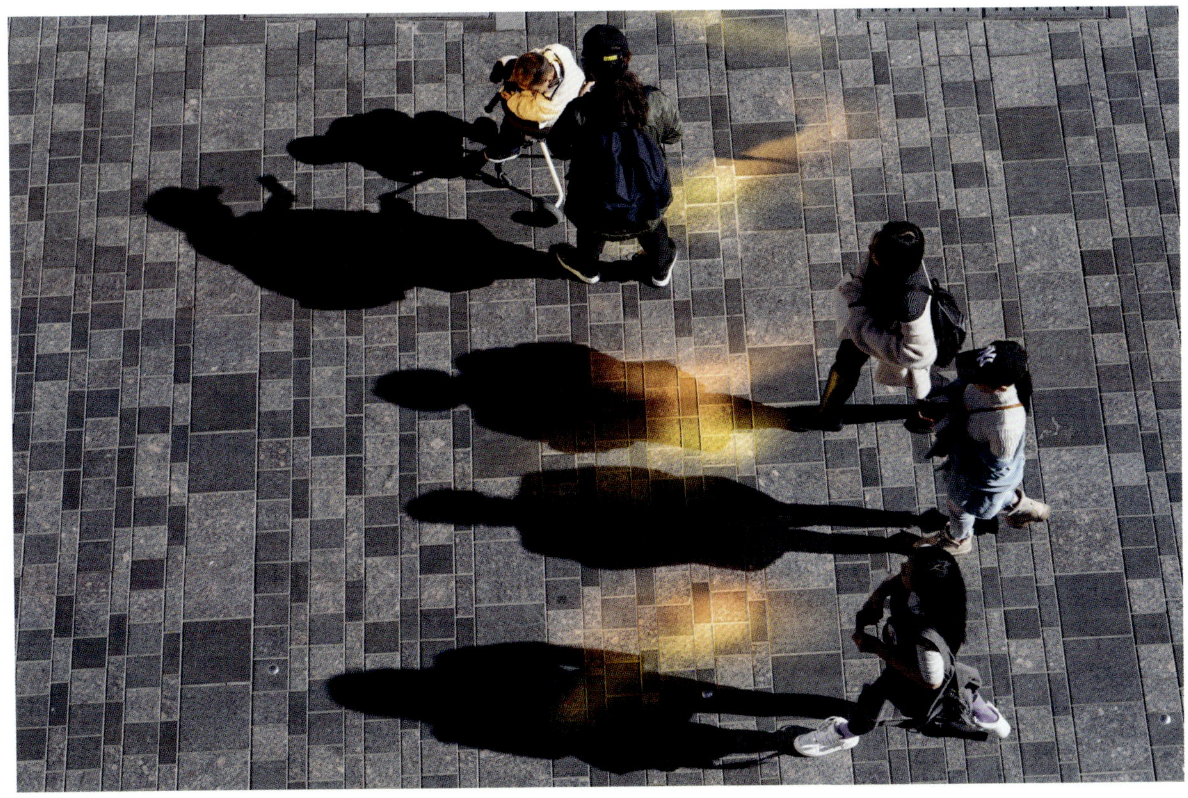

TÖNE UND ZONEN

Das um 1940 von Ansel Adams und Fred Archer erfundene Zonensystem diente zur Perfektionierung der Belichtung und Entwicklung von Schwarzweißbildern. Auch in Zeiten von Digitalkameras ist das System immer noch relevant, da es eingängig alle in einem Bild vorhandenen Tonwerte zwischen Schwarz und Weiß beschreibt.

Ohne tief in die Sensitometrie einzutauchen, können wir das Tonwertspektrum einer Aufnahme auch heute noch in eine Skala von 0 bis 10 einordnen. Die zwei Extreme am linken und rechten Rand repräsentieren pures Schwarz und reines Weiß, und die meisten Tonwerte eines Bildes tummeln sich irgendwo dazwischen. Die beiden Extreme sollten sich nur in ganz besonderen Fällen in einem Bild finden.

Dabei handelt es sich um einen an der Wahrnehmung orientierten Weg zum Ausbalancieren von Licht und Schatten. Das System orientiert sich dabei nicht an der Szene selbst, sondern an deren Darstellung. Es zählen also nicht die tatsächlichen Licht- und Schattenwerte, sondern jene, die später auf dem Bildschirm oder einem Abzug zu sehen sein werden. Dabei geht es nicht allein um den Dynamikumfang, den eine Kamera einfangen und den ein elektronisches Display wiedergeben kann. Gerade die Wiedergabegeräte unterliegen einem ständigen Wandel, denn der darstellbare Kontrastumfang von Handy- und Computer-Displays wird immer größer. Meiner Meinung nach ist jedoch das menschliche Sehvermögen der entscheidende Faktor, denn dieses bestimmt darüber, wie wir Fotos wahrnehmen, interpretieren, schätzen oder ablehnen. Die Unterteilung eines Spektrums innerhalb einer Skala (unten) ist ein probates Mittel zur visuellen Darstellung der Unterschiede. Die sich überlappenden Gruppen oberhalb der Skala sind meine persönliche Interpretation.

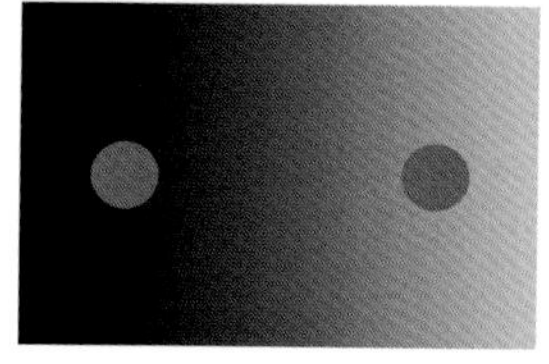

In der Illusion des simultanen Kontrasts weisen beide Kreise denselben Tonwert auf, erscheinen jedoch durch den Helligkeitswert des Hintergrunds heller oder dunkler. Dieser Effekt ermöglicht die Variation lokaler Helligkeitswerte wie im Bild auf der nächsten Seite.

Das Zonensystem unterteilt die Tonwertskala in elf Bereiche von purem Schwarz (0) bis reinem Weiß (X). Das System sollte Fotografen bei der gleichmäßigen Belichtung einer Szene helfen, indem wichtige Motivbereiche in einer Zone platziert werden sollten. Das regt auch die Analyse einer Szene vor der Aufnahme an.

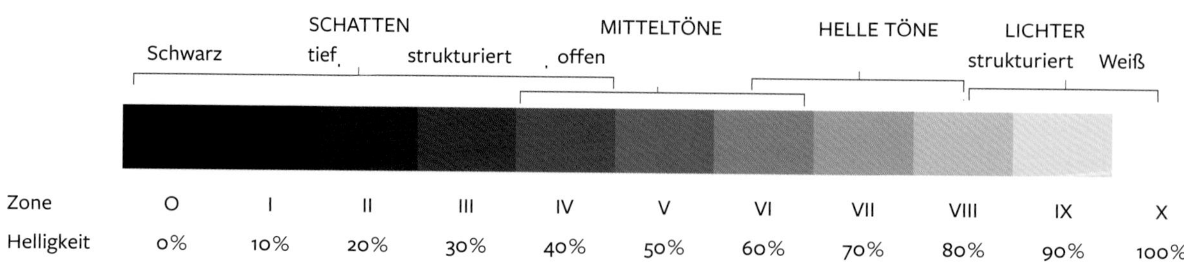

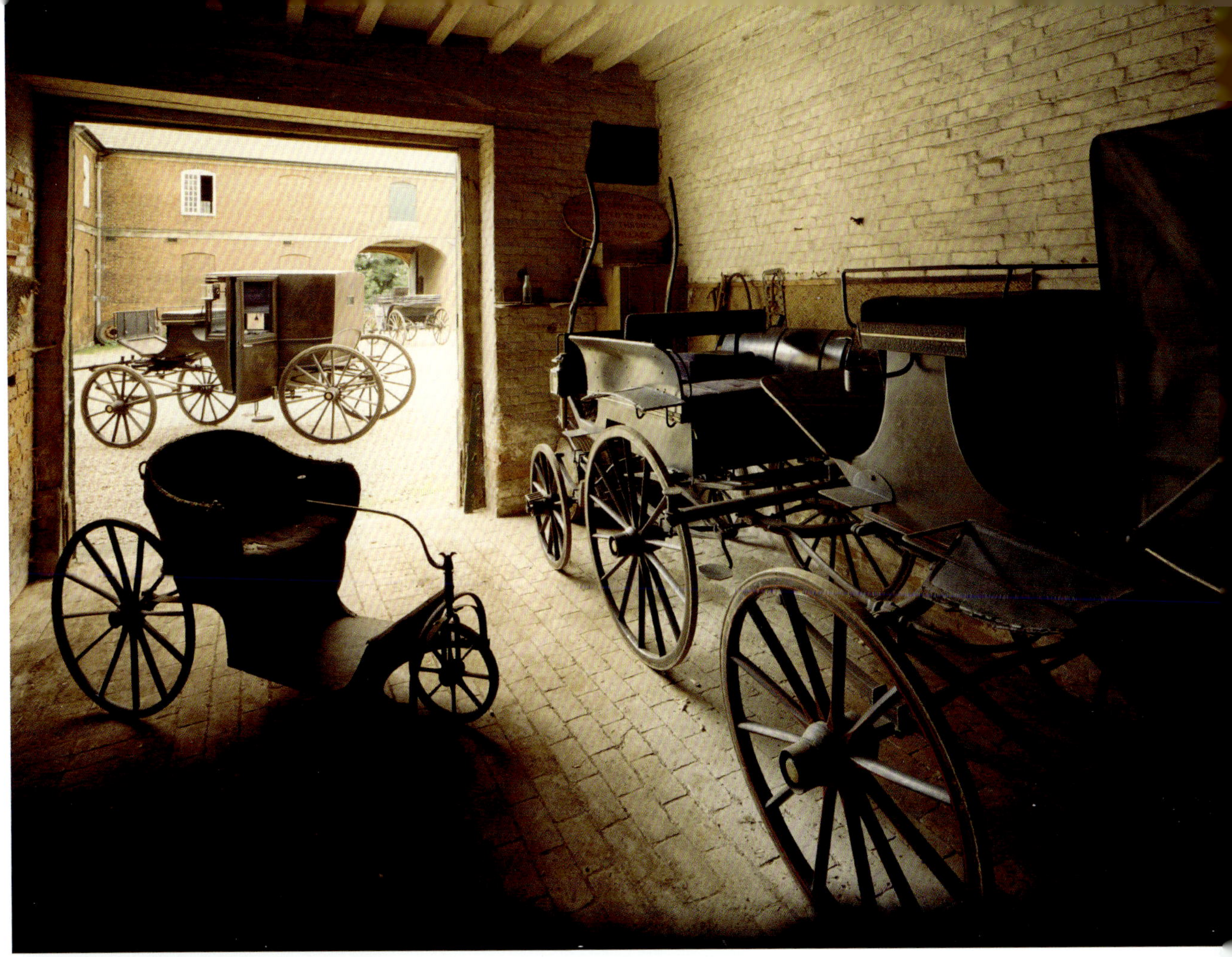

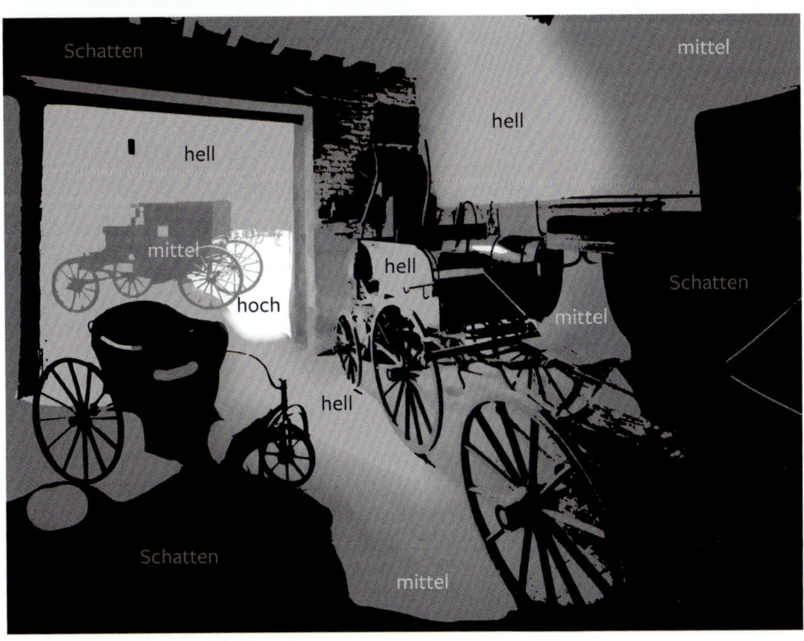

↑ Diese Aufnahme eines alten Wagendepots mit Blick auf den Innenhof würde heutzutage aufgrund ihres hohen Dynamikumfangs als »HDR« bezeichnet werden. Sie enthält alle Tonwerte aus der Skala auf der linken Seite, die in klar unterscheidbaren Blöcken angeordnet wurden. Der Tonwertumfang im Innenraum ist größer als auf dem Hof, da das Tor als Lichtquelle klein und der Kamera zugewandt ist.

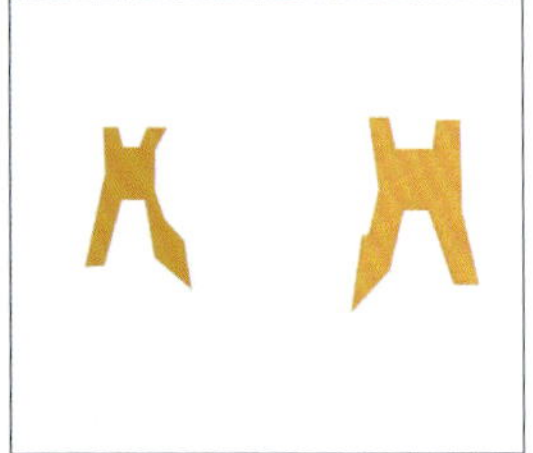

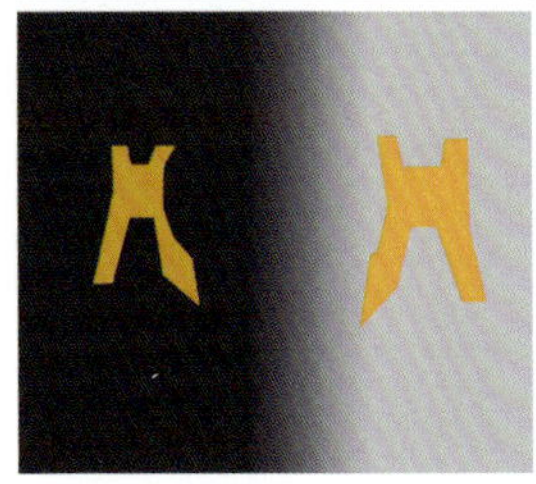

Die Überlappungen erklären sich hauptsächlich durch zwei Aspekte. Der erste beruht auf der Tatsache, dass unsere Helligkeitswahrnehmung stark vom jeweiligen Hintergrund beeinflusst wird. Dazu gibt es eine bekannte optische Täuschung, die als *simultaner Helligkeitskontrast* bezeichnet wird. Wie die Illustrationen links beweisen, erscheint derselbe Farbton je nach Helligkeit des Hintergrundes heller oder dunkler. Diesen Effekt machen sich Fotografen und auch Maler schon lange zunutze: Vor einem dunklen Hintergrund erscheinen helle Objekte noch viel strahlender. Der Effekt ist auf Motive aus dem mittleren Tonwertspektrum beschränkt, und unsere Skala muss flexibel genug sein, um solche Effekte eintreten zu lassen. Der zweite Aspekt sind die *offenen Schatten*. Unsere Augen identifizieren Schatten aufgrund des Einfallswinkels des Lichts und der klar erkennbaren Kanten. Nichtsdestotrotz sind auch Schatten vergleichsweise hell, da sie von reflektiertem Licht geöffnet werden. Mehr dazu erfahren Sie in Kapitel 5, »Schattenlande«.

Was einzelne Töne repräsentieren können und sollten, erfahren Sie im Detail in den Kapiteln 4, »Lichter«, und 5, »Schattenlande«. Eine Konzentration auf bestimmte Tonwerte gibt uns großen Gestaltungsspielraum. So können Sie entscheiden, ob die Strukturen in einem schattigen Bereich noch gut zu erkennen sind oder ob der entsprechende Bereich sehr dunkel und damit mysteriös wirken soll. Auch das vollkommene Öffnen der Schatten für eine klare Durchzeichnung des Untergrundes ist eine valide Option. Tonwertskalen wirken sich auch auf die Darstellung von Haut aus. Das ursprüngliche Zonensystem basiert auf dem kaukasischen Hautton, der gemeinhin auf »weiße« Menschen angewendet werden kann. Heutzutage muss dieser Tonwertumfang auch an dunkle und sehr dunkle Hauttöne angepasst werden. Wie komplex und sensitiv Hauttöne sind, erfahren Sie später.

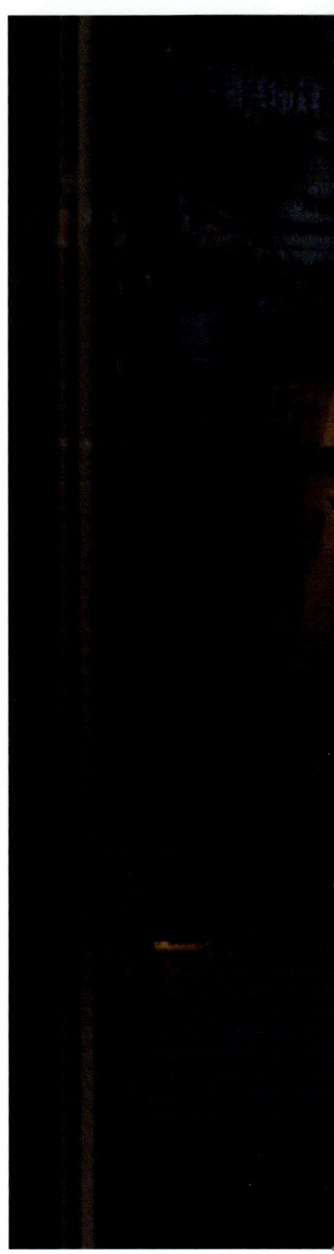

Ein Beispiel für simultanen Helligkeitskontrast: Die Reflexion der Frau im Schaufenster ist naturgemäß dunkler, doch die Farbe des Mantels wirkt fast so hell wie die originale Farbe, da sie vor einem dunkleren Hintergrund abgebildet wird.

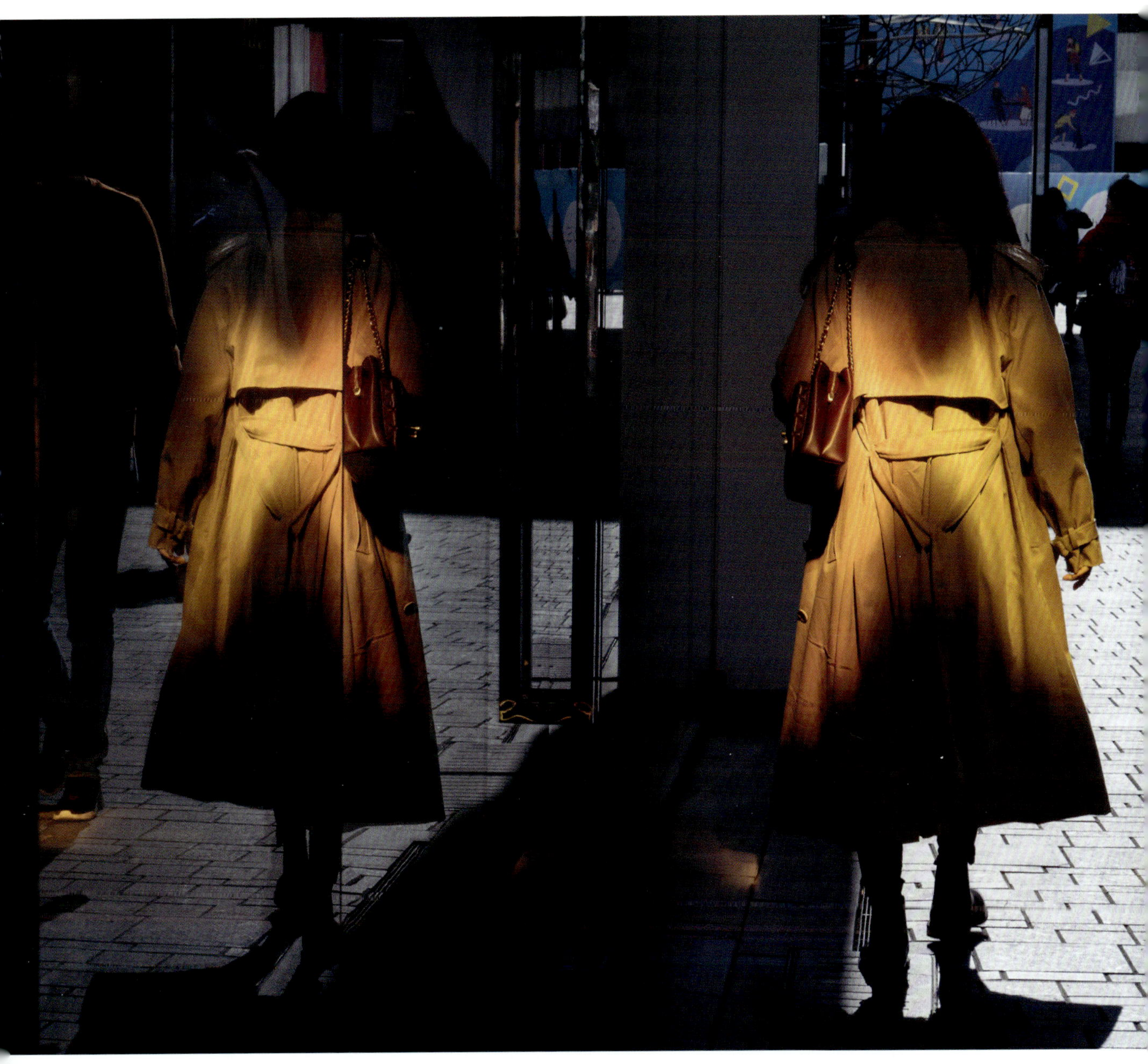

LICHT UND SCHATTEN

Viele Fotografen denken ausschließlich über den Lichteinfall auf ein Motiv nach und wie sie diesen für ihre Aufnahme perfekt in Szene setzen. Ich schlage eine andere Herangehensweise vor, die bei vielen Motiven ausgezeichnet funktioniert: die bewusste Analyse der Beziehung zwischen Licht und Schatten.

Schatten haben oft eine untergeordnete Bedeutung in einer Szene – etwa bei flachen Motiven oder diffusem Lichteinfall –, doch wenn sie deutlich zutage treten, sollten Sie sie zu Ihrem Vorteil nutzen. Erstens in der Komposition, wenn die Schatten über eine entsprechende Größe verfügen und eine deutlich sichtbare Form aufweisen. Zweitens durch die Kontrolle über Aussehen, Tiefe, Kontrast und Details. Da Schatten weit mehr sind als nur das Gegenteil von Licht, erfahren Sie in Kapitel 5 mehr darüber. Ich betrachte Schatten als gleichberechtigte Partner innerhalb eines Bildes, wobei einige über eine sehr spezielle Charakteristik verfügen.

Aktuell möchte ich mich jedoch auf das Verhältnis zwischen Licht und Schatten in einem einzelnen Bild konzentrieren. Wie die beiden Abbildungen auf diesen Seiten zeigen, können Licht und Schatten auf unterschiedliche Weisen zusammenarbeiten. In beiden Beispielen weisen die hellen und dunklen Bereiche eine enge und sinnvolle Verwandtschaft auf. Der koreanische Tempel an einem kalten Wintermorgen ist in helles Licht getaucht, das mit den klar definierten Schatten ein ineinander ver-

↓ Überaus klare Luft mit nur wenigen atmosphärischen Partikeln ermöglicht Außenaufnahmen mit hohem Kontrast. Der Bulguksa, einer der größten koreanischen Tempel aus dem 8. Jahrhundert, wird unter diesen Bedingungen zusammen mit den kahlen Bäumen in der Umgebung in ein faszinierendes Spiel von Licht und Schatten gehüllt.

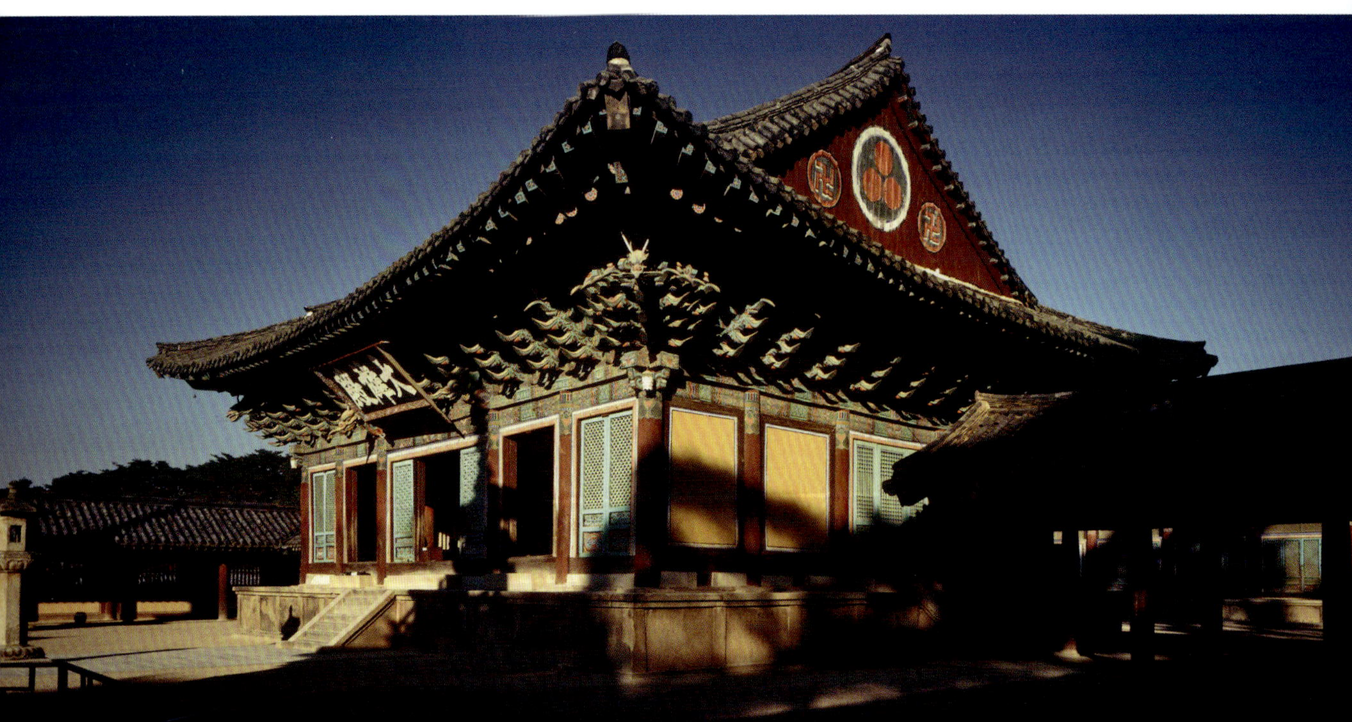

schlungenes Muster bildet. Im Gegensatz dazu wirkt die Aufnahme eines Wasserbehälters in einer japanischen Zimmerei geradezu subtil. Hier kommt die Technik der Gegenbeschattung zum Einsatz, die im goldenen Zeitalter der holländischen Malerei unter anderem von Jan Vermeer zur Perfektion gebracht wurde. Dabei wird das Motiv durch ein Fenster von links nach rechts beleuchtet, während das Licht im Hintergrund (im Beispiel auf den Holzplanken) von rechts nach links verläuft. Auf diese Weise bilden Licht und Schatten einen strikten Gegensatz, der Motiven mehr Volumen verleiht und sie visuell hervorstechen lässt. Gegenbeschattung tritt auf natürliche Weise in kleinen Räumen mit nur einem Fenster auf, da aufgrund des geringen Abstands zwischen den Wänden der Schatten der Fensterwand auf die gegenüberliegende Wand trifft. Dies lässt sich in einem Studio mit einer einzelnen Lichtquelle, einem Tuch oder einer zu öffnenden Doppeltür simulieren – mehr dazu folgt in Kapitel 3, »Grundlegende Szenarien«.

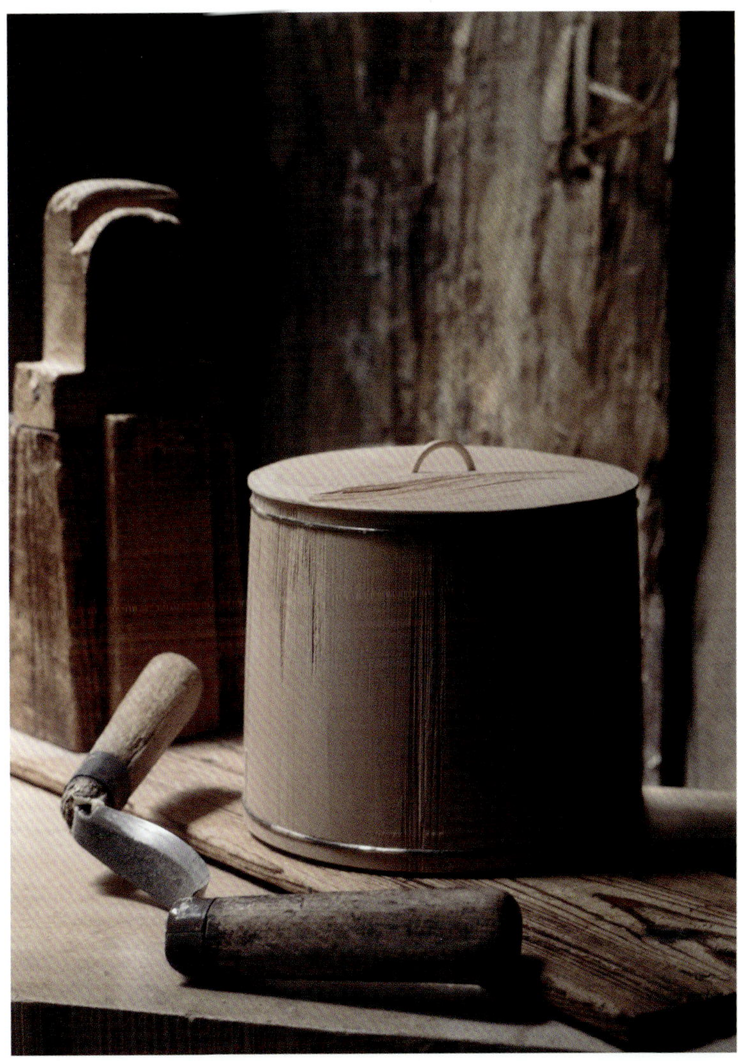

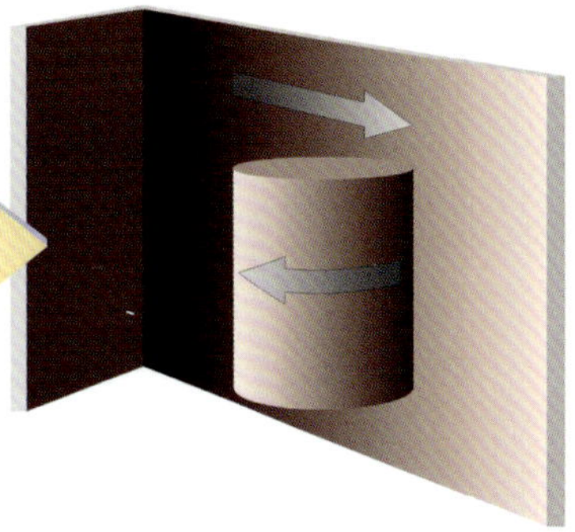

← Seitlich einfallendes Licht von einem Nordfenster ist ebenso weich wie direktional. Dadurch entstehen Schatten mit weichen Rändern, die den Holzbehälter plastischer erscheinen lassen. Mehr über volumetrische Schatten erfahren Sie ab Seite 114.

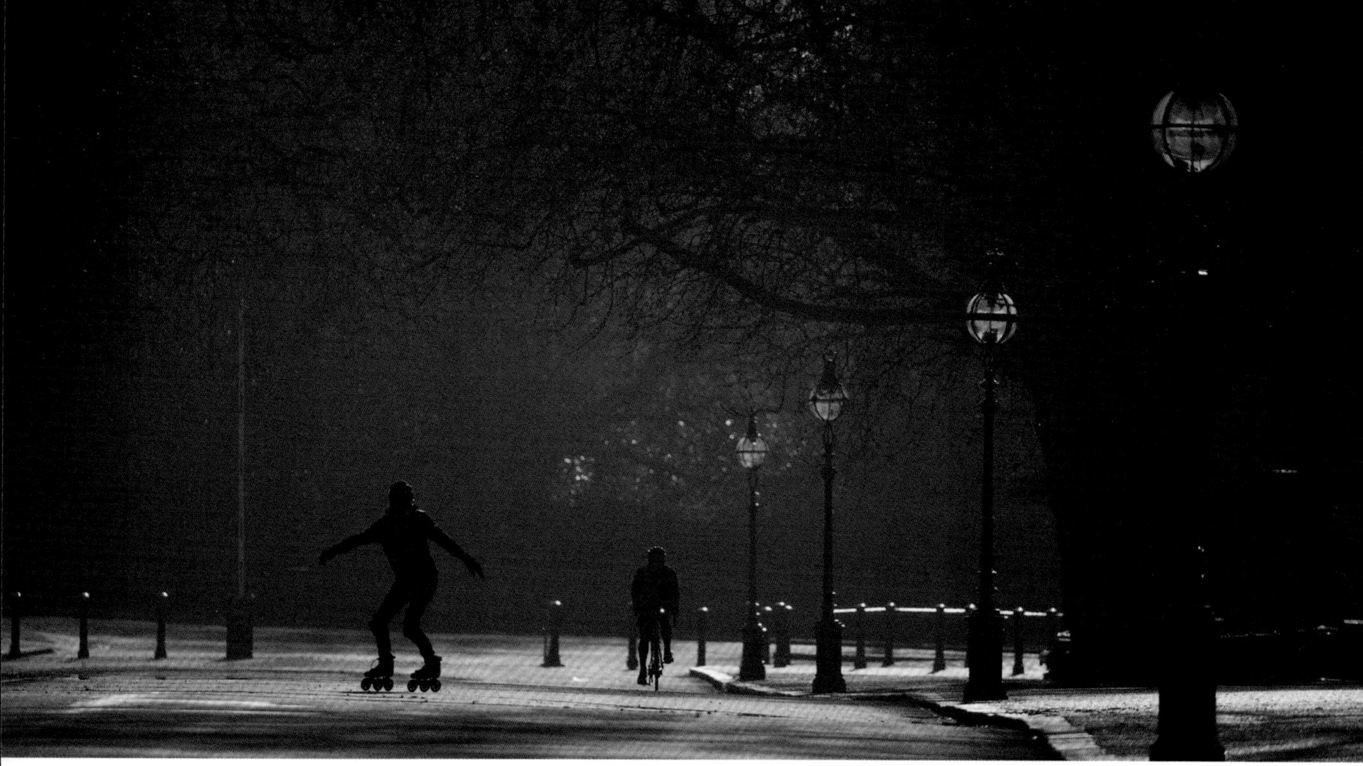

VOM LICHT ANGEZOGEN

In einer visuell ausgeglichenen Szene bewegt sich unser Blick üblicherweise von dunklen zu hellen Bereichen. Nur wenn andere Dinge – etwa die Prägnanz des Hauptmotivs – das Interesse auf sich ziehen, treten Hell-Dunkel-Kontraste in unserer Wahrnehmung in den Hintergrund.

Unabhängig davon wandern unsere Augen zu hellen Motivbereichen, wenn diese kleiner sind als die dunklen Areale. Wie ich schon im ersten Buch dieser Serie, *Komposition,* beschrieben habe, sind solche Bereiche salient und ziehen unabhängig von ihrem Inhalt die Blicke auf sich. Dabei reicht das Spektrum von kleinen Sonnenlichtflecken bis hin zu geometrischen Lichtreflexionen, die in die Szene projiziert werden. Die Grundidee der Salienz basiert auf der Annahme, welche Bildbereiche das Interesse der Betrachter auf sich ziehen. Das kann von vielen Faktoren beeinflusst werden – wenn Sie beispielsweise in einer Gruppenaufnahme nach einem Freund suchen, wird die Salienz der Gesichter erhöht. Da es hier jedoch um Licht gehen soll, stellt sich folgende Frage: Unter welchen Bedingungen übernimmt das Licht die Hauptrolle im Bild und wird sozusagen zum alles bestimmenden Ereignis?

Die einfachste Form von Lichtsalienz entsteht, wenn im Bild klar erkennbare Schattierungen von Dunkel nach Hell präsent sind. Ein Verlauf von dunklen zu hellen Tonwerten von den Bildrändern zur Bildmitte hin erzeugt dabei eine Art Tunnel-

↑ Der leichte Nebel an diesem Frühlingsmorgen macht den Dunkel-Hell-Verlauf weicher und lässt ihn natürlicher wirken. Die dunklen Bäume an den Bildrändern konkurrieren visuell mit den Lichtflecken auf der Straße und lenken den Blick dorthin. Die dabei entstandene Objektiv-Vignettierung wurde nicht korrigiert, um den Effekt zu verstärken.

effekt. Dieser Effekt lässt sich beispielsweise durch den Blick aus einem dunklen Raum auf ein helles Fenster erzielen, wie auf den Seiten 112 und 155 zu sehen ist. Bietet das Motiv selbst keinen Tonwertverlauf, können Sie mit einer Vignettierung durch das Objektiv oder bei der Bearbeitung nachhelfen. Von der Wahrnehmung her fühlen wir uns nicht zwanghaft zum Licht hingezogen (wir starren auch nicht ständig in die Sonne ...), sondern der Kontrast zwischen Licht und Schatten erregt unsere Aufmerksamkeit. Auf einem Foto mit seinen festen physischen Begrenzungen und den Möglichkeiten zur gezielten Beeinflussung der Proportionen von Licht und Schatten tritt dieser Effekt noch viel stärker zutage als in der realen Welt.

Der Effekt ist am stärksten, wenn der Eindruck eines Tunnels entsteht, bei dem die Bildränder dunkler sind als die zentralen Bildbereiche – zum Beispiel ein Raum mit einem weit entfernten Fenster oder eine dicht bewachsene Allee, die zu einer Landschaft in der Ferne führt. Gibt es keinen harten Übergang zwischen Vorder- und Hintergrund, entsteht das Gefühl eines Verlaufs. Das geschieht in beiden Bildern auf diesen Seiten und wurde zusätzlich durch eine Linsenvignette verstärkt. Jede Software zur Bildbearbeitung enthält Korrekturfunktionen zum Entfernen von Vignettierungen, da diese generell als Abbildungsfehler angesehen werden. Möchten Sie jedoch die Aufmerksamkeit der Betrachter auf subtile Weise von außen nach innen lenken, können Sie die Einstellungen der Vignettenkorrektur umkehren und somit einen tonalen Verlauf erzeugen, der die Außenbereiche der Aufnahme sanft abdunkelt und somit den gewünschten Effekt erzielt.

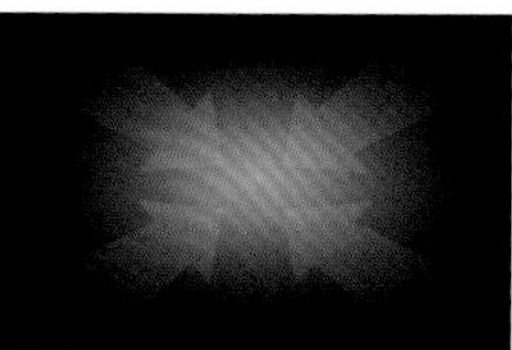

↑ Beide Bilder funktionieren so gut, weil ein tonaler Verlauf zur Bildmitte hin stattfindet, der die Blicke der Betrachter nahezu unwiderstehlich zum eigentlichen Motiv hin lenkt.

↓ Kurz vor dem Sonnenaufgang im Canaima National Park in Venezuela. Das 20-mm-Objektiv hat einen großen Bereich des Himmels abgebildet, sodass die zunehmenden Schatten zu den Bildrändern hin sehr stark wirken.

REFLEKTIERTES LICHT

Die meisten von uns denken beim Thema Licht an eine bestimmte Quelle, die brennt oder glüht – etwa die Sonne, eine Lampe oder einen Spot. Darüber hinaus gibt es aber auch viele Situationen – vornehmlich innerhalb von Schatten –, in denen die Lichtquelle nicht direkt auf die Szene trifft, sondern reflektiert wird.

Reflexionen sind omnipräsent, egal wohin wir blicken. So wird draußen das Sonnenlicht von allen Oberflächen reflektiert, auf die es trifft – von Wolken über Gebäude bis hin zu Gesichtern. Die Reflexion des Lichts macht Objekte überhaupt erst sichtbar für unsere Augen. Bei Reflexionen als Lichtquellen verhält es sich ein wenig anders. Diese unterscheiden sich auch vom reflektierten Fülllicht, mit dem die meisten Fotografen vertraut sind – von der Platzierung einer zu porträtierenden Person nahe des Fensters, um die Schatten auf einer Gesichtshälfte zu öffnen, bis hin zu diversen Reflektoren für den Außeneinsatz und im Studio.

Um als Haupt- oder einzige Lichtquelle zu funktionieren, müssen eine hell reflektierende Fläche vorhanden sowie einige Bedingungen erfüllt sein. Die Umgebung muss dunkel sein, sich also im Schatten befinden und keine weiteren Reflexionen zulassen. Die reflektierenden Elemente müssen sich wie in den hier gezeigten Beispielen außerhalb des Bildausschnitts befinden. Die Gesamthelligkeit nimmt stark ab, doch das stellt für die empfindlichen Sensoren moderner Kameras kein Problem

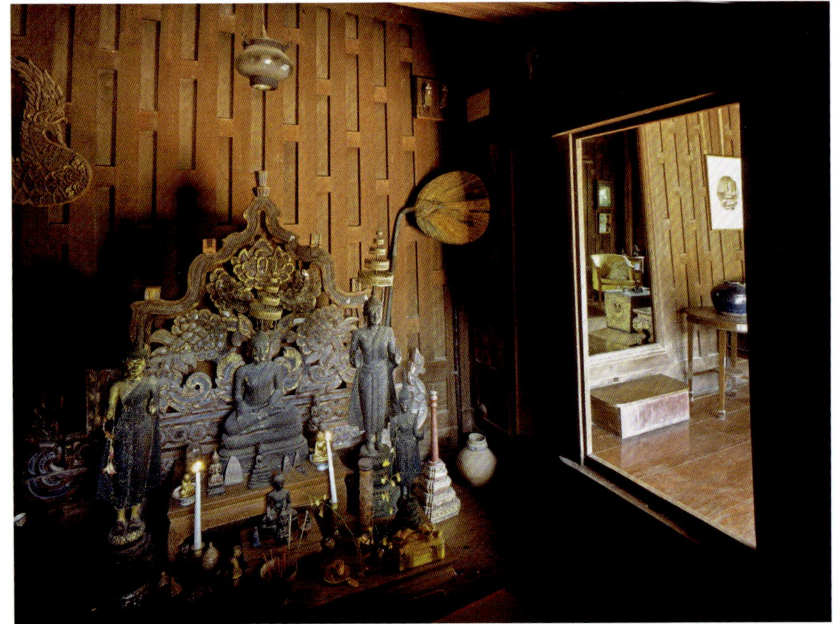

← Die hoch stehende tropische Sonne trifft auf den Boden des Balkons eines traditionellen thailändischen Hauses und wird damit zur außerhalb des Bildausschnitts befindlichen Lichtquelle für diese Interieur-Aufnahme.

Während die Sonne lediglich die Silhouette des Kopfes erstrahlen lässt, wird der Rest der Aufnahme durch eine Reflexion vom Fenster eines Bürogebäudes ausgeleuchtet. Für den Betrachter ist dies aber nicht ersichtlich.

dar. Was dagegen zum Problem werden kann, sind die enorm starken Schwankungen der Lichtqualität reflektierender Flächen, die viel größer ausfallen als bei direktem Licht. Dafür ist hauptsächlich die Vielfalt an Oberflächen verantwortlich, vom Spiegel bis hin zu mattem Material. Auch die Größe und Form sowie der Eintrittswinkel der Reflexion wirkt sich auf die Lichtqualität aus. Während Sonnenlicht meist direkt von oben kommt, steht eine reflektierende Lichtquelle tief und beleuchtet das Motiv von einer Seite. Erschwerend kommen noch Farbänderungen hinzu (mehr dazu lesen Sie im dritten Buch der Serie zum Thema Farben und Tonwerte).

Am Ende steht jedoch ein kreatives Resultat, das vom Betrachter erhöhte Aufmerksamkeit erfordert, was durchaus positiv zu bewerten ist. In dieser Hinsicht unterscheidet sich die fotografische Ausleuchtung von der an einem Filmset. In ästhetischer Hinsicht gleichen sich die Anforderungen häufig, wobei in der Kinematografie ein wichtiger Aspekt hinzukommt: Die Beleuchtung muss für die Zuschauer logisch nachvollziehbar sein. Der bekannte Kameramann Roger Deakins beschreibt die Notwendigkeit zur Nachvollziehbarkeit des Lichteinfalls in Filmszenen: »Es fühlt sich einfach nicht echt an, wenn ich nicht weiß, woher das Licht kommt.«[1]

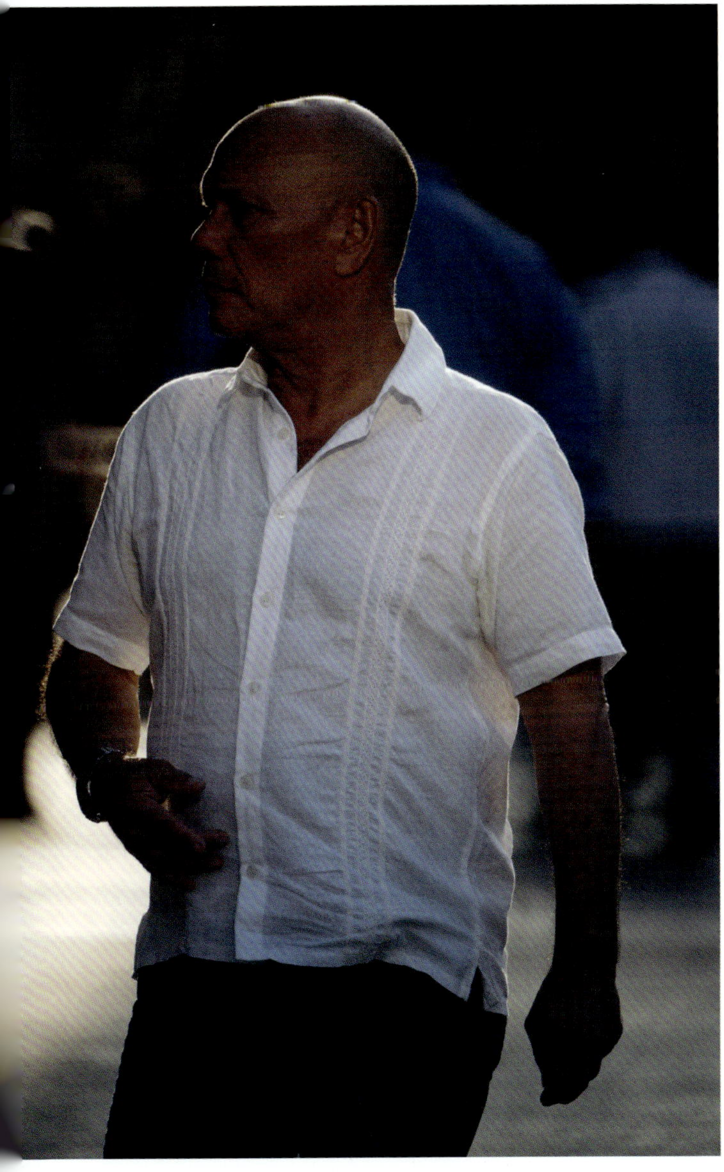

In der Fotografie verhält es sich gegenteilig – da es sich nicht um die filmische Inszenierung (Fachjargon *Mise en Scène*) eines Ereignisses handelt, sind Fotografen viel freier in Sachen Beleuchtung. Dabei rühren die interessantesten und herausforderndsten Lichteffekte von Reflexionen her. Sie können ganz subtil sein und dennoch den Charakter einer Aufnahme verstärken, wie Sie in diesem Buch unter anderem auf Seite 10 (»Besonderheit«), Seite 24 (»Glanz«) und Seite 116 (»Reflektive Schatten«) sehen können.

1 *Roger Deakins and the Art of Practical Lighting — Cinematography Techniques Ep. 3*, StudioBinder, über YouTube

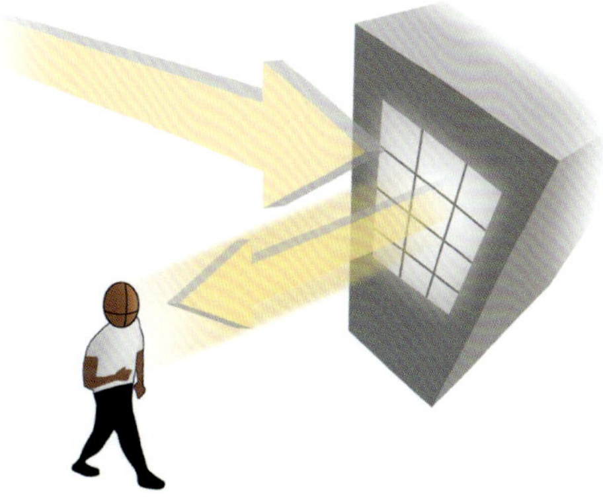

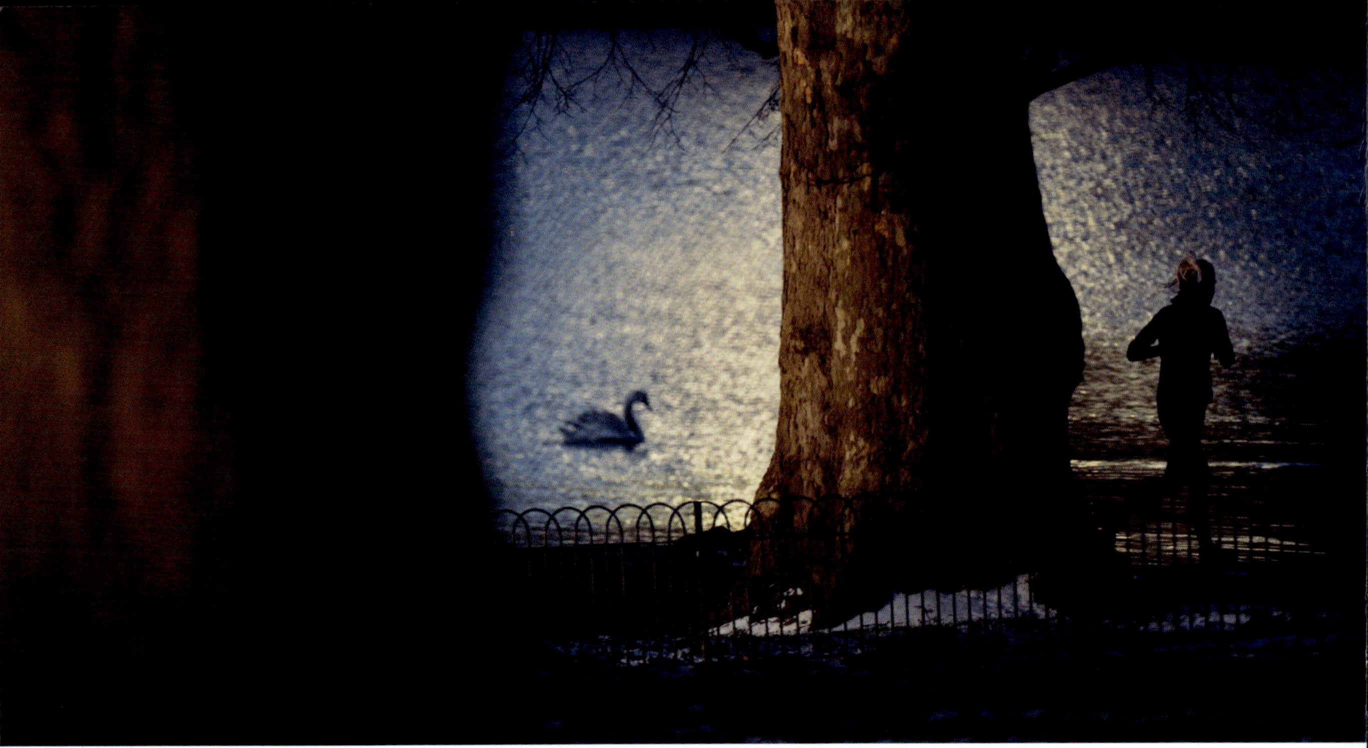

NATÜRLICHES CROSS-LIGHT

Cross-Lighting ist ein Begriff aus der Kinematografie und bezeichnet die Ausleuchtung eines Motivs mit zwei gegensätzlichen Lichtquellen, wobei jede Quelle einen anderen Bereich anstrahlt. Auf natürliche Weise entsteht eine solche Lichtsituation nur selten, und Sie sollten sie deshalb unbedingt zu Ihrem Vorteil nutzen.

Im Studio oder an einem Set kommen in der Regel zwei oder mehr Lichtquellen zum Einsatz. Draußen unter natürlichen Lichtverhältnissen wird die Ausleuchtung vom direkten Licht der Sonne dominiert. Sind die Reflexionen des Sonnenlichts allerdings stark genug, um mit der direkten Ausleuchtung mithalten zu können, ergeben sich interessante gestalterische Möglichkeiten. Diese verleihen einer Szene genau die Besonderheit, über die ich an früherer Stelle geschrieben habe. Wenn Sie das Licht selbst zum Hauptmotiv machen möchten, sollten Sie nach solchen selten auftretenden Bedingungen Ausschau halten.

Das Bild mit dem Jogger oben ist ein klassisches Beispiel für natürlich auftretendes Cross-Light, was der Aufnahme einen ebenso ungewöhnlichen wie interessanten Look verleiht. Das direkte Licht der tief stehenden Morgensonne im Londoner Hyde Park beleuchtet die Szene von links. Durch geschickte Wahl von Standort und Aufnahmerichtung wird das Sonnenlicht sogar zweimal reflektiert – erstens von den Fenstern eines nahestehenden Bürogebäudes und zweitens von der Wasserober-

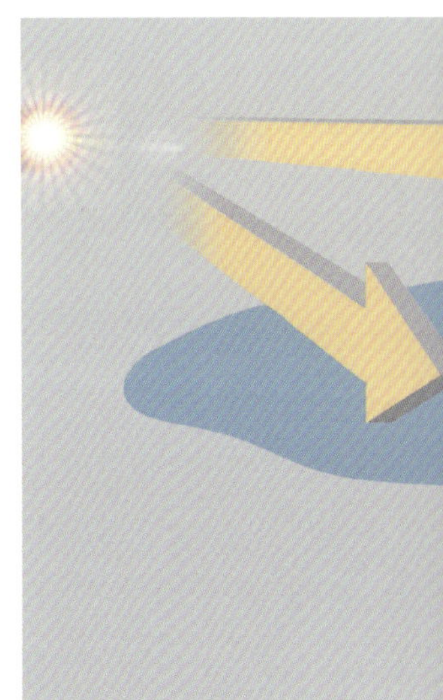

Zwei starke Lichtquellen verleihen der Aufnahme eine ganz besondere Qualität: das direkte Licht von links und die Reflexion des Sonnenlichts von einem Bürogebäude auf den See.

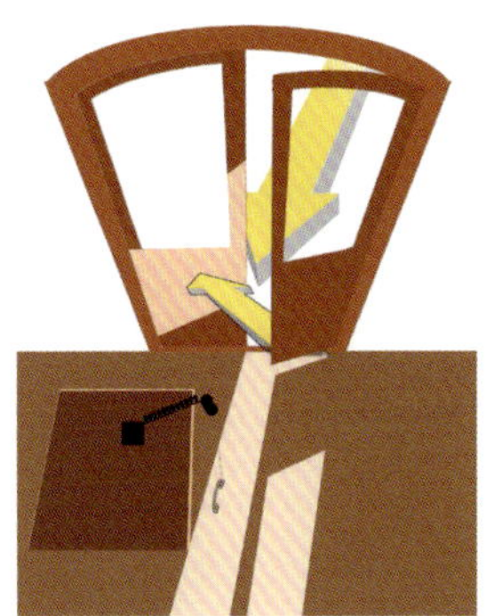

Das starke Sonnenlicht im Hochgebirge wird von einer Reflexion desselben von der offen stehenden rechten Balkontür auf die Oberfläche der linken Tür komplimentiert, was für eine interessante Lichtstimmung sorgt.

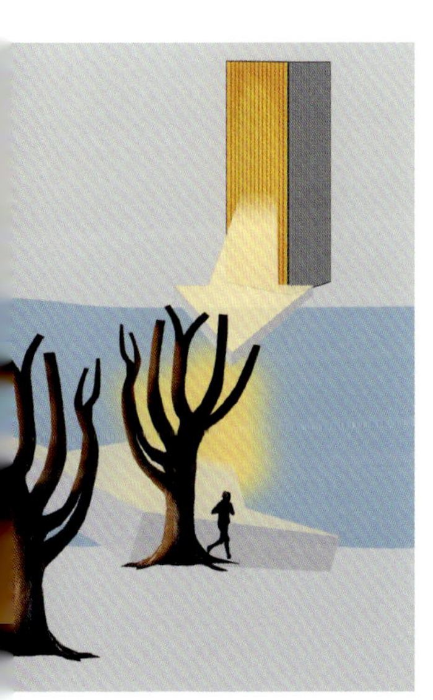

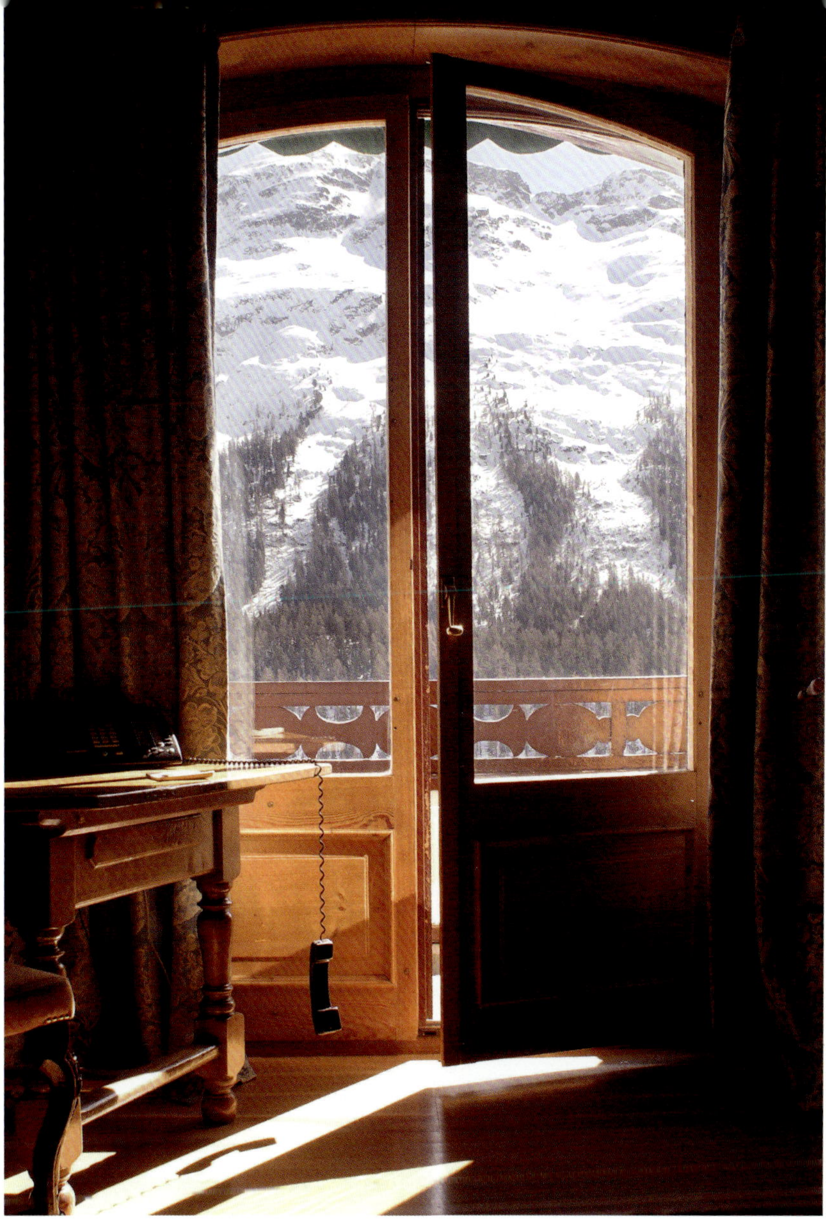

fläche des kleinen Serpentine Lake. Da lediglich kleine Landschaftsbereiche von den Reflexionen ausgeleuchtet wurden, kam ein Teleobjektiv zum Einsatz.

Die Innenaufnahme oben ist Bestandteil einer kommerziellen Auftragsarbeit. Das warme Leuchten des linken Flügels der Balkontür erweckt das Bild zum Leben. Dabei handelt es sich ganz einfach um die Reflexion des Sonnenlichts, das auf die leicht geöffnete rechte Tür trifft und davon reflektiert wird. Damit wird die typisch alpine Atmosphäre von Schnee und Sonne perfekt visualisiert. Der vom Tisch herabhängende Telefonhörer ist ein narratives Element, das der Art Director eingebaut hat. Bei der Ausleuchtung handelt es sich nicht um simples Fülllicht von einem Reflektor, sondern um ein natürlich auftretendes Phänomen, was die Aufnahme besonders interessant macht. Die Reflexion ist stark genug, um als zweite Lichtquelle zu funktionieren.

GLANZ

Obwohl Glanz eine Materialqualität darstellt, ist er von bestimmten Lichtsituationen abhängig, die sowohl durch direktes als auch reflektiertes Licht entstehen. Glänzende Oberflächen genießen traditionell eine hohe Wertschätzung, da sie in den Köpfen vieler Betrachter mit Luxus assoziiert werden.

Glanz unterscheidet sich von nahezu allen anderen Beleuchtungsvarianten dadurch, dass er die Betrachter direkt involviert. Dinge werden oft mit dem Wort »glänzend« beschrieben, wenn sie besonders gut oder hochwertig sind. Die eigentliche Definition von Glanz ist »eine sich je nach Blickwinkel verändernde Reflexion«, die sich beispielsweise bei Gold und Seide beobachten lässt, wie Sie auf diesen Seiten selbst sehen können. Einfache Reflexionen wie von Spiegeln oder ruhigen Wasseroberflächen lassen sich dagegen nicht als Glanz bezeichnen, da sie zu perfekt sind, weil ihnen die Variabilität fehlt. Glanz entsteht durch sich ständig verändernde Reflexionen wie bei einigen Metallen, Seidenstoffen oder Perlen. Wertvolle Mineralien wie Bernstein, Jade und Diamant haben ihren eigenen, sehr spezifischen Glanz. Wenn ich von Nuancen spreche, verstehen zwar die meisten, was ich damit meine – sind jedoch nicht in der Lage, die genauen Unterschiede zu beschreiben. Das Wissen um die physikalischen Grundlagen ist jedoch in der Fotografie untergeordnet, da es hauptsächlich darum geht, wie man visuell das meiste aus glänzenden Oberflächen herausholt. Da Glanz durch das Zusammenspiel von Oberfläche und Licht entsteht, ist eine breite, aber immer noch aus weitgehend unidirektionalen Strahlen bestehende Lichtquelle ideal für diesen Anwendungsbereich.

Allen glänzenden Oberflächen gemein ist die Tatsache, dass sich die Reflexionen schon bei geringsten Bewegungen des Betrachters (Fotografen) oder des Motivs verändern. Deshalb ist das Einfangen von Glanz in einem unbewegten Foto eine besondere Herausforderung. So ist das Arrangement der Falten eines Seidenstoffs wie im Bild rechts entscheidend für die Güte der Aufnahme. Bei weichen Metallen wie Gold ist der richtige Blickwinkel von größter Bedeutung, wie an der vergoldeten Statue auf der nächsten Seite zu sehen ist. Auf jeden Fall müssen Sie die Lichter unter Kontrolle halten – wenn diese überstrahlen, ist die Aufnahme wertlos. Mehr zum Thema Gold erfahren Sie ab Seite 94.

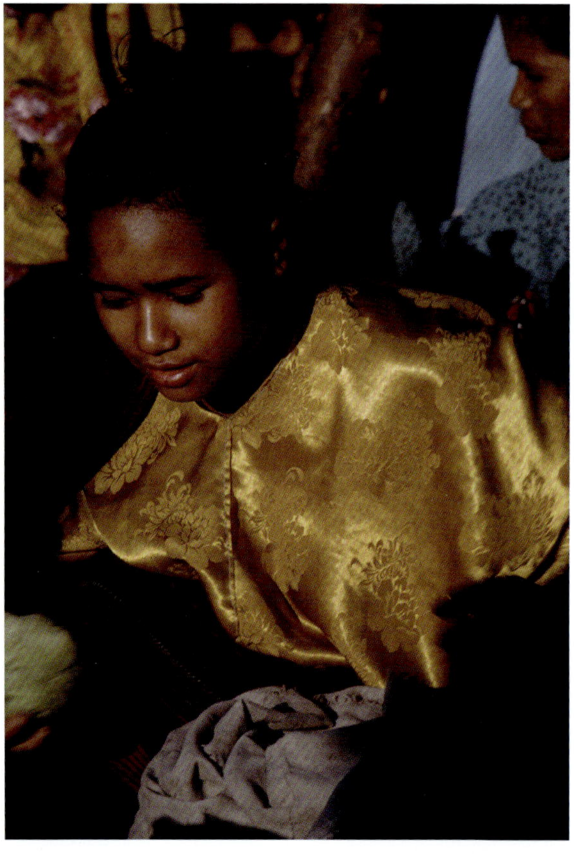

↓ Eine Händlerin mit einem Schal aus Seide oder Kunstseide in East Flores, Indonesien, aufgenommen in der Morgensonne. Das Material wird durch die Falten visuell animiert, wobei die erhöhten Bereiche das Licht am stärksten reflektieren.

Eine frisch vergoldete Statue von Königin Victorias Gatten Prince Albert in den Londoner Kensington Gardens, fotografiert am späten Nachmittag unter klarem Himmel. Die umgebenden Säulen reflektieren das Blau des Himmels, das die Komplementärfarbe von Gelb ist. Die Farben der Oberfläche variieren je nach dem auftreffenden Licht der Sonne oder anderer Quellen.

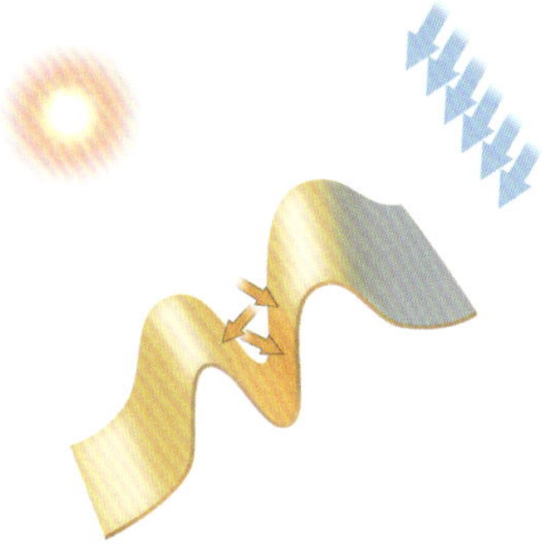

Da goldene Oberflächen spiegeln, wird das Umgebungslicht stark reflektiert. Dadurch entsteht ein ansprechendes Wechselspiel aus Blau und Gelb bis Orange. Da Gold auch sich selbst reflektiert, erscheinen die Farben in den Falten satter bis hin zu intensivem Orange. Am stärksten zeigt sich dieser Effekt an der Falte über dem Unterarm.

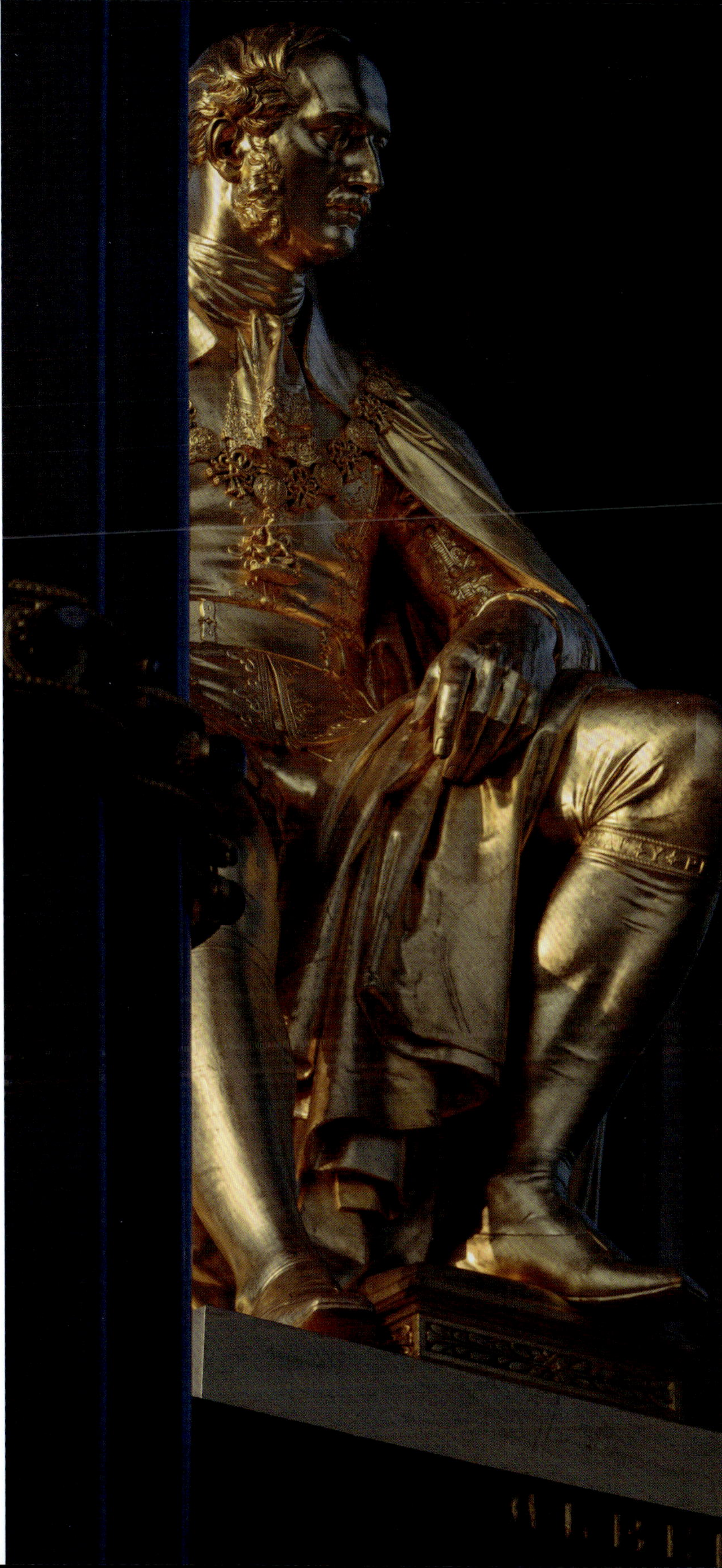

ATMOSPHÄRE

Wenn wir ein Foto mit dem Prädikat »atmosphärisch« auszeichnen, ist damit der inhaltliche und visuelle Ausdruck der Aufnahme gemeint. Technisch betrachtet, steht »Atmosphäre« für die Luftqualität und deren Auswirkungen auf Licht und Schatten – von klarer Luft bis hin zu dichtem Nebel. Dabei beeinflussen mikroskopisch kleine Partikel die Brechung des Lichts.

Unzählige Varianten der Lichtbrechung beeinflussen die Tiefenwirkung, den Kontrast, die Farben und sogar die visuelle Präsenz bestimmter Motivbereiche. Jedes der grundlegenden Szenarien in Kapitel 3 wird von atmosphärischen Faktoren beeinflusst, während Techniken wie offenes Hintergrundlicht (S. 74) und einhüllendes Licht (S. 76) vollkommen davon abhängen.

Die atmosphärischen Einflüsse sind hauptsächlich von der Zahl und Größe der Partikel in der Luft abhängig. Kleine Partikel wie Luftmoleküle brechen Licht mit kur-

↓ Die Wolken über einem Vulkan auf der Insel La Réunion bilden die Leinwand für einen faszinierenden, axialen Lichteffekt (siehe Seite 66). Die Sonne befand sich direkt hinter dem Helikopter, sodass sich dessen Silhouette auf den Wolken abzeichnet und von einem spektralen Lichtschein umgeben ist.

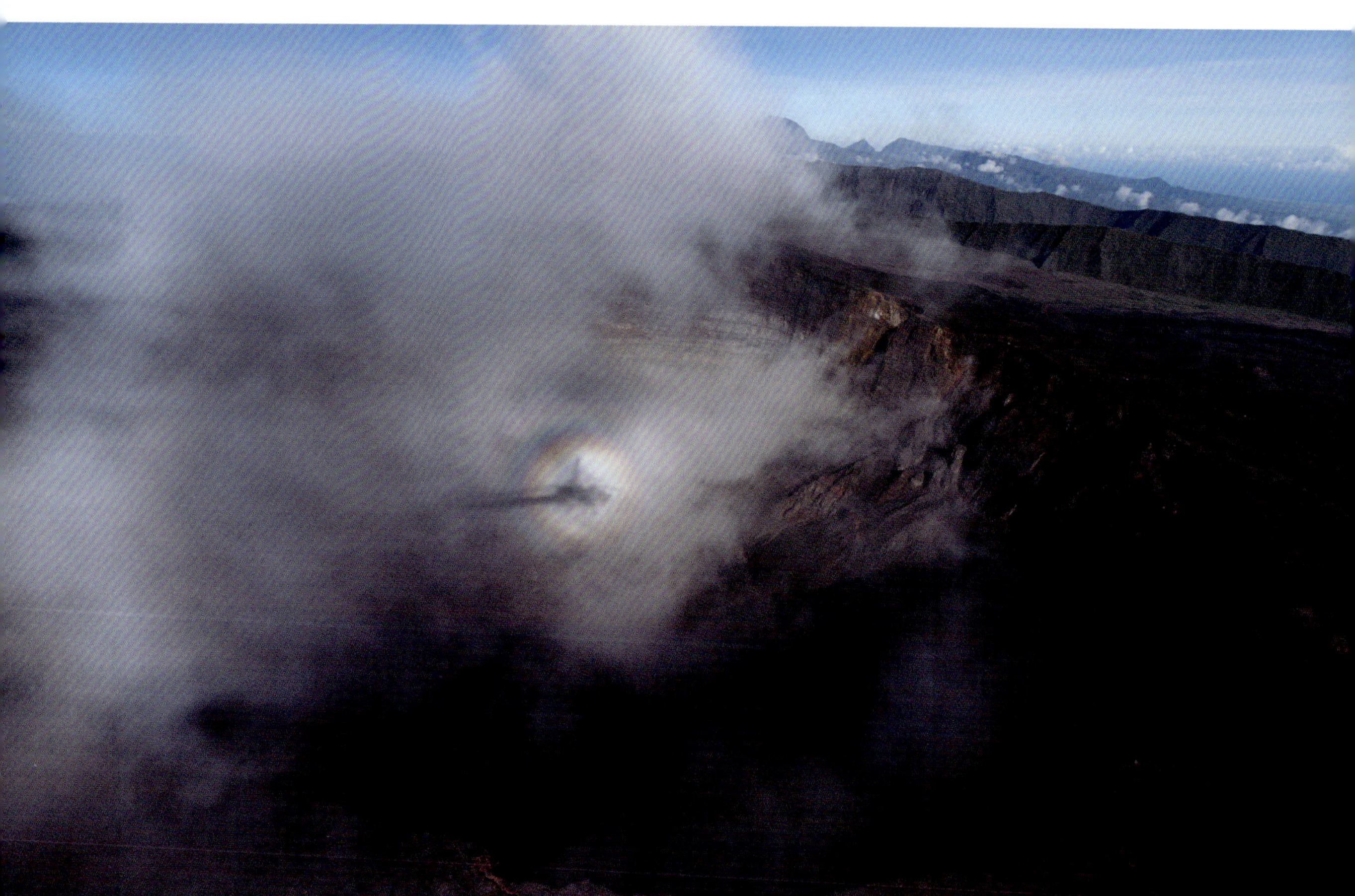

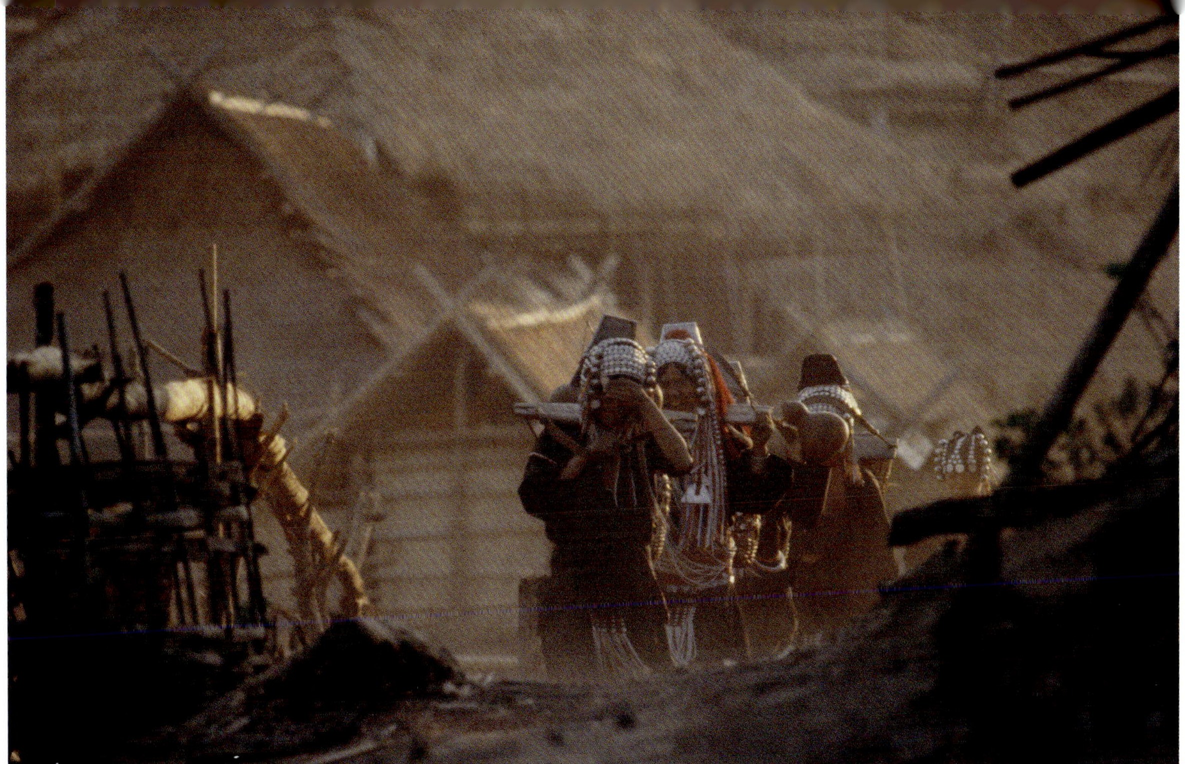

Ein kurzer Sandsturm in diesem Bergdorf im nördlichen Thailand hat die Luft mit Partikeln angereichert, was für einen weichen Bildeindruck und intensive Tiefe sorgt.

zen Wellenlängen (Blau) stärker als langwelliges Licht (Rot). Daraus resultieren der blaue Himmel sowie die Rotverschiebung bei Sonnenauf- und -untergängen: Weil das Licht aufgrund des geringeren Einfallswinkels einen längeren Weg durch die Atmosphäre zurücklegen muss, wird es in seine orange-roten und blauen Bestandteile zerlegt. Dieser Effekt nennt sich *Rayleigh-Streuung*, und da er sich auf Farben auswirkt, werde ich im nächsten Buch ausführlich darauf eingehen. Fotografen halten jedoch eher Ausschau nach atmosphärischen Einflüssen, die von größeren Partikeln verursacht werden. Erst wenn die Partikel die Größe von Lichtwellen erreichen, werden deren Auswirkungen direkt für unser Auge sichtbar. Dazu gehören Wasserpartikel (Dunst, Nebel, Wolken) und Staub bis hin zum Smog. Die größten optischen Auswirkungen hat der fotochemische Smog, der in Metropolen wie Los Angeles, Mexico City und Peking auftritt. Bei dieser sogenannten *Mie-Streuung* werden das Licht und die Farben nicht verändert. Leonardo da Vinci hat diese Art der Streuung, wie auf Seite 169 zitiert, als Gegenmittel zu harschen Schatten empfohlen.

Darüber hinaus gestalten die *Vorwärtsstreuung* (in Richtung des Lichts) und die *Rückwärtsstreuung* (vom Licht weg) die Sache noch komplexer. Beim offenen Hintergrundlicht (siehe Seite 74) werden die atmosphärischen Einflüsse durch Vorwärtsstreuung maximiert. Wenn sich die Lichtquelle hinter der Kamera befindet, wird die Rückwärtsstreuung intensiviert, wie im Abschnitt zur Axialbeleuchtung ab Seite 66 beschrieben. Atmosphärische Effekte können echte Hingucker sein, wie der kreisförmige Regenbogen im Bild links eindrucksvoll beweist. Es gibt eine Vielzahl solcher Effekte, von Koronas über irisierende Wolken und Heiligenscheine bis hin zum *Brockengespenst*, das nach dem bekannten Berg im Harz benannt ist und einen tanzenden Schatten darstellt, der von einem weißen oder spektralen Lichtkranz umgeben ist.

TAGESZEITABHÄNGIGES LICHT

Der Zeitraum rund um die Abenddämmerung wurde lange als »Goldene Stunde« oder »Magische Stunde« bezeichnet. Im Grunde genommen handelt es sich dabei um reine Klischees, zumindest was die Terminologie betrifft.

Auch ich bekenne mich schuldig – oft hörte ich mich selbst sagen: »Wir wissen um die Lichtbedingungen in diesem Zeitraum, also lass uns das Shooting darauf auslegen.« In der Realität sind die Lichtverhältnisse während dieser Zeitspanne, in der sich die Sonne knapp über oder unter der Horizontlinie befindet, weit weniger vorhersehbar, als wir glauben. Denn es spielen viele unvorhersehbare Faktoren hinein – vom Wetter über die geografische Lage bis hin zu sich in sehr kurzen Zeiträumen ereignenden Änderungen der Lichtsituation. Wenn Sie nicht gerade verzweifelt auf der Suche nach einer vorhersagbaren Lichtstimmung sind, sollten Sie sich nicht auf diese engen Zeiträume versteifen und das Moment der Überraschung zulassen. Ganz ähnlich verhält es sich mit lokal begrenzten Lichtverhältnissen. Wenn Sie in mediterranen Gegenden fotografieren (dazu gehören neben Südeuropa auch das südliche Kalifornien, der Süden und Südwesten Australiens, Zentral-Chile sowie das Südkap Afrikas), können Sie relativ zuverlässig mit sonnigen Lichtverhältnissen

↓ Japanische Fischer warten in der Dämmerung auf den Einbruch der Nacht, um ihren Fischzug flussabwärts zu starten. Der abendliche Dunst reflektiert das verbleibende Sonnenlicht und verteilt es über die gesamte Umgebung, was für eine ungewöhnliche Lichtstimmung sorgt.

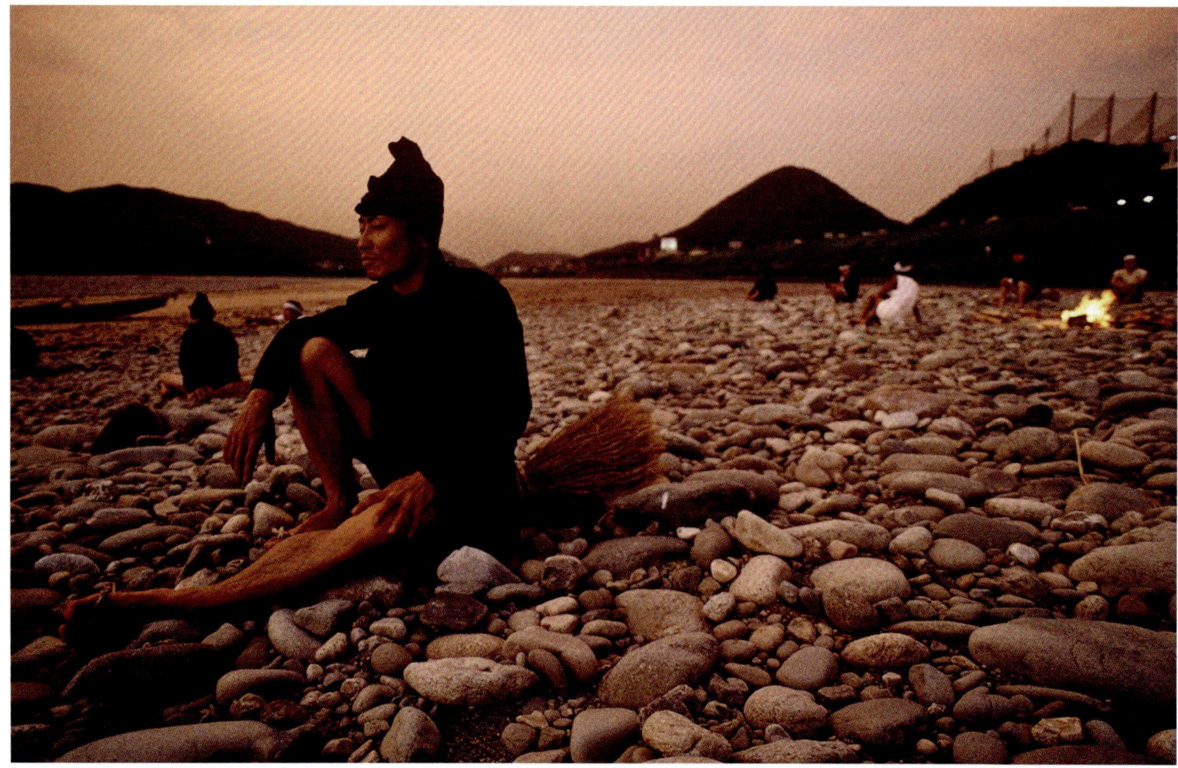

Einige Zeit nach der Abenddämmerung beginnt die sogenannte »Blaue Stunde«, die in dieser Shaker-Siedlung in Kentucky für eine tiefblaue Lichtstimmung sorgt. Diese wird vom warmen Licht hinter den Fenstern ansprechend konterkariert.

bei klarem Himmel rechnen. An den meisten anderen Orten verringert sich diese Chance, schafft aber Platz für interessante und/oder ungewöhnliche Lichtstimmungen. Der Kameramann Néstor Almendros, der Terrence Malicks viel beachteten Film *Days of Heaven* (»In der Glut des Südens«) meist während und nach Sonnenuntergang aufgenommen hat, spricht in seinem Buch *Light & How to Photograph It*, schlicht von einem »sehr seltsamen Licht«.[1]

An vielen Stellen dieses Buches spreche ich mich dafür aus, auf das Unvorhersehbare zu setzen und darauf zu warten – auch dann, wenn die Wartezeit am Ende keine Früchte trägt. Gelingt es Ihnen, diesen einen speziellen, zeitlich eng begrenzten Moment vor das Objektiv zu bekommen, werden Sie viel Freude am Ergebnis haben. Während Analogfotografen noch mit verschiedenen Filmempfindlichkeiten zu kämpfen hatten – interessanterweise handelt es sich bei den Beispielen auf diesen Seiten um Analogaufnahmen –, zeichnen sich moderne Digitalsensoren durch einen breiten Empfindlichkeitsbereich aus, und die Möglichkeiten der Nachbearbeitung (siehe Seite 146) verleihen Ihnen zusätzliche Kontrolle über die Ergebnisse.

1 »Interview: Néstor Almendros« von Brooks Riley, *Film Comment*, September/Oktober 1978

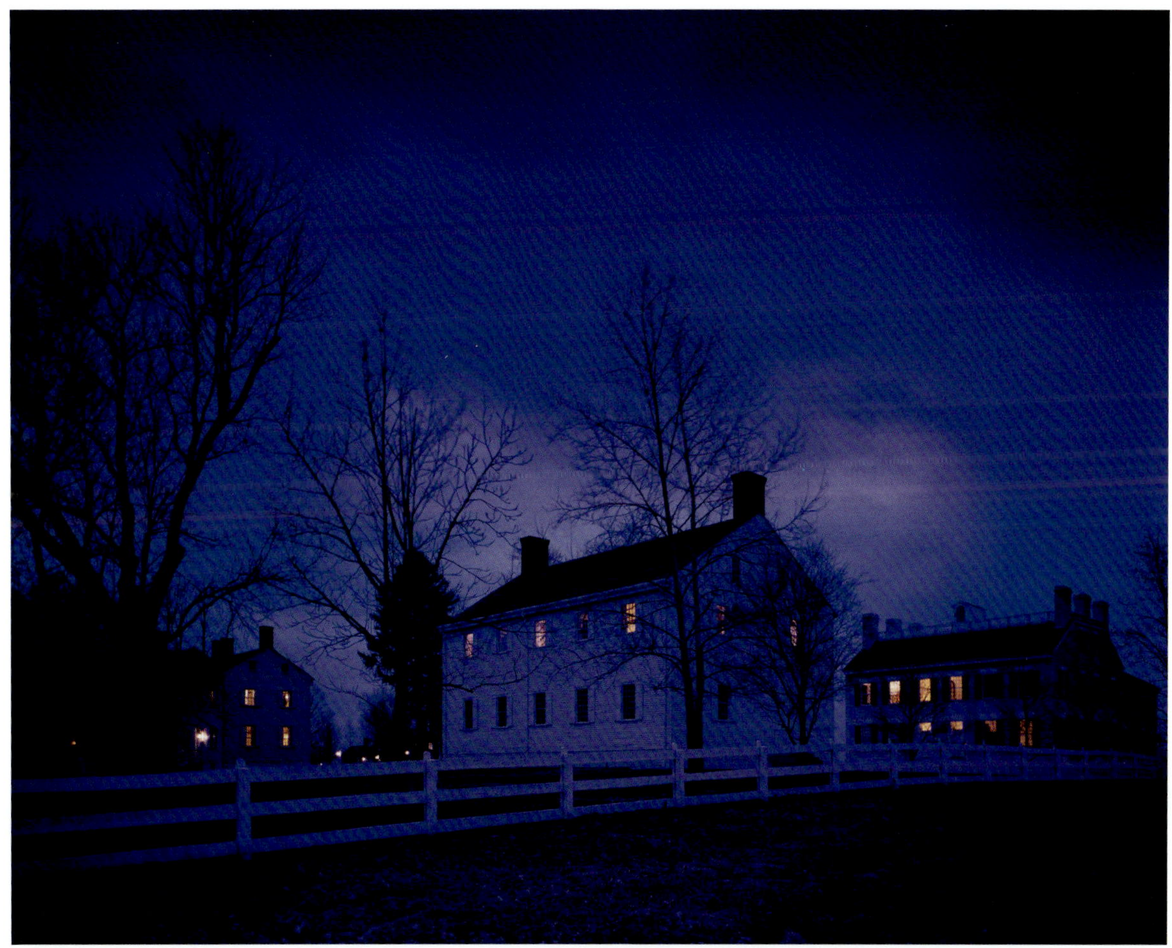

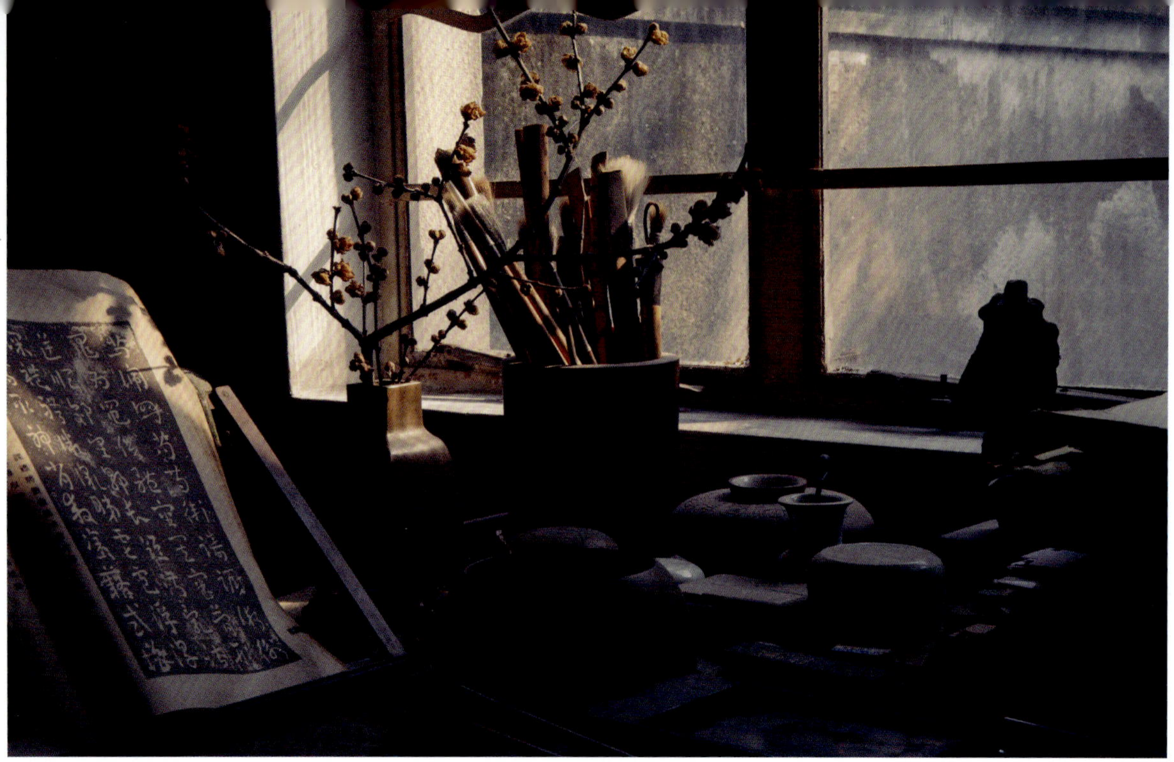

FLÜCHTIGES LICHT

Flüchtiges Licht verschwindet ebenso schnell, wie es aufgetaucht ist. Dadurch ist es eng verwandt mit den zeitabhängigen Lichtstimmungen, die Sie auf den vorangegangenen Seiten kennengelernt haben.

Per Definition handelt es sich um ein Licht, das nicht das gesamte Bild ausleuchtet, sondern auf einen kleinen Bereich oder mehrere begrenzt ist. Es kann sich auch um einen schmalen Lichtstreifen handeln, den die Sonne auf eine Oberfläche projiziert. Das Stillleben eines Schreibtischs in einem chinesischen Studierzimmer ist ein Klassiker dieser Kategorie. Das Licht der Sonne ist bereits schwach und wird schon bald verschwinden. Die starken Kontraste zwischen den warmen Sonnenstrahlen und den kühlen Schatten der auf dem Tisch stehenden Lithografie-Werkzeuge verstärken die Präsenz des Lichts. Auf den ersten Blick wird klar, dass es sich um einen zu Ende gehenden Tag handelt. Die von der Szene ausgestrahlte Ruhe steht in krassem Gegensatz zur Hektik, die Fotografen beim Einfangen solcher Momente empfinden: Jede Minute zählt, und wenn sich das Licht verflüchtigt, während Sie das Stativ aufstellen, ist die Frustration groß.

Das Bild auf der nächsten Seite stellt eine Situation dar, die weniger von der Tageszeit abhängig ist, sondern davon, wie die Sonne im Verhältnis zur angestrahlten

↓ Ein Studierzimmer in Nantong, China, am Ende des Tages. Die Balance zwischen den letzten Sonnenstrahlen und den bläulichen Schatten ist ausgewogener als zu anderen Zeiten, was zu einem weichen Bildeindruck führt und durch den Schattenwurf das Verstreichen der Zeit visualisiert.

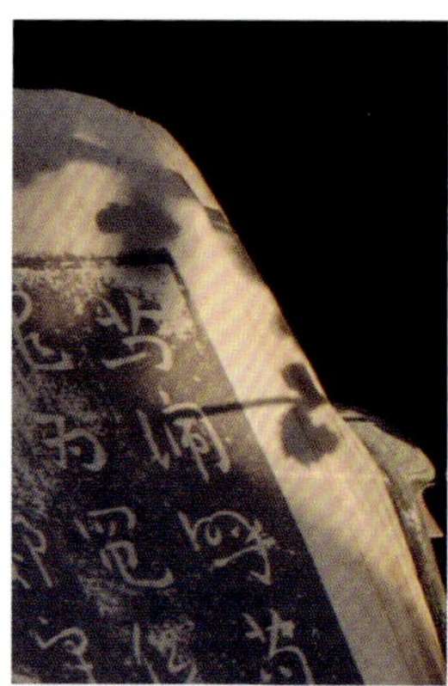

Ein anderes Beispiel für flüchtiges Licht, das in Nambe, New Mexico, entstanden ist. Das Streiflicht und der damit einhergehende Schattenwurf an der Oberfläche der Lehmmauer kann zu jeder Tageszeit auftreten.

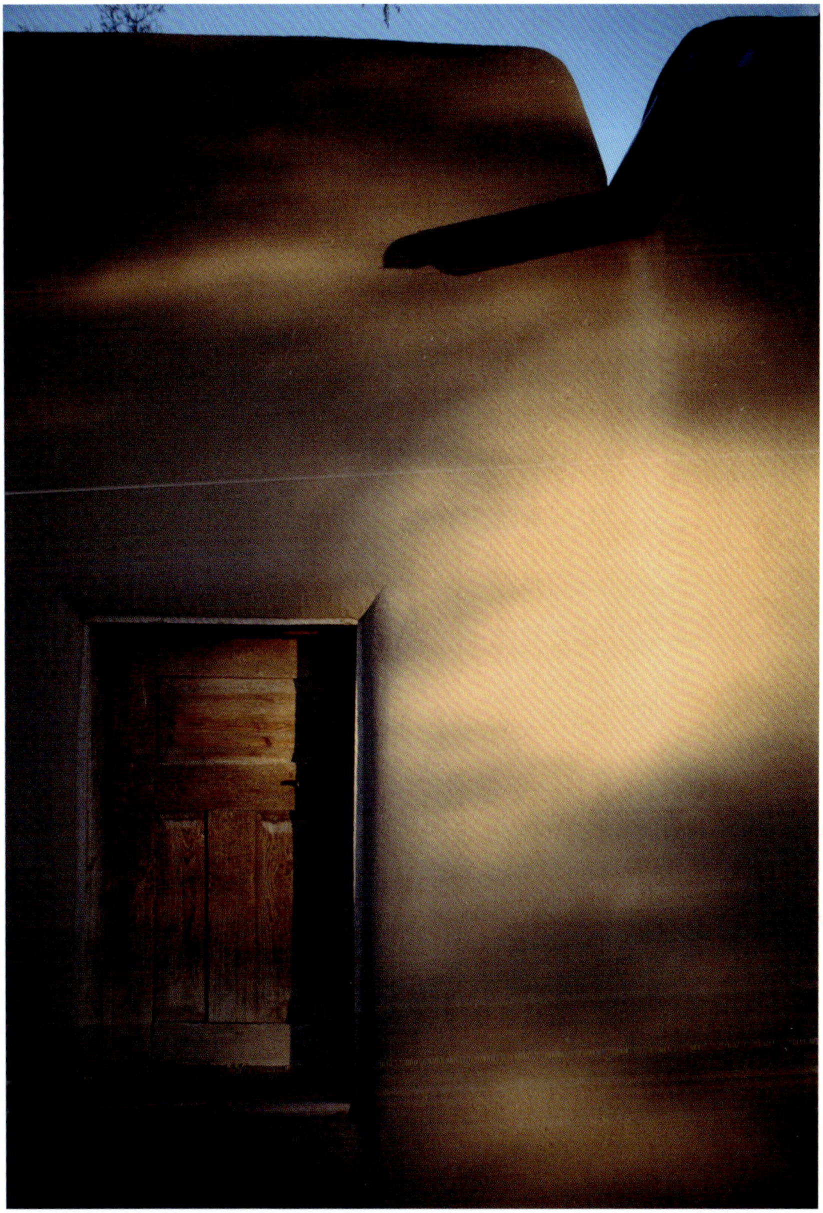

Oberfläche steht. Die partiell von Sonnenlicht erleuchtete Lehmmauer in New Mexico im Bild oben ist ein Musterbeispiel für eine Streiflichtbeleuchtung, wie sie auf Seite 64 beschrieben wird. Ein weiteres visuelles Merkmal sind die Schatten, die von nahestehender Vegetation auf die Mauer projiziert werden. Diese wandern je nach Stand der Sonne über die Oberfläche und zeichnen sich deswegen ebenfalls durch ihre Flüchtigkeit aus. Mehr zum Thema Schlagschatten erfahren Sie ab Seite 124.

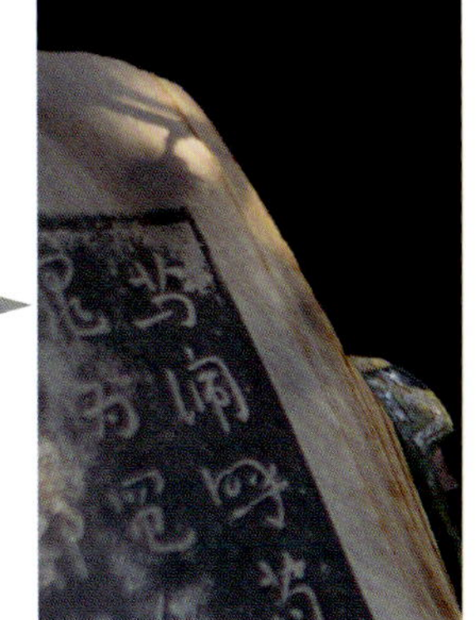

KAPITEL

2

DIE HELLIGKEIT DER DINGE

In Zeiten von nahezu fehlerfreier automatischer Belichtung vergessen wir oft, dass Helligkeit nicht allein vom Lichteinfall bestimmt wird. Licht fällt auf viele verschiedene Oberflächen – von glatt bis rau, von flach bis rund und von dunkel bis hell. Wenn ein Material mehr Licht absorbiert als reflektiert – zum Beispiel schwarzer Samt –, wird es unter jeglichen Lichtverhältnissen dunkler erscheinen als eine stark reflektierende Oberfläche, wie etwa eine weiß gestrichene Wand.

Diese Tatsache macht es unmöglich, Licht und Schatten von Belichtung und Entwicklung zu trennen. Auch wenn die Kamera die vermeintlich korrekten Belichtungswerte automatisch ermittelt, müssen wir mit unseren eigenen Augen abwägen, wie hell oder dunkel Szenen und Motive im Bild dargestellt werden. Sie können die Vorschläge der Kamera ignorieren und manuelle Einstellungen vornehmen oder Anpassungen während der Nachbearbeitung vornehmen. Das klingt zwar einfach und leicht nachvollziehbar, doch erfordert es Erfahrung, wie Dinge aussehen *sollten*.

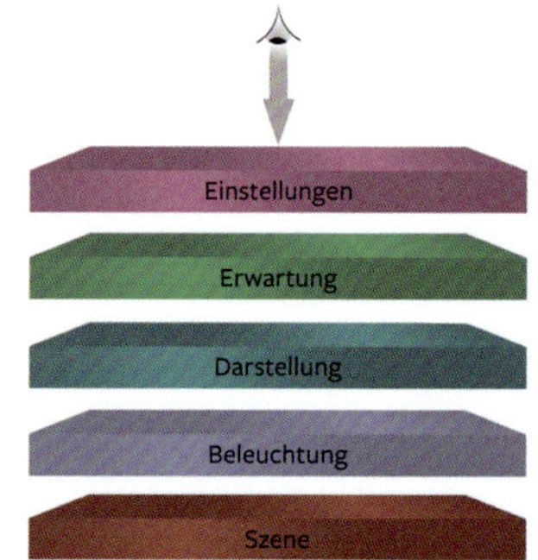

Dabei kommen fünf Aspekte ins Spiel, die ebenfalls untrennbar miteinander verbunden sind: zunächst die Helligkeit der Dinge, die sich über deren Reflexionseigenschaften definiert. Anschließend kommt das Licht zum Tragen, das auf die Szene fällt, sowie dessen Stärke und Beschaffenheit (gesprenkelt oder schattiert, hart oder weich). Dann folgt die Art der Darstellung, vom Handy-Display über Fernseher oder Projektoren bis hin zu Papierabzügen. Jede Variante lässt die Farben und Kontraste im wahrsten Sinne des Wortes in einem anderen Licht erscheinen. So sieht beispielsweise eine Aufnahme auf jenem Smartphone, mit dem sie angefertigt wurde, am besten aus, da der Hersteller Kamera und Display aufeinander abgestimmt hat.

Damit sind wir immer noch nicht am Ende angelangt, denn nun bringen wir unsere persönliche Sicht der Dinge ein, die auf Erinnerungen und Erwartungen basiert. Wir wissen und erwarten, dass ein Schwan weiß ist, selbst wenn er sich im Schatten befindet (siehe Seite 39). Dies wird durch die Helligkeitskonstanz gewährleistet, die Bestandteil unseres Sehvermögens ist. Solange wir mit einem Motiv vertraut sind, sehen wir es genau so, wie es unseren Erwartungen entspricht. All diese Aspekte werden von den möglichen Einstellungen abgerundet. Wir können jederzeit die Belichtung anpassen, um eine Szene heller oder dunkler wirken zu lassen. Und wenn das Foto bereits im Kasten ist, können wir die Raw-Datei weitreichend an unseren persönlichen Geschmack anpassen. Sie möchten ein helles Motiv richtig hervorstechen lassen oder eine Szene tief und mysteriös gestalten? Kein Problem – Sie haben die volle Kontrolle!

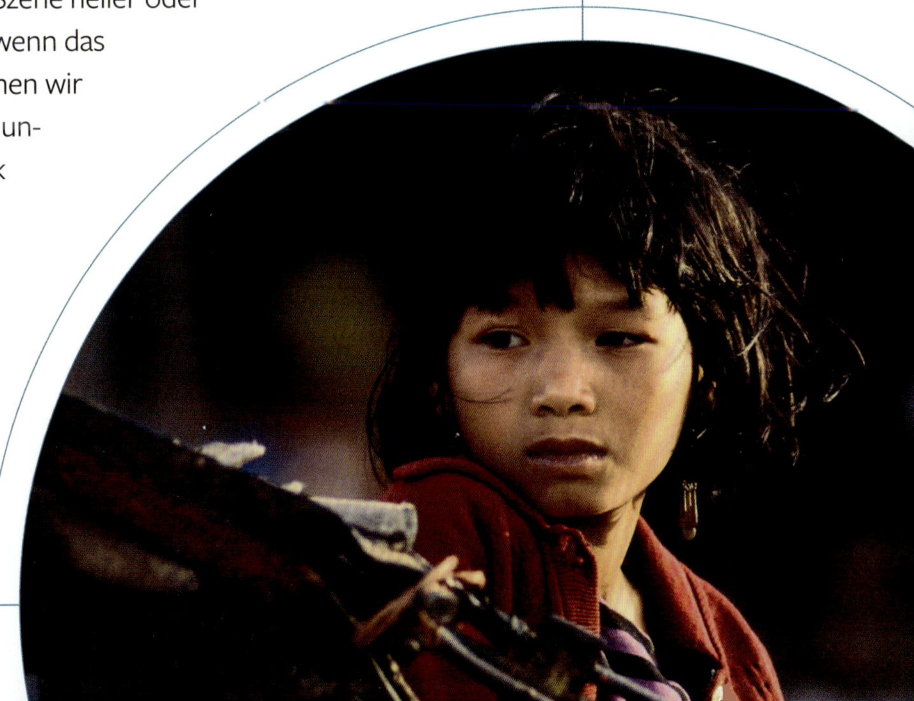

DURCHSCHNITTLICHE MITTELTÖNE

Ausgewogene Helligkeitswerte sind entscheidend für gelungene Aufnahmen. Eine durchschnittliche Helligkeitsverteilung mit Fokus auf den Mitteltönen bestimmt darüber, wie wir Dinge wahrnehmen und wie Kameras die automatische Belichtung berechnen.

Diese Ausgewogenheit ist so grundlegend, dass wir gar nicht darüber nachdenken – außer dann, wenn eine Aufnahme in Sachen Belichtung gründlich schiefgeht. Zunächst ein wenig Theorie: Im gesamten Helligkeitsspektrum von rund 300 Lux (typische Bürobeleuchtung) bis hoch zu über 30.000 Lux (Sonnenlicht zur Mittagszeit) passen sich unsere Augen an die Gegebenheiten an und das Gesehene erscheint uns etwa gleich hell. Die größten wahrnehmbaren Unterschiede liegen in der Helligkeitsverteilung zwischen den Elementen und deren Oberflächen innerhalb einer Szene. Aus diesem Grund erscheint uns die durchschnittliche Sicht auf die

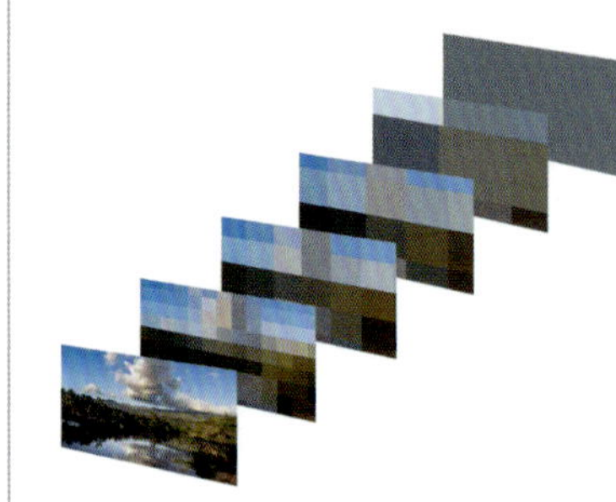

Trotz des großen Dynamikumfangs dieser auf La Réunion entstandenen Aufnahme, der von den nahezu weißen Wolken bis hin zu den dunklen Felsen reicht, siedelt sich die konventionell belichtete Aufnahme im Mittelton-Bereich an.

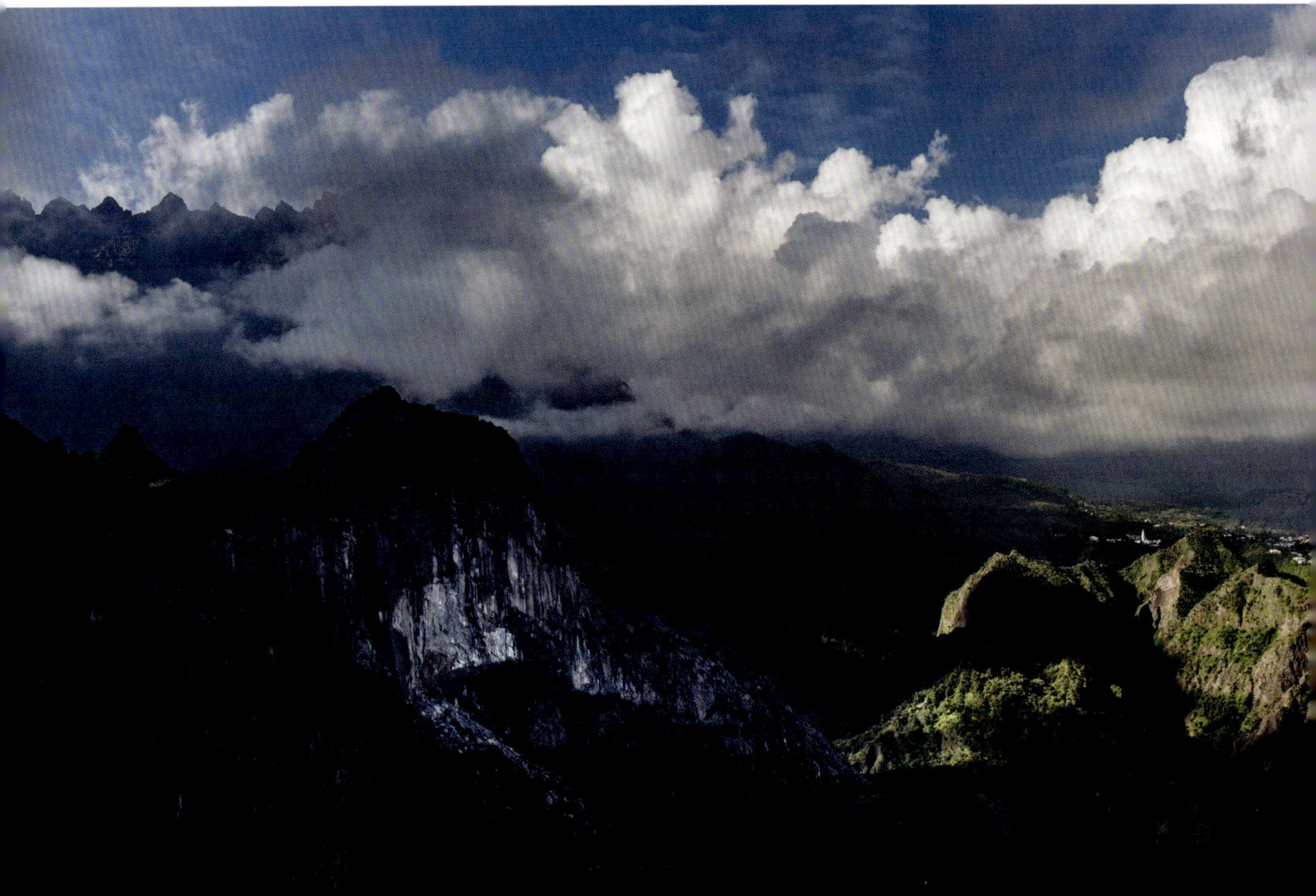

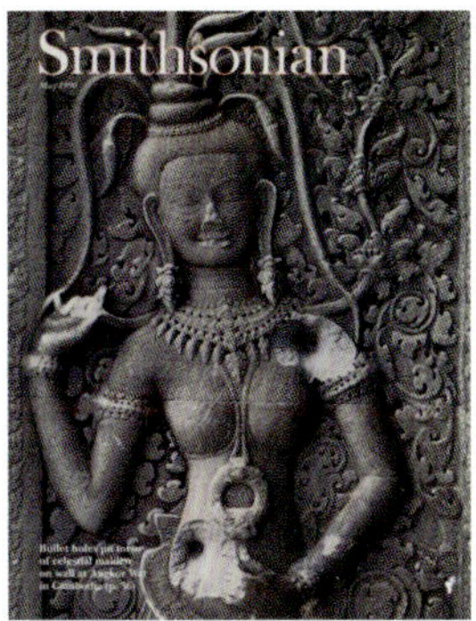

Dieses Relief auf einer Tempelmauer in Angkor, Kambodscha, nehmen wir als durchschnittlichen Mittelton wahr. Dieser Eindruck wird durch die Tatsache verstärkt, dass es keine visuellen Hinweise darauf gibt, wie hell oder dunkel der Stein in Wirklichkeit ist.

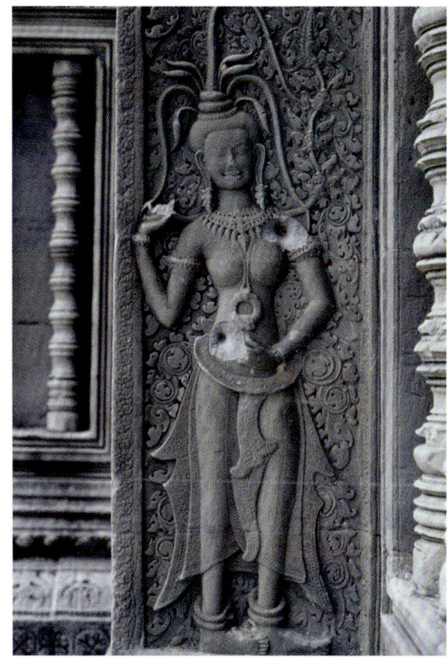

Dinge als normal, und wir denken nicht weiter darüber nach – außer wir setzen uns in unserer Rolle als Fotografen ganz bewusst mit der Beleuchtung auseinander.

Wenn wir die Helligkeitsverteilung bewerten müssen, liegt der von uns als normal empfundene Bereich in den Mitteltönen. Ein perfekter Mittelton ist 50% bei den Farbmodellen HSL, HSB und L*a*b*, oder 128 für jeden RGB-Kanal. Die entsprechenden Werte werden Ihnen in der Bildbearbeitungssoftware angezeigt, doch auch unsere Augen sind gut darin, Mitteltöne zu bewerten. Die Varianz kann dabei +/– 10% betragen, ohne zu auffälligen Verfremdungen zu führen. Dennoch lohnt es sich, bei der Bearbeitung möglichst akkurat vorzugehen.

Das Komplizierte daran ist die Art und Weise, wie wir unbewusst entscheiden, welche Oberflächen oder Dinge eine mittlere Helligkeit aufweisen und damit mehr oder weniger ins Mittelton-Spektrum fallen. Hier kommen erneut unsere Erwartungen ins Spiel, die weitgehend auf Erfahrungswerten basieren. Im Grunde genommen läuft der gesamte Belichtungsprozess – vom Licht selbst über Entwicklung oder Nachbearbeitung bis hin zur Ausgabe – darauf hinaus, den Erwartungen der Betrachter zu entsprechen. Und der kleinste gemeinsame Nenner ist eine durchschnittliche, im Mitteltonbereich angesiedelte Oberfläche wie das Beispiel oben links.

Es gilt noch einen zweiten Aspekt zu beachten, der über einzelne Objekte hinausgeht: unsere Wahrnehmung der gesamten Szene, also von allem, was sich im Bildausschnitt befindet. Auch hier kommt die Idee der typischen, durchschnittlichen Ausleuchtung zum Tragen, die sich in Mitteltönen widerspiegelt. Die Grafik auf der linken Seite illustriert, wie sich der große Kontrastumfang einer Landschaftsaufnahme in einzelne Tonwertbereiche zerlegen lässt, wobei am Ende ein Bild mit einer 50-prozentigen Helligkeit steht.

Starke Farben bringen unseren Sinn für Helligkeit durcheinander, wie gut an dieser roten Flamingoblume zu sehen ist. Die Belichtungseinstellungen ergeben den selben 50-Prozent-Wert wie beim Steinrelief oben, obwohl uns die rote Fläche viel heller vorkommt.

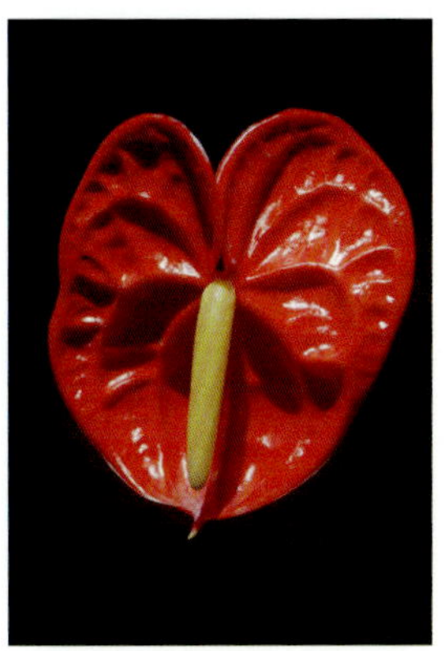

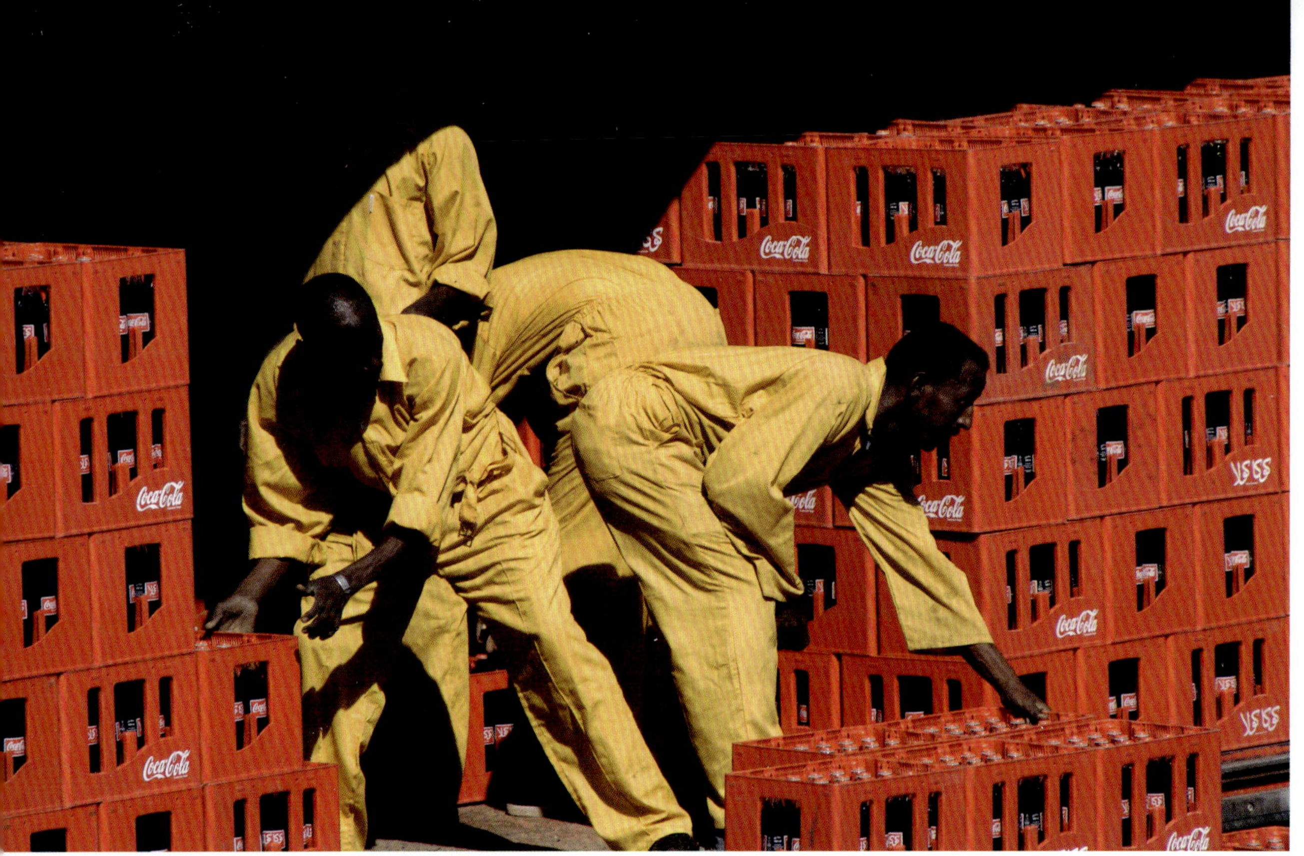

JENSEITS DES DURCHSCHNITTS

In einer durchschnittlich belichteten Szene, die insgesamt zu den Mitteltönen tendiert, werden Helligkeitsunterschiede in Motivbereichen automatisch kompensiert, wie gut an der Landschaftsaufnahme auf der vorangegangenen Doppelseite zu sehen ist.

Deshalb gibt es hier auch keine Probleme, die korrigiert werden müssten. Wenn Sie jedoch Licht und Schatten in Ihren Aufnahmen thematisieren möchten, werden die dabei entstehenden Szenen abseits des Durchschnitts liegen. Deutlich hellere oder dunklere Oberflächen wirken sich stark auf die Bildwirkung aus, wenn sie den Ausschnitt nahezu ausfüllen oder von großer inhaltlicher Bedeutung sind.

Wenn ein extremer Tonwert – beispielsweise weiße Wolken über einer dunklen Landschaft – nur innerhalb eines kleinen Bildbereichs auftaucht, sorgt das Verhältnis zu den anderen Bildelementen dafür, dass die Wolken als weiße Elemente wahrgenommen werden. Es mag schwierig sein, den Weißpunkt bei der Belichtung zu halten, doch das ist ein anderes Thema, das in Kapitel 4 ausführlich behandelt wird. Zoomen wir die Wolken wie im Bild rechts mit einem Teleobjektiv nah heran, verlieren wir die zuvor vorhandenen Helligkeitsreferenzen im Bild. Da die Kamera nicht wissen kann,

↑ Bestimmte Farben sind von Natur aus heller oder dunkler als andere, wobei Gelb ein Paradebeispiel ist. Es gibt kein »dunkles« Gelb, denn das wäre Oliv. Dieses kontrastreiche Bild zeigt sudanesische Lagerarbeiter in ihren gelben Overalls vor einer Coca-Cola-Fabrik. Vergleichen Sie dieses Bild mit der roten Pflanze auf der vorangegangenen Seite.

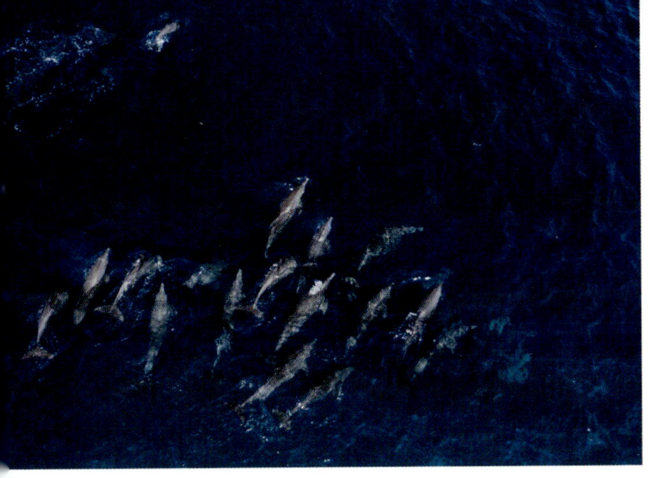

Normale Erwartungen spielen eine große Rolle dabei, wie hell oder dunkel wir Oberflächen wahrnehmen. Blaues Wasser wirkt am glaubwürdigsten, wenn es moderat abgedunkelt dargestellt wird (20%, Zone II, tiefe und strukturierte Schatten, siehe Seite 12).

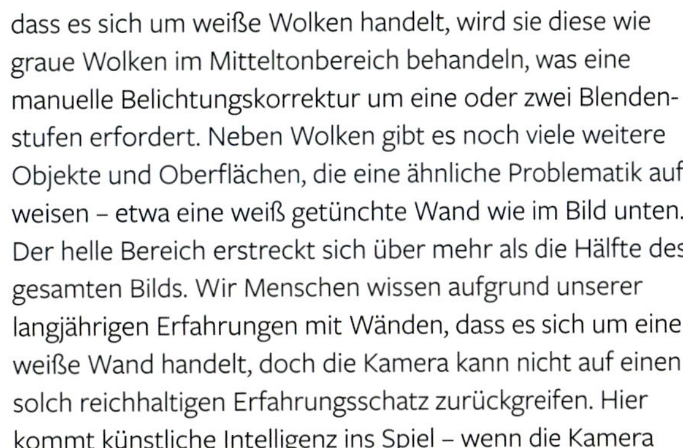

dass es sich um weiße Wolken handelt, wird sie diese wie graue Wolken im Mitteltonbereich behandeln, was eine manuelle Belichtungskorrektur um eine oder zwei Blendenstufen erfordert. Neben Wolken gibt es noch viele weitere Objekte und Oberflächen, die eine ähnliche Problematik aufweisen – etwa eine weiß getünchte Wand wie im Bild unten. Der helle Bereich erstreckt sich über mehr als die Hälfte des gesamten Bilds. Wir Menschen wissen aufgrund unserer langjährigen Erfahrungen mit Wänden, dass es sich um eine weiße Wand handelt, doch die Kamera kann nicht auf einen solch reichhaltigen Erfahrungsschatz zurückgreifen. Hier kommt künstliche Intelligenz ins Spiel – wenn die Kamera bestimmte Dinge zuordnen kann, wird sie erkennen, dass es sich um eine weiße Wand handelt, und die entsprechenden Belichtungseinstellungen vornehmen. Allerdings bestehen riesige Unterschiede bei der Güte der zugrunde liegenden Algorithmen. Meine Handykamera erkennt zum Beispiel, dass es sich um ein »historisches Gebäude« handelt, doch die Farbe des Anstrichs kann sie nicht interpretieren. Wenn Sie die Wandoberfläche durch Vorwärtsgehen oder eine längere Brennweite näher heranholen, kommt Ihrer persönlichen Erfahrung eine größere Bedeutung zu, da diese darüber bestimmt, ob die Wand heller oder dunkler als der Durchschnitt sein soll.

Bei der Abwägung der Ausprägung heller und dunkler Oberflächen kommt es auch darauf an, ob die nötigen Aktionen den damit verbundenen Aufwand wert sind. So gibt es Dinge, die wir alle kennen und entsprechend korrekt dargestellt sehen möchten – die angesprochenen Wolken, weiße Wände oder auch glänzendes, schwarzes Haar. Entscheidend sind auch persönliche Faktoren wie der Hautton von uns selbst oder von porträtierten Verwandten und Freunden. Von hier aus ist es nur ein kleiner Schritt bis zur Abwägung, wie eine Oberfläche aussehen *sollte* und wie wir selbst sie gerne sehen *würden*. Das wirkt sich besonders bei den feinen Nuancen von Hauttönen aus, um die es in wenigen Seiten gehen wird.

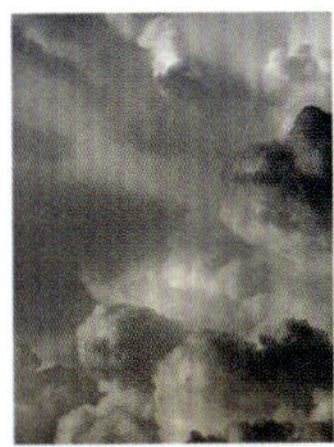

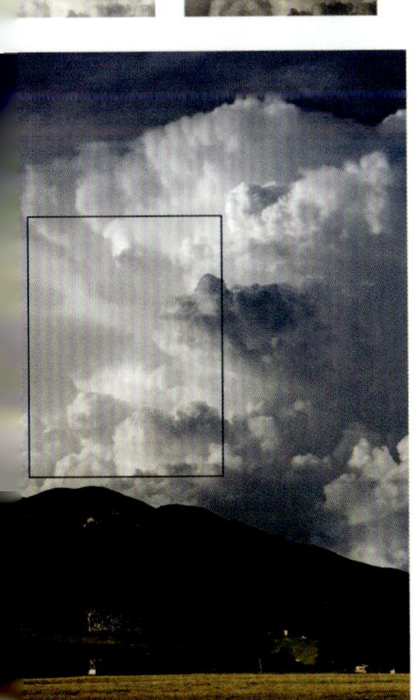

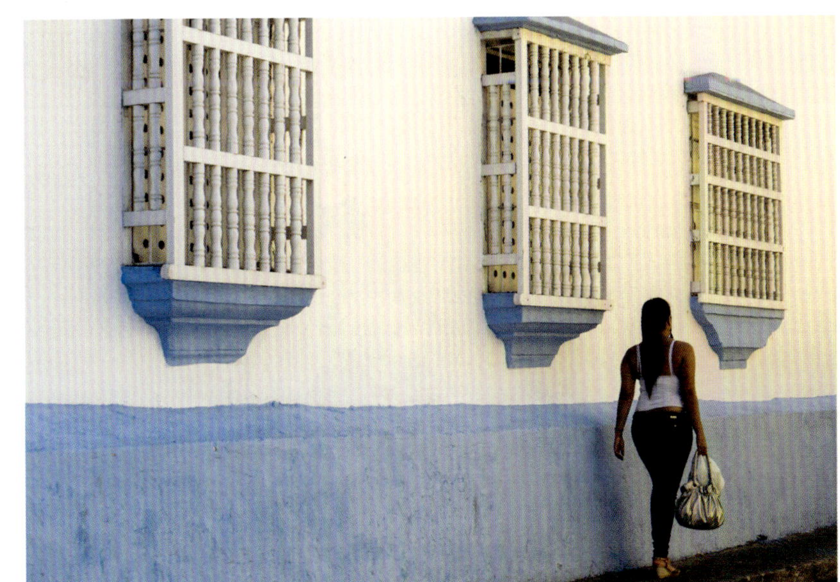

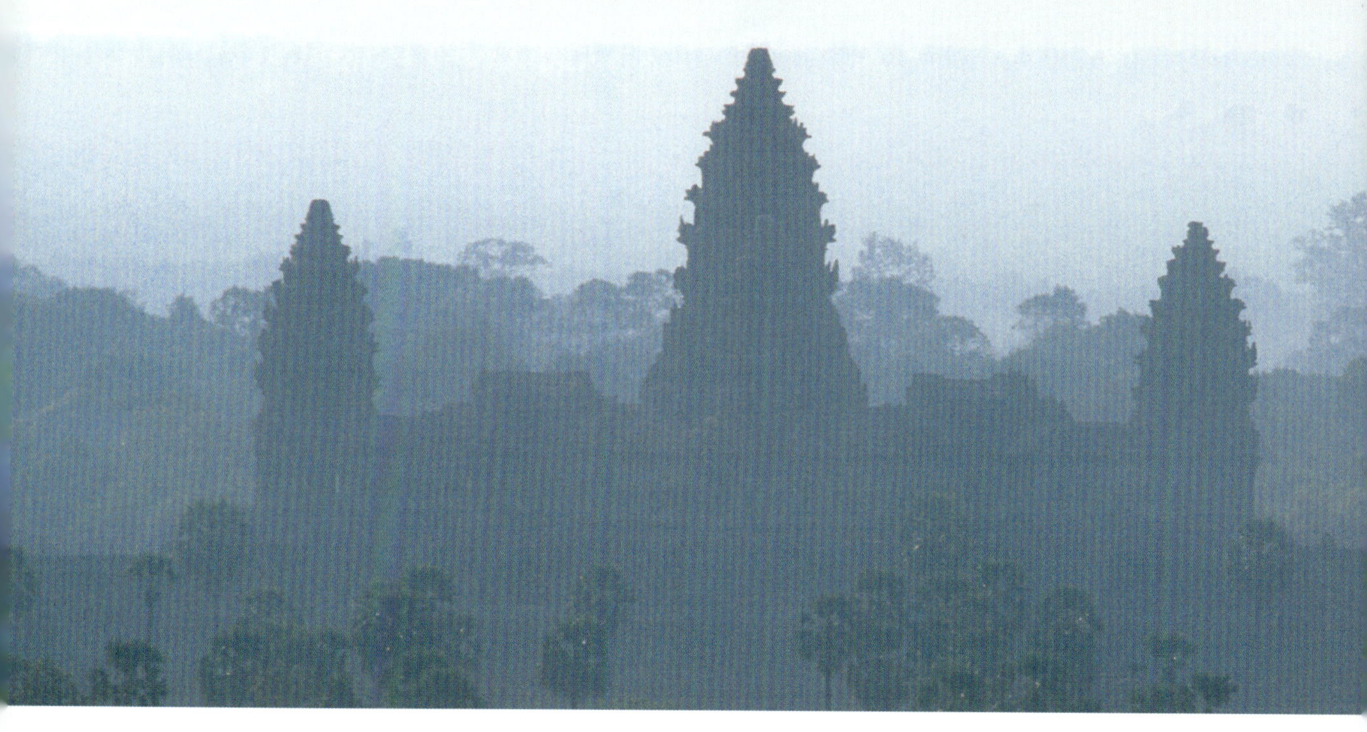

RABENSCHWARZ, SCHNEEWEISS

Je weiter Sie sich vom Mittelton-Durchschnitt entfernen, desto behutsamer müssen Sie bei der Belichtung und Nachbearbeitung vorgehen. Gleichzeitig haben Sie mehr Kontrolle über die Ausprägung von sehr hellen und dunklen Bildbereichen.

Hier kommen Technik und Ästhetik zusammen. »Jenseits des Durchschnitts« kann als eine Art Mantra für dieses Buch dienen, da es oft um ungewöhnliche und sehr spezielle Lichtsituationen geht. Wie Sie auf den vorangegangenen Seiten erfahren haben, ist das Verhältnis von besonders hellen und dunklen Bereichen zum Rest einer Szene für die homogene Bildwirkung entscheidend. Die im mittleren Tonwertbereich angesiedelten Dinge helfen uns bei der Bewertung der Lichter und Schatten. Die Belichtungsautomatik einer Kamera arbeitet genau nach diesem Prinzip und ist stets bemüht, eine durchschnittliche Tonwertverteilung zu erzielen.

Ganz anders verhält es sich, wenn Sie nahezu schwarze oder weiße Szenen anvisieren – etwa eine schwarze Katze im Keller oder einen Eisbären auf einer Eisscholle. Dann liegt die Entscheidung, wie hell oder dunkel das ungewöhnliche Objekt erscheint, allein bei Ihnen. Es handelt sich um eine inhaltliche Entscheidung, die im Beispiel Erfahrungen mit schwarzen Katzen und Eisbären erfordert. Dabei überneh-

↑ Nebel gibt Ihnen die Freiheit, Helligkeit persönlich zu interpretieren. Diese Aufnahme von Angkor Wat habe ich bewusst hell belichtet, von 60% in den dunkelsten Bereichen bis 97% im Himmel. Der Durchschnitt beträgt 80%.

→ Da wir wissen, dass Schwäne weiß sind, haben wir keine Probleme mit großen Tonwertumfängen wie in dieser Aufnahme. Durch den Einstrahlwinkel des Sonnenlichts entstehen dunkle Bereiche und definierte Schatten – lediglich das Gefieder rund um den Schnabel kommt reinem Weiß sehr nahe (Zone VIII–IX, strukturierte Lichter).

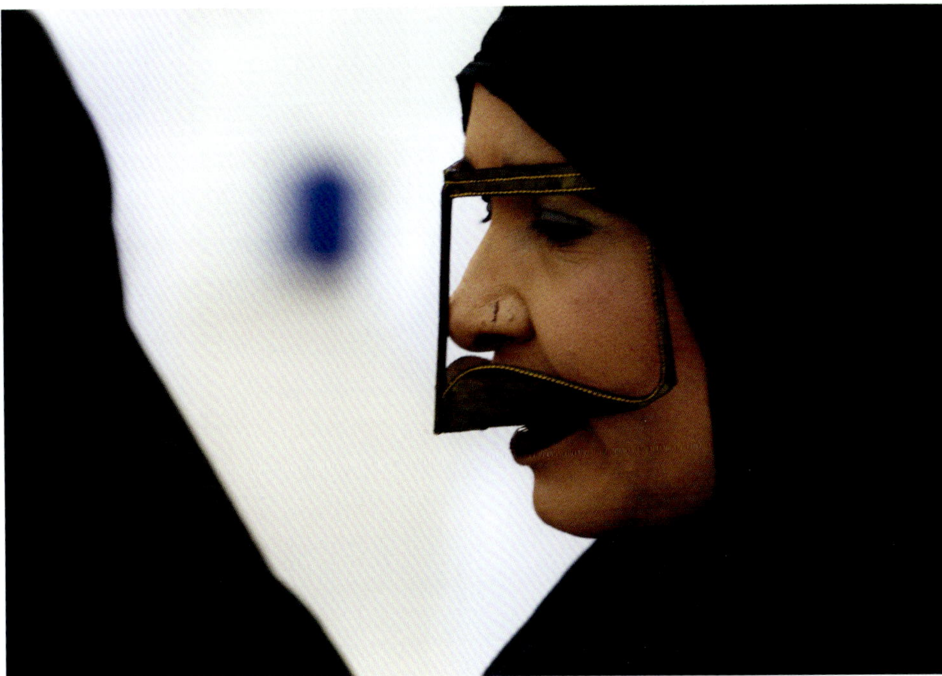

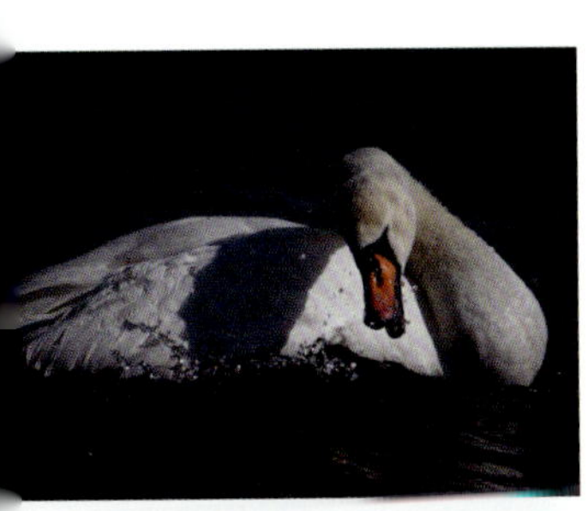

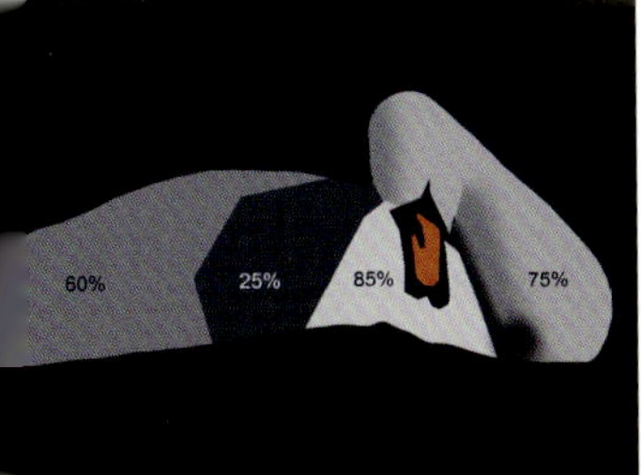

men Sie als Fotograf die Kontrolle und überstimmen die Vorschläge der Kamera. Zumindest tun Sie das zum aktuellen Zeitpunkt, denn KI und neuronale Netzwerke sind in der digitalen Fotografie auf dem Vormarsch. Einen Eindruck davon, wie solche Algorithmen arbeiten, bekommen Sie am Beispiel von »semantischen Maskierungen« ab Seite 134. Sobald ein Objekt erkannt und klassifiziert wurde, kann es während der Aufnahme oder bei der Nachbearbeitung gezielt manipuliert werden. Moderne Smartphone-Kameras nutzen diese Technik unter anderem zum Maskieren von Gesichtern, um diese »gut ausgeleuchtet« erscheinen zu lassen. Im Bild oben, das eine arabische Frau mit traditionellem Abaya und Hijab darstellt, ist die korrekte Ausleuchtung der Gesichtspartie gegenüber der tiefschwarzen Kleidung eine besondere Herausforderung.

Je näher sich eine Oberfläche im Tonwertspektrum zu den Extremen hin bewegt, desto größer wird der persönliche Ermessensspielraum des Fotografen – wie schwarz oder wie weiß möchten Sie es gerne haben? Die einzige Standardlösung besteht im Setzen des Schwarz- und Weißpunkts auf die jeweils dunkelsten und hellsten Pixel im Bild, doch selbst das führt nicht immer zum gewünschten Ergebnis. Solche Extreme können auch stilbildend sein – wenn ich an tiefstes Schwarz denke, kommen mir sofort zwei bekannte Fotografen in den Sinn: Bill Brandt mit seinen urbanen Aufnahmen und Daidō Moriyama mit seinen in Tokio angesiedelten Straßenszenen. Beide Künstler setzen in ihren Schwarzweißbildern auf große Bereiche von reinem Schwarz. Auf den Seiten 152 und 158 lernen Sie Aufnahmetechniken kennen, die ganz bewusst auf hohe oder niedrige Tonwertbereiche setzen, um radikal wirkende Ergebnisse zu erzielen, die weit vom traditionellen Durchschnitt abweichen.

HAUTTÖNE

Bei keiner anderen Oberfläche sind Betrachter sensibler und wertender als bei der menschlichen Haut. Sprechen wir dabei von Hauttönen oder Hautfarben? Erstere ist die verbreitete Bezeichnung, obwohl einige Menschen dabei eher die Farbe selbst im Sinn haben.

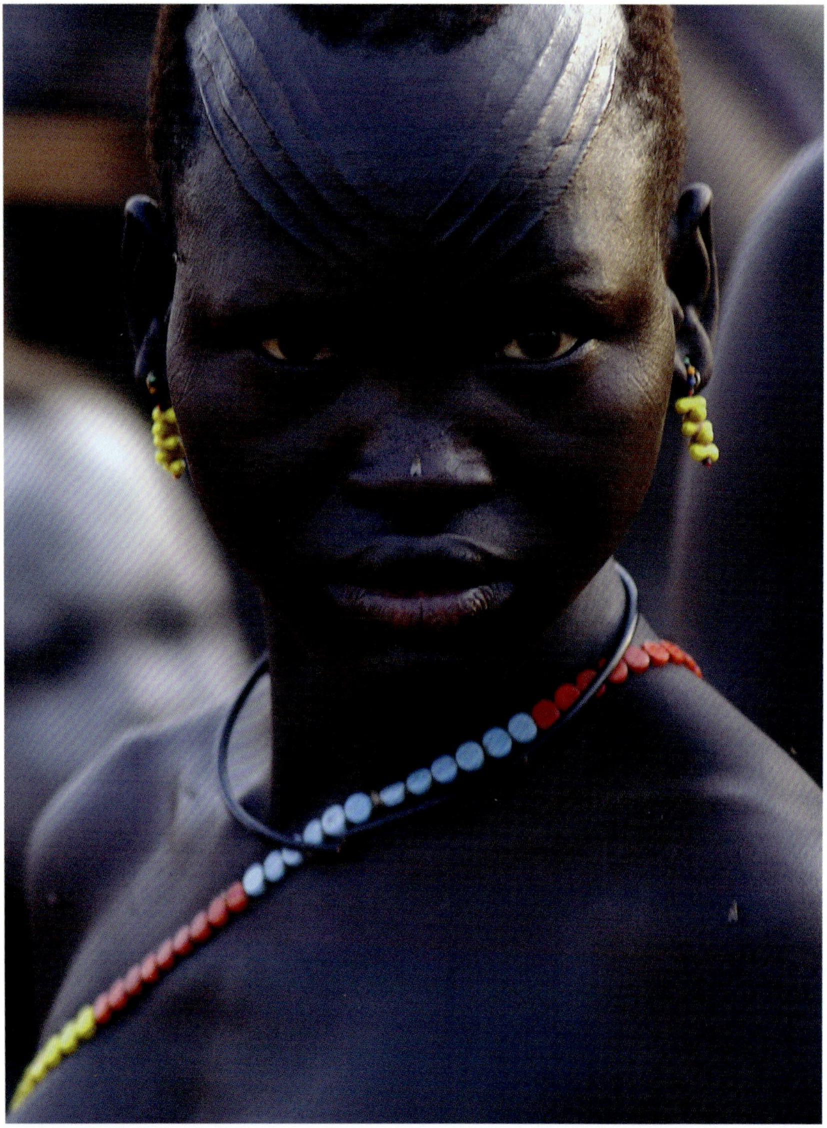

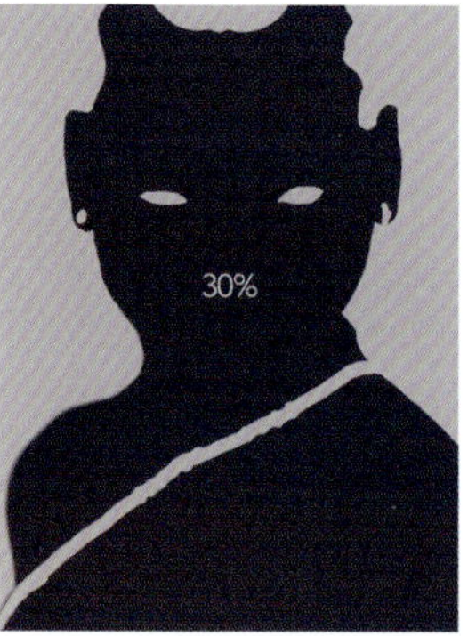

Sehr dunkle Haut, wie bei dieser jungen Mundari aus dem Südsudan, wirkt spiegelnd, sodass das Licht von Himmel und Umgebung von ihr reflektiert wird. Das ist hier gut an Stirn und Schulter (blauer Himmel) und an Schläfe und Wange (warmes Sonnenlicht) zu erkennen. Diese ungewöhnliche Helligkeitsverteilung führt zu einem großen Tonwertumfang von Hell (rund 80%) bis Dunkel (30%).

				1R02	1Y02	2Y02	3Y02	4Y02	5Y02
			2R03	1R03	1Y03	2Y03	3Y03	4Y03	5Y03
5R04	4R04	3R04	2R04	1R04	1Y04	2Y04	3Y04	4Y04	5Y04
5R05	4R05	3R05	2R05	1R05	1Y05	2Y05	3Y05	4Y05	5Y05
5R06	4R06	3R06	2R06	1R06	1Y06	2Y06	3Y06	4Y06	5Y06
5R07	4R07	3R07	2R07	1R07	1Y07	2Y07	3Y07	4Y07	5Y07
	4R08	3R08	2R08	1R08	1Y08	2Y08	3Y08	4Y08	5Y08
	4R09	3R09	2R09	1R09	1Y09	2Y09	3Y09	4Y09	5Y09
		3R10	2R10	1R10	1Y10	2Y10	3Y10	4Y10	
		3R11	2R11	1R11	1Y11	2Y11	3Y11	4Y11	
		3R12	2R12	1R12	1Y12	2Y12	3Y12		
		3R13	2R13	1R13	1Y13	2Y13			
	4R14	3R14	2R14	1R14	1Y14				

Das PANTONE SkinCode™-Raster ist das meistverwendete Referenzsystem für Hautfarben und -töne. Es besteht aus 110 Varianten von dunkel (unten) bis hell (oben) und mit hohem Rotanteil (links) bis hin zu starkem Gelbanteil (rechts).

Um den Sachverhalt adäquat abzudecken, werde ich diesen in meinem nächsten Buch zum Thema Farbe und Tonwerte vertiefen. In diesem Kapitel geht es hauptsächlich um *Farbe*, wobei diese nur eine von drei Komponenten ist – die beiden anderen sind der *Farbton* (was die meisten Menschen als »Farbe« wie Rot, Gelb, Blau usw. bezeichnen) und die *Sättigung* (die Intensität, mit der die Farbe dargestellt wird). Abseits der Fotografie sind Bezeichnungen wie »Farbe« oder »Farbton der Haut« stark emotional aufgeladen. Dabei sind die Unterschiede in Sachen Tonwert über alle ethnischen Gruppen der Welt hinweg gar nicht so groß. Wenn Sie das nicht glauben, werfen Sie einen Blick auf die Pantone-Tabelle oben, die auf Hunderten realen Messungen basiert. Auch der Farbkreis rechts zeigt eindrucksvoll auf, wie schmal der Tonwertbereich für Hautfarben ist.

Was sich jedoch sehr stark auf das Erscheinungsbild von Haut auswirkt, sind Reflexionen. Die meisten Hautfarben weisen ohne Make-up einen leichten Glanz auf. Je dunkler die Haut wird, desto stärker reflektiert sie das Umgebungslicht. Mit anderen Worten: Dunkle Haut wirkt spiegelnd. Das gilt nicht nur für die Haut, sondern für nahezu jede Oberfläche. Eine sehr dunkle Stirn reflektiert demnach das Blau des Himmels. Das ist sehr gut am Porträt der Mundari zu sehen – hier wird nicht nur der blaue Himmel, sondern auch die warme Nachmittagssonne von bestimmten Gesichtspartien reflektiert.

Helle Haut ist verbreitet in Nordeuropa und in Ländern, die von Nordeuropäern besiedelt wurden, sowie in großen Teilen Ostasiens. Die hellste mögliche Hautfarbe liegt ohne kosmetische Maßnahmen bei einem Helligkeitswert von rund 90%. Am gegenüberliegenden Ende der Tonwertskala findet sich sehr dunkle Haut, die im mittleren Afrika und in entsprechend besiedelten Gebieten vorkommt. Der Helligkeitswert reicht dabei bis hinunter zu 10%, wobei starke Reflexionen den Tonwertbereich beeinflussen können, wie auf dem Porträt auf Seite 40 zu sehen ist. Bei heller Haut treten solche Komplikationen nicht auf, allerdings ist diese anfälliger für störende Schatten. Unterm Strich kann der Tonwertumfang bei jeder Hautfarbe bis zu vier Blendenstufen betragen. Das Problem bei der Sache ist die Ermittlung jener Gesichtspartie, die stellvertretend für die durchschnittliche Belichtung steht. In den hellen Bereichen sollten Sie Schatten aus der Messung heraushalten, und im dunklen Spektrum sollten Lichter durch Reflexionen die Messung nicht beeinflussen. Im

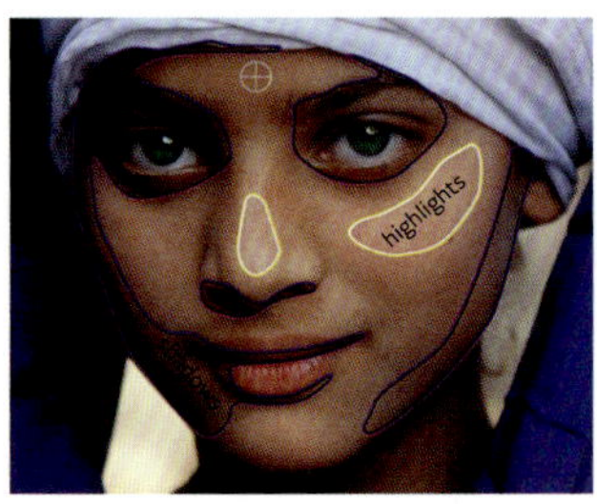

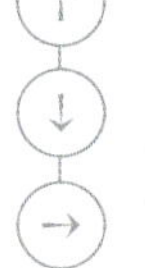

Diese junge Sikh aus dem indischen Punjab hat einen durchschnittlichen Hautton von 50%. Der ideale Bereich für die Belichtungsmessung ist die Stirn, was in der Grafik oben durch ein Fadenkreuz markiert ist. Die typischen Lichter sind in der Grafik gelb hervorgehoben (Nasenbein und Wangenknochen), während die Schatten durch violette Linien markiert wurden. Das vietnamesische Mädchen rechts hat einen ähnlichen Hautton, doch das helle Sonnenlicht von rechts und hinten zeigt eindrucksvoll auf, welche großen Unterschiede die jeweilige Lichtsituation bewirken kann.

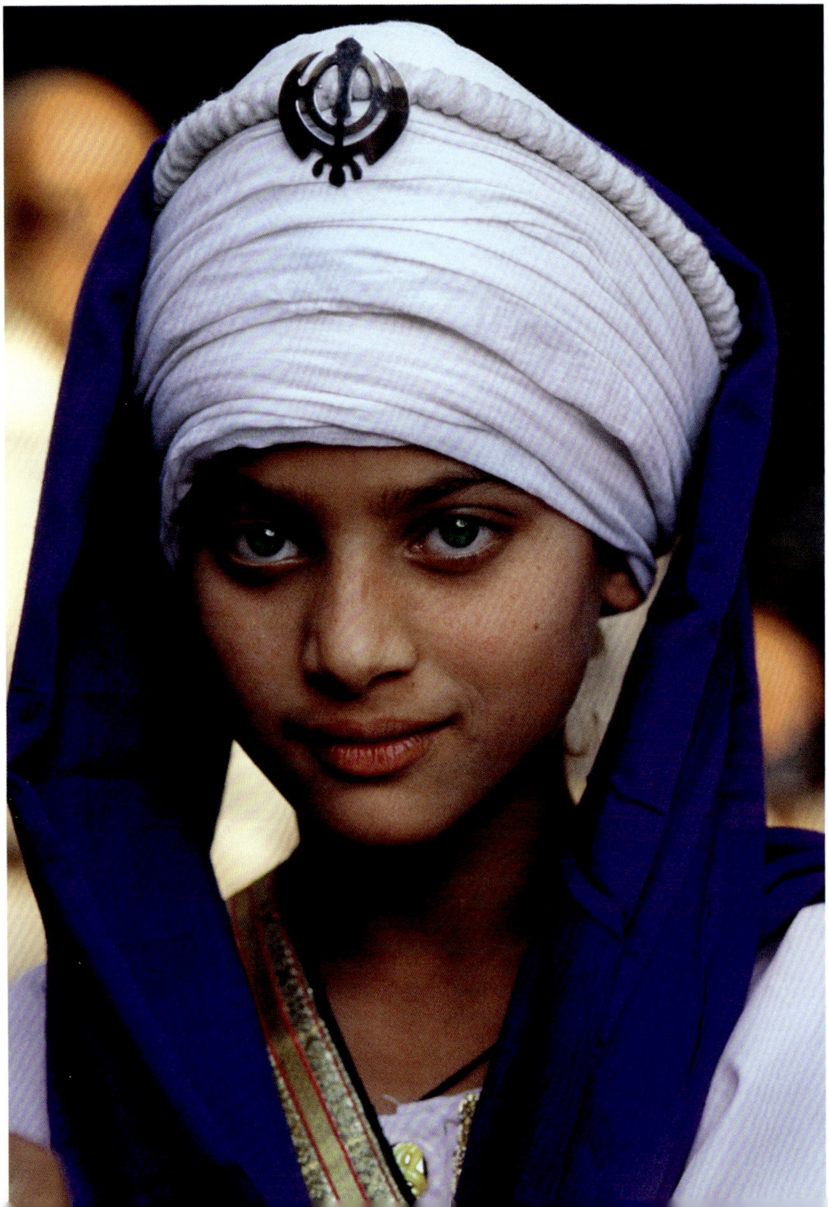

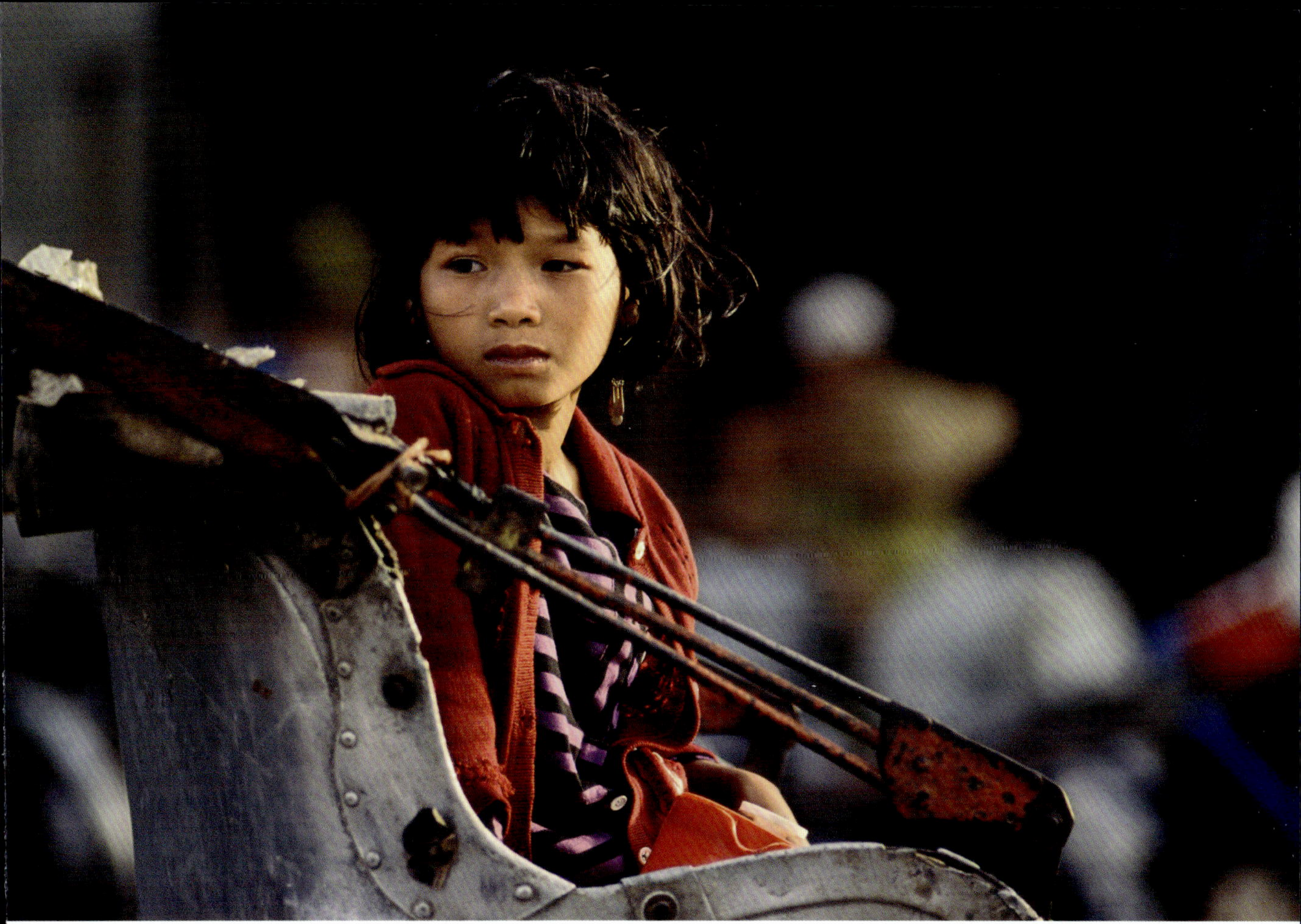

mittleren Bereich der Skala sollten nach Möglichkeit sowohl Schatten als auch Lichter von der Messung ausgenommen werden. Ohne zu berücksichtigen, wie hell oder dunkel die Extreme tatsächlich sind, ergibt sich ein Tonwertbereich von bis zu sechs Blendenstufen (um bei der fotografischen Terminologie zu bleiben) oder Zonen. Das zeigt eindrucksvoll auf, wie komplex die korrekte Abbildung von Hauttönen in einem Foto sein kann. Erschwerend kommt hinzu, das speziell bei dunkler Haut die Strukturen noch deutlich erkennbar bleiben sollen. Unsere Augen erledigen diese Aufgabe ohne Probleme, doch Kamerasensoren können nicht auf Erfahrungswerte zurückgreifen, sodass die Belichtungseinstellungen für Gesichter manuell vorgenommen werden sollten. Allerdings verzeichnet die digitale Fotografie in diesem Bereich große Fortschritte, wie Sie ab Seite 134 erfahren. Behalten Sie deshalb beim Fotografieren stets unsere große Sensibilität für die Darstellung von Hauttönen im Hinterkopf, die besonders bei Aufnahmen unserer Freunde und Familienmitglieder eine entscheidende Rolle spielt.

Wie Sie bereits im Abschnitt »Jenseits des Durchschnitts« ab Seite 36 erfahren haben, lassen bildfüllende Motive keinen Raum für andere Elemente zum Vergleichen der Helligkeit – das gilt insbesondere für Gesichter (gut zu sehen im Studioporträt auf Seite 57). Das gestaltet die korrekte Belichtung und Nachbearbeitung sehr schwierig. Nimmt ein Gesicht nur einen kleinen Bereich ein wie im Bild oben, fällt die Belichtung leicht. Handelt es sich dagegen um ein Porträt wie auf der linken Seite, ist eine kom-

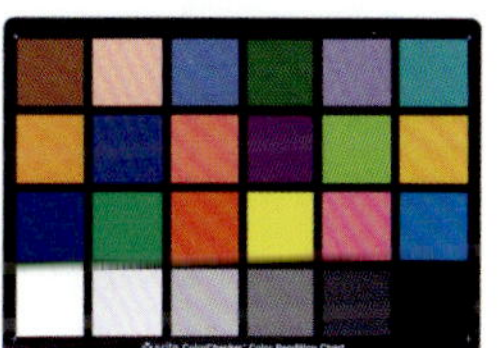

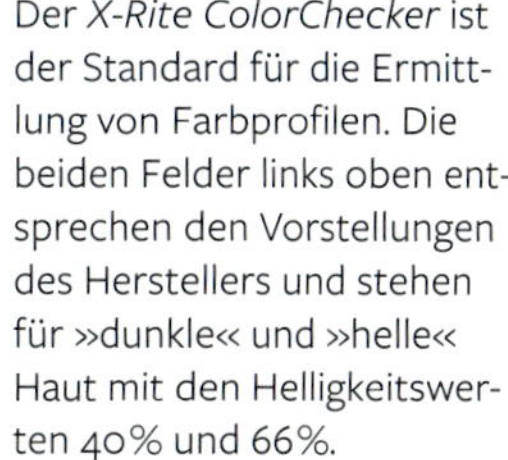

Der *X-Rite ColorChecker* ist der Standard für die Ermittlung von Farbprofilen. Die beiden Felder links oben entsprechen den Vorstellungen des Herstellers und stehen für »dunkle« und »helle« Haut mit den Helligkeitswerten 40% und 66%.

petente Bewertung oder Messung erforderlich. Auf der standardisierten Farbtafel (vorangegangene Seite rechts) repräsentieren die ersten beiden Felder »dunkle Haut« (45%) und »helle Haut« (66%). Das basiert natürlich auf der Bewertung des Herstellers und fasst alle Nuancen von »dunkel« und »hell« in zwei Farbtönen zusammen – ein Paradebeispiel für die Probleme, die sich beim Definieren von festen Kategorien ergeben. Abseits des kulturellen Minenfelds, in das ich mich nicht begeben möchte, variieren Hauttöne in vielen fein abgestuften Nuancen und nicht in großen, leicht nachvollziehbaren Stufen. Der einzige Weg, um eine akkurate Belichtung von Hautpartien sicherzustellen, ist die Einstellung auf eine Mittelton-Referenz. Dabei haben Sie die Wahl zwischen einer 18%-Graukarte (rechts) und einem Belichtungsmesser (nächste Seite links unten). In beiden Fällen halten Sie entweder die Graukarte oder den Belichtungsmesser direkt vor das Gesicht. Das ist natürlich ein zusätzlicher Aufwand, kostet Zeit und ist in den meisten Aufnahmesituationen nicht realisierbar. Dann bleibt Ihnen nur die Bewertung mit Ihren eigenen Augen. Wenn Sie nach dem Fototermin noch Zugriff auf die porträtierte Person haben, können Sie diese um die Anwesenheit bei der Nachbearbeitung bitten. Das erlaubt die Abstimmung auf den tatsächlichen Hautton und stellt eine gute Übung für zukünftige Projekte dar. Referenzwerte sind gut, doch am Ende zählt Ihre persönliche Wahrnehmung.

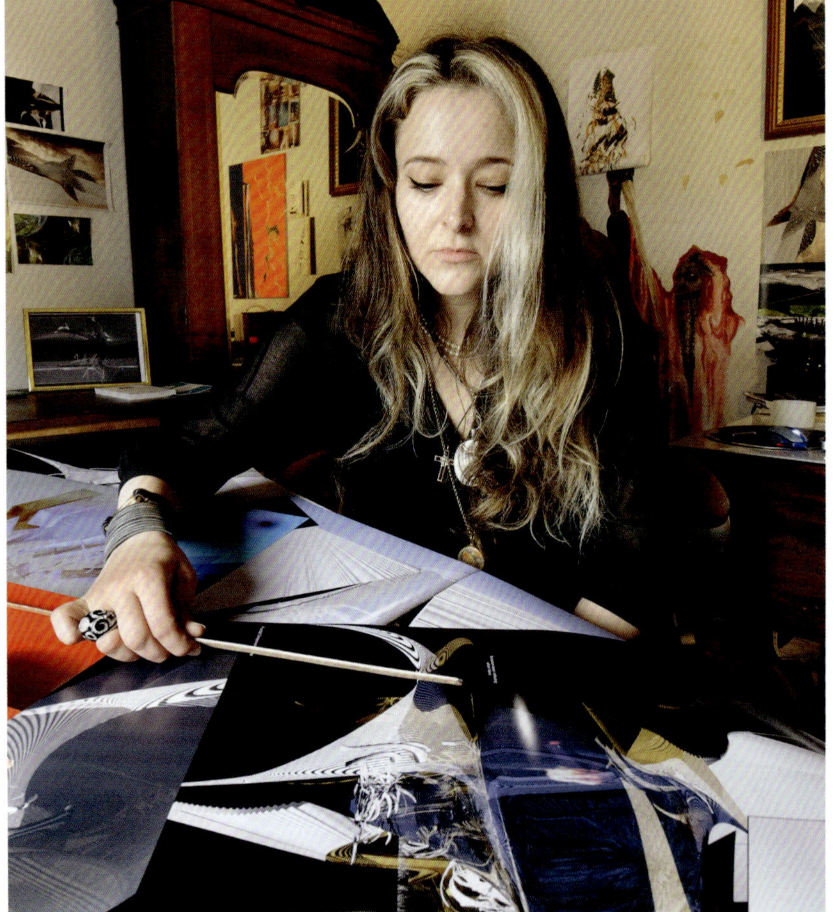

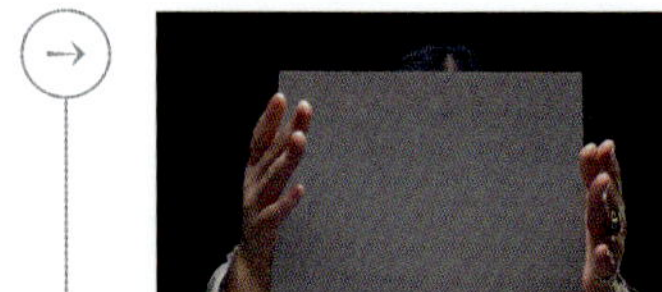

Eine bewährte Methode zur korrekten Belichtungseinstellung für Porträts von Menschen mit unterschiedlichen Hauttönen ist eine Graukarte, die von der betreffenden Person hochgehalten wird. Diese ist mit einer Lichtreflexion von 18% eine gute Referenz für einen durchschnittlichen Mittelton.

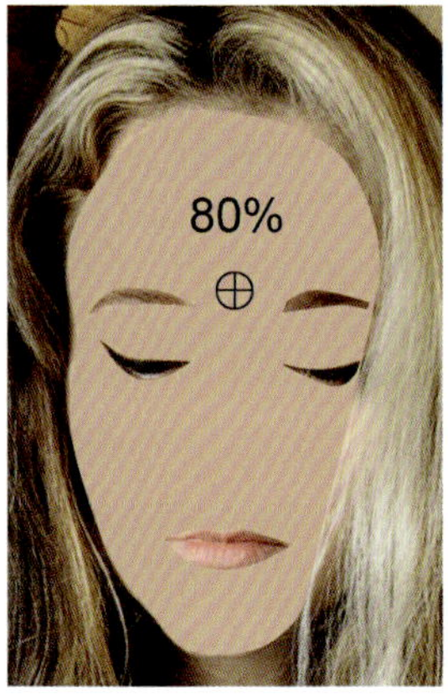

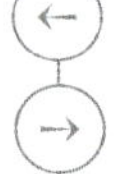

Ein Belichtungsmesser kann ebenfalls unabhängig von der Hautfarbe zu guten Belichtungsergebnissen führen. Er misst das Licht, das auf die Haut des oder der Porträtierten fällt. Eine zuverlässige Messung erzielen Sie, wenn Sie die helle Halbkugel etwa in Höhe der Stirn direkt vor das Gesicht der Person halten.

Eine alternative Methode zur Tonwertoptimierung bei sehr dunkler Haut besteht darin, den Schwarzpunkt (hier unterhalb der Augenbraue) auf 5% zu setzen. Diese Maßnahme führt zu einer ansprechenden Helligkeitsverteilung im Gesicht dieses Schilluk aus dem Sudan.

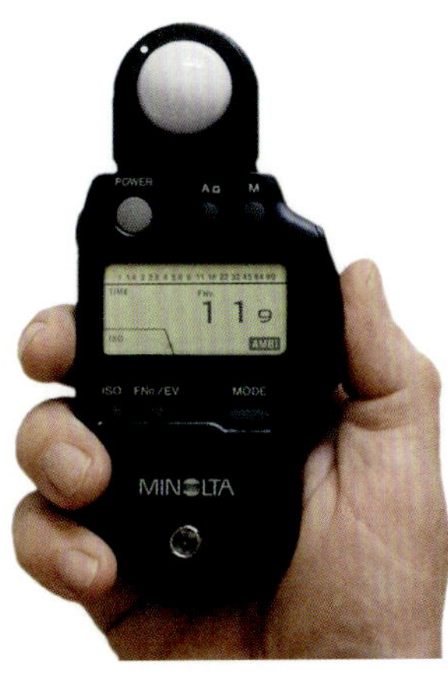

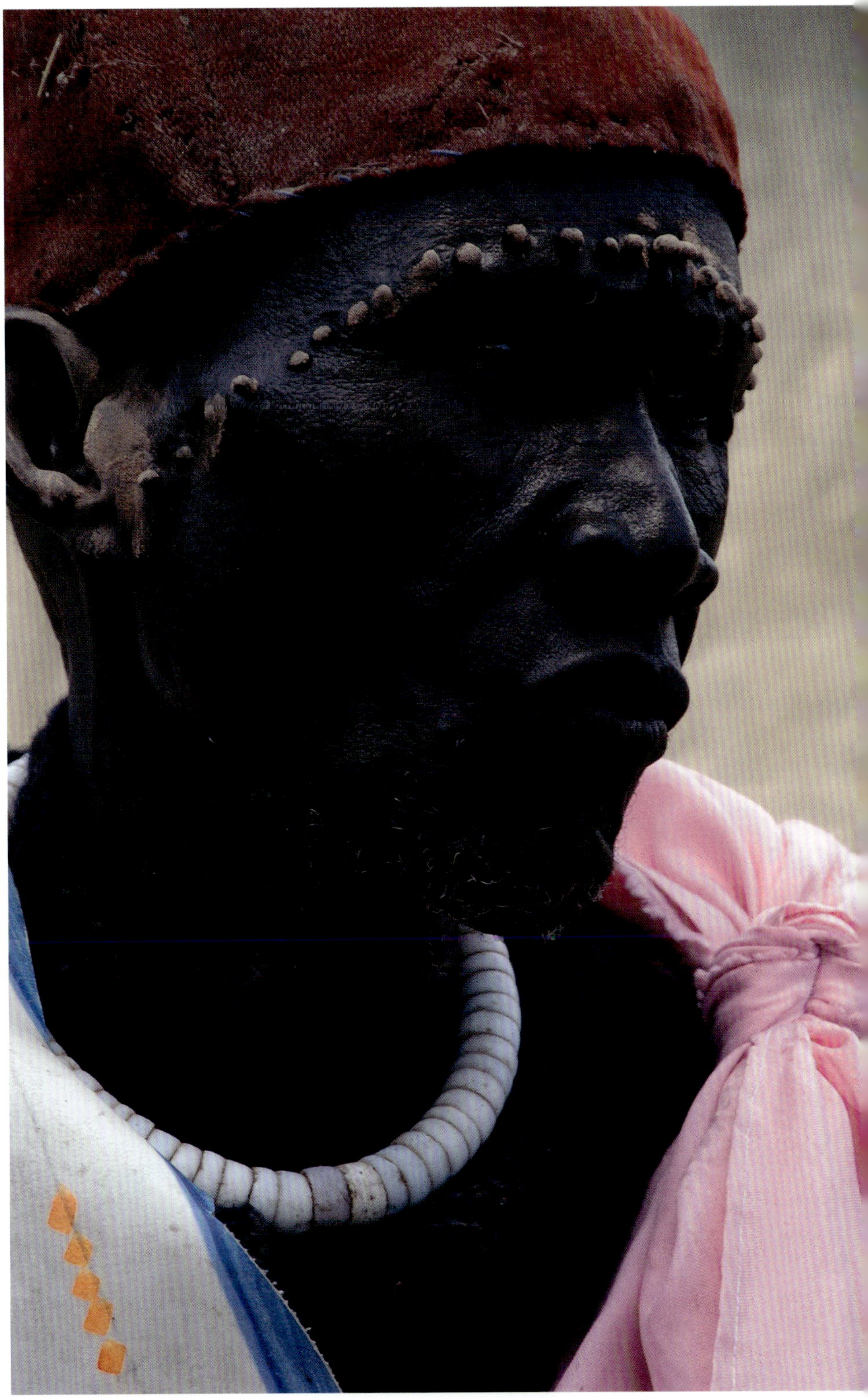

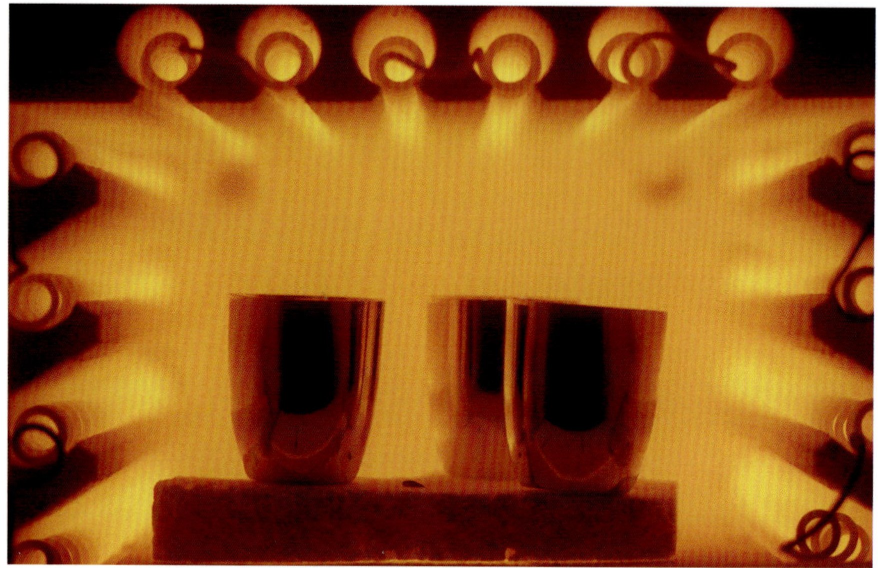

Platingefäße werden durch Erhitzen auf 1.200 °C auf ihr Alter und ihre Echtheit hin überprüft. Bei Flammen im Speziellen und glühenden Lichtquellen im Allgemeinen besteht die Kunst darin, die hellsten Bildbereiche so hell wie möglich darzustellen, ohne die Lichter ins reine Weiß überstrahlen zu lassen (Fachjargon »Clipping«).

DIE QUELLE SELBST

Die Lichtquelle selbst gehört fraglos zu den hellsten Dingen, die wir auf den Sensor bannen können. Wenn es sich dabei um die einzige Quelle im Bild handelt, kommen gleich mehrere Herausforderungen auf uns zu.

Die erste Herausforderung ist technischer Natur, da der Helligkeitsumfang in einem solchen Bild extrem groß ist. Dabei spielt es keine Rolle, um welche Art von Lichtquelle es sich handelt. Von der Sonne bis zur Kerze: Wenn Sie die Quelle und das beleuchtete Objekt gleichzeitig ablichten möchten, sehen Sie sich mit einem Dynamikumfang von rund 20 Blendenstufen konfrontiert. Zum Vergleich: Unser Auge ist in der Lage, beeindruckende 24 Blendenstufen zu erfassen. Selbst die besten Kamerasensoren schaffen aber maximal 14 oder 15 Stufen. Natürlich können Sie den Tonwertumfang per HDR-Sequenz erweitern (siehe Kapitel 6, Seite 132), doch das reine Einfangen aller Helligkeitsabstufungen bedeutet nicht, sie auch sichtbar zu machen. Denn in den meisten Fällen wird es Ihnen nicht gelingen, solch eine Bilddatei bei der Nachbearbeitung in eine Abbildung zu verwandeln, die auf dem Papierabzug oder dem Bildschirm halbwegs realistisch wirkt. Deshalb müssen Sie in dieser Disziplin einige Kompromisse eingehen, um zum gewünschten Ergebnis zu gelangen.

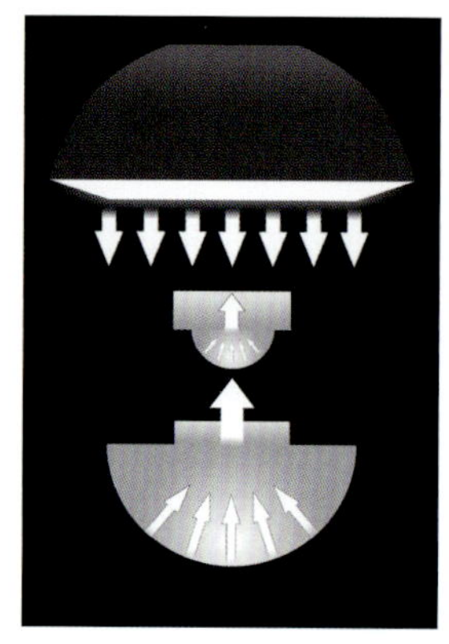

Statt der Lichtquelle selbst kann auch deren Reflexion fotografiert werden. Eine (hier geöffnete) Vorrichtung für ein Experiment der Stanford-Universität produziert Kugeln aus Quarz. In der Kugel spiegelt sich der rechteckige Studioscheinwerfer.

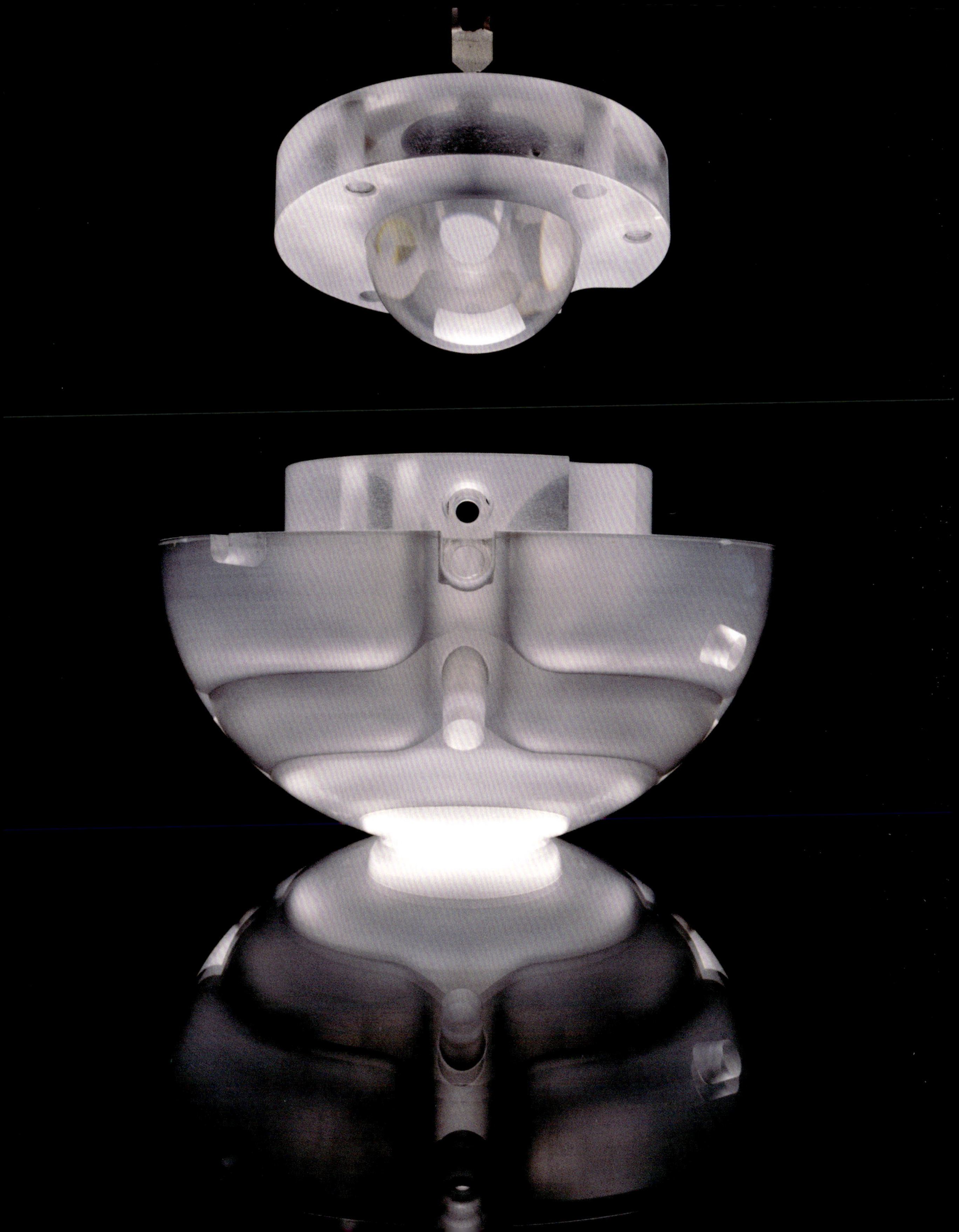

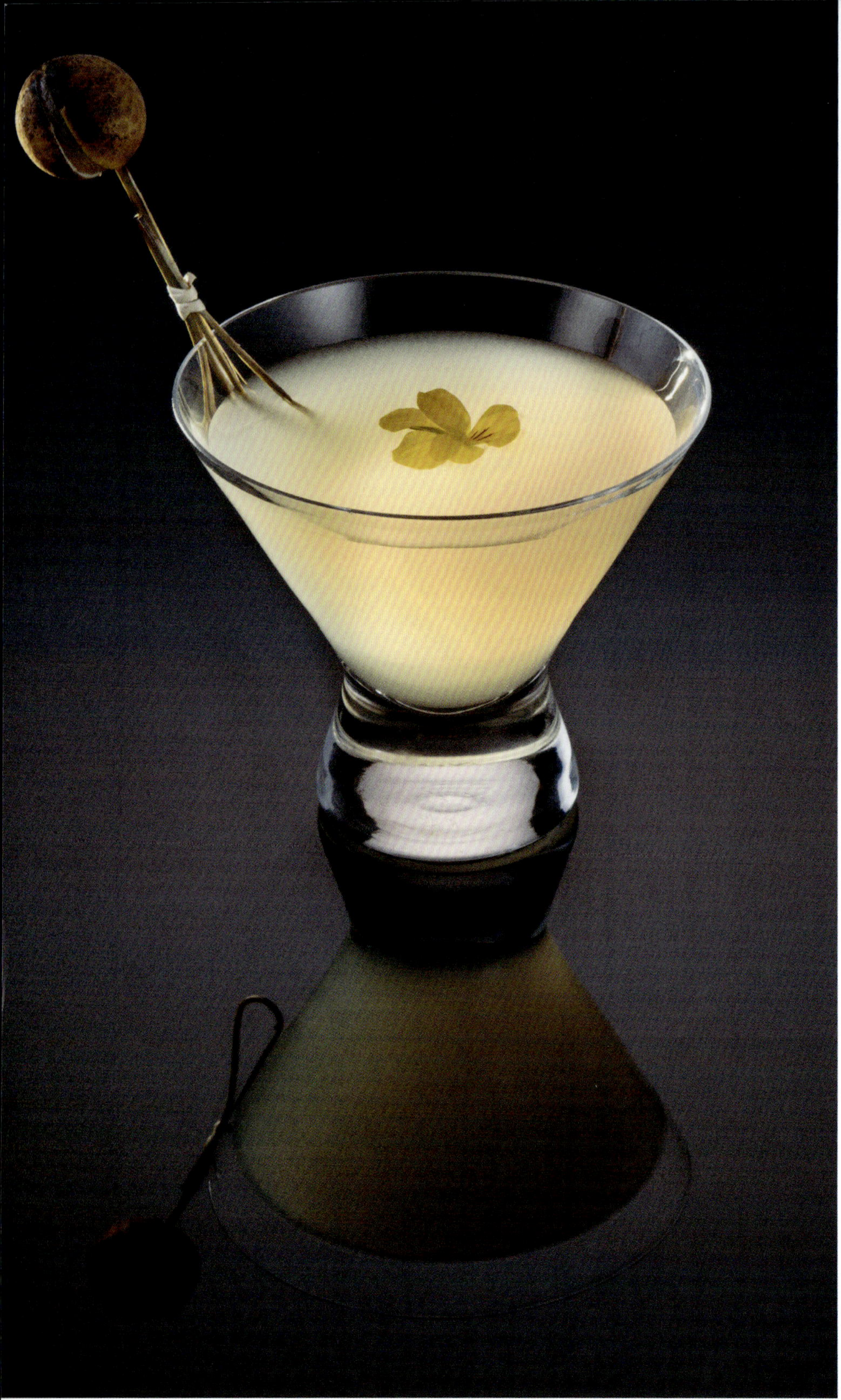

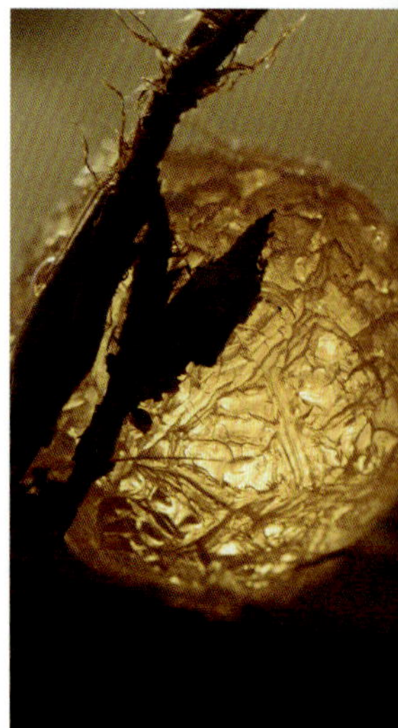

Eine Kugel aus Gummi Arabicum, dem Harz der Akazie, verhält sich ähnlich wie der Cocktail links: Die Brechung des Sonnenlichts vermittelt aus diesem Blickwinkel die Illusion einer glühenden Kugel.

Beim Fotografieren von Getränken wird oft auf den Trick zurückgegriffen, die Flüssigkeit durch gezielte Beleuchtung von Innen heraus leuchten zu lassen. Dies gelingt mit einem Spot, der scharf gebündeltes Licht von unten auf einen kleinen Bereich innerhalb des Glases konzentriert, ohne dabei Streulicht zu verursachen (siehe die Grafik auf der rechten Seite).

Neben den technischen Aspekten spielen auch kreative Elemente wie Komposition und Stil eine Rolle. Das Fotografieren einer Lichtquelle hat dabei nichts mit Gegenlichtaufnahmen zu tun, wie sie ab Seite 68 beschrieben werden. Dabei kommt es hauptsächlich darauf an, eine klein abgebildete Lichtquelle wie die Sonne in einer größeren Szene nicht überstrahlen zu lassen. Hier geht es darum, das Licht selbst zum Hauptmotiv zu machen. Zunächst müssen Sie die Entscheidung treffen, ob ausschließlich die Lichtquelle abgebildet werden soll oder einige weitere Elemente wie der Hintergrund oder die Umgebung. Der dabei entstehende Zwang, die Belichtung unter Kontrolle zu halten, um Clipping zu vermeiden, mindert den visuellen Eindruck vom direkten Blick in eine Lichtquelle. Um die Erwartungen der Betrachter an ein gleißend helles, von einem Lichtschein umgebenes Objekt zu erfüllen, kann ein gewisses Maß an Lichthöfen und Blendenflecken hilfreich sein. Obwohl die Objektivhersteller alles daran setzen, solche Effekte zu minimieren, lassen sich dennoch attraktive Ergebnisse erzielen, wie auf den Seiten 86 und 101 (Alligator) zu sehen ist. Die Blendenflecke auf dem Buchtitel oben tragen visuell dazu bei, dass man in dem hellen Kreis die Sonne erkennt, und unterstreichen deren große Helligkeit.

Eine interessante Vorgehensweise ist auch das »Injizieren« von Licht in geeignete Motive. Ein gutes Beispiel ist die im Studio entstandene Aufnahme des Cocktailglases, dessen Inhalt aus dem Inneren heraus zu leuchten scheint. Diese Technik ist nicht weiter kompliziert und nutzt die Lichtbrechungseigenschaften von Flüssigkeiten. Im Beispiel wird die halbtransparente Flüssigkeit gezielt von einem Spot angestrahlt, wodurch die Illusion eines wahrhaft strahlenden Drinks entsteht. Dies würde weder mit einer transparenten noch mit einer opaken Flüssigkeit funktionieren, da feine Partikel zur gewünschten Lichtbrechung führen.

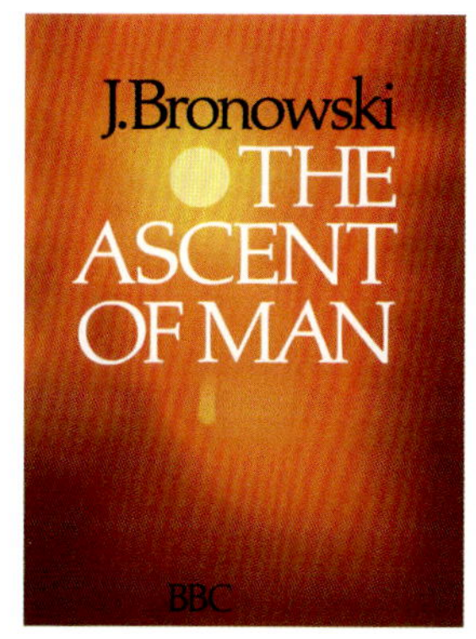

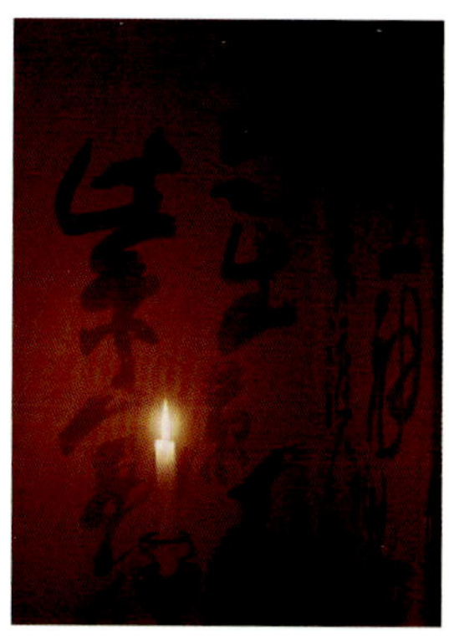

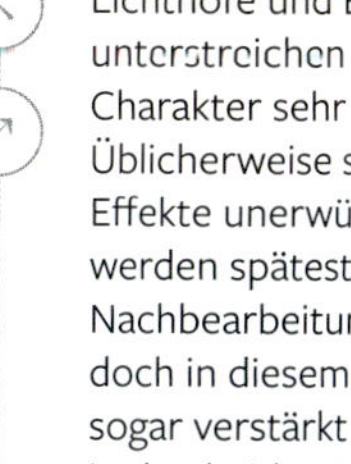

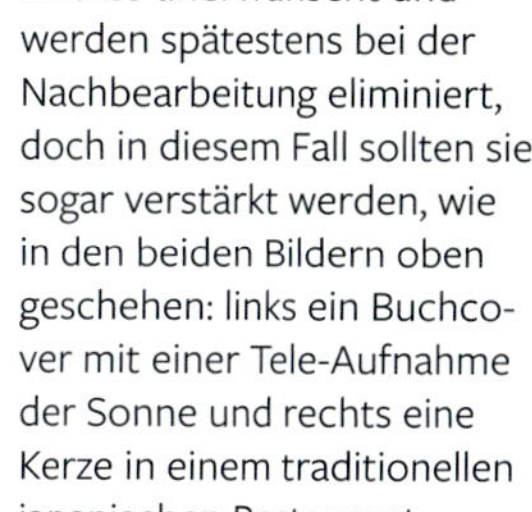

Lichthöfe und Blendenflecke unterstreichen den visuellen Charakter sehr heller Motive. Üblicherweise sind solche Effekte unerwünscht und werden spätestens bei der Nachbearbeitung eliminiert, doch in diesem Fall sollten sie sogar verstärkt werden, wie in den beiden Bildern oben geschehen: links ein Buchcover mit einer Tele-Aufnahme der Sonne und rechts eine Kerze in einem traditionellen japanischen Restaurant.

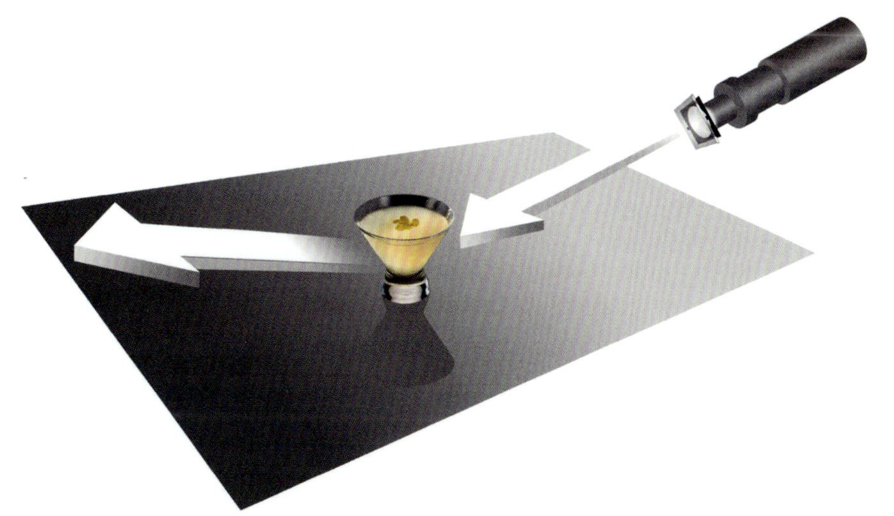

UNBESTIMMTE HELLIGKEIT

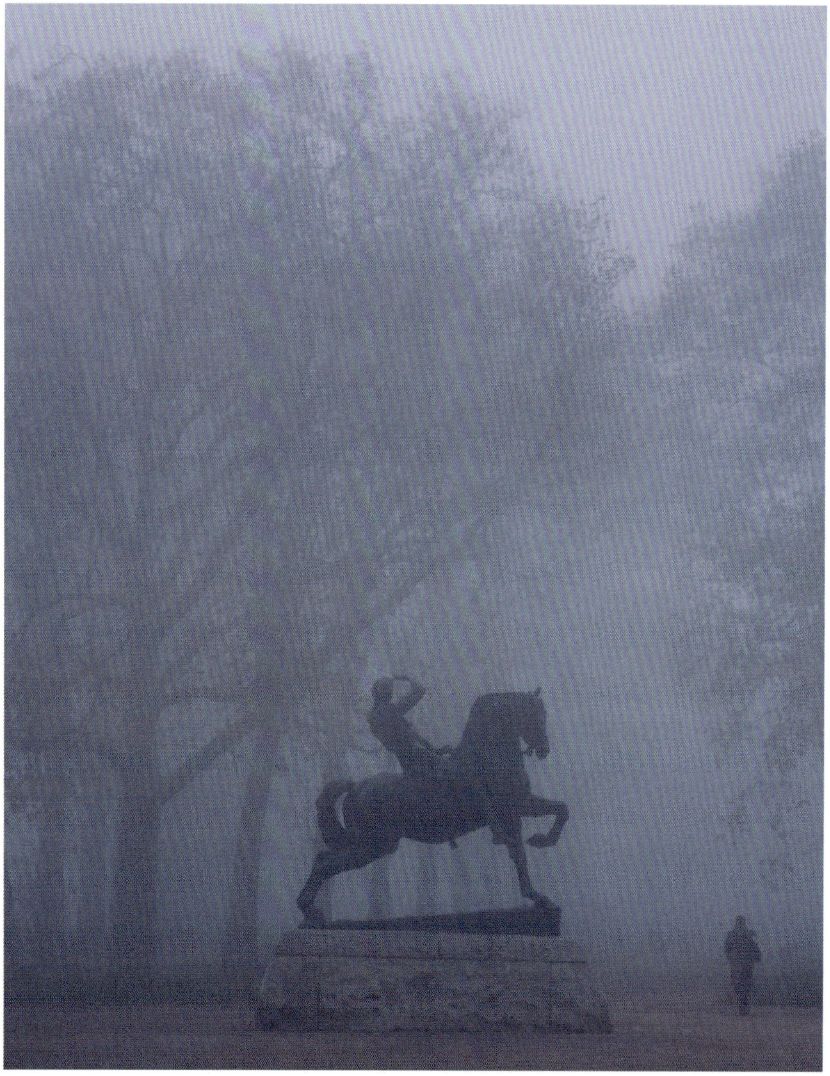

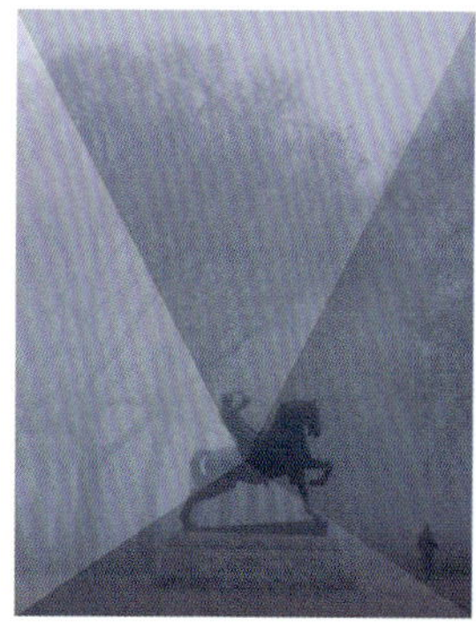

Ein nebliger Morgen in den Londoner Kensington Gardens eröffnet viele Möglichkeiten zur visuellen Interpretation von Hell bis Düster, wie die unterteilte Version oben sichtbar macht.

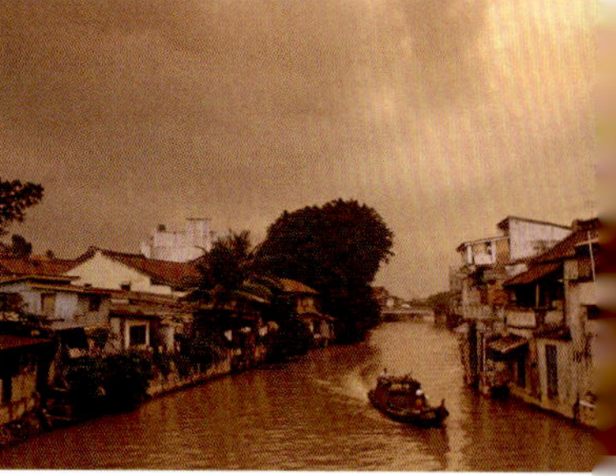

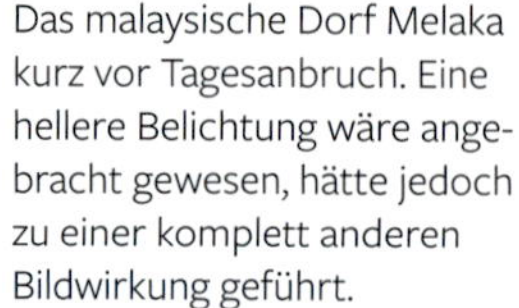

Das malaysische Dorf Melaka kurz vor Tagesanbruch. Eine hellere Belichtung wäre angebracht gewesen, hätte jedoch zu einer komplett anderen Bildwirkung geführt.

Bestimmte Lichtverhältnisse überlisten die Helligkeitskonstanz und hindern uns daran, auf unsere visuellen Erfahrungswerte zurückzugreifen.

Unsere Augen nutzen alle Arten von Hinweisen, um zu bestimmen, wie hell oder dunkel ein Objekt sein könnte – dabei spielt der Kontrast eine wesentliche Rolle.

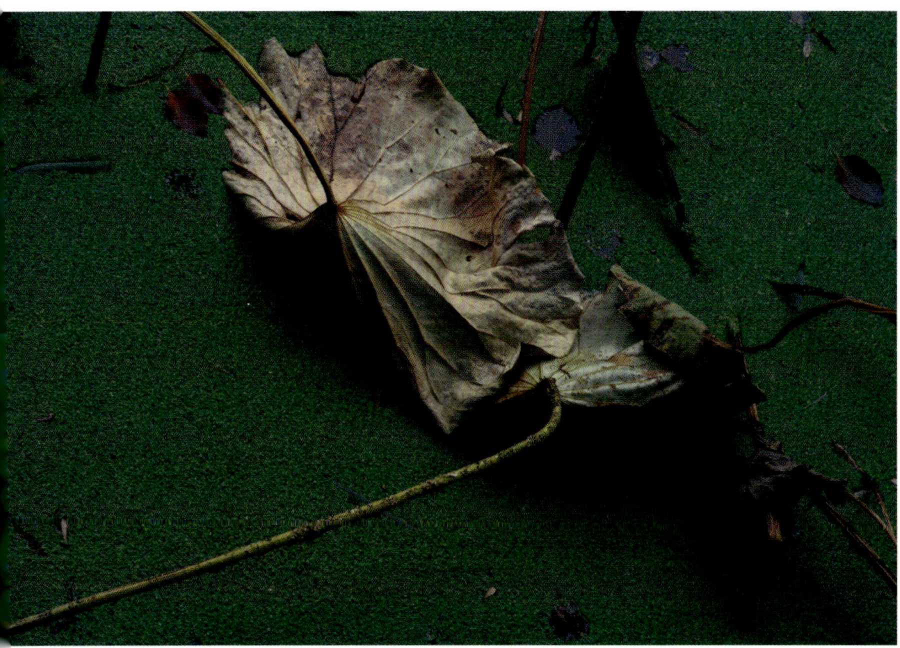

Lotusblätter auf einem mit Entengrütze bedeckten Teich. Das weiche Tageslicht ohne helle Reflexionen liefert keinerlei Anhaltspunkte für eine korrekte Belichtung, sodass diese Aufnahme je nach Stimmung des Fotografen über drei Blendenstufen hinweg funktioniert.

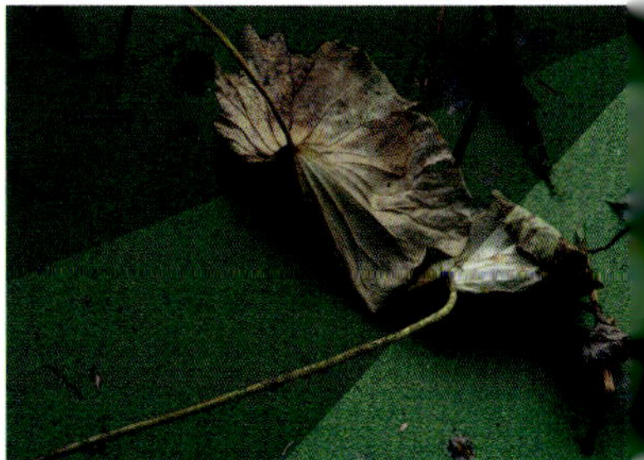

Wenn wir nur einen kleinen Bereich in einem Bild klar identifizieren können, ziehen wir daraus die nötigen Schlüsse für die gesamte Abbildung. Manchmal ergeben sich jedoch Szenen, die keinen einzigen visuell verwertbaren Hinweis enthalten. Die Aufnahme der Statue auf einem Brunnen ist ein gutes Beispiel. Da nur wenige Umgebungsdetails vorhanden sind, können wir beim Betrachten des Bildes keinerlei zuverlässige Aussage über das Material machen, aus dem die Statue gefertigt ist. Es könnte Stein oder Metall in verschiedensten Ausprägungen sein. Es könnte hell oder dunkel sein. Die einzige Konstante sind die von den Wasserpartikeln erzeugten Lichter, doch deren weiße Farbe hilft uns nicht weiter. Ich habe dieses Beispiel gewählt, da es sich um eine Analogaufnahme handelt, bei der sich die Helligkeit nicht ohne Weiteres erhöhen lässt. Derselbe Effekt hätte sich auch eingestellt, wenn ich eine Blendenstufe heller belichtet hätte.

Das ist ein sehr spezieller Fall, doch es gibt noch viele weitere Lichtbedingungen, die Zweifel hervorrufen können. Wie hell soll eine Landschaft in der Abenddämmerung wirken? Wenn das Licht langsam abnimmt, passen sich unsere Augen daran an und lassen uns die Szene weiterhin klar erkennen, obwohl wir wissen, dass es dunkler geworden ist. Bei der Momentaufnahme eines Fotos können wir dunkler belichten oder nachbearbeiten, um die Betrachter wissen zu lassen, dass gerade Dämmerung herrscht. Ein Gedankenexperiment: Wie hell sollte die Oberfläche des Mars wirken? Der Planet erhält nur 60% des Sonnenlichts verglichen mit der Erde, sodass ein Foto viel dunkler aussehen sollte. Oder ist es besser, anzunehmen, dass sich unsere Augen an die Lichtverhältnisse anpassen und die Landschaft »normal« hell erscheinen lassen? Zurück auf die Erde: Nebel erzeugt eine maximal unbestimmte Helligkeitsverteilung. Im Nebel können wir die Helligkeit nicht ohne einen Belichtungsmesser ermitteln. Fehlende visuelle Referenzen machen es uns schwer, den Erwartungen der Betrachter zu entsprechen. Da Ihnen für eine akzeptable Helligkeitsverteilung rund zwei Blendenstufen zur Verfügung stehen, obliegt die Entscheidung allein Ihnen selbst.

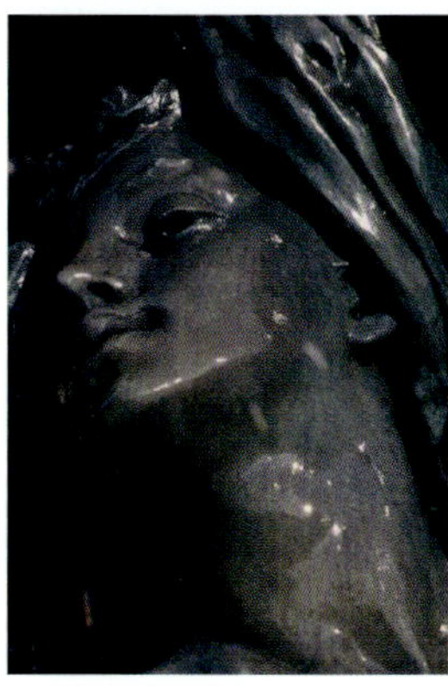

Diese Detailaufnahme einer patinierten Bronzestatue in der Kongressbibliothek, Washington DC, gibt uns ebenfalls keinerlei visuelle Referenzen durch umgebende Objekte.

KAPITEL

3

GRUNDLEGENDE SZENARIEN

Der meiner Meinung nach beste Weg zum Umgang mit nahezu unendlich vielen Lichtsituationen ist die Gruppierung in eine überschaubare Anzahl von Szenarien. Auf diese Weise sind Sie für verschiedene Anforderungsprofile wie Landschafts-, Porträt-, Straßen- oder Studio-Fotografie gut gerüstet. Es mag leicht übertrieben klingen, doch wenn Sie die besonderen Anforderungen des Motivs gegenüber der ganzen Szene aus der Gleichung herausnehmen, wird es Ihnen leichter fallen, die Lichtverhältnisse angemessen zu beurteilen. Um dies zu unterstreichen, versuche ich, wo es geht, Beispiele für natürliches und künstliches Licht – üblicherweise draußen und im Studio – anzuführen. Wenn ich von »Studio« spreche, meine ich übrigens jede von Ihnen selbst herbeigeführte Lichtsituation, die nicht zwangsläufig ein Fotostudio voraussetzt.

Die grundlegende Idee geht von den Möglichkeiten und Grenzen eines jeden definierten Szenarios aus, die sich durch persönliche Erfahrungswerte erkennen und für die jeweilige Aufnahmesituation nutzen lassen. Ich möchte den Wert von Erfahrungen nicht überstrapazieren, das wir ja alle bei null beginnen und uns von dort aus kontinuierlich hocharbeiten. Doch gerade beim Ausarbeiten von Szenarien für Licht und Schatten sind die Anforderungen an den persönlichen Erfahrungsreichtum überaus hoch, da es viele Nuancen und Unwägbarkeiten zu beachten gilt. Deshalb versuche ich Ihnen meine langjährigen Erfahrungen an die Hand zu geben, wobei die entsprechenden Vorschläge nicht in Stein gemeißelt sind – in der Fotografie gibt es stets neue Verfahrensweisen und Techniken zu entdecken, und man lernt (wie in den meisten anderen Bereichen) niemals aus.

Die meisten meiner Ratschläge beziehen sich auf die Richtung, aus der das Licht kommt. Viele Menschen sind überrascht, welch enorme Auswirkungen schon eine relativ geringe Änderung des Lichtwinkels auf eine Szene, die Qualität der Beleuchtung und die visuelle Präsenz des Motivs haben kann. Einige Herangehensweisen beziehen auch weitere Umstände wie atmosphärische Bedingungen oder Reflexionen, die von verschiedenen Elementen ausgehen, in die Szenarien mit ein. Selbst feinste Nuancen des Lichts sind von größter Bedeutung für die Ausleuchtung einer Szene, sodass Sie bei natürlichem Licht auf den richtigen Zeitpunkt warten oder die gewünschten Bedingungen im Studio selbst herstellen sollten. Dabei sollten Sie sich stets vor Augen halten, dass die Betrachter in der Regel zwar nicht wissen, wie Sie eine Szene ausgeleuchtet haben, doch dass sie das Ergebnis bewerten, indem sie es schlicht mögen oder nicht gut finden.

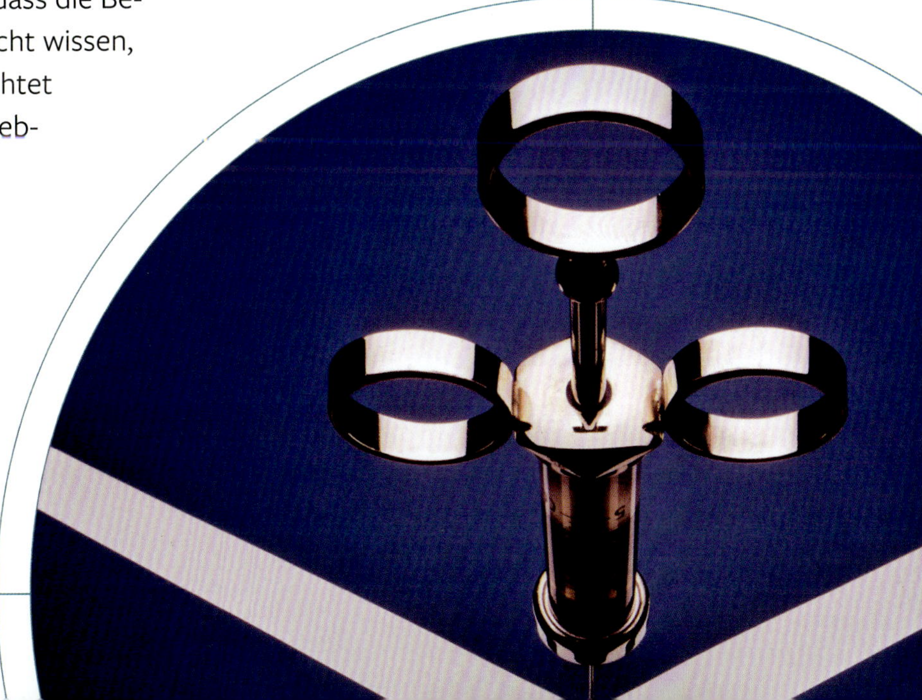

LICHT VON SCHRÄG OBEN

Licht, das sich an der Position der Sonne während einer großen Zeitspanne des Tages orientiert, mag uninspiriert erscheinen. Doch es handelt sich um die am häufigsten auftretende Lichtsituation in der Natur und wird deshalb von vielen als Quasi-Standard akzeptiert.

Dieser Umstand lässt zwar das Besondere an der Lichtsituation vermissen, gilt jedoch andererseits als weithin akzeptierter Standard, in dem der Lichteinfall selbst den geringsten Aufmerksamkeitswert erzielt. Diese Situation, die ich als Dreiviertel-Licht von oben bezeichne, tritt dann auf, wenn die Sonne im Winkel zwischen 40° und 70° über dem Horizont steht – also weder zu hoch noch zu niedrig. Ein Beispiel aus der Praxis: in Washington DC herrscht diese Lichtsituation im Mai bis zu sechs Stunden pro Tag vor. Dadurch wirkt die Ausleuchtung normal und glaubwürdig.

Deshalb wird dieser Einfallswinkel gemeinhin als Quasi-Standard für die Beleuchtung akzeptiert, der schlicht kommuniziert, dass wir das Geschehen tagsüber auf den Sensor gebracht haben – gut zu sehen im Porträt des sudanesischen Mädchens rechts. Die Lichtstimmung selbst tritt bei dieser Herangehensweise in den Hinter-

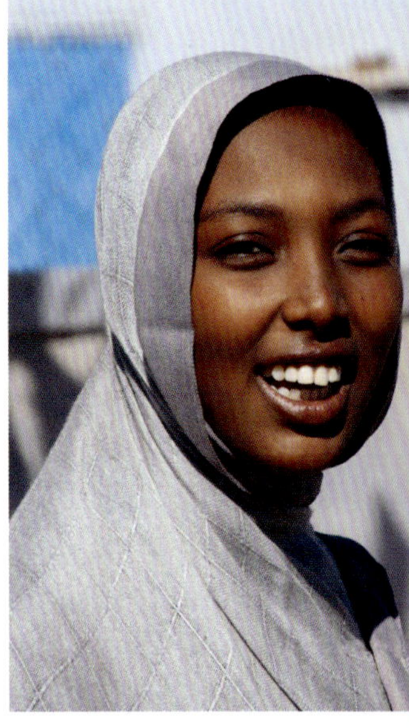

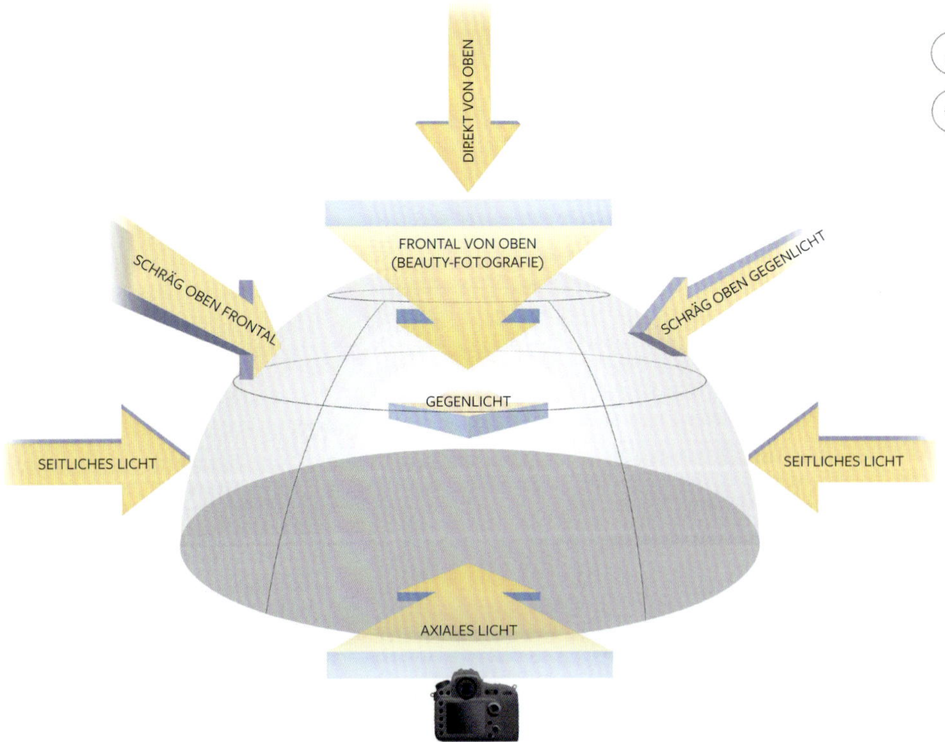

Das schematische Modell links beinhaltet die wichtigsten Lichtrichtungen und funktioniert sowohl im Freien als auch im Studio. Eine Dreiviertel-Beleuchtung von oben kann frontal oder von hinten erfolgen. Das Porträt des sudanesischen Mädchens im prallen Sonnenlicht ist ein Beispiel für erstere Option.

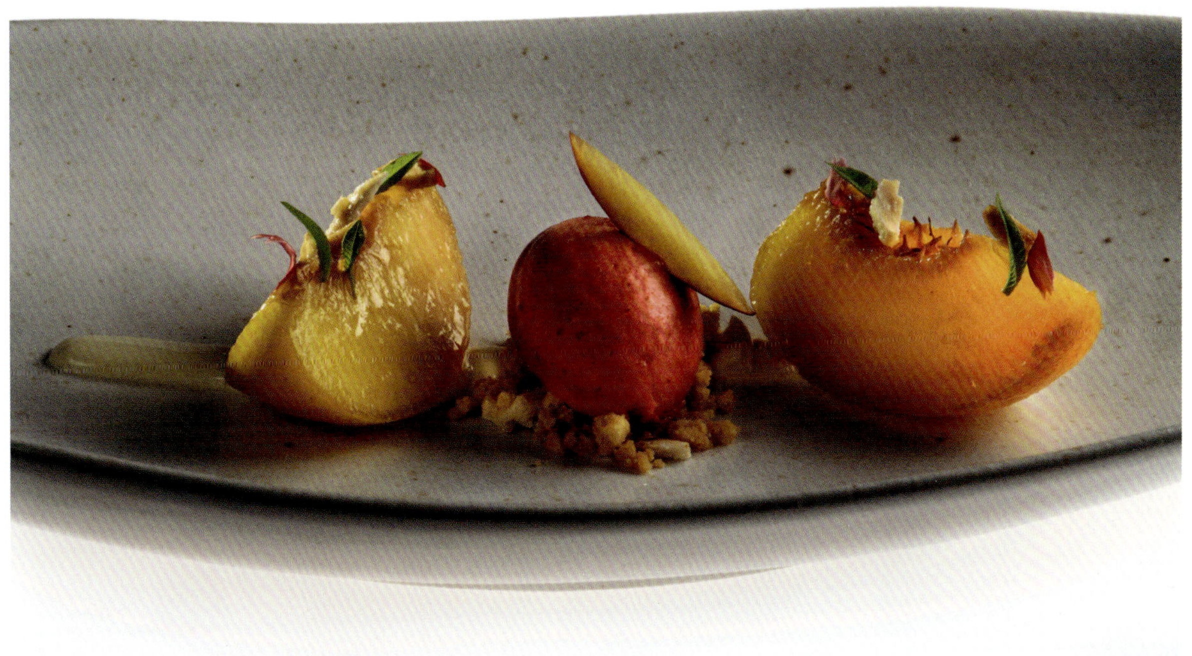

Eine im Studio entstandene Lebensmittelaufnahme wird von einem großen Lichtpaneel von schräg hinten beleuchtet und von einem gegenüberliegenden Spot akzentuiert. Ein Strahler von unten eliminiert die Schatten unter dem Teller. All diese Maßnahmen arbeiten die Textur der Köstlichkeiten heraus.

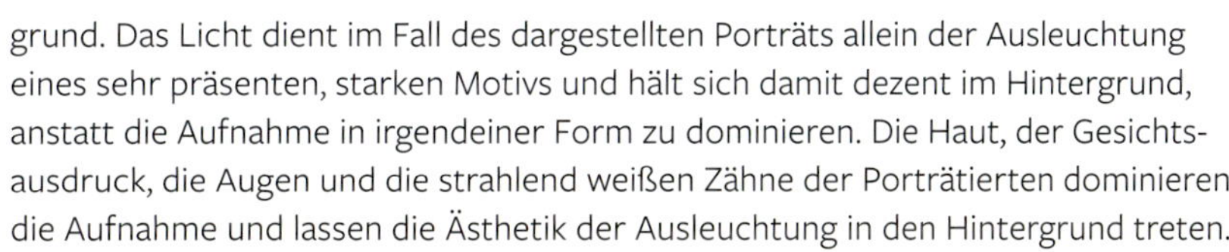

grund. Das Licht dient im Fall des dargestellten Porträts allein der Ausleuchtung eines sehr präsenten, starken Motivs und hält sich damit dezent im Hintergrund, anstatt die Aufnahme in irgendeiner Form zu dominieren. Die Haut, der Gesichtsausdruck, die Augen und die strahlend weißen Zähne der Porträtierten dominieren die Aufnahme und lassen die Ästhetik der Ausleuchtung in den Hintergrund treten.

Auch im Studio, wo Sie die volle Kontrolle über die Beleuchtung haben, funktioniert das schräg einfallende Dreiviertel-Licht ausgezeichnet und vermittelt einen Eindruck von Normalität. In der Food-Fotografie, wo es um das Erzielen eines möglichst hohen Aufmerksamkeitswerts geht, offenbart von schräg oben einfallendes Gegenlicht die Textur und die Lichtdurchlässigkeit von Lebensmitteln. Diese beiden Aspekte gelten als zwei Säulen der Food-Fotografie, da sie, ohne den Geschmacks- und den Geruchssinn anzusprechen, den Betrachtern das Wasser im Mund zusammenlaufen lassen. Ein großes Lichtpaneel rechts oben betont die Textur durch weichen Schattenwurf und durchleuchtet halbtransparente Lebensmittel wie die Pfirsichscheibe im Bild oben.

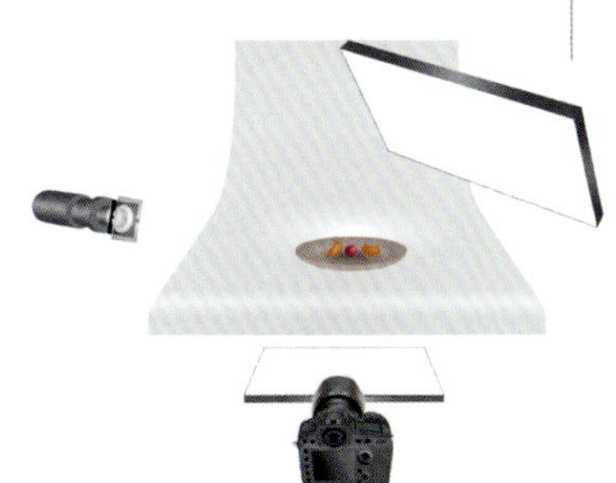

FRONTALES LICHT VON OBEN

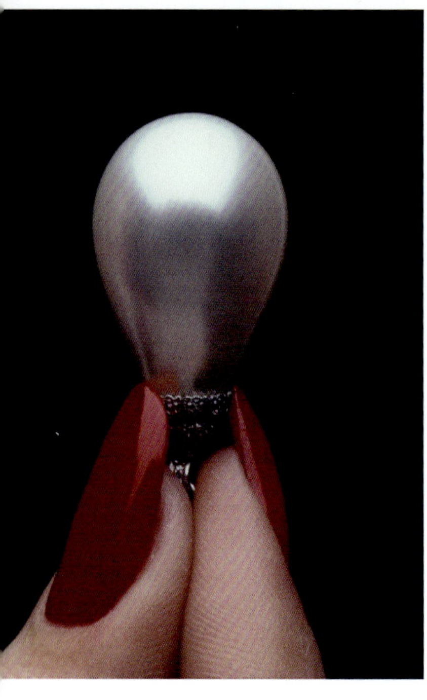

Es mag nach Haarspalterei klingen, doch zwischen zentral ausgerichtetem Licht direkt über der Kamera und minimal angewinkelter Beleuchtung von oben besteht ein großer Unterschied. Frontales Licht von oben wird nicht umsonst als Stilmittel in der Beauty-Fotografie eingesetzt.

Dabei geht es um viel mehr als um die reine Position des Lichts, sondern auch um Größe, Form und Diffusion sowie um die Qualität und die Fülleigenschaften der Lichtquelle(n). Hierbei handelt es sich um ein Studio-Szenario, da es stark auf Kontrolle ankommt, was im Sonnenlicht nur schwer zu bewerkstelligen ist.

Es handelt sich um eine sehr spezielle und komplexe Form der Ausleuchtung, wie die Grafik rechts unten erahnen lässt. Der Hauptunterschied zu anderen Beleuchtungsoptionen liegt in der puren, flächendeckenden Ausleuchtung ohne jegliche atmosphärische oder stimmungsvolle Effekte. Darauf kommt es an, wenn Sie nicht nur ein Gesicht fotografieren wollen, sondern es so schön wie irgendmöglich präsentieren möchten. Neben dieser Hauptbeleuchtung gibt es einige subtil wirkende Variationen, wie Verschiebungen der Lichtquellen für einen seitlich orientierten Einfallswinkel sowie Ergänzungen wie Füll-, Kicker- und Hintergrundlicht. Darüber hinaus wird das Make-up an die Beleuchtung angepasst, und in der Nachbearbeitung finden umfassende Retuschen statt. Eine Lichtquelle über der Mittelachse zwischen Kamera und Motiv erzeugt Symmetrie, was Schatten und Lichter sanft, aber sichtbar abschwächt.

Trotz des aufwendigen Setups und der erforderlichen Präzision tritt das Licht gegenüber dem Gesicht selbst in den Hintergrund – die Präsenz der porträtierten Person steht über allem. Darüber hinaus ist dieses eines der wenigen Beleuchtungsszenarien, das Schatten nahezu vollständig aus dem Bild tilgt. Schatten und Lichter erscheinen extrem nuanciert, was lediglich von der strikt axialen Beleuchtung (siehe Seite 66) übertroffen wird. Der Schlüssel liegt in einer großflächigen, angewinkelten Lichtquelle direkt über der Kamera. Größe und Abstrahlwinkel der Lichtquelle sind entscheidend in der Studiofotografie, wie das Diagramm rechts oben zeigt: Die Lichtquelle ist um ein Vielfaches größer als das Motiv selbst. Der Einfallswinkel des Lichts sollte in der Beauty-Fotografie mehr als 70° betragen.

← Obwohl diese Beleuchtungsvariante hauptsächlich mit der Beauty-Fotografie assoziiert wird, eignet sie sich auch für andere Szenen, in denen es auf Symmetrie ankommt. Perlen reflektieren die Lichtquelle, wobei die Position der Lichtquelle diese Reflexion intensiviert.

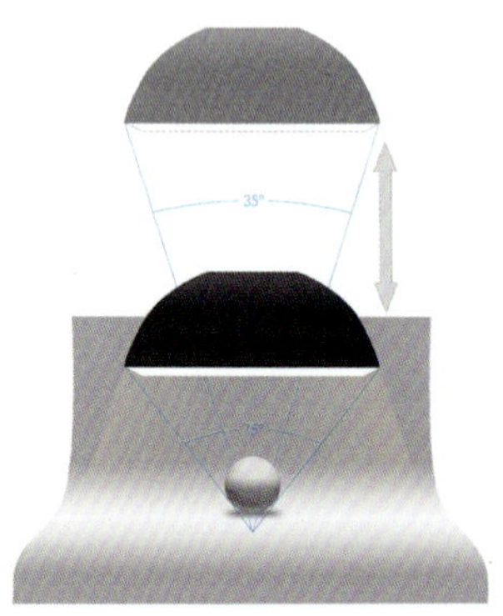

↑ Eine höhere oder niedrigere Position verändert den wichtigen Einfallswinkel und die Größe des Lichtkegels.

↘ Ein grundlegendes Setup besteht aus einer großen Lightbox, einem Reflektor auf den Knien des Models zur Auflösung der Schatten unter dem Kinn und einem rückwärtigen Strahler (Kicker) zum Erleuchten des Haars.

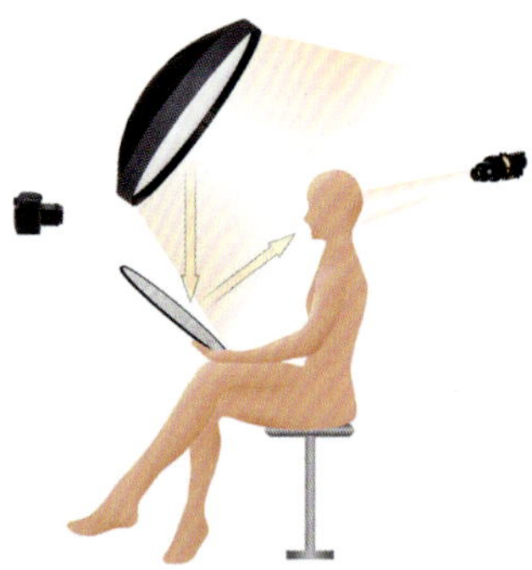

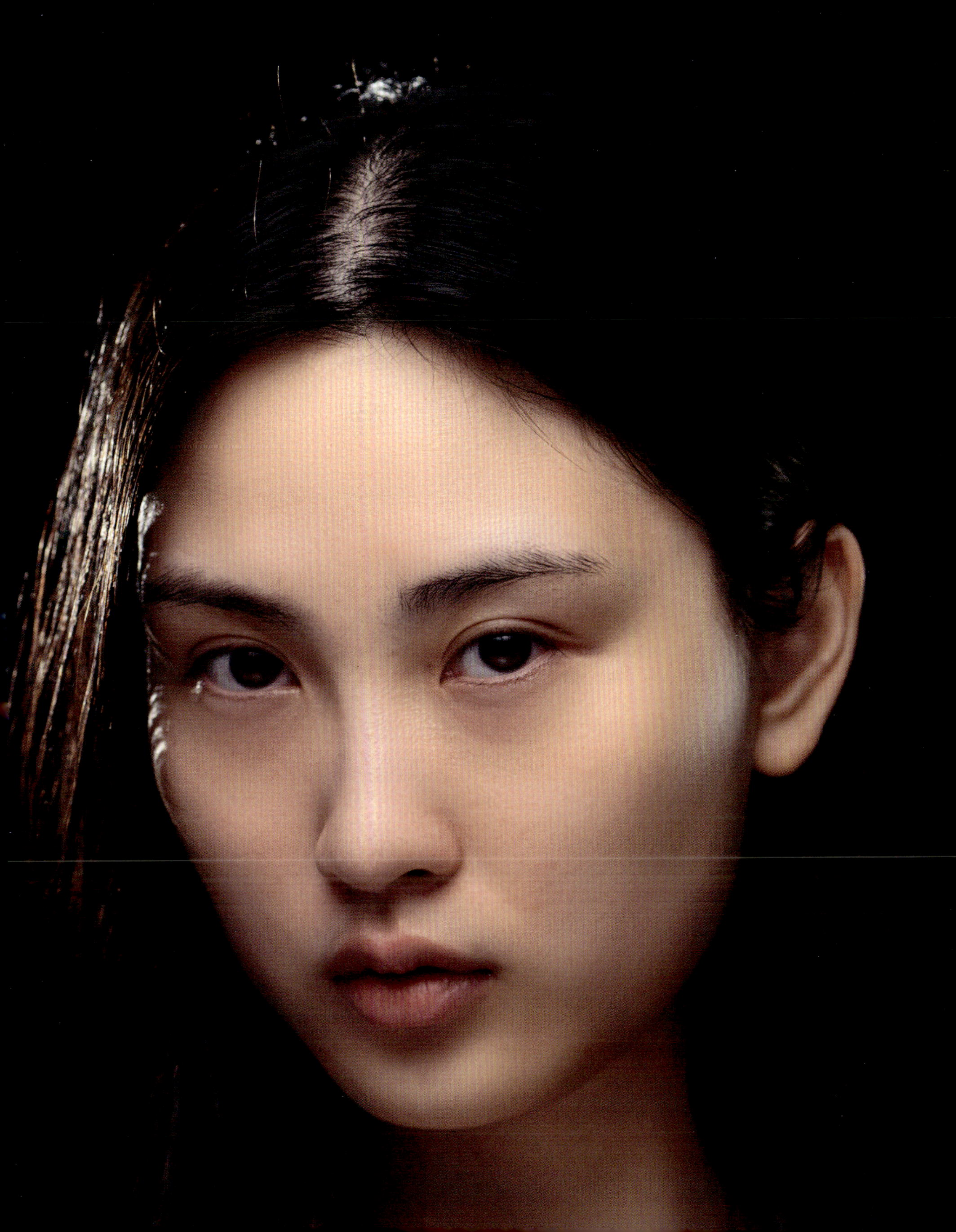

LICHT VON OBEN

Wenn Sie die Lichtquelle nicht, wie auf den vorangegangenen Seiten beschrieben, schräg oder frontal von oben auf das Motiv richten, sondern dieses direkt von oben anstrahlen, erhalten Sie eine weitere interessante Lichtstimmung mit eigener Identität.

Licht, das direkt von oben auf das Motiv strahlt, wird auch als Kopf- oder Auflicht bezeichnet. Dabei führen selbst minimale Änderungen des Einfallswinkels, wie in der Illustration rechts dargestellt, zu erheblichen Unterschieden, was hauptsächlich von der Form des Motivs abhängig ist. Eine geringe Verschiebung in Richtung Kamera leuchtet den frontalen Bereich gleichmäßiger aus, während eine Bewegung der Lichtquelle von der Kamera weg die oberen Kanten des Motivs hervorhebt.

Anders als die meisten Beleuchtungsszenarien ist das Kopflicht nahezu ausschließlich auf den Einsatz im Studio beschränkt. Im Freien unter natürlichem Licht steht die Sonne sehr selten und auf geografische Regionen wie die Tropen beschränkt im Zenit, und der Abstrahlwinkel ist wenig praktikabel. Im Studio unter kontrollierten Bedingungen lässt sich der erforderliche Abstrahlwinkel zwischen 60 und 90° viel leichter realisieren als unter natürlichem Licht.

Ein weiteres Problem mit der Sonne als Kopflicht ist das grelle und harte Licht der Sonne, wenn sie im oder nahe des Zenits steht. Das muss nicht zwangsläufig Abstriche

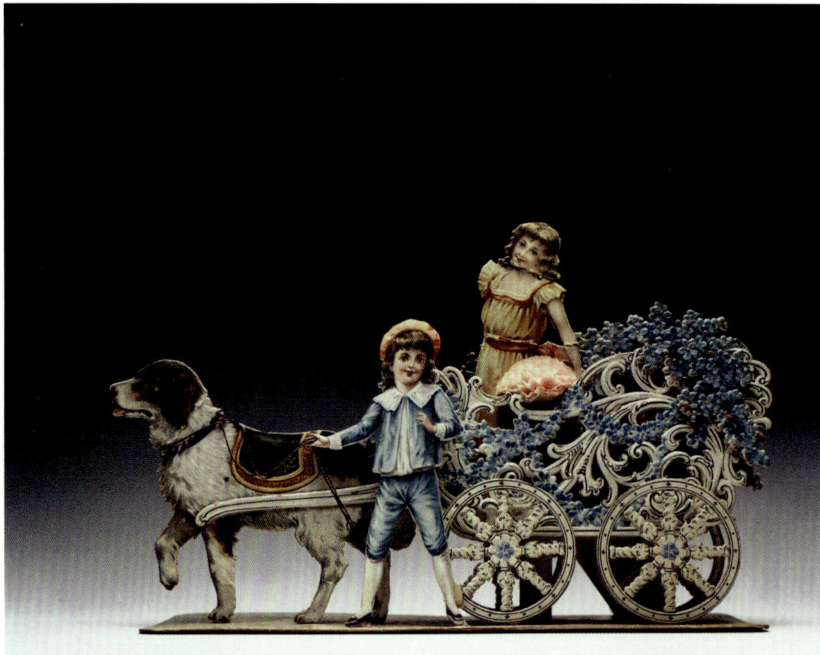

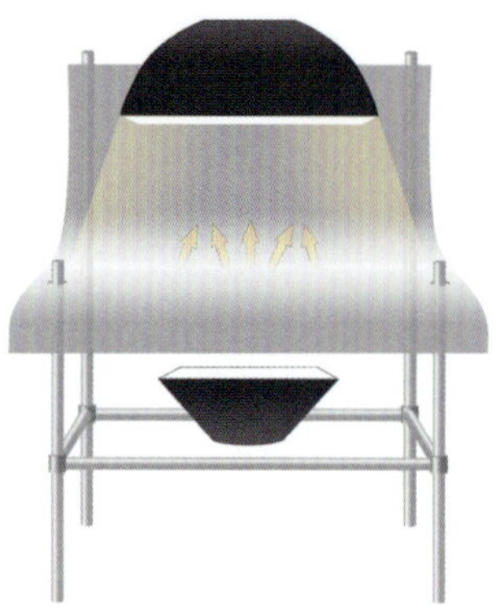

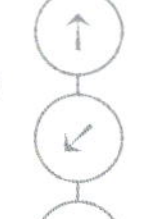

Ein klassisches Auflicht-Setup mit einer Stoffbahn für einen gleichmäßigen Hintergrund. Die untere Lichtquelle entfernt die Schatten. Diese ist jedoch optional, da ein weißer Untergrund eine ausreichende Lichtmenge reflektiert, um wie ein zusätzliches Fülllicht zu funktionieren, wie an der viktorianischen Figurengruppe gut zu sehen ist. Winkeln Sie das Licht nach vorne oder hinten an, können Sie die frontale Ausleuchtung sowie die Ausprägung von Schatten und Kanten beeinflussen. Einen ähnlichen Effekt kann auch eine geöffnete Tür hinter der Anordnung bewirken.

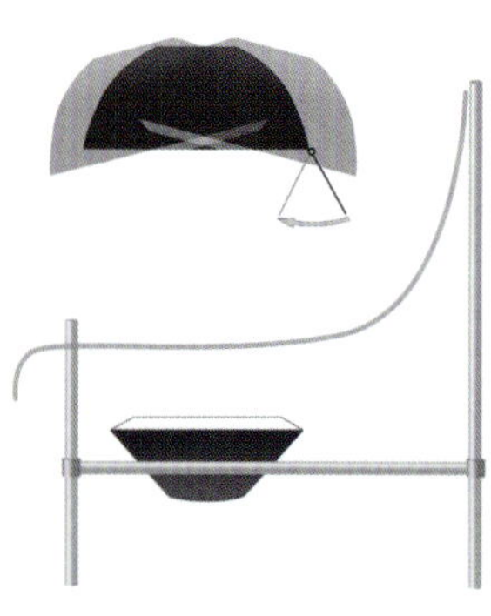

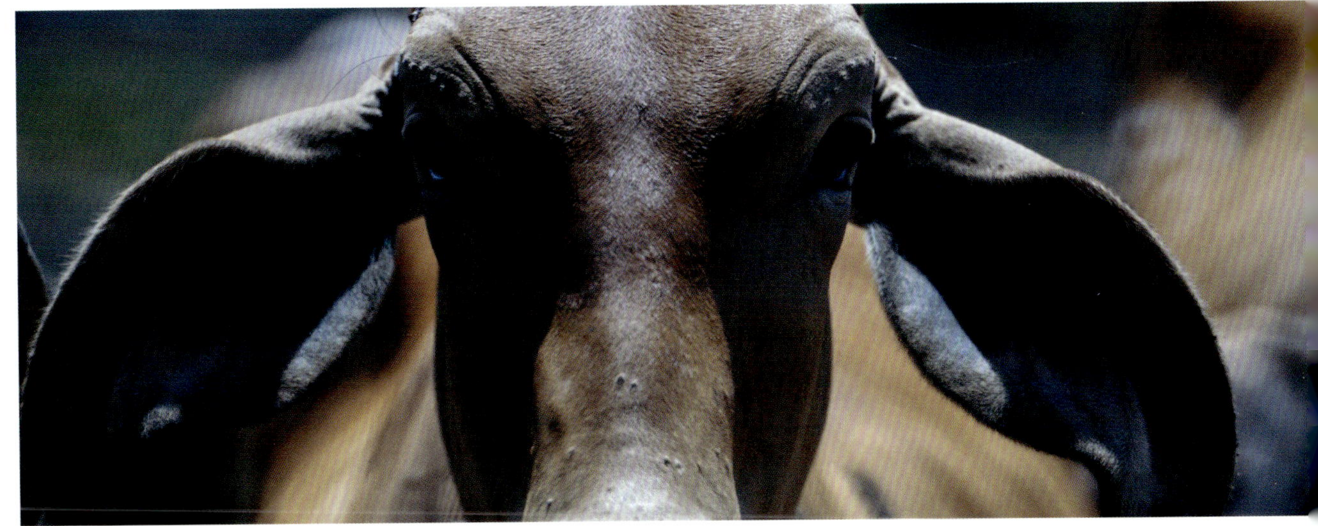

Auf- oder Kopflicht erhalten Sie unter freiem Himmel meist um die Mittagszeit herum in den Tropen. Die extremen Schatten genügen zwar nicht den Ansprüchen der Porträtfotografie, erzeugen jedoch einen starken visuellen Effekt wie bei dieser Aufnahme einer Brahmankuh.

der Ästhetik eines Bildes nach sich ziehen, wie die Tieraufnahme oben zeigt. Allerdings zeigen sich die meisten Betrachter intolerant gegenüber derart hartem Licht. Ein wolkenverhangener Himmel streut vor allem in tropischen Regionen das Licht und lässt es sehr weich und diffus wirken, was ebenfalls unattraktive Ergebnisse nach sich ziehen kann.

Im Studio unter kontrollierten Bedingungen sieht die Sache ganz anders aus. Sie können den Abstrahlwinkel der Lichtquelle nahezu beliebig variieren, wenn Sie die Größe des Strahlers verändern oder den Abstand zwischen Lichtquelle und Motiv vergrößern oder verringern. Ein flaches Lichtpaneel (oft auch als *Fensterlicht* oder *Sky Panel* bezeichnet) ist ohne Zweifel die beliebteste Lichtquelle für die Stillleben-Fotografie im Studio. Das Panel strahlt ebenso gerichtetes wie weiches Licht aus, was sehr softe Schattenkanten (Fachjargon »Penumbras«) erzeugt. Befindet sich das Motiv auf einem weißen Untergrund, wird das Licht nach oben zurückgeworfen und mildert dabei die Schatten unterhalb des Motivs ab, wie im Bild mit der Figurengruppe auf der linken Seite gut zu erkennen ist. Bei Motiven mit spiegelnden Oberflächen wie der historischen Spritze links sorgt das Lichtpaneel für präzise, symmetrische Reflexionen.

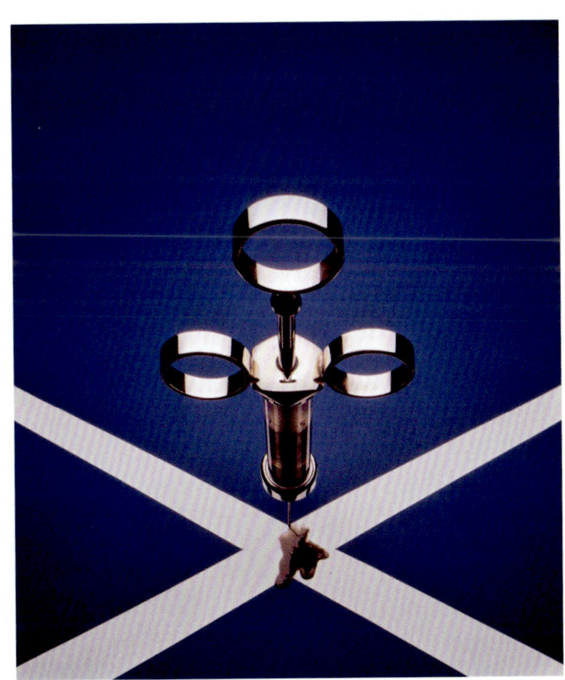

SEITLICHES LICHT

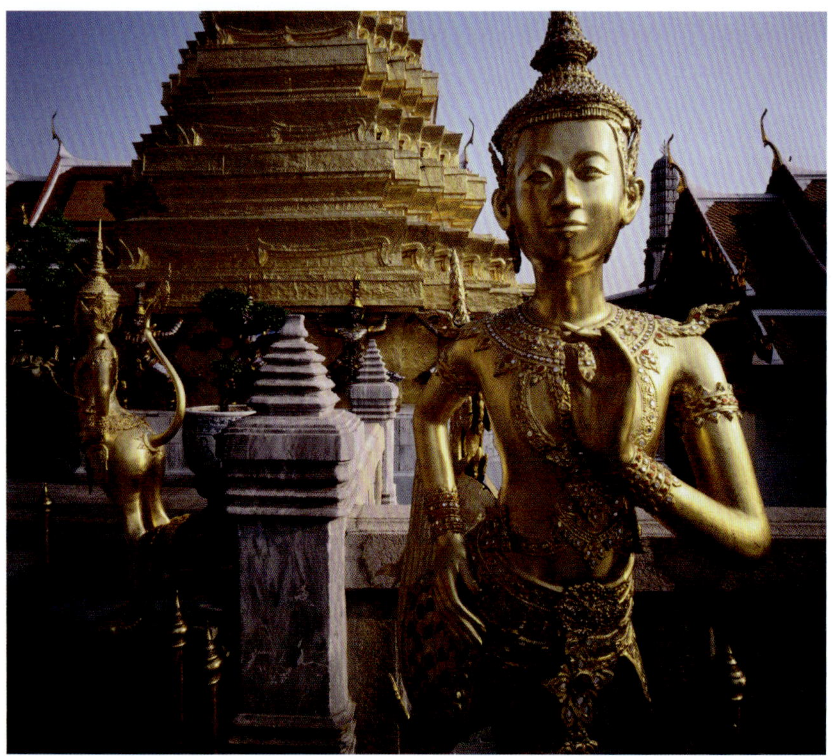

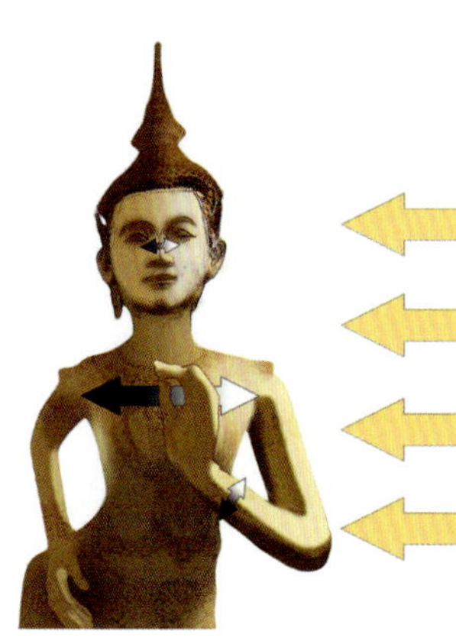

Eine vergoldete Kinnaree-Statue im Großen Palast von Bangkok, aufgenommen an einem sonnigen Morgen. Das von der Seite eintreffende Licht modelliert die komplexen Strukturen der Statue heraus. Die Schattierungen variieren je nach Wölbung und Detailgrad der jeweiligen Bestandteile, wie in der Illustration oben gut zu sehen ist.

Licht, das von links oder rechts im 90-Grad-Winkel auf das Motiv trifft, führt aufgrund der hohen Kontraste zu einer dramatischen Bildanmutung. Auch die starke Ausprägung der Schatten trägt zu dieser Wirkung bei. Ideale Bedingungen für dieses Szenario herrschen im Freien frühmorgens oder spätnachmittags, wenn der Winkel der Sonne unter 20° beträgt.

Dieses Lichtszenario wird gemeinhin als »Goldene Stunde« bezeichnet, in der sich vor allem Landschaften attraktiv ablichten lassen. Bis auf die grobe Zeitangabe – frühmorgens oder spätabends – gelten keine weiteren Konventionen, wie etwa bestimmte Lichteinfallswinkel. Im besagten Zeitraum kommen aufgrund der tief stehenden Sonne gleich drei Lichtszenarien zusammen: seitliches Licht, Gegenlicht (siehe Seite 68) oder axiales Licht (siehe Seite 66). Die Intensität des Effekts hängt von den Wetterbedingungen und von der Entfernung der Sonne zur Horizontlinie

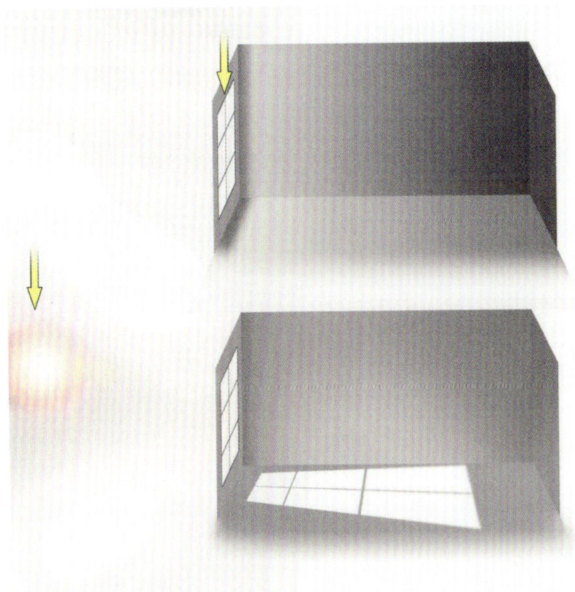

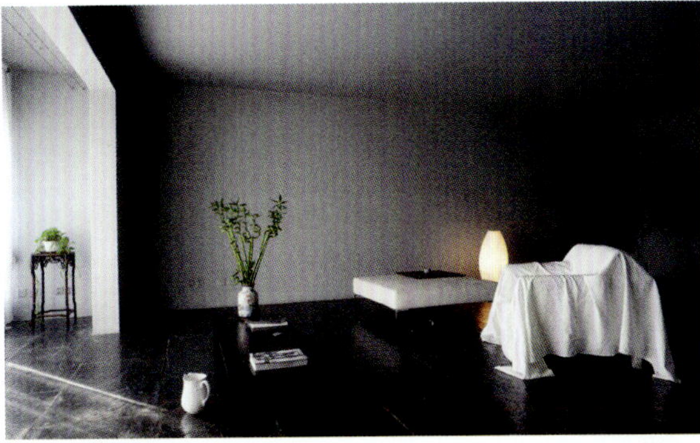

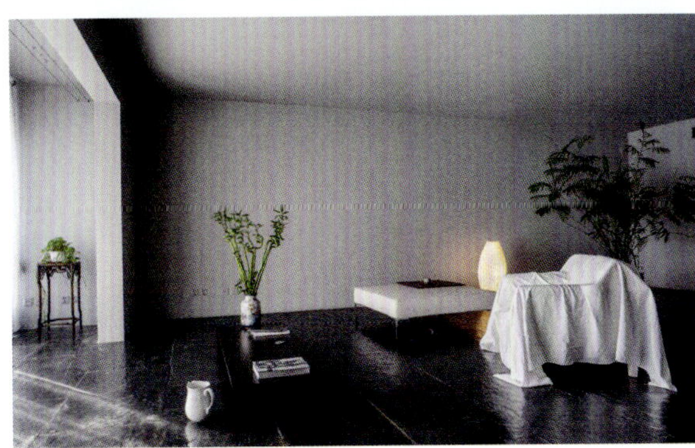

In der oberen Aufnahme eines modernen Appartements in Peking tritt die abnehmende Helligkeit besonders auffällig zu Tage. Ein linearer Verlauf, der während der Nachbearbeitung auf das Bild angewendet wurde, mildert den Effekt deutlich (unteres Bild).

ab. Je näher sich die Sonne am Horizont befindet, desto länger und ausgeprägter werden die entstehenden Schatten. Wolkenloser Himmel und klare Luft intensivieren den Effekt, während bei bedecktem Himmel kein erkennbares Seitenlicht auftritt.

Auch Innenräume sind ein klassisches Seitenlicht-Terrain, speziell wenn es sich um Wohnräume handelt, die in der Regel von einem einzelnen oder dominanten Fenster beleuchtet werden. In dieser Situation treten oft Probleme mit abnehmender Lichtstärke auf. Denn die Helligkeit nimmt mit steigender Entfernung zur Lichtquelle überproportional stark ab. Mathematisch betrachtet, verhalten sich die Helligkeitswerte umgekehrt proportional zur Quadratwurzel der Entfernung. Einfacher ausgedrückt: Verdoppeln Sie den Abstand zur Lichtquelle (im Beispiel dem Fenster), ist der entfernte Bereich vier Mal so dunkel. Unseren Augen fällt dieser gewaltige Unterschied nicht so stark auf, da sie sich an die Dunkelheit anpassen, doch der Kamerasensor ist dazu nicht in der Lage. Abhilfe schafft die Anwendung eines Neutraldichtefilters (Abbildungen links) während der Nachbearbeitung, um beispielsweise das Foto einen modernen Appartements in Peking (Bild oben) ins rechte Licht zu rücken.

Dieser Effekt hängt auch von der Lichtquelle und deren Abstand zur Szene ab. Scheint etwa die tief stehende Sonne durch das Fenster, kommt es nicht zu abfallender Lichtstärke, da das Gestirn sehr weit von der Szene entfernt ist. Weist das Fenster dagegen von der Sonne weg oder ist der Himmel bedeckt, wird das Fenster selbst zur Lichtquelle. Diese Lichtsituation wird auch als das unter Architekten und Künstlern geschätzte *Nordlicht* bezeichnet. Mehr zu dieser ganz besonderen Lichtstimmung erfahren Sie ab Seite 156.

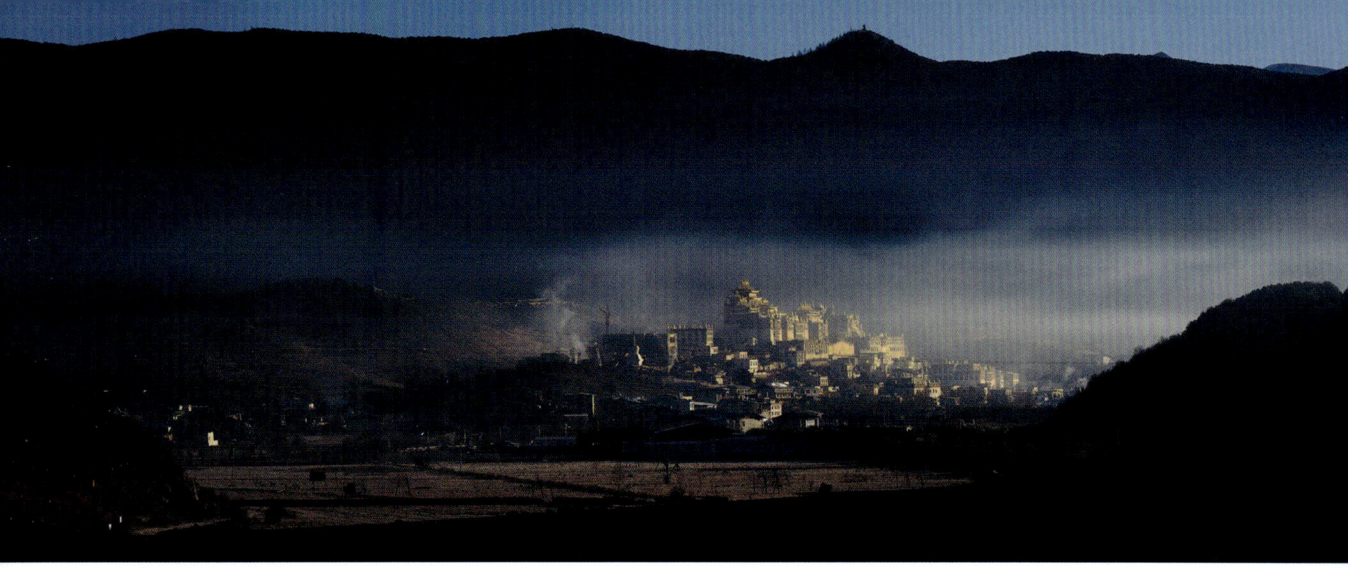

MASKIERTES SEITENLICHT

Seitliche Beleuchtung erhält einen theatralischen und interessanten Look, wenn die Sonne selbst oder ein Teil des Weges ihrer Strahlen verdeckt wird. Das kann jegliche Struktur im Vorder- oder Mittelgrund bewerkstelligen – beispielsweise ein Gebäude, eine Baumgruppe oder, wie im Bild oben, die Ausläufer einer Hügellandschaft.

Diese am frühen Morgen im nördlichen Yunnan entstandene Aufnahme bietet alle Zutaten für eine dramatische Lichtstimmung. Das kräftige, horizontal einfallende Sonnenlicht streift das tibetanische Kloster in der Ferne. Es wird eingerahmt von den dunklen Silhouetten einer nahen Hügelkette und den weit entfernten Bergen im Hintergrund.

Zur Beschreibung dieser Szenerie werden gerne Begriffe aus dem Theater herangezogen. So spricht man von »hinter der Bühne« (die Richtung, aus der das Licht kommt) und »Kulissen« (die Elemente, die das Licht oder dessen Weg verdecken). Im Theater wird der Blick auf die Gassen für die Auf- und Abgänge der Schauspieler links und rechts von der Bühne von gerafften Vorhängen verdeckt, und flache Elemente, wie bemalte Holzkulissen, verbergen weitere Bereiche vor den Blicken der Zuschauer. Genau solche Prinzipien kommen in abgewandelter Form auch bei diesem Beleuchtungsszenario zum Einsatz.

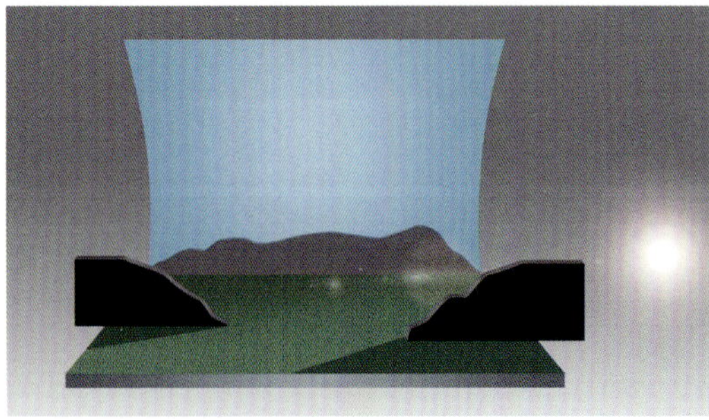

Der offensichtlichste Vorteil dieser Herangehensweise ist der verminderte Einfluss des Sonnenlichts auf das Objektiv. Dadurch kommt es weder zum Überstrahlen noch zu Blendenflecken, während der Tonwert- und Kontrastumfang verbessert werden. Das allein würde jedoch die

Definition eines Lichtszenarios nicht rechtfertigen. Viel wichtiger ist der ästhetische Aspekt, wie er in den Beispielen auf diesen Seiten zu erkennen ist. Die Hauptmotive auf beiden Seiten – ein englisches Landhaus und ein tibetanisches Kloster, das dem Potala-Palast in Lhasa nachempfunden ist – sind ansprechend ausgeleuchtet, aber nicht mehr oder weniger. Die nötige Dramatik des Bildes entsteht erst durch eine geschickte Komposition inklusive starker Kontraste und die visuelle Vermittlung von räumlicher Tiefe. Die Betrachter bekommen eine sorgfältig arrangierte Szene präsentiert, in der sie am Vorder- und Mittelgrund vorbei auf das eigentliche Motiv blicken. Die im Schatten liegenden Bäume im unteren und die ebenso abgeschatteten Hügel im linken Bild erscheinen flach und zweidimensional. Sie sind hauptsächlich für das Einrahmen des Motivs und die Erhöhung der Kontraste zuständig.

Dieses Szenario ist nicht der Fotografie vorbehalten. Flache, maskierende Elemente wurden bereits in der klassischen Landschaftsmalerei verwendet, speziell von Claude Lorrain, der als Vorbild für viele Landschaftsmaler gilt. Er rahmte seine Motive vorwiegend mit den Rändern von Gebäuden auf der einen und dunklen Bäumen auf der anderen Seite ein, um die Betrachter einzuladen und ihre Blicke auf die dargestellte Landschaft zwischen den maskierenden Elementen zu lenken.

Das englische Landhaus aus dem 18. Jahrhundert, ebenfalls frühmorgens aufgenommen, wird eingerahmt von dunklen Bäumen und deren Schatten, während die Fassade die ersten Sonnenstrahlen reflektiert.

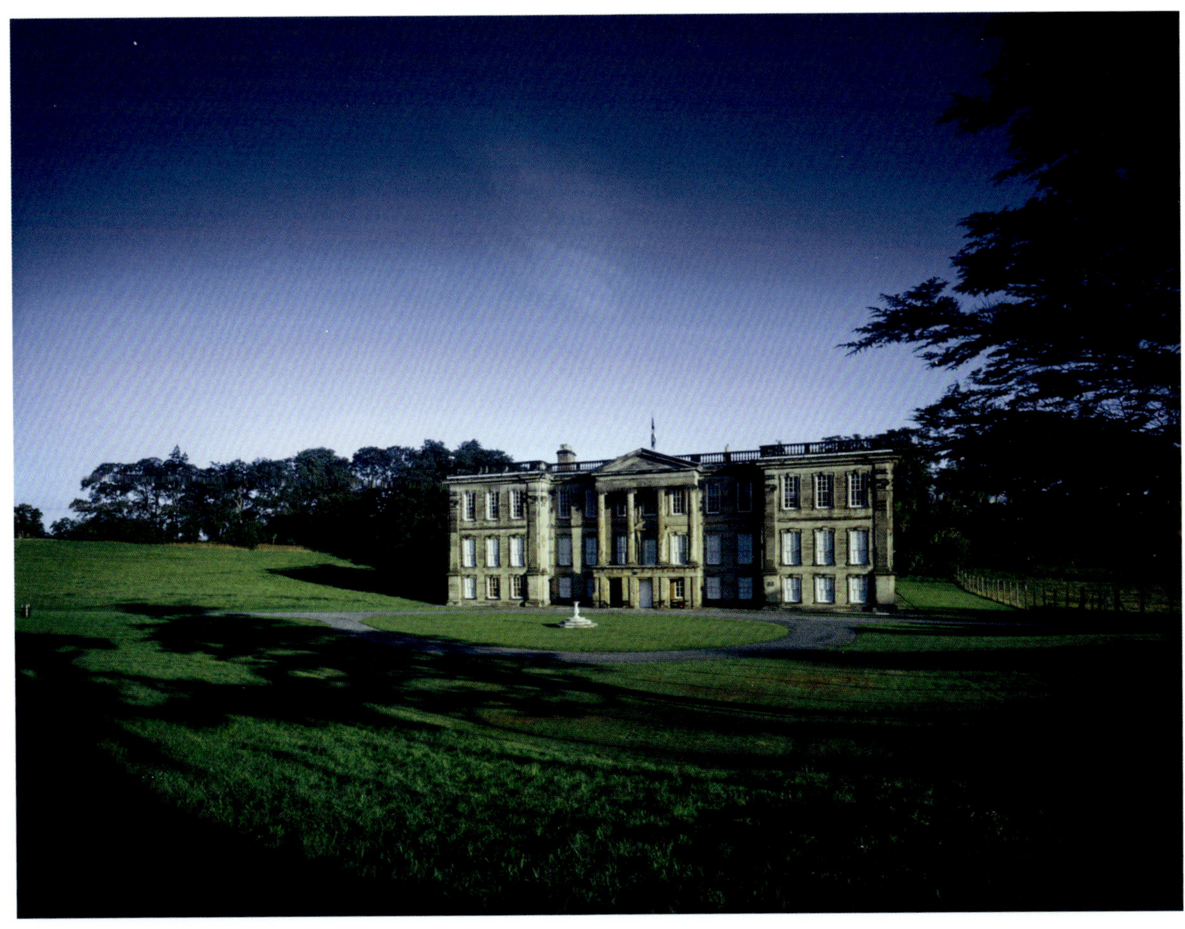

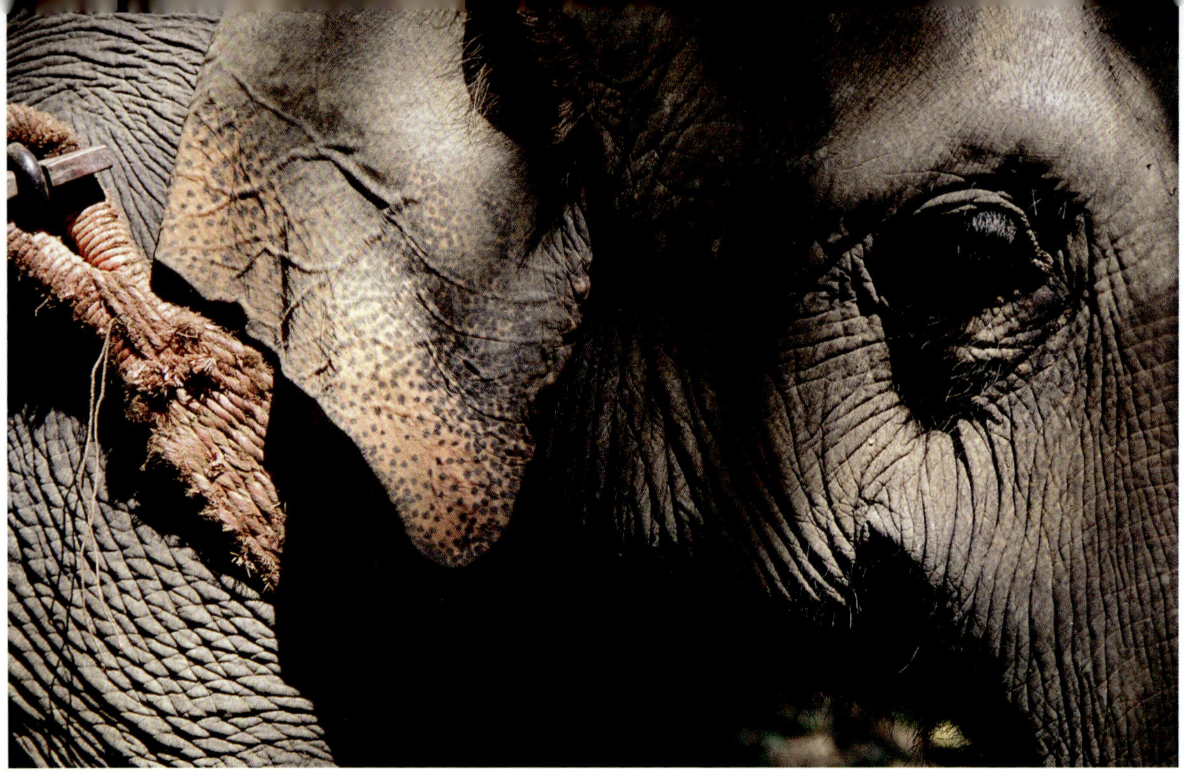

STREIFLICHT

Eine weitere, spezifische Art des Seitenlichts ist das Streiflicht. Es entsteht, wenn die Lichtquelle sehr schmal und scharf ist oder wenn im Freien die Sonne von einem besonders klaren Himmel ohne atmosphärische Störungen scheint. Es erstreckt sich über die Oberfläche des Motivs und scheint es an einigen Stellen lediglich zu streifen, was für ein attraktives Spiel von Licht und Schatten sorgt.

Sowohl im Studio als auch im Freien bedarf es für diesen Effekt eines klar definierten Schattenwurfs mit scharf abgegrenzten Kanten, der von hartem Licht ohne jegliche Diffusion erzeugt wird. Die von Licht und Schatten herausgearbeiteten Strukturen können selbst zum Hauptmotiv werden, wobei das eigentliche Motiv in den Hintergrund tritt. Im Studio kann die Form der Lichtquelle variiert werden, allerdings kann es durch die Nähe der Quelle zum Motiv zu den auf Seite 61 beschriebenen Abschattungseffekten kommen.

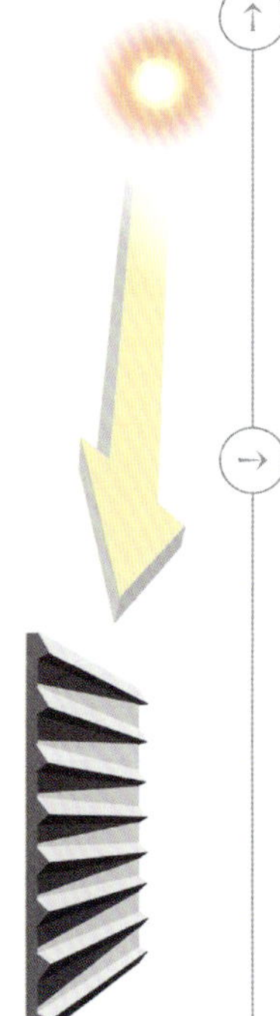

↑ Ein thailändischer Elefant bei der Arbeit in einem Holzfällerlager. Wie in der Illustration links gut zu sehen ist, projiziert die hoch stehende Sonne harte und klar definierte Schatten, die die Struktur der Haut eindrucksvoll herausarbeiten.

→ Scharf abgebildete Schatten sind auch vom Blickwinkel abhängig. Ein Extremfall ist diese Luftaufnahme einer Rinderherde im Sudan, die bei niedrigem Sonnenstand angefertigt wurde.

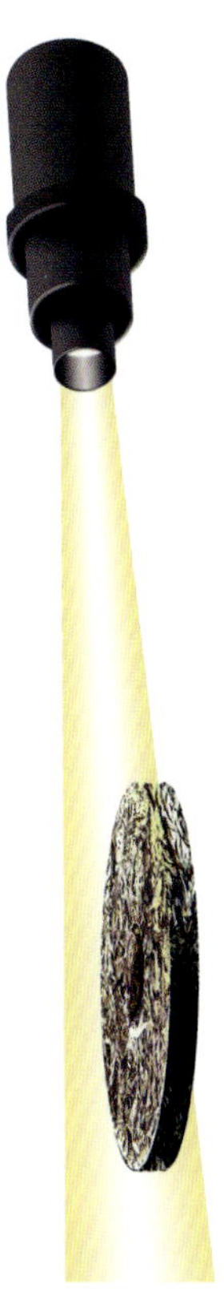

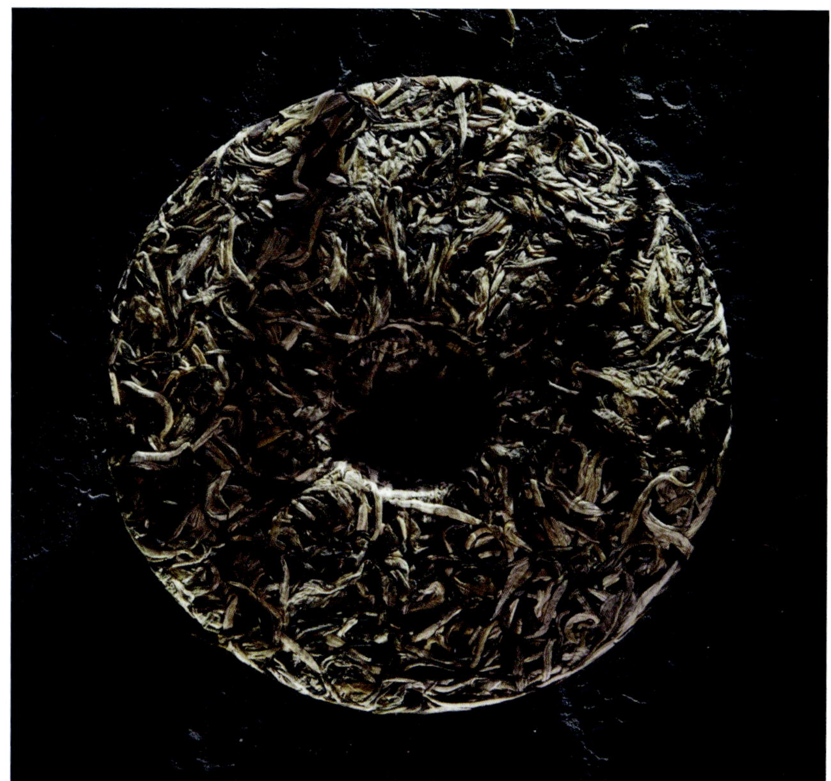

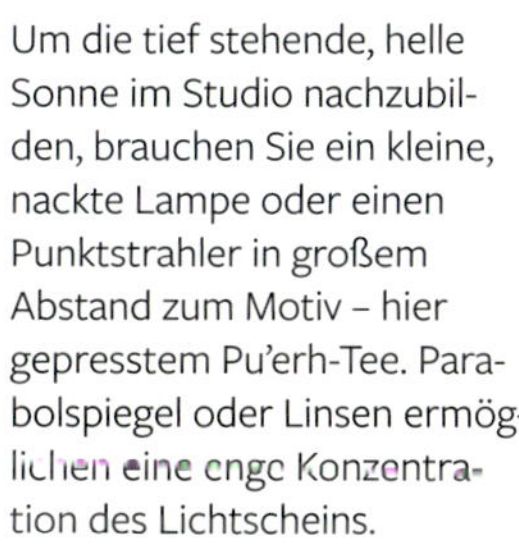

Um die tief stehende, helle Sonne im Studio nachzubilden, brauchen Sie ein kleine, nackte Lampe oder einen Punktstrahler in großem Abstand zum Motiv – hier gepresstem Pu'erh-Tee. Parabolspiegel oder Linsen ermöglichen eine enge Konzentration des Lichtscheins.

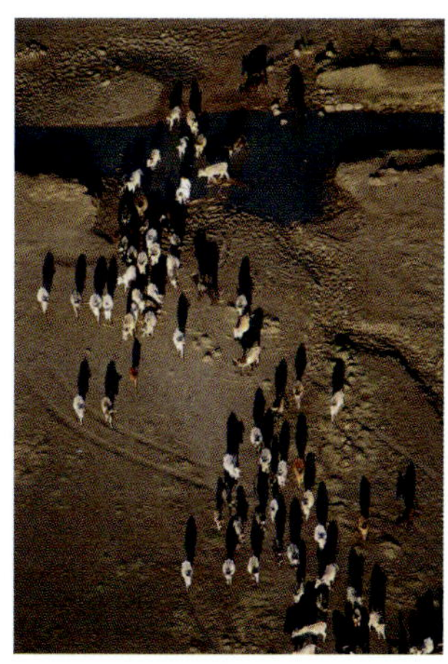

Deshalb sollte sich die nackte Lampe oder der Spot in großem Abstand zum Motiv befinden, um die Oberfläche gleichmäßiger ausleuchten zu können.

Diese ungewöhnliche Lichtstimmung lässt sich draußen nur selten beobachten, da sowohl der Einfallswinkel als auch die atmosphärischen Bedingungen in Einklang gebracht werden müssen. Schon eine geringe Veränderung des Lichtwinkels um wenige Grad kann zu einem komplett anderen Erscheinungsbild führen, sodass gute Streiflicht-Aufnahmen unter natürlichen Bedingungen einen gewissen Seltenheitswert aufweisen. Ein gutes Beispiel für den zeitkritischen Aspekt solcher Kompositionen ist die Aufnahme des Rinds auf Seite 124, die von dem langen Schattenwurf durch Kopf und Hörner auf das blaue Türsegment lebt. Wenige Minuten später wäre dieser Schatten mit jenem des Türreliefs verschmolzen, wodurch die Aufnahme nicht mehr funktioniert hätte.

Obwohl sich Streiflichtaufnahmen leichter bei niedrigem Sonnenstand anfertigen lassen, sind sie auch zu anderen Tageszeiten möglich, wie das Bild des Elefanten links oben beweist. Die Aufnahme ist gegen Mittag entstanden, was gut an den ausgeprägten Schatten unter dem Ohr und dem Auge zu erkennen ist. Der Einfallswinkel des Sonnenlichts in Relation zum Motiv betrug in diesem Fall nur wenige Grad, sodass jede einzelne Falte einen scharfen Schatten geworfen hat, was die Oberflächenstrukturen des Dickhäuters eindrucksvoll in Szene setzt.

AXIALES LICHT

Lichtquellen, die sich direkt hinter der Kamera befinden, werden von den meisten Fotografen nicht gerade geschätzt und deshalb in den meisten Fällen vermieden. Ich möchte allerdings die besonderen Qualitäten dieses Lichtszenarios herausstellen, das sozusagen als Stiefkind aller Beleuchtungsvarianten gilt.

Der Begriff »axial« leitet sich von der Richtung der Lichtstrahlen ab, die auf einer Achse mit der Kamera liegt. Somit folgen die Strahlen dem Blickwinkel des Fotografen. Ein solches Szenario kann durch drei Umstände entstehen: Entweder befindet sich die Sonne direkt hinter Ihnen oder Sie befinden sich zwischen der Lichtquelle (etwa einer offenen Tür) und dem Motiv oder Sie nutzen ein auf der Kamera montiertes Blitzgerät oder LED-Licht. Axiales Licht ist bei den meisten Szenen unerwünscht, was angesichts der Ergebnisse nicht weiter verwunderlich ist. Anders als bei allen bislang beschriebenen Lichtsituationen, in denen Sie das Licht zum Modellieren von Struk-

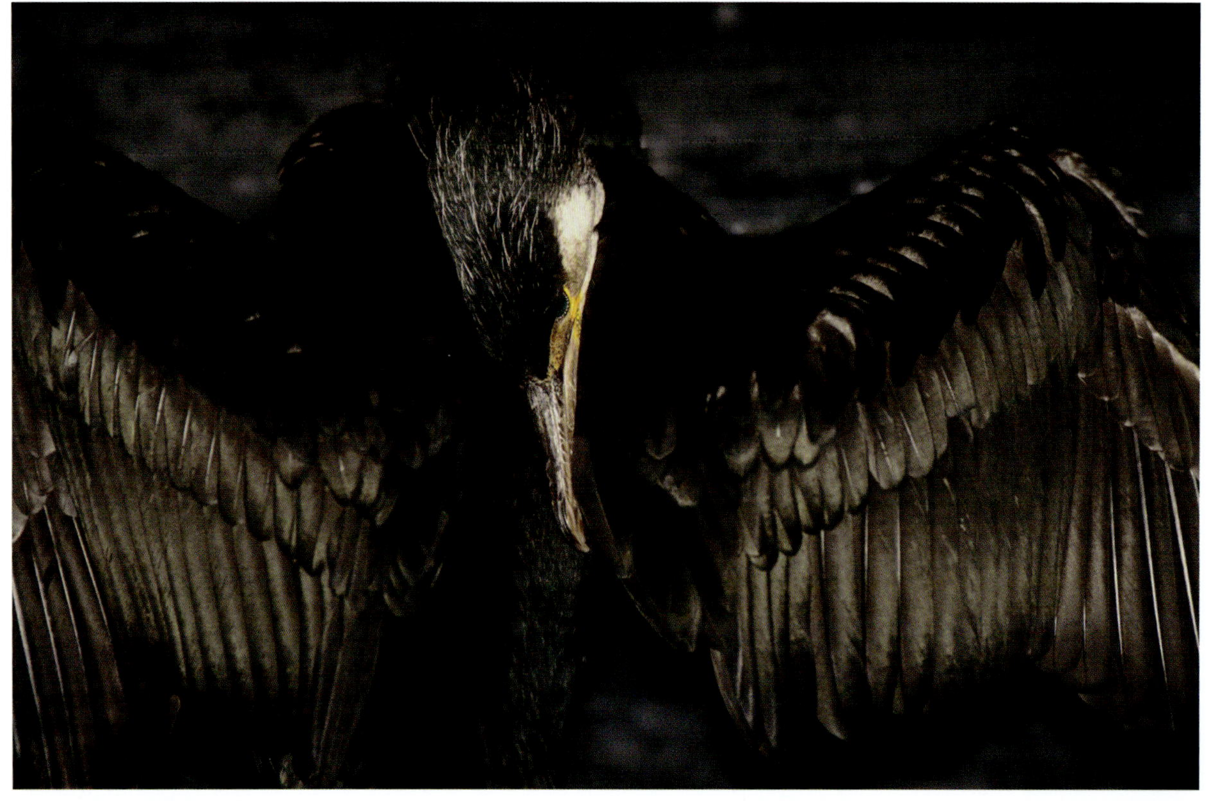

Ein japanischer Kormoran breitet während eines Fischzugs seine Flügel aus. Das Licht aus der geöffneten Tür direkt hinter der Kamera wird von den Federn reflektiert und erzeugt so gut wie keine erkennbaren Schatten.

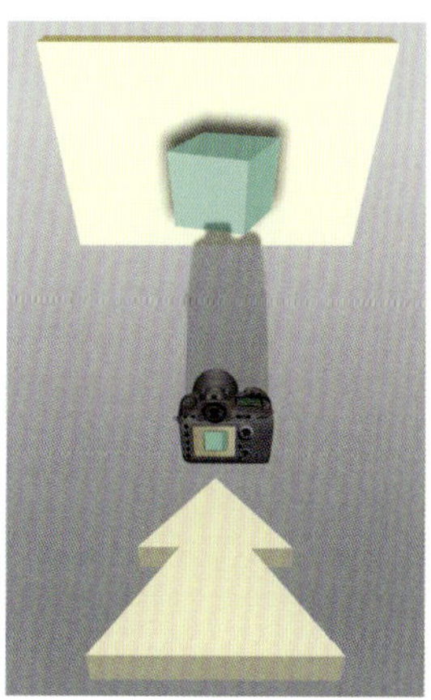

Strahlen von einer Lichtquelle direkt hinter der Kamera folgen derselben Richtung wie die Blicklinie, wodurch Schatten auf der Motivoberfläche weitgehend unterdrückt werden.

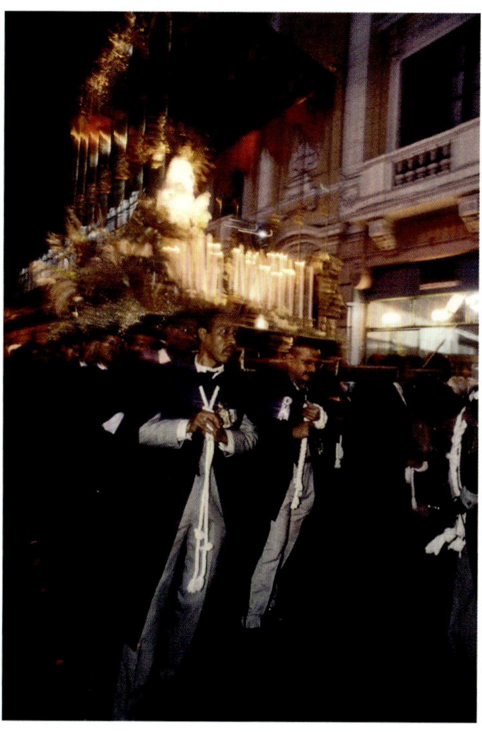

Kamerablitze erzeugen nahezu axiales Licht. Diese Aufnahme einer religiösen Parade im peruanischen Lima profitiert von der Scharfzeichnung wichtiger Bildbereiche durch das Blitzlicht bei einer langen Verschlusszeit.

turen oder zur dramatisch wirkenden Ausleuchtung einer Szene verwendet haben, bietet axiales Licht kaum Gestaltungsspielraum. Es bilden sich keine nennenswerten Schatten auf dem Motiv, und auch die Kontraste lassen zu wünschen übrig. Aus diesen Gründen lässt sich axiales Licht als »lichtloseste« Beleuchtungsvariante bezeichnen. Denken Sie dabei ein simple Linienzeichnungen wie in einfachen Cartoons oder an japanische Ukiyo-e-Holzschnitte (übersetzt »Bilder der fließenden Welt«). Bei solchen Arbeiten spielt das Licht keine Rolle, sie wirken flach und leben von anderen künstlerischen Elementen. Doch gerade diese Abweichung von den fotografischen Normen macht dieses Lichtszenario so interessant für den sparsamen, gelegentlichen Einsatz. So eignet sich flaches, axiales Licht gut zur dezenten Ausleuchtung ungewöhnlicher Motive, die in einer wenig offensichtlichen Art und Weise auf den Sensor gebracht werden sollen. Dadurch nimmt das Licht selbst eine stark untergeordnete Rolle ein, was der visuellen Präsenz des eigentlichen Motivs zugute kommt. Dabei verhält es sich ähnlich wie bei der Schwarzweißfotografie: Indem Sie die Farben aus einem Bild tilgen, betonen Sie Form, Linienführung und Kontraste. Das in Japan entstandene Foto eines Kormorans auf der linken Seite wurde von einer geöffneten Tür aus geschossen, sodass die feine Struktur der Federn nicht durch störende Schatten beeinträchtigt wird – es entsteht fast schon der Eindruck einer Radierung.

Blitzgeräte auf der Kamera und das Objektiv umgebende Blitzringe folgen der alten fotojournalistischen Tradition, einem Motiv oder einer Szene nichts hinzuzufügen. Sie dienen als reine Lichtquellen, um ein Foto überhaupt erst möglich zu machen. Als Zusatzbeleuchtung in Form eines Füllblitzes haben Kamerablitze durchaus ihre Berechtigung, da sie das vorhandene Umgebungslicht ergänzen und zum Abflachen bestimmter Szenenbereiche dienen. Ein Blitz auf dem zweiten Verschlussvorhang einer DSLR bringt in der Regel die benötigte Dosis an Schärfe in Nachtaufnahmen mit langen Verschlusszeiten. Diese Technik ist durch Fortschritte in Sachen Nachtmodus (siehe Seite 146) auf dem Weg in die Bedeutungslosigkeit – dennoch haben Doppelbelichtungen ihren ganz besonderen Reiz.

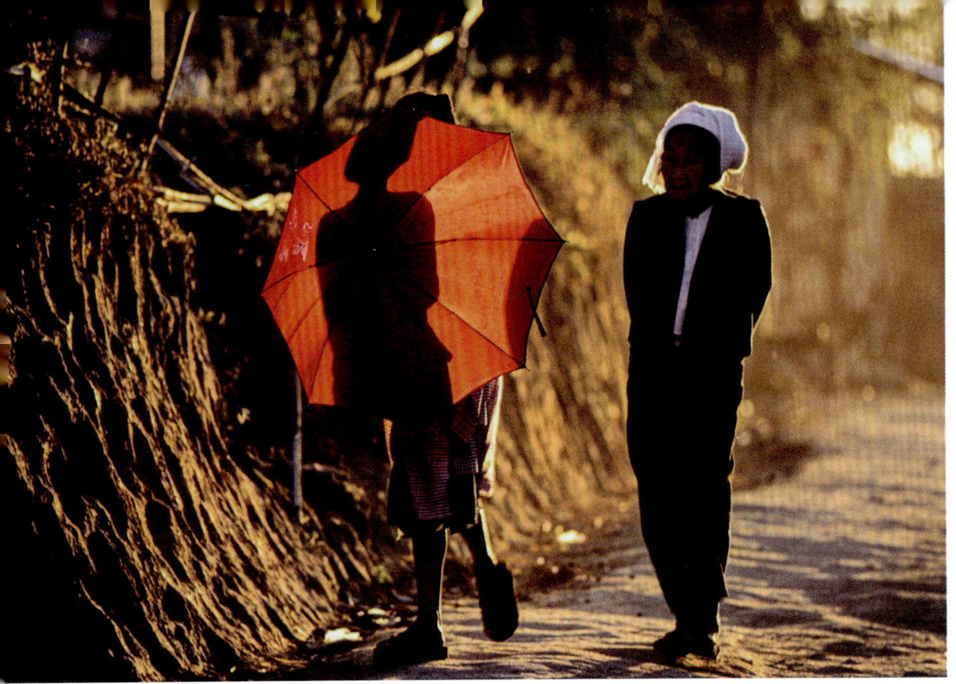

Die niedrig stehende Nachmittagssonne knapp außerhalb des Bildausschnitts bewirkt bei dieser Aufnahme spazierender Shan-Frauen in Myanmar drei Dinge: Die Böschung erhält Struktur durch Streiflichter, die Umrisse der Personen erstrahlen im hellen Licht und die Silhouette der linken Frau wird als Schattenspiel auf den Sonnenschirm projiziert.

GEGENLICHT

Gegenlichtaufnahmen werden oft mit dem französischen Begriff *contre-jour* (»gegen das Licht«) umschrieben und sind weit mehr als ein einzelnes Lichtszenario. Deshalb lesen Sie hier eine Einführung, gefolgt von den wichtigsten Variationen.

In Gegenlicht-Szenarien kommt es hauptsächlich auf Ausdruck und Atmosphäre an und weniger auf die Erfüllung dokumentarischer Pflichten. Gerade deshalb scheiden sich an ihnen oft die Geister – entweder man mag den Stil oder man findet ihn nicht gut. Der Graubereich zwischen beiden Extremen ist eher spärlich besetzt.

Der womöglich mächtigste Effekt bei Gegenlichtaufnahmen ist das Vereinen von Gegensätzen, wie im Bild rechts zu sehen ist. Der Kontrast zwischen dem knorrigen Baum und dem Himmel dahinter könnte nicht dramatischer ausfallen, doch gleichzeitig wirkt die gesamte Szenerie weich, hell und gefällig. Da die Sonne in solchen Szenarien stets sehr tief steht, wird die Landschaft von warmem Licht geflutet, was durch atmosphärische Einflüsse noch verstärkt werden kann. Die Gleichzeitigkeit von visueller Dramatik und weicher Anmutung ist die Essenz dieser Art, zu fotografieren, und begründet die große Akzeptanz solcher Aufnahmen. Einige Menschen empfinden solche Bilder jedoch als viel zu gefällig, um ernst genommen zu werden – sozusagen als visuelle Schmeichler für die Massen.

Wie an vielen anderen Stellen in diesem Buch versuche ich, Vergleiche zu ziehen zwischen der heutigen Fotografie und den alten Meistern der Malerei, was sich meist als überaus lehrreich herausstellt. Als Landschaften während des 17. Jahrhunderts

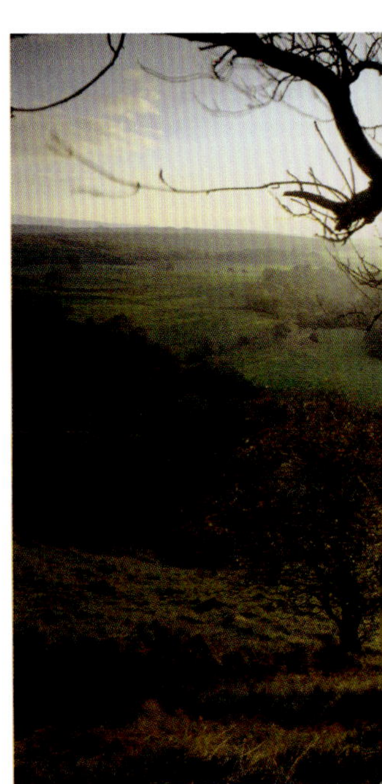

Die Ruine eines Thai-Tempels in Ayutthaya mit der Sonne hinter den in der Distanz aufragenden Türmen (*Chedis*). Hier kam es auf das richtige Timing und die korrekte Belichtung an, um die Lichtunterschiede zwischen den Silhouetten und dem Himmel auf den Sensor zu bekommen. Das von den Trümmern reflektierte Licht sorgt für den besonderen Reiz – mehr zu reflektiertem Gegenlicht lesen Sie ab Seite 72.

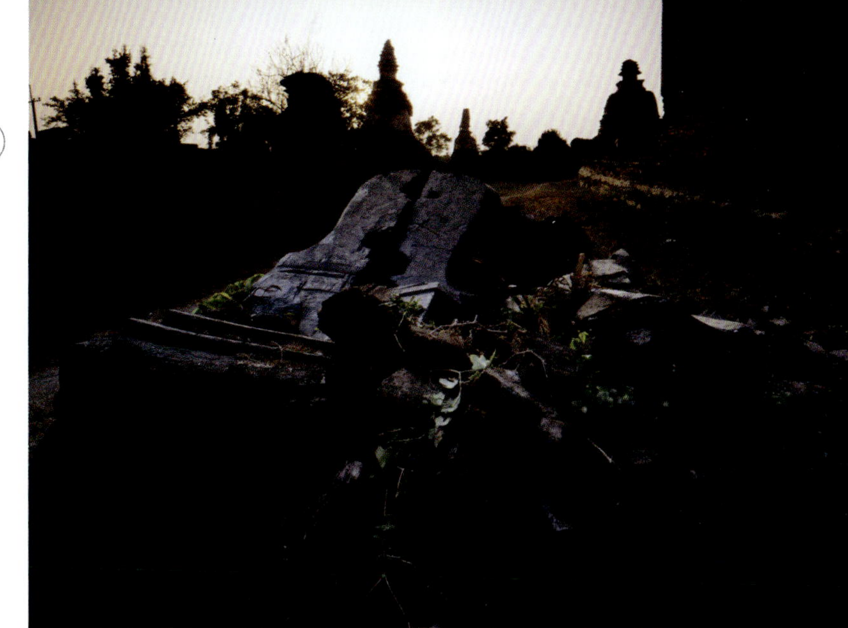

Die weiche Anmutung dieser Aufnahme nahe des Hadrianswalls wurde durch das Verdecken der Sonnenscheibe durch einen Ast und einen nachträglich aufgebrachten Neutraldichtefilter zur Abdunklung der oberen Bildhälfte bewerkstelligt.

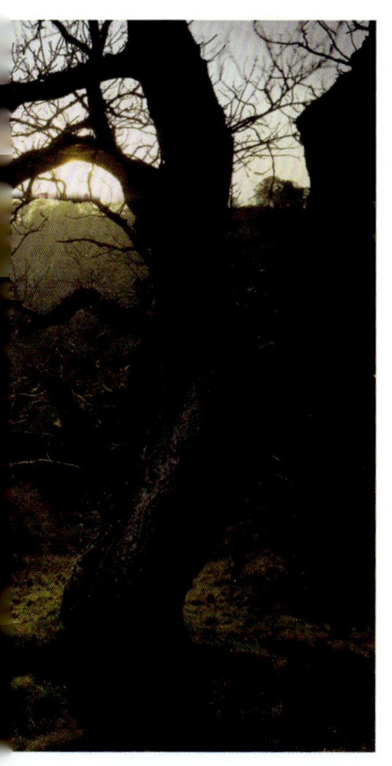

zunehmend als Motive akzeptiert wurden, hat der erste Großmeister dieses Genres, Claude Lorrain, direkt ins Licht geblickt und die ebenso nostalgische wie anregende Stimmung auf die Leinwand gebracht. Aktuelle Gegenlichtaufnahmen gehen auf diese Anfänge zurück, während sich in der Zwischenzeit viele bekannte Landschaftsmaler von Lorrain inspirieren ließen. J.M.W. Turner war einer von ihnen, wobei er expressiver und geordneter ans Werk ging und sich damit dem heutigen fotografischen Ideal näherte. Caspar David Friedrichs romantische Gebirgsansichten mit direktem Sonnenlicht, das sich in Nebelschwaden bricht, brachten die von Lorrain geprägten Grundlagen auf ein neues, spektakuläres Niveau.

Wir können auch von der klassischen chinesischen Landschaftsmalerei lernen, wobei das Licht selbst in diesen Werken mehr oder weniger abwesend ist, da weder Schatten noch Lichter betont wurden. Nichtsdestotrotz haben einflussreiche Künstler, wie der im 13. Jahrhundert wirkende Xia Gui, spezielle Lichtstimmungen durch große weiße Bereiche mit spärlich gesetzten Pinselstrichen und blasser Farbgebung erzeugt, die den Blick von einem dunkleren Vordergrund in das Licht des Hintergrundes lenken. Der Schlüssel lag dabei in der Interpretation der variablen Beleuchtung vom Vorder- zum Hintergrund, der fast reinweiß dargestellt wurde.

Gegenlichtaufnahmen fordern mehr Erfahrungswerte und Geschick als andere Lichtsituationen. Das beginnt beim extremen Tonwertumfang, der schnell zu überstrahlenden Lichtern und strukturlosen Schatten führen kann. Selbst moderne Sensoren haben mit Problemen bei der korrekten Abbildung all der Tonwerte zu kämpfen. Mehr zu diesem Thema erfahren Sie in Kapitel 4, »Lichter«, und 6, »Bildverarbeitung«. Eine weiche Abstufung hin zu reinem Weiß ist essenziell bei Gegenlichtaufnahmen in die Sonne. Neben den technischen Herausforderungen spielt auch die Komposition eine entscheidende Rolle. Sie müssen entscheiden, wie hell die Lichter strahlen und wie viel Struktur die Schatten im Vordergrund aufweisen sollen. Dafür gibt es zwar digitale Lösungen, doch nichts geht über die visuellen Fähigkeiten erfahrener Fotografen. So lässt sich die Sonne selbst durch Motive teilweise verdecken, und korrektes Timing hilft bei der Balance von Licht und Schatten. Darüber hinaus haben Sie die Wahl zwischen strukturierten Schatten und silhouettenhaften Vordergründen.

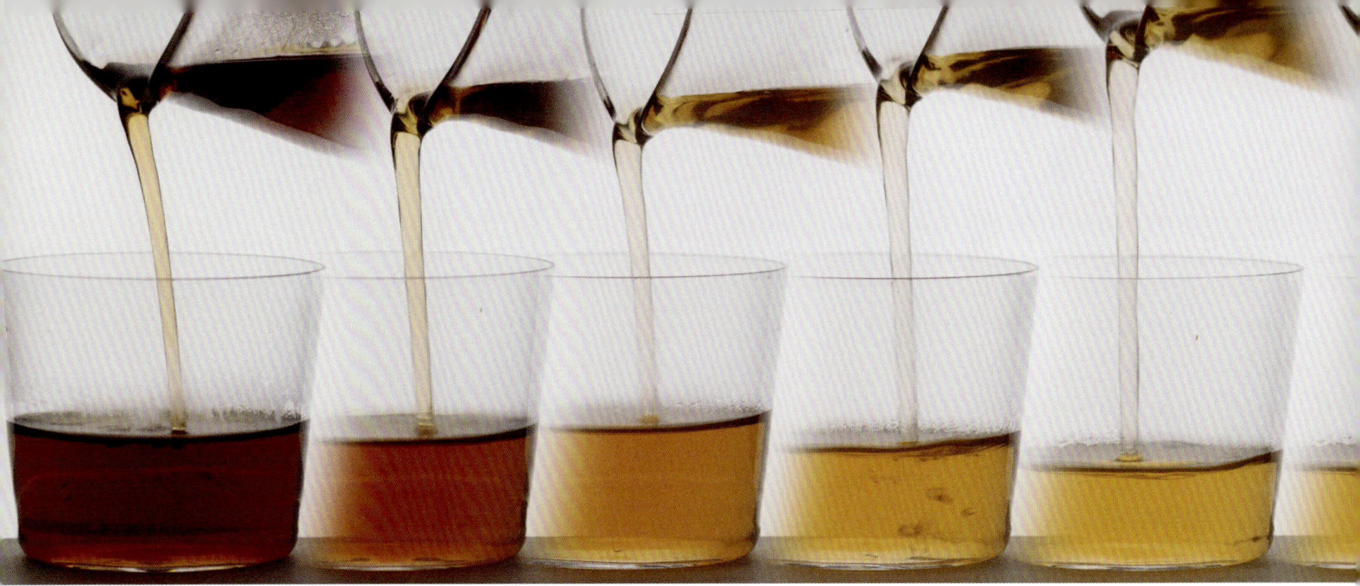

HINTERGRUNDLICHT

Hintergrundlicht ist mehr als nur simples Gegenlicht. Das natürliche oder künstliche Studiolicht füllt in der Regel den gesamten Ausschnitt und wird damit zum homogenen Hintergrund für das jeweilige Motiv.

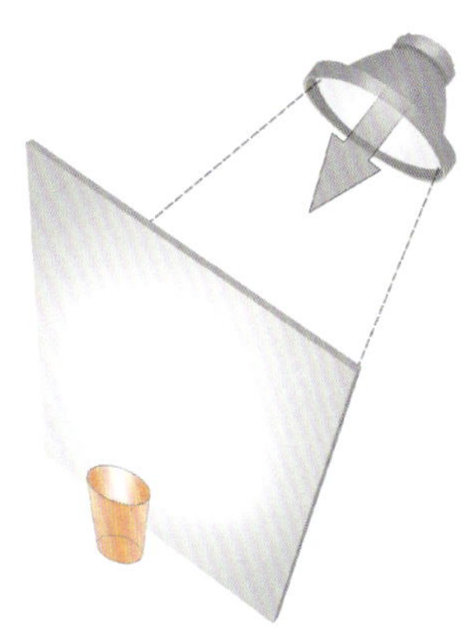

Die Grundvoraussetzung ist ein klarer und homogener Hintergrund ohne störende Elemente, der bei Bedarf auch durch den Einsatz einer langen Brennweite zur Verkleinerung des Bildausschnitts erzielt werden kann. Vor diesem einheitlichen Hintergrund kann dann das Motiv, dessen Silhouette oder dessen transparenter oder halbtransparenter Inhalt dargestellt werden, wie es bei der Fotografie von Getränken wie im Bild oben erforderlich ist.

Im Freien bieten sich wolkenlose Ausschnitte des Himmels als Hintergrund an, wobei sich die Sonne knapp außerhalb des Bildausschnitts oder hinter der Horizontlinie befinden sollte. Befindet sich die Sonnenscheibe im Ausschnitt, sollte sie vom Motiv verdeckt werden, wie es bei der Aufnahme rechts unten durch die Silhouette des Falken geschehen ist. Eine ähnliche Lösung wurde auf Seite 127 angewendet, wo eine minimale Variation des Betrachtungswinkels die Sonne teilweise durch den Stamm einer Palme verdeckt.

Im Fotostudio lassen sich homogene Hintergründe wesentlich leichter erzielen und kommen hauptsäch-

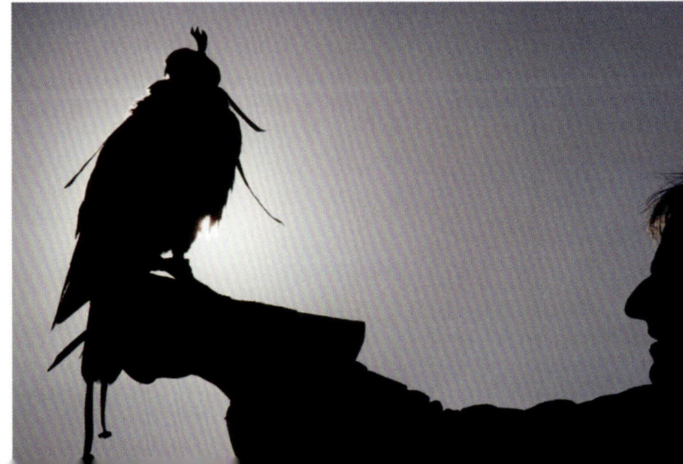

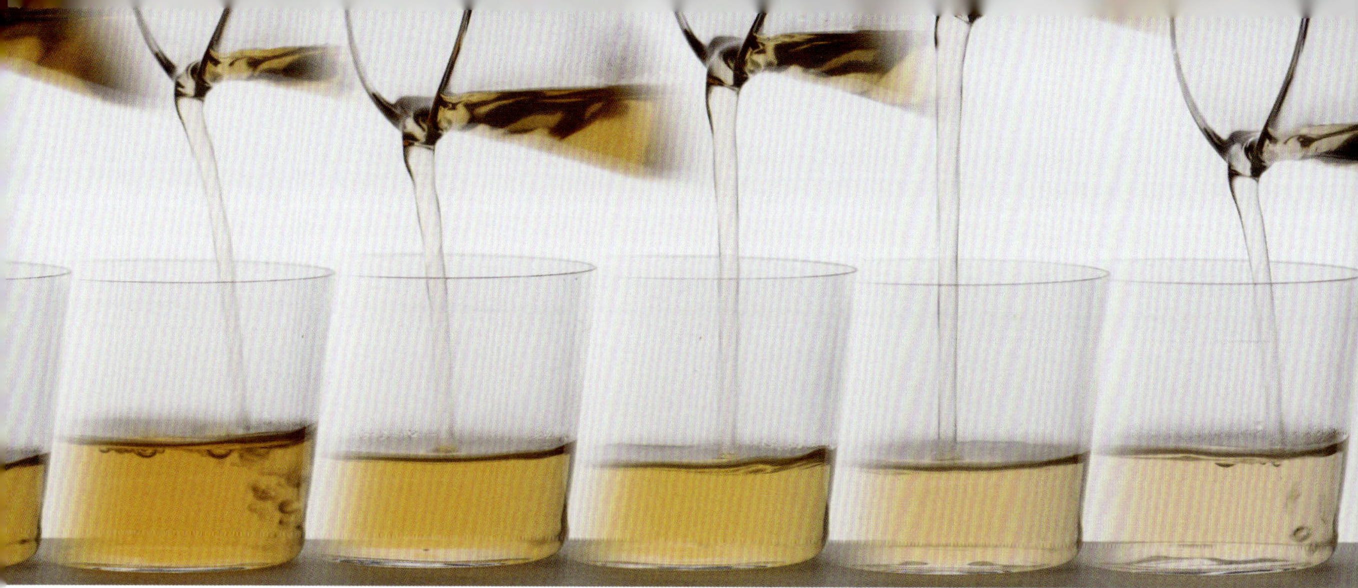

Diese per Mehrfachbelichtung entstandene und montierte Aufnahme von Teegläsern basiert auf dem in der Illustration links dargestellten Setup. Eine breite, lichtdurchlässige Acrylplatte wurde von hinten von einem einzelnen Studiostrahler durchleuchtet und wurde so zu einer gleichmäßigen Lichtfläche.

Ein Studiolicht illuminiert bei dieser Aufnahme von fermentierten Eiern – einer chinesischen Spezialität – einen Lichttisch, um die dunklen Farben zum Leuchten zu bringen. Das Beleuchtungsprinzip ist dasselbe wie bei der Aufnahme mit den Teegläsern.

Natürliches Hintergrundlicht lässt diesen Falkner mit seinem Tier in einem schottischen Moor silhouettenhaft erscheinen. Der Blickwinkel wurde so gewählt, dass der Vogel die Sonnenscheibe verdeckt und einen homogenen Hintergrund entstehen lässt. Solche Aufnahmen funktionieren am besten mit einem Teleobjektiv.

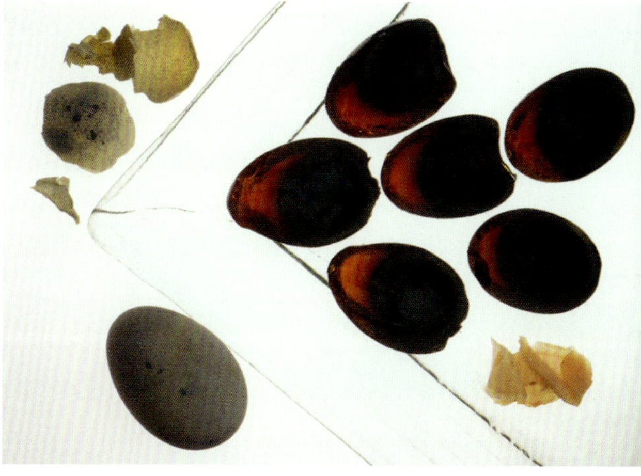

lich in der kommerziellen Fotografie zum Einsatz, um einzelne Objekte oder Motivgruppen klar abzubilden. Besteht nicht die Notwendigkeit eines strukturierten Hintergrunds mit einer erkennbaren visuellen Aussage, kommen sowohl bei Produkt- und Objektaufnahmen als auch in der Porträtfotografie neutrale Hintergründe wie reines Weiß oder tiefes Schwarz zum Einsatz. Schwarze Hintergründe eignen sich vornehmlich dazu, hellen Motiven mehr visuelle Wucht zu verleihen, während weiße Hintergründe bei dunklen Objekten eingesetzt werden und weniger dramatisch wirken. Ein passiver, heller Hintergrund, wie etwa eine Stoff- oder Papierbahn, profitiert von separater Beleuchtung, die sich wie in der Illustration links nicht direkt auf das Motiv auswirkt. Dieser Aufbau kann entweder als heller Hintergrund für ein normal ausgeleuchtetes Motiv dienen oder selbst die einzige Lichtquelle darstellen, wie im großen Bild mit den Teegläsern zu sehen ist. Transparente Behälter mit verschiedenfarbigen Flüssigkeiten – etwa Flaschen oder Weingläser – sind ein Paradebeispiel für die Anwendung dieses Lichtszenarios.

REFLEKTIERTES HINTERGRUNDLICHT

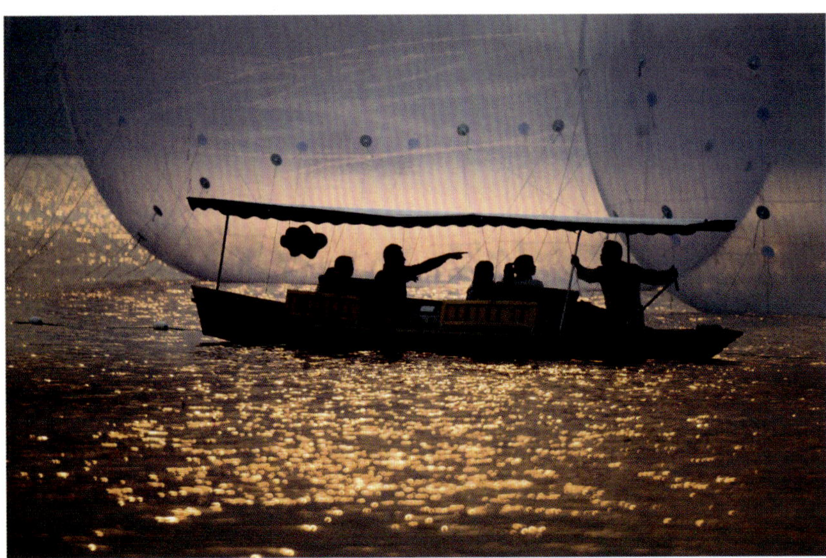

← Das Boot auf einem See in Hangzhou, China, wurde am späten Nachmittag mit einem Teleobjektiv eingefangen. Die Reflexionen sind die bestimmende Komponente und machen die Personen zu Silhouetten.

↘ Der Abriss eines Hauses in einem Akha-Dorf im nördlichen Thailand bei Sonnenaufgang. Die hinter dem Kopf des Mädchens verstecke Sonne macht das Bambusbrett im Zentrum zum bestimmenden Bildelement.

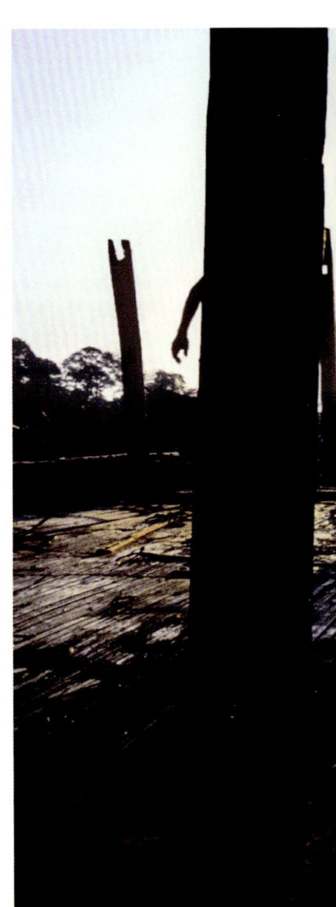

Ganz im Gegensatz zum direkten Hintergrundlicht bietet reflektiertes Licht aus dem Hintergrund mehr Flexibilität bei der Bildgestaltung und funktioniert auch aus höheren Blickwinkeln.

Wenn Sie von der erhöhten Uferlinie auf einen See oder das Meer hinaus fotografieren, bekommen Sie in den meisten Fällen eine attraktive Aufnahme. Dabei spielt es keine Rolle, ob das Wasser glatt und ruhig ist und dadurch wie ein Spiegel wirkt oder aufgewühlt und von Wellen gesäumt ist, wodurch die Lichter gebrochen werden. Da der Kamerawinkel in etwa dem Einfallswinkel des Sonnenlichts entsprechen sollte, gelingen solche Aufnahmen am besten frühmorgens oder spätnachmittags. Je tiefer die Sonne steht, desto näher können Sie an die Uferlinie heranrücken.

Obwohl sich Wasser durch das breiteste Reflexionspotenzial auszeichnet, eignen sich auch andere Oberflächen für solche Aufnahmen, wie die Bilder links und rechts beweisen. Neben Größe und Diffusionseigenschaften bestimmt vor allem das Reflexionsvermögen der Oberflächen die Stärke des Effekts, wobei spiegelnde Materialien klar im Vorteil sind. Die weiche Oberfläche der Bambuslatte im Bild rechts ist zwar alles andere als spiegelnd, doch sie verteilt das Sonnenlicht über ihre gesamte Ausdehnung, was sie zu einem auffälligen und zentralen Element der Aufnahme macht. Das andere Extrem stellt der Ausschnitt der Motorhaube einer Hotel-Limousine (links unten) dar, deren polierte Oberfläche das warme Nachmittagslicht der Schweizer Berge reflektiert. Das Logo des Hotels ist bei dieser kommerziellen Aufnahme gefällig in die Szene integriert. Im Studio kann reflektiertes Hintergrundlicht eine attraktive Komponente für Stillleben sein, wie Sie im Abschnitt zu abgestuften Schatten ab Seite 120 sehen können. Oft lässt sich dadurch eine abstrakte, nahezu klinisch wirkende Bildanmutung erzielen, die das Motiv aus realen Zusammenhängen herausnimmt und es in einer künstlich wirkenden Welt platziert. Reflexionen auf kleinen spiegelnden Oberflächen lassen sich durch geringfügige Kamerabewegungen variieren.

Alle reflektierten Hintergrundlichter intensivieren die Kontraste in der Oberflächenstruktur des Motivs (soweit vorhanden, wie bei den Bambusbrettern) oder zu den umgebenden Objekten – das kann bis zur Ausbildung von Silhouetten gehen, was dieses Beleuchtungsszenario so interessant macht.

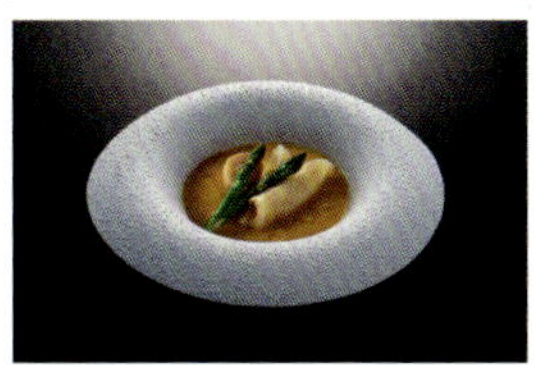

Bei dieser Studioaufnahme wurde ein abgestufter Grauverlauf durch schwarzes Acryl erzielt. Hinter dem Motiv befindet sich eine hintergrundbeleuchtete, lichtdurchlässige Acrylplatte. Ein Verschieben der Lichtquelle nach oben oder unten kehrt die Richtung des Verlaufs um.

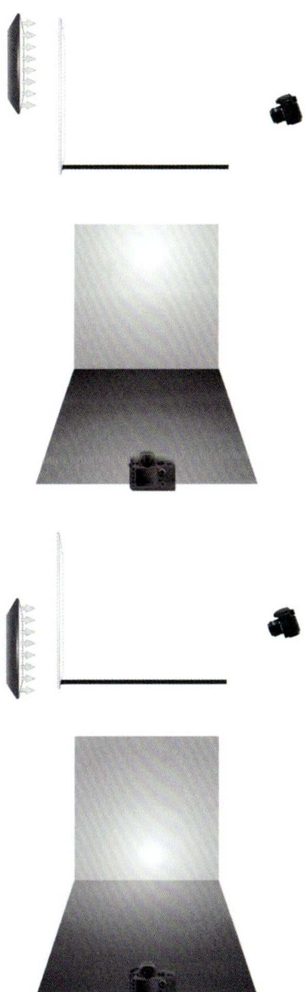

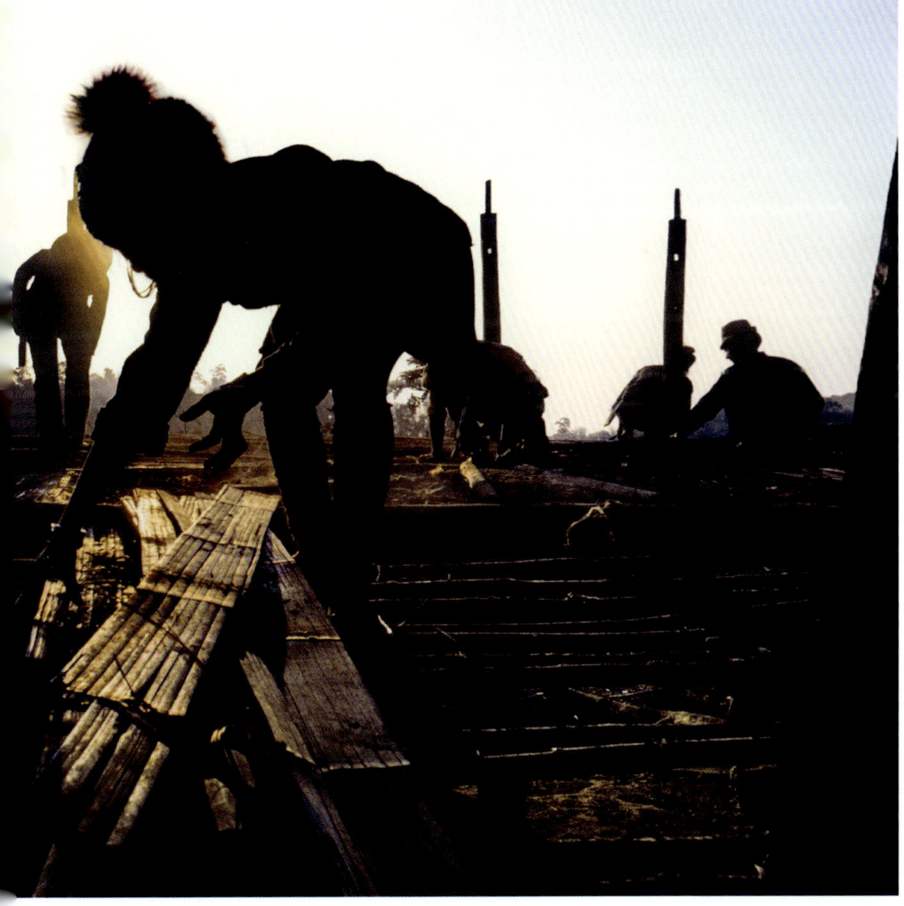

OFFENES HINTERGRUNDLICHT

Während normales Hintergrundlicht zu hohen Kontrasten und zur Ausbildung von Silhouetten neigt, sorgen bestimmte atmosphärische Bedingungen für ein weiches, offenes Licht, das Bildbereiche regelrecht zum Leuchten bringen kann.

Die atmosphärischen Bedingungen sind der entscheidende Faktor für dieses Szenario – es muss Dunst vorherrschen. Die darin enthaltenen Partikel brechen die Lichtstrahlen und reflektieren einige zurück aufs Motiv. Das geschieht auch schon bei leichtem Dunst, der bei Weitem nicht so dicht wie Nebel ist. Für den maximalen Effekt müssen vier Dinge zusammenkommen: 1. Dunst, 2. niedriger Sonnenstand am Morgen oder Abend, 3. Blickwinkel mehr oder weniger in Richtung Sonne und 4. eine lange Brennweite – je länger, desto besser.

Warum diese vier Faktoren zusammenkommen müssen, bedarf einer Erklärung. Die Zusammensetzung von Dunst variiert stark, doch die darin enthaltenen Partikel sind im Gegensatz zu Wasserpartikeln bei Nebel stets trocken. Obwohl Dunstpar-

↓ Berittene Wachen im Londoner Hyde Park. An einem klaren Tag wäre diese Aufnahme extrem kontrastreich (siehe Seite 78), doch hier öffnet der Dunst die Schatten.

→ Dunst und lange Brennweite gestalten diese Aufnahme von Gräsern durch den Effekt der Vorwärtsstreuung sehr weich und fein.

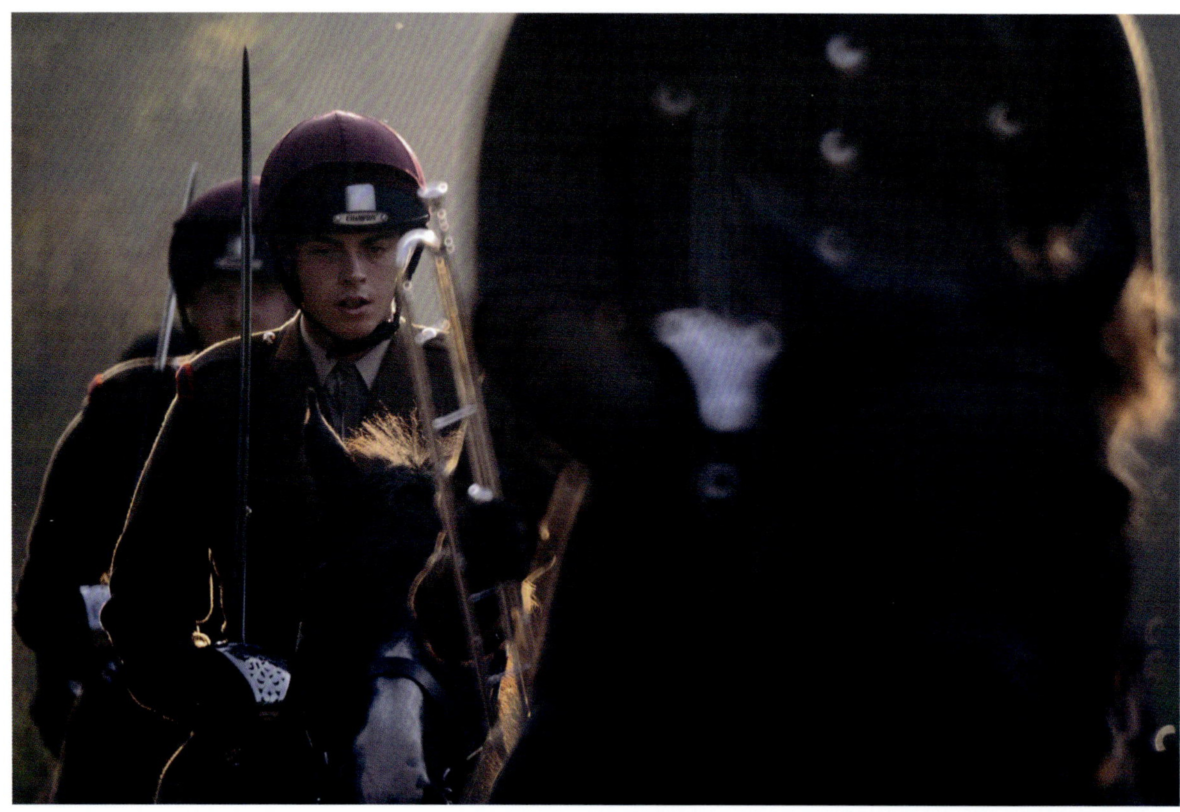

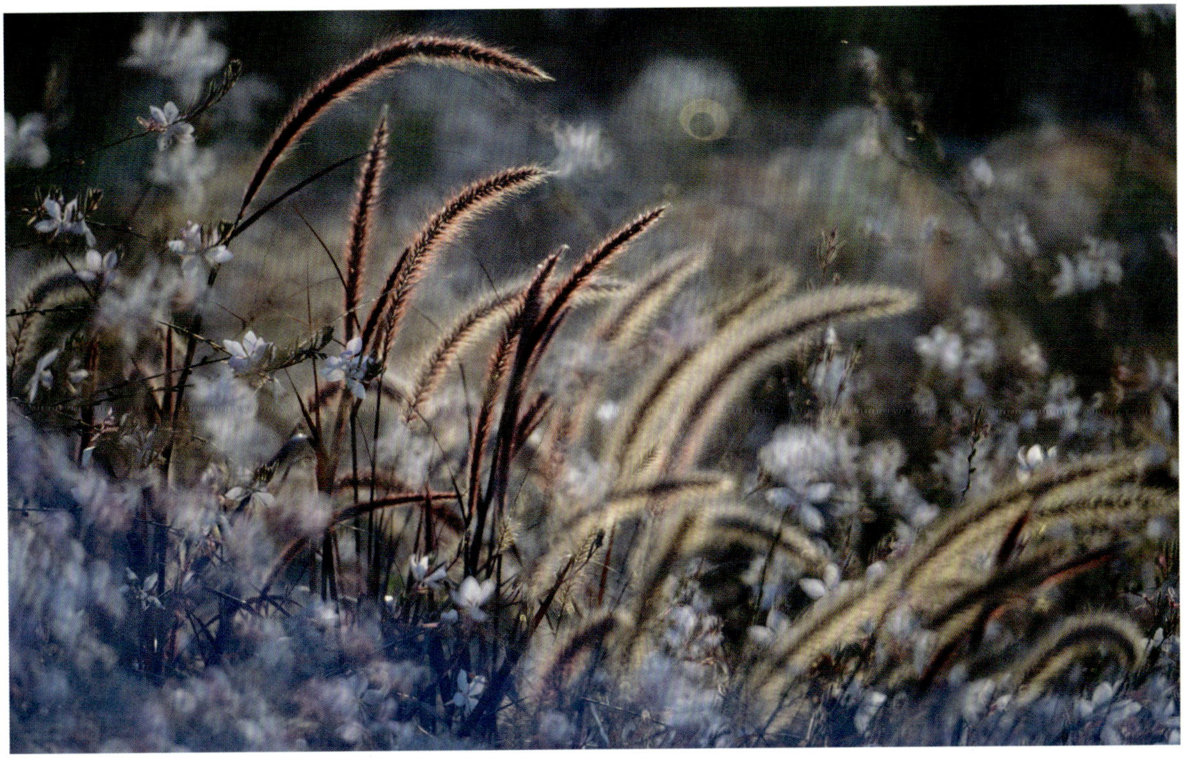

tikel kleiner sind als Wassertropfen im Nebel, sind sie groß genug, um eine Vorwärtsstreuung zu bewirken. Dabei werden mehr Lichtstrahlen von der Sonne weg statt zur Sonne hin reflektiert, was für einen starken Diffusionseffekt sorgt. Dieser erreicht seine maximale Wirkung, wenn Sie direkt in die Sonne hinein fotografieren. Obwohl die Vorwärtsstreuung dominiert, werden dennoch viele Strahlen zurück zur Sonne reflektiert, wobei sie auf dunkle Stellen in der Szene treffen. Dabei entsteht eine Art Fülllicht zum Aufbrechen von Schatten.

Da die Sonne in diesem Szenario sehr tief steht, wird die Szene von gelben bis roten Farbtönen durchflutet. Diese warmen Farben entstehen durch die Rayleigh-Streuung, die von Luftmolekülen bewirkt wird, die viel kleiner als Dunstpartikel und die Wellenlänge des Lichts sind. Blaue Wellenlängen sind am kürzesten, sodass sie stärker reflektiert werden. Dadurch steigt der wahrnehmbare Rot- und Gelbanteil in der Atmosphäre.

Das Teleobjektiv sorgt letztendlich dafür, dass Sie einen größeren Abstand zum Motiv herstellen und damit mehr partikelhaltige Luft zwischen Objektiv und Szene bringen. Beide Beispielbilder sind mit einem 500-mm-Teleobjektiv entstanden. Das ist sicherlich eine extreme Wahl, doch die visuelle Qualität solcher Aufnahmen geht Hand in Hand mit der Brennweite des Objektivs.

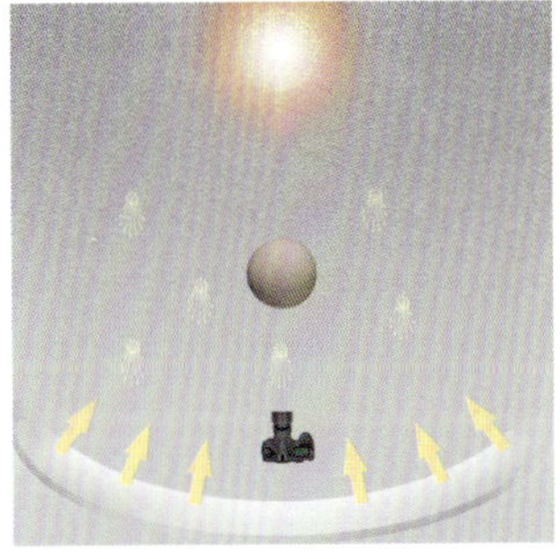

↑ Schematische Darstellung von Streuung und Reflexion durch Dunstpartikel. Die kleinen Strahlen stehen für eine überwiegende Vorwärtsstreuung, während die großen Pfeile die Rückwärtsstreuung in Richtung der Schatten illustrieren.

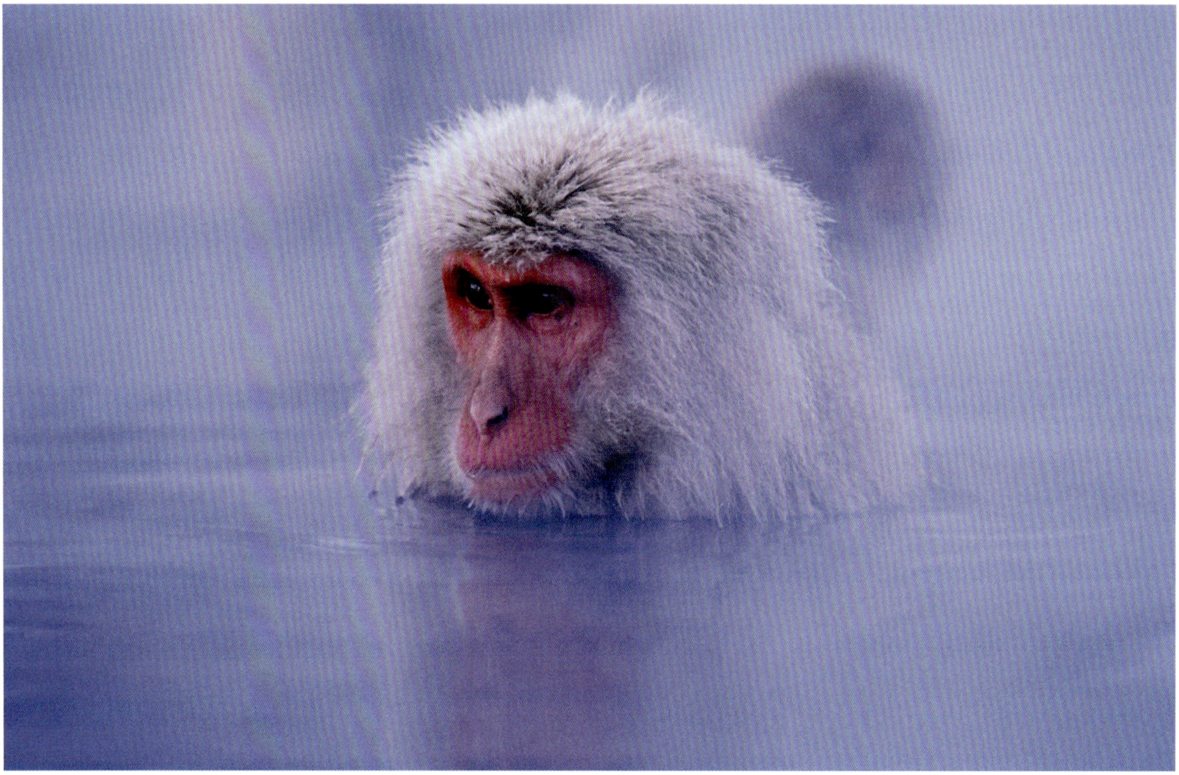

EINHÜLLENDES LICHT

Einhüllendes Licht ist das exakte Gegenteil von direktem Sonnenlicht. Es scheint das Motiv zu umgeben und zu umschmeicheln, ohne seine Richtung zu offenbaren oder Schatten zu erzeugen.

Dieses Szenario ist in der Natur nur selten anzutreffen, während es zu den Standards in der Studiofotografie gehört. Das perfekte einhüllende Licht würde von einem durchgängigen Lichtdom um das Motiv herum erzeugt werden. Diese Situation wird von Hilfsmitteln wie Lichtzelten oder Lichtboxen simuliert, die schnelle Produktaufnahmen ohne große Anforderungen an das fotografische Können ermöglichen. Im Prinzip wird das Motiv dabei von lichtdurchlässigen Flächen umgeben, die von zwei oder mehr Lichtquellen von außen angestrahlt werden. In diesem Setup angefertigte Aufnahmen weisen nahezu keine Schatten auf, ohne allzu flach zu wirken. Da diese Technik besonders durch Online-Verkaufsplattformen so verbreitet ist, ist sie hinreichend bekannt und lässt das Besondere vermissen.

Ganz anders bei Aufnahmen unter natürlichem Licht, das in dieser Ausprägung äußerst selten vorkommt. Selbst stark diffuses Licht unter einem wolkenverhan-

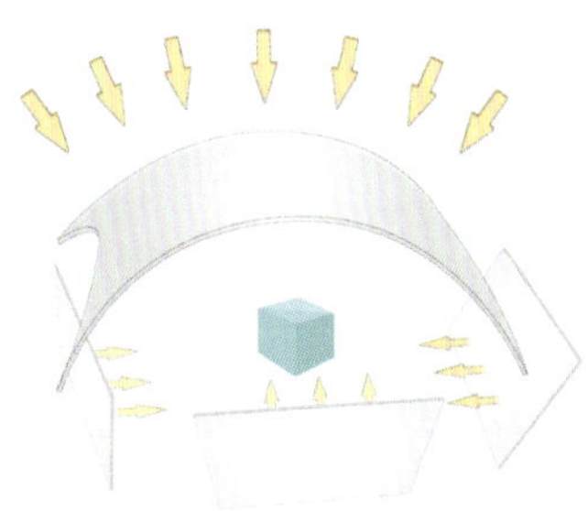

↑ Sowohl im Studio als auch im Freien muss das von oben einfallende Licht abgedeckt sein und durch Reflektoren ergänzt werden, die von allen Seiten Licht auf das Motiv werfen und es somit komplett in Licht einhüllen.

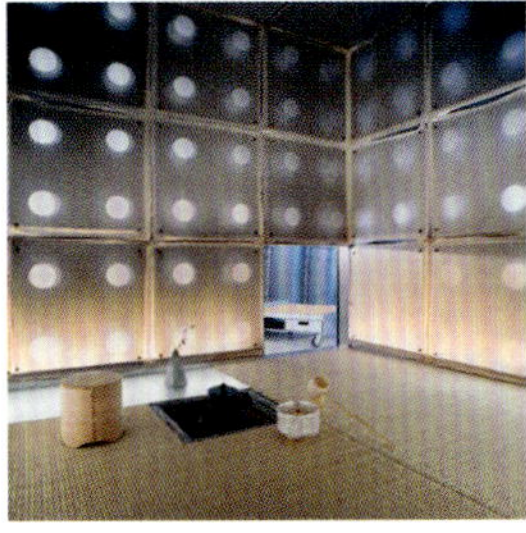

Dieser zeitgenössische japanische Teeraum enthält indirekte Lichtquellen, die von den Aluminiumsäulen im ganzen Raum verteilt werden.

Ein Makake in einer japanischen Thermalquelle an einem kalten Wintertag. Der aufsteigende Dampf filtert das Sonnenlicht so stark, dass es keine Einfallsrichtung erkennen lässt.

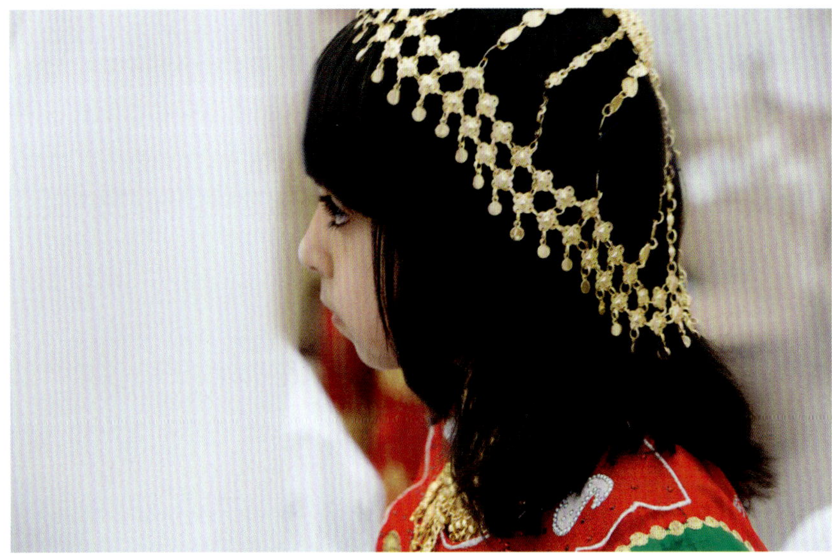

Ein junges Mädchen aus dem Emirat Schardscha während einer Feier.

genen Himmel ist strikt nach unten gerichtet, sodass sich in der Nähe des Bodens sichtbare Schatten ausbilden. Unabhängig davon ist extrem diffuses Licht eine Grundvoraussetzung für dieses Beleuchtungsszenario, sodass Aufnahmen hauptsächlich bei bedecktem Himmel und während der Dämmerung möglich sind, wenn das direkte Sonnenlicht auf ein Minimum reduziert ist. Wie die Illustration links zeigt, muss nicht nur das von oben, sondern auch das seitlich einfallende Licht diffus gestaltet werden. Kommt das Lich von oben, brauchen Sie seitlich angeordnete Reflektoren, was die maximale Motivgröße spürbar einschränkt.

Einhüllendes Licht wird in Malerkreisen als »universelles Licht« bezeichnet, was bedeutet, dass es ohne eine offensichtlich vorhandene und in eine bestimmte Richtung strahlende Lichtquelle entsteht. In der Fotografie lassen sich ausgedehnte Landschaften nicht in dieser Form festhalten, da stets Schatten in Bodennähe zu sehen sind. Maler können die Realität ignorieren und umhüllendes Licht erschaffen, und Digitalfotografen können Ähnliches während der Nachbearbeitung bewirken (siehe Seite 142).

Natürliche Reflektoren können beispielsweise weiß getünchte Wände oder Schnee auf mehr als einer Seite des Motivs sein. Auch atmosphärische Effekte wie Nebel können einhüllendes Licht bewirken, da sie die Sichtbarkeit reduzieren und die Diffusion fördern. Auch dabei muss der Ausschnitt möglichst klein gehalten werden. Bei der Aufnahme des Affen in einer japanischen Thermalquelle (linke Seite) kamen beide Einflüsse zusammen: Der umgebende Schnee übernahm die Rolle der Reflektoren, während der aufsteigende Dampf für die nötige Diffusion sorgte.

Die im Studio fotografierten Münzen werden von einem großen Lichtpaneel frontal von oben beleuchtet, um die Reflexionen zu intensivieren. Der enorm große Einfallswinkel (siehe Seite 56) gestaltet das Licht einhüllend.

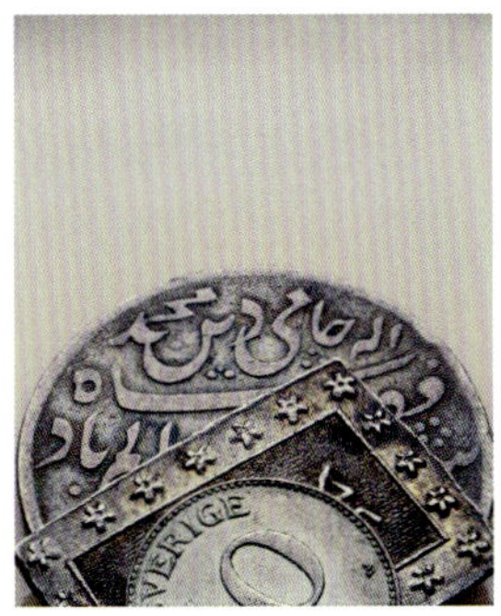

KANTENLICHT

Kantenlicht gehört für mich zu den interessantesten und zugleich schwierigsten Beleuchtungsszenarien – speziell dann, wenn es unter natürlichem Licht hervorgebracht werden soll. Im Fotostudio ist es weit weniger spannend und anspruchsvoll, da Sie ohnehin die volle Kontrolle über das Licht haben.

Wie bereits der Name vermuten lässt, werden die Kanten eines Motivs beleuchtet, während der Rest im Dunkeln bleibt, was für eine natürliche Dramatik sorgt. Typischerweise erscheint Kantenlicht als ebenso helle wie dünne Linie, die den Konturen des Motivs folgt. Die aus der Illustration rechts ersichtlichen Bedingungen sind ein dunkler Hintergrund und eine Lichtquelle, die sich außerhalb des Ausschnitts befindet und das Motiv von hinten anstrahlt.

In einem früheren Buch habe ich das Kantenlicht als eine der zwölf grundlegenden Belichtungssituationen beschrieben. Die richtige Belichtung ist in der Tat sowohl von den vorgegebenen Lichtverhältnissen als auch von persönlichen Ansprüchen an die Ästhetik einer Aufnahme abhängig. Der einfachste Weg ist eine Lichtkante als dramatische Hervorhebung der Kontur, wobei die Schatten im Motiv geöffnet werden, um Details und Strukturen zu offenbaren. In Kapitel 5, »Schattenlande«, gehe ich ausführlich auf den Gegensatz zwischen tiefen und offenen Schatten ein. Bei diesem Lichtszenario ist die Entscheidung zwischen beiden Extremen von großer Bedeutung. Diese Entscheidung, mit der automatische Belichtungsprogramme fast immer massive Schwierigkeiten haben, bestimmt darüber, ob der Lichtsaum als eigentliche

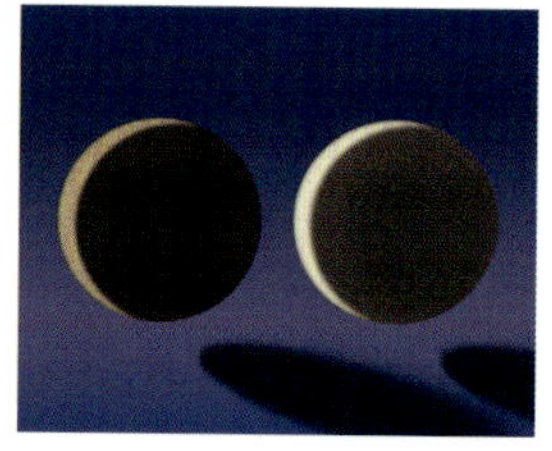

Eine Änderung der Belichtung und des Fülllichts bewirkt eine einfache, dünne Kontorlinie mit einer gesättigten Farbe (links) oder eine hell leuchtende Silhouette mit geöffneten Schatten im Vordergrund (rechts).

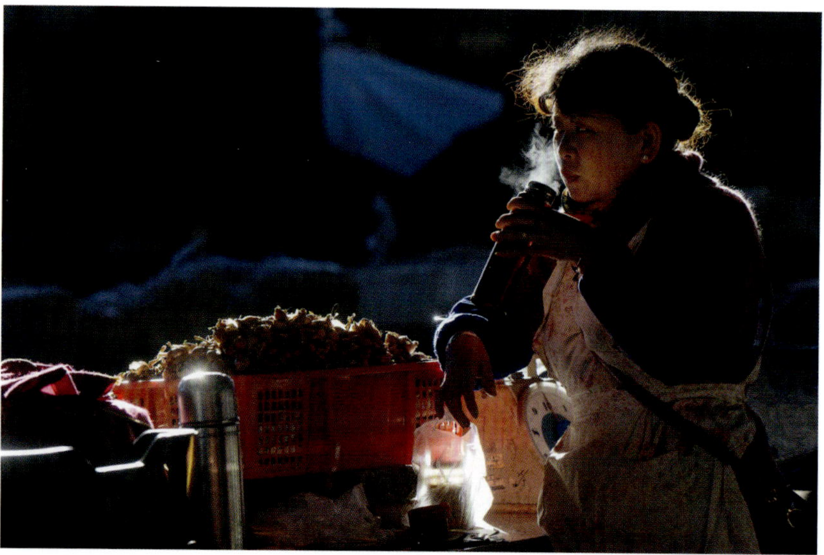

Eine Marktfrau in Lijiang in der chinesischen Provinz Yunnan. Der Dampf aus der Thermoskanne und das lose Haar der Frau unterstreichen den Kanteneffekt, während Reflexionen von unten die Schatten öffnen.

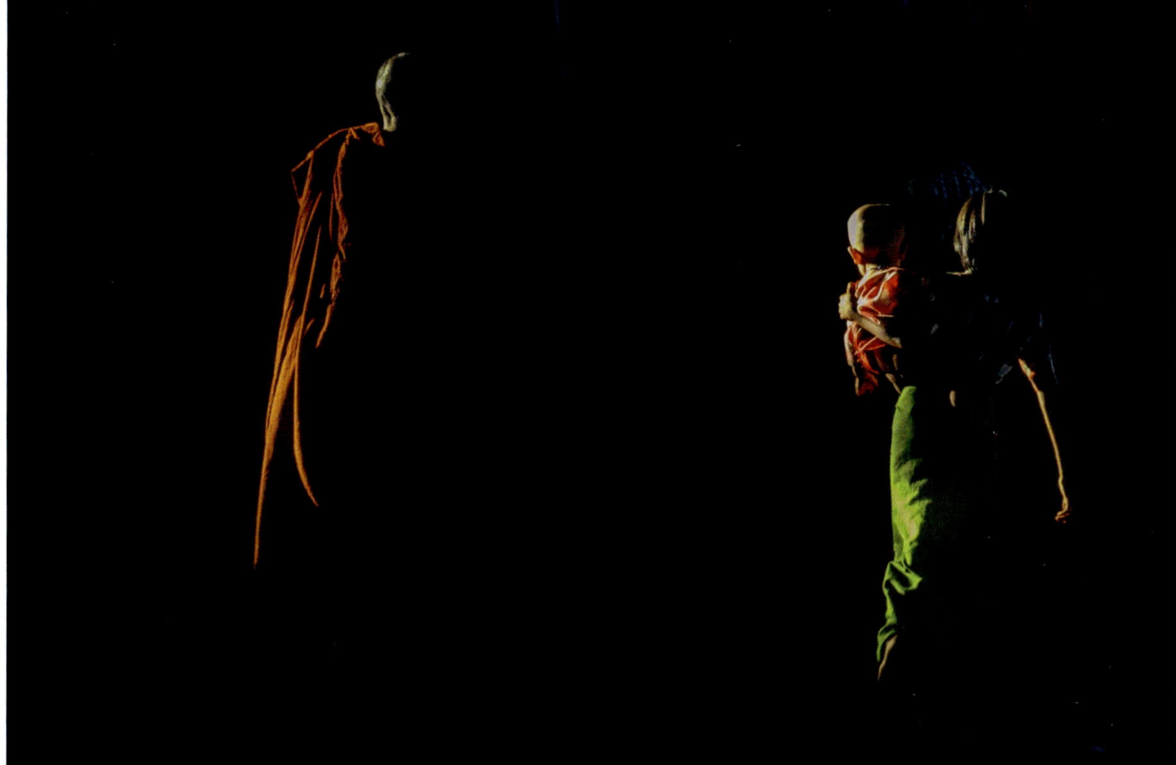

Lichtquelle oder als unterstützende Beleuchtung dienen soll. Im Bild oben ist das Licht selbst das Hauptmotiv. In diesem extremen Beispiel ist keine weitere Lichtquelle vorhanden, um die Schatten zu öffnen, sodass die Bildaussage allein über die beleuchteten und darüber hinaus segmentierten Konturen erfolgt. Das Bild funktioniert, weil die Konturen farbig sind und die Aufnahme ein gewisses Maß an Aufmerksamkeit von den Betrachtern erfordert – es handelt sich um einen Mönch und eine Frau mit Kind, die die Stufen zur Shwedagon-Pagode in Rangun erklimmen. Es handelt sich um eine Analogaufnahme, sodass auch in der Nachbearbeitung keine Details aus den Schatten herausgeholt werden konnten. Allerdings hätte ich das Bild auch in digitaler Form genau so belassen, wie Sie es sehen – in der geheimnisvollen Anmutung durch die ausgedehnten, dunklen Bereiche liegt eindeutig die Stärke dieser Aufnahme.

Das Bild links, das eine Frau mit einem Lebensmittelstand in Yunnan zeigt, wirkt deutlich natürlicher, da die Schatten durch das hauptsächlich von der Plastiktüte auf dem Tisch reflektierte Licht geöffnet werden. Bei der Bearbeitung der Raw-Datei waren nicht viele Anpassungen nötig: Das Gesicht wurde um eine halbe Blende aufgehellt und der Hintergrund um den gleichen Wert abgedunkelt. Das hat ausgereicht, um die Details in den Haaren und der Kleidung der Frau herauszuarbeiten und den Dampf aus der Thermoskanne zu betonen. Im Studio erzielen Sie einen ähnlichen Effekt mit einem Strahler, der in Dreiviertel-Höhe hinter dem Motiv und knapp außerhalb des Ausschnitts platziert wird. Kantenlicht als zusätzliche Lichtquelle können Sie in den Aufnahmen auf Seite 57 und 74 sehen. In beiden Fällen ist der Kanteneffekt nicht dominant, sondern eher dekorativ.

↑ Licht- und Schattenspiel vor der Shwedagon-Pagode in Myanmar. Der Mönch und die Mutter mit Kind werden vom Sonnenlicht angestrahlt, das durch einen schmalen Schlitz in der linken Wand dringt.

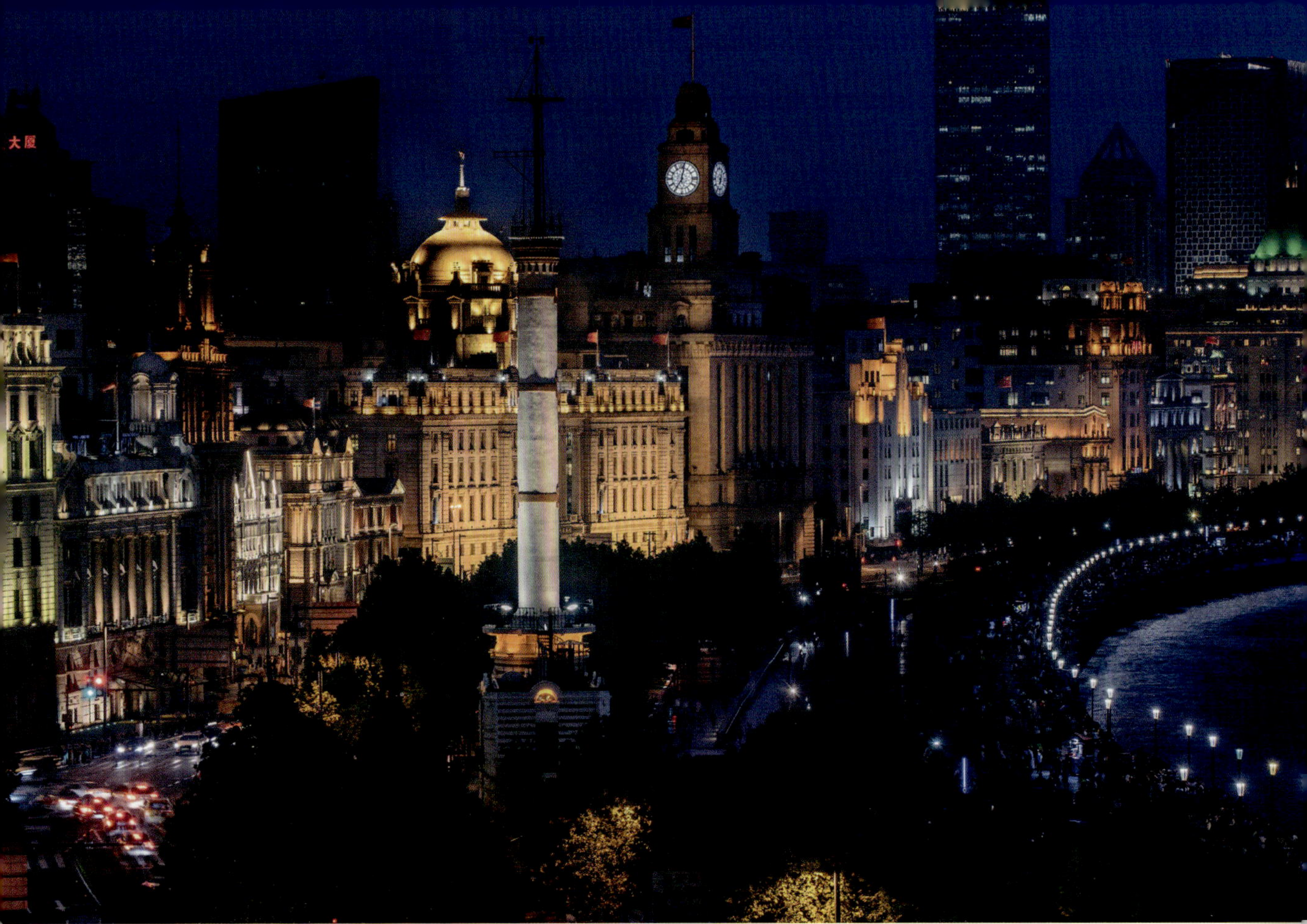

STADTBELEUCHTUNG

Die faszinierende Mischung aus Straßenbeleuchtung, Werbeflächen, Schaufenstern und der zunehmend avantgardistischen Beleuchtung von Wolkenkratzern lässt Sie beim Fotografieren in nächtlichen Metropolen regelrecht in eine andere Welt eintauchen.

In großen Städten wimmelt es geradezu vor Lichtquellen innerhalb und außerhalb des Suchers. Das macht die Nachtfotografie in großen Metropolen zu einem der interessantesten, aber auch herausforderndsten Lichtszenarien – und auch zu einer mitunter chaotischen Erfahrung. In diesem Szenario werden die von der Fotografie bei Tageslicht bekannten Standards bezüglich Helligkeit, Schattierung und Kontrast weitgehend außer Kraft gesetzt. Die Möglichkeiten sind nahezu endlos, was eine Stadt bei Nacht zu einem Spielplatz für fotografische Experimente mit vielen un-

↑ Der kurvige Verlauf der Flaniermeile The Bund in Shanghai. Bei dieser Art von Aufnahme ist das Timing entscheidend. Dieses Bild entstand kurz nach Einbruch der Dämmerung, sodass sich die Konturen der Häuser noch vom Hintergrund abheben.

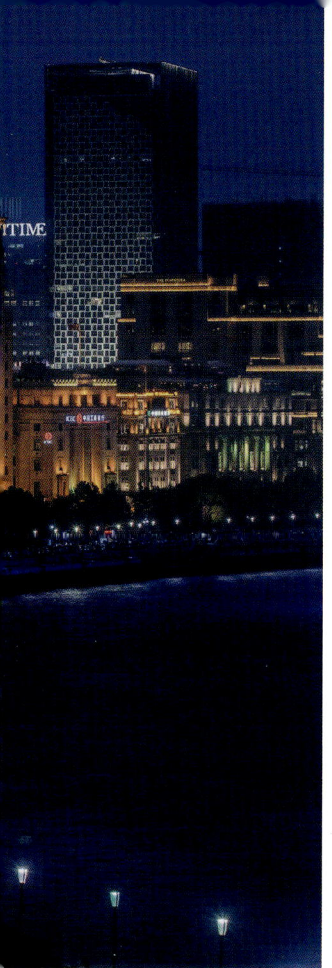

erwarteten Kombinationen und Synergien verschiedener Lichtquellen macht. Und das Beste daran ist: Heutzutage sind solche Aufnahmen dank der fortschrittlichen Kameratechnik auch mit einfachem Equipment möglich.

In der Ära des Analogfilms und während der frühen Tage der Digitalfotografie reichte die Empfindlichkeit des Filmmaterials oder der Sensoren nicht für zwanglose Aufnahmen aus der Hand aus. Der Aufwand war teils extrem und die Ergebnisse waren oft unbefriedigend. Der ungarisch-französische Fotograf Brassaï gilt dank seiner Aktivitäten im Paris der späten 1920er- und frühen 1930er-Jahre als einer der ersten populären Vertreter dieses Genres. Seine Mittelformatkamera hat er auf einem hölzernen Stativ montiert, um minutenlange Belichtungen durchführen zu können, während er Menschen unter Zuhilfenahme von Blitzlicht und Blitzpulver auf den Film brachte. Die Statisten – meist Prostituierte und Paare an nächtlichen Straßenecken (ein Markenzeichen von Brassaï) – wurden vor der Aufnahme rekrutiert und mussten minutenlang bewegungslos vor dem Objektiv verharren. Nur wenige Fotografen aus dieser Epoche wagten sich aufgrund des großen Aufwands an diese Art der »animierten« Nachtfotografie heran.

In digitalen Zeiten wird die Nachtfotografie von der Technik dominiert, was sich allerdings einschränkend auf die Kreativität auswirkt. Automatikfunktionen und digitale Fotografie ermöglichen zuvor nie gekannte Bildqualität unter schlechten Lichtbedingungen. Besonders Smartphone-Kameras setzen mit verschiedenen Nachtmodi auf diesen Trend und komponieren spektakuläre Nachtszenen aus mehreren Einzelaufnahmen (siehe Seite 146). Traditionelle HDR-Belichtungsreihen vom Stativ aus ermöglichen auch mit herkömmlichen Kameras beeindruckende Nachtaufnahmen. Füllblitze sind eine weitere Option, allerdings aus kreativen Erwägungen und nicht aus technischen Zwängen heraus. All diese Variationen machen die Nachtfotografie in der Stadt zu einem Sammelsurium verschiedenster Lichtszenarien.

Ungewöhnliche Lichteffekte durch Schaufenster und Werbetafeln eröffnen weitreichende kreative Möglichkeiten. Blitzlicht sorgt in Ergänzung zum Umgebungslicht für eine ganz eigene Ästhetik (siehe auch Seite 67).

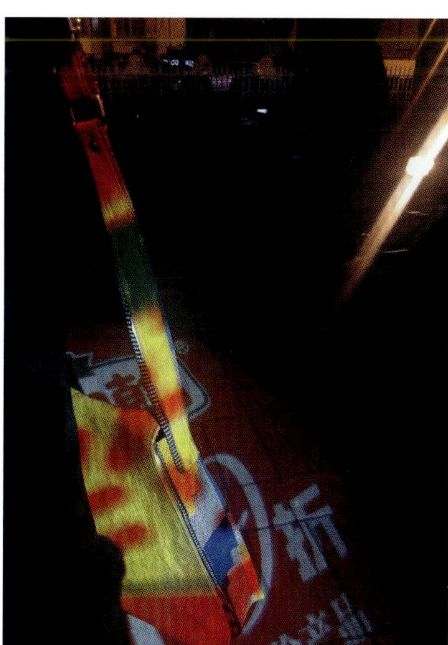

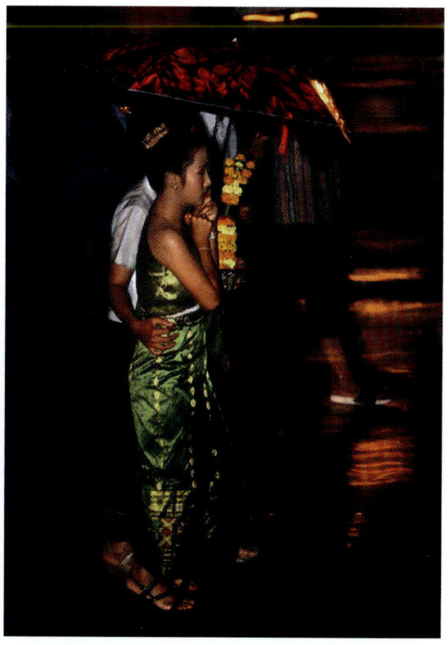

KAPITEL

4

LICHTER

In der Welt von Licht und Schatten spielen sich die wirklich interessanten Dinge nicht in den Mitteltönen, sondern an den jeweiligen Enden der Tonwertskala ab. Das mag sich drastisch anhören, wird jedoch von Fakten untermauert. Alle Belichtungssysteme zielen darauf ab, das Motiv vorwiegend in neutralen Mitteltönen einzufangen, weil das unserer Sichtweise am nächsten kommt. Der Tonwertbereich vieler – wenn nicht der meisten – interessanten Aufnahmen erstreckt sich jedoch weit in die Lichter und Schatten hinein. Diese beiden Extreme tragen zum individuellen Charakter des Fotos bei. Die Arbeit mit extremen Tonwerten setzt sowohl bei der Belichtung als auch bei der Nachbearbeitung eine hohe Genauigkeit voraus, wie Sie in Kapitel 6 erfahren werden. Des Weiteren sollten Sie über profundes Wissen verfügen, wie sich Lichter und Schatten auf die Bildanmutung auswirken.

Welch große Bedeutung Schatten und Lichter haben, weiß ich aus der digitalen Fotografie, in der die optimale Tonwertverteilung errechnet wird. Aus Gründen, die ich im nächsten Kapitel erörtere, bin ich nicht der Meinung, dass Schatten mehr Möglichkeiten zur Differenzierung bieten als Lichter. Unabhängig davon treten Lichter in überraschend vielen Variationen auf.

Darüber hinaus ziehen sie die Aufmerksamkeit auf sich, da unser Blick immer vom Licht angezogen wird. Dadurch können Sie den Blick des Betrachters in Ihren Kompositionen lenken.

Lichter nehmen meist nur einen kleinen Teil des Ausschnitts ein. Große Lichtflächen führen zu dem ab Seite 152 beschriebenen High-Key-Effekt. Lichter entstehen vornehmlich auf reflektierenden Oberflächen oder in matten Bereichen, die direkt von einem Lichtstrahl getroffen werden. Genauso wie die Schatten gewinnen Lichter durch ihren Kontrast mit dem Rest des Bildes an Präsenz. Je dunkler der Bereich ist, auf den sie projiziert werden, desto stärker treten sie hervor. Doch auch vor hellen Hintergründen – etwa einer weißen Teetasse im Sonnenlicht – ist unser Auge in der Lage, Lichter zu erkennen und entsprechend einzuordnen. Sehr kleine Lichter, wie Spiegelungen oder eine einzelne helle Lampe, können ohne Probleme auch ins reine Weiß ohne jede Detailzeichnung überstrahlen.

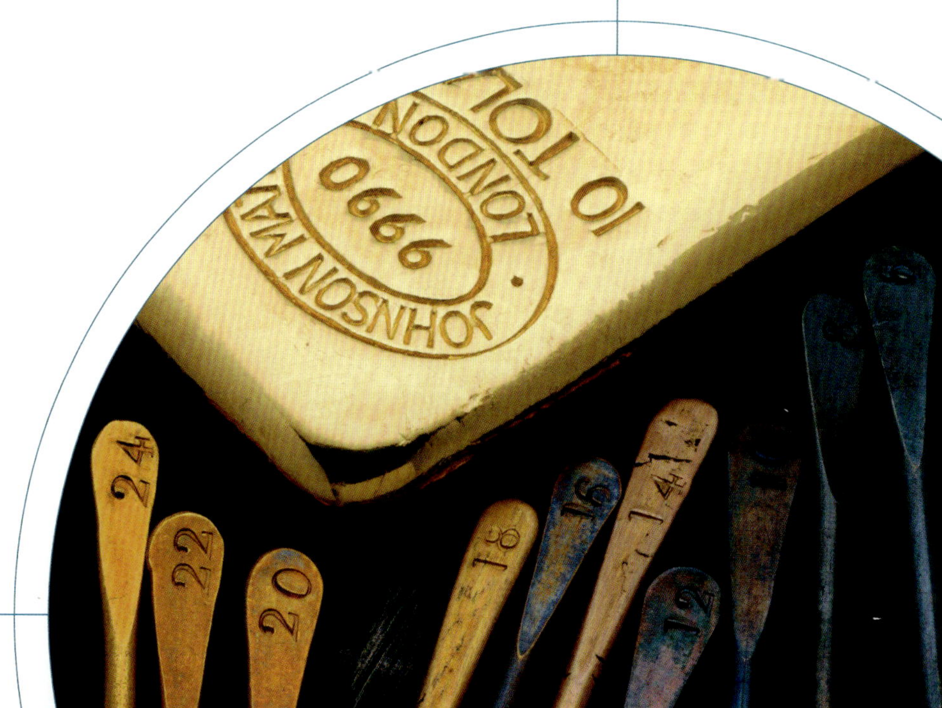

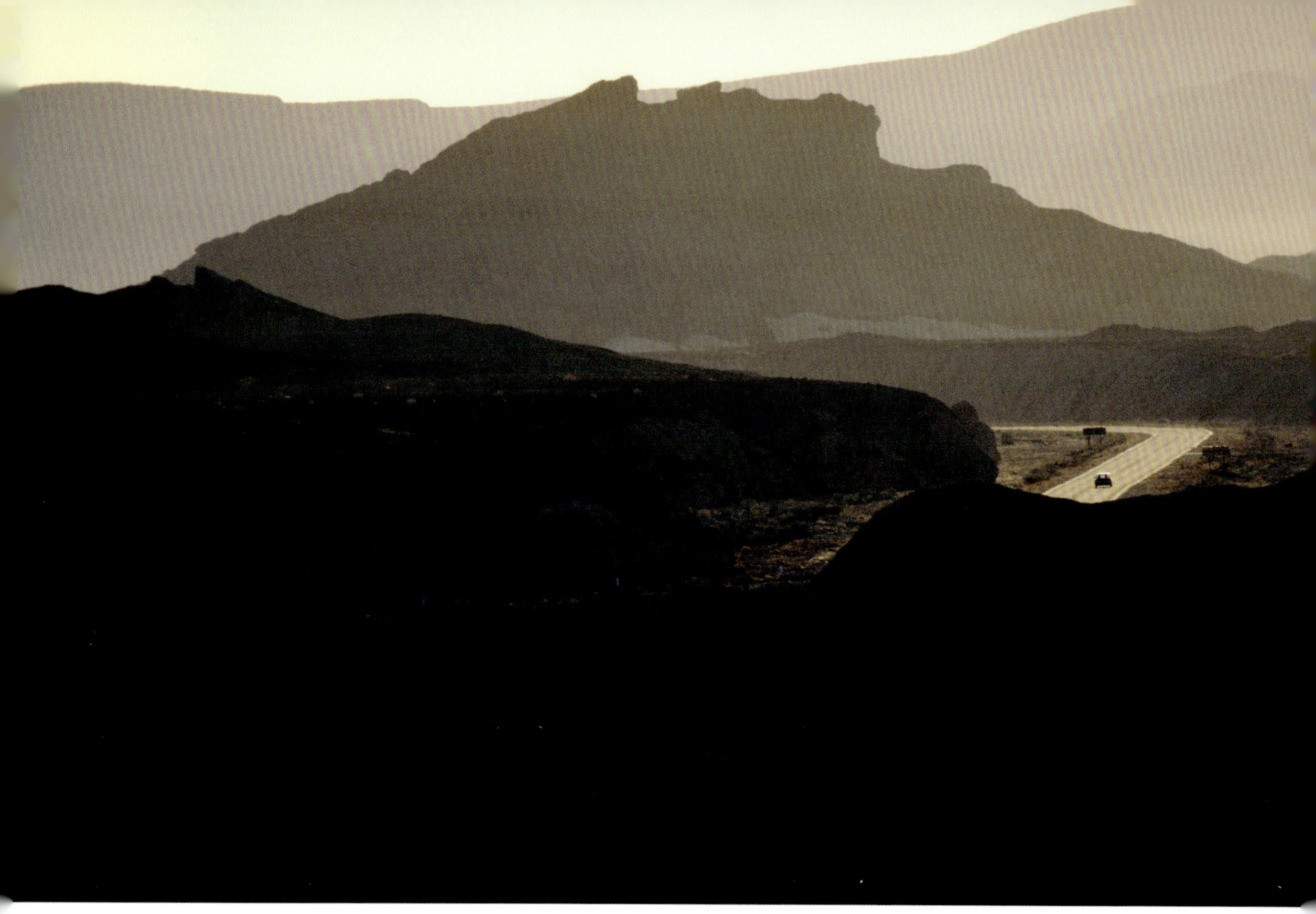

BLICKE MIT LICHTERN LENKEN

Unsere Blicke folgen dem Licht – vor allem dann, wenn die Umgebung dunkel ist und die hellen Bereiche klein sind. Deshalb können Sie Lichter in Ihren Kompositionen hervorragend zum Erzeugen von Aufmerksamkeit und zum Lenken der Blicke einsetzen.

Die offensichtlichste Methode ist der Einsatz eines Spotstrahlers, der einen engen Lichtkreis auf den gewünschten Motivbereich wirft. Allerdings funktioniert das in der kreativen Fotografie (vor allem unter natürlichem Licht) nur selten, und darüber hinaus werden Sie in Ihrer gestalterischen Kreativität eingeschränkt und lassen dem Betrachter keine Wahl. Lichtstrahlen in ausgedehnten Innenräumen, oft als »Finger Gottes« bezeichnet, sind von baulichen und atmosphärischen Bedingungen abhängig und bergen zwei Vorteile. Erstens bringen sie Richtung und Bewegung in ein statisches Setting wie den Petersdom in Rom (Bild auf der nächsten Seite). Zweitens kann das Ziel des Strahls sehr klein sein, ohne an Aufmerksamkeit zu verlieren. Der Strahl

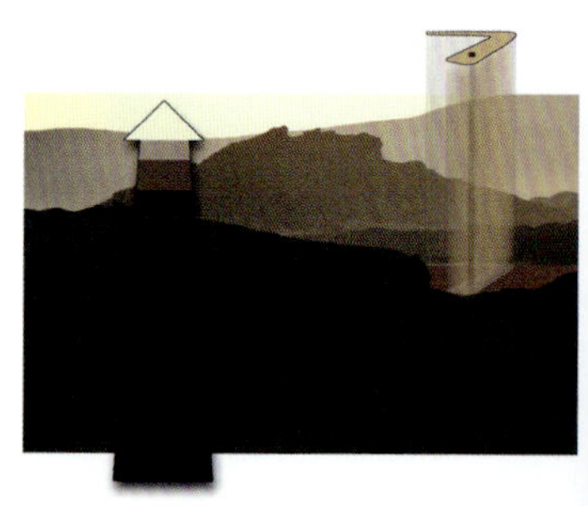

Das Schema links unten lässt gut erkennen, wie die Helligkeitsabstufungen den Blick zunächst von unten nach oben wandern lassen. Danach schweift er direkt zur hell erleuchteten Straße. Das einzelne Fahrzeug auf seinem Weg durchs Death Valley erfüllt die Stilvorgaben an die lokale Prägnanz.

verstärkt und überzeichnet sozusagen das eigentliche Licht. Allerdings verblasst der Lichtstrahl im Petersdom in wahrsten Sinne des Wortes gegenüber der fulminanten Lichtsäule, die auf der nächsten Seite ins Innere des Antelope Canyon in Arizona vordringt. Staubpartikel in der Luft verstärken die Sichtbarkeit des Strahls, und der nahezu vertikale Eintrittswinkel zur Mittagszeit hüllt den Boden in gleißendes Licht, das seinerseits die geschwungenen Höhlenwände illuminiert. Der Strahl lenkt in diesem Fall nicht nur die Blicke, sondern wird zum dominanten Hauptmotiv im Ausschnitt. Da es sich um eine Analogaufnahme handelt, waren keine Korrekturen am deutlich überbelichteten Lichtfleck auf dem Boden möglich, was auf der anderen Seite dem Anspruch an gleißend helles Licht gerecht wird.

Zum Lenken der Blicke braucht es jedoch keinen prägnanten und dramatisch wirkenden Strahl. Auch kleine Lichter erfüllen diese Aufgabe problemlos – vor allem dann, wenn sie isoliert vor einem dunklen Hintergrund abgebildet werden und keine Konkurrenz durch andere Lichter haben. Das im kalifornischen Death Valley entstandene Bild auf der linken Seite konzentriert die Helligkeit auf einen kleinen Bereich rechts im Ausschnitt, der durch die dunklen Gesteinsmassen im Vordergrund zusätzlich intensiviert wird. Der helle Himmel mindert den Effekt ein wenig, bringt jedoch eine interessante Tonwertabstufung von Hell nach Dunkel ins Bild. Dennoch ist das kleine Stück Highway zusammen mit dem darauf fahrenden Auto das visuelle Zentrum der Aufnahme, das binnen kurzer Zeit vom Betrachter erfasst werden wird. Hierbei kommt auch die Komponente des richtigen Timings ins Spiel: Erst wenn sich das Fahrzeug ein wenig vom Hügel im Vordergrund entfernt hat, kann es ein ausreichendes Maß an Aufmerksamkeit erzeugen. Dabei handelt es sich – wenn auch unbeabsichtigt – um den Stil der lokalen Prägnanz, der ab Seite 164 näher beschrieben wird.

Der vereinzelte Lichtstrahl unter der Kuppel des Petersdoms im Vatikan lenkt den Blick von links nach rechts und erleuchtet gleichzeitig Kopf und Oberkörper der Statue.

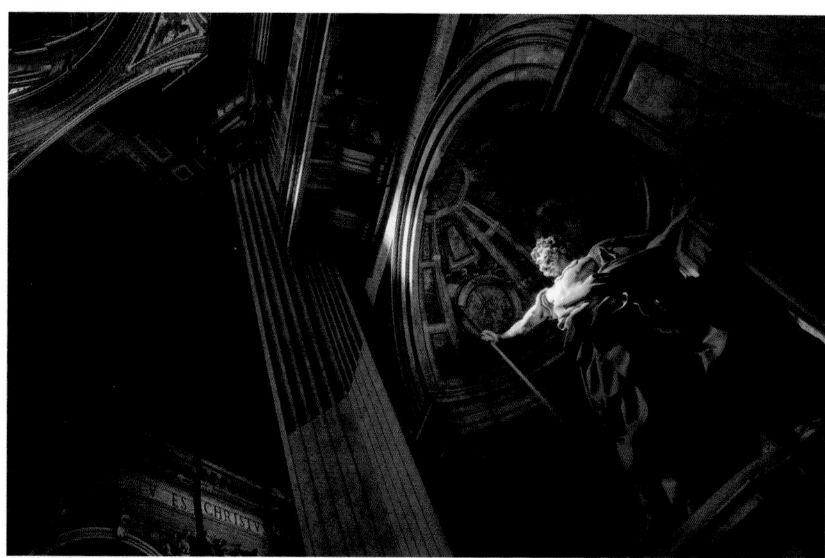

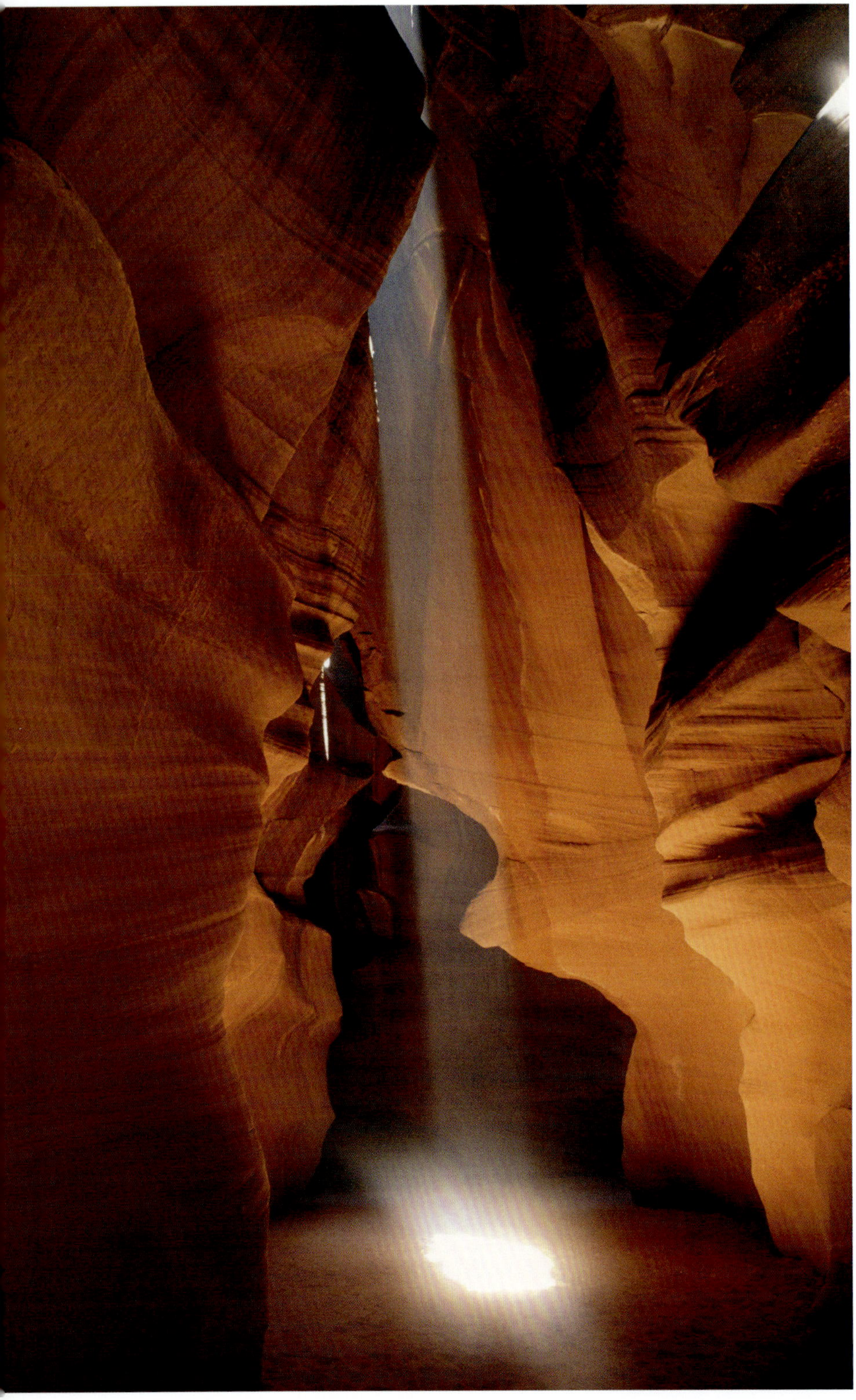

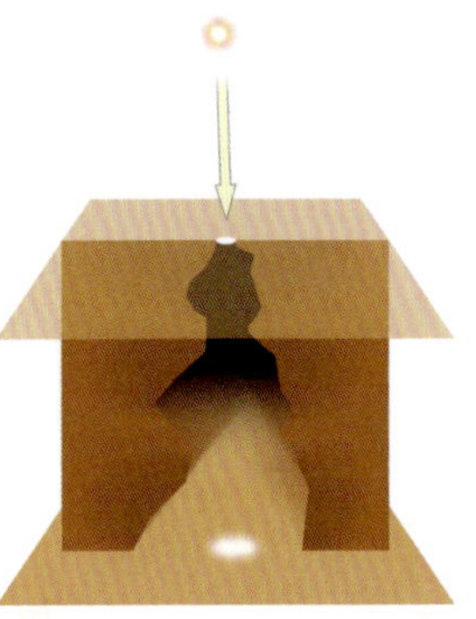

Staubpartikel in der Luft lassen diese im Antelope Canyon, Arizona, eingefangene Lichtsäule noch prägnanter erscheinen als ihr Pendant in der Aufnahme des Petersdoms. Hinzu kommen die strikte vertikale Ausrichtung und der gleißend helle Lichtfleck am Boden der Höhle. Ohne den in der Luft schwebenden Staub wäre der Lichtfleck visuell getrennt von der Öffnung an der Oberseite des Canyons (siehe die Illustration oben). Wird der Staub dagegen aufgewirbelt – etwa durch Menschen, die den Canyon durchqueren –, bildet sich die effektvolle und dynamische Lichtsäule (siehe die Illustration unten).

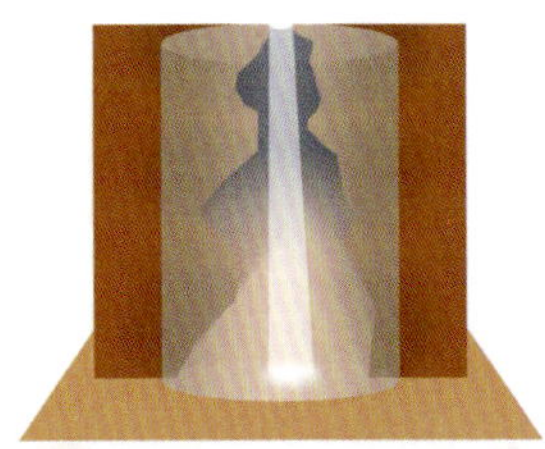

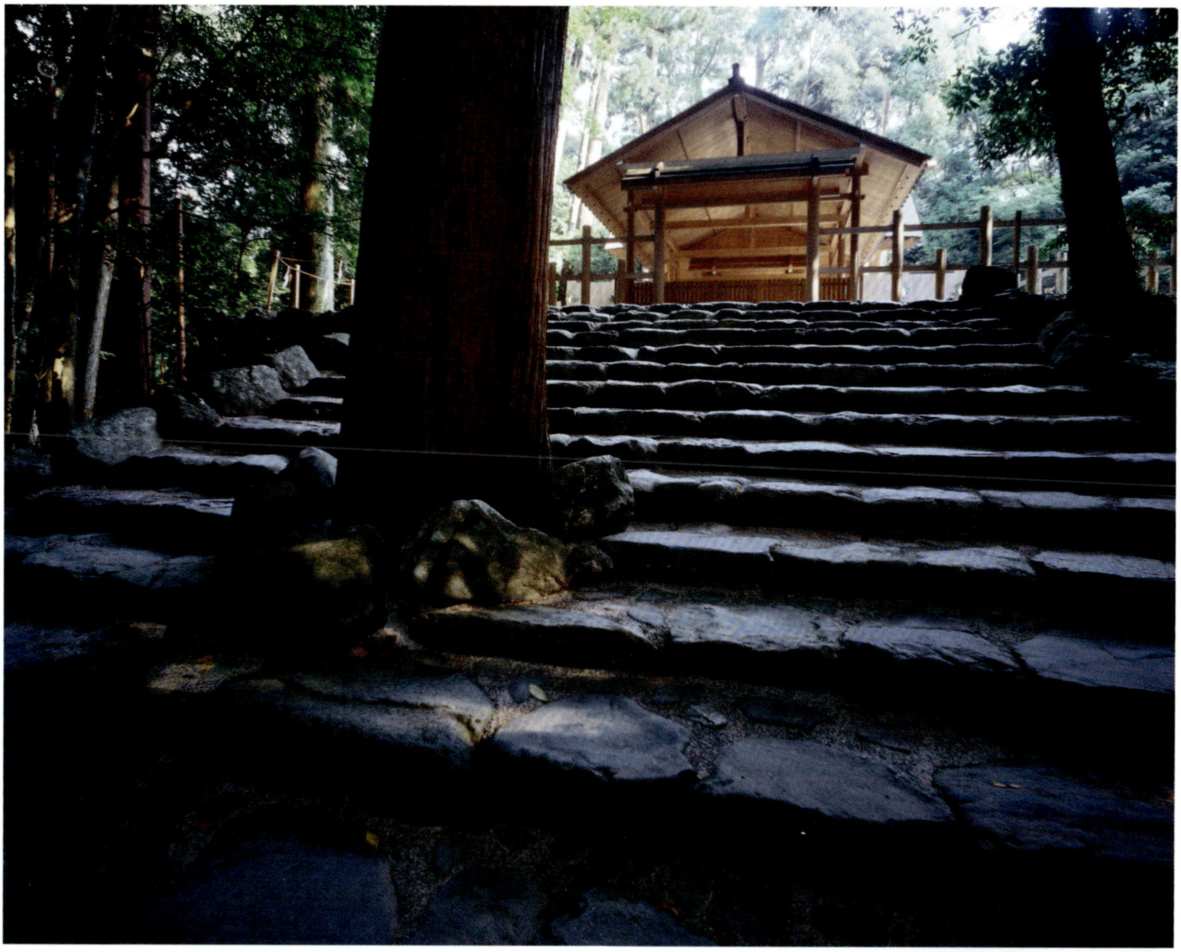

Im Bild oben werden Lichter deutlich subtiler eingesetzt als in den vorangegangenen Beispielen. Solche Kompositionen bezeichne ich als »gestreckten Vordergrund«. Die Idee dahinter ist die Darstellung eines relativ einheitlichen und/oder repetitiven Vordergrunds, der sich über mehr als die Hälfte des Ausschnitts erstreckt. Der Blick folgt den Vordergrundstrukturen bis zum Hauptmotiv, das sich im oberen Bildbereich befindet – in diesem Fall ist es eine Tempelanlage in Ise, Japan. Bei der Aufnahme kam es auf exaktes Timing an, da ich die durch das Blätterdach hindurchscheinenden Lichtstrahlen ins Bild bringen wollte, die mir helfen, den Blick von rechts unten über die Mitte bis nach oben zu lenken.

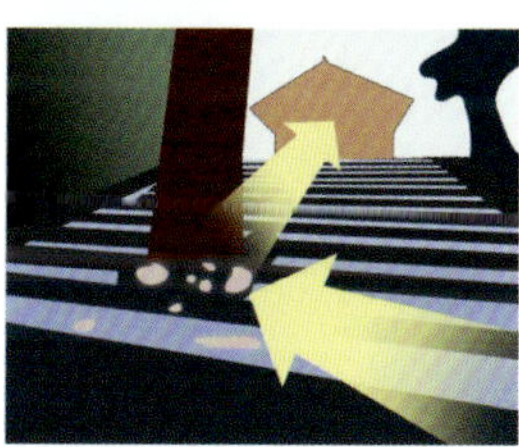

Die dezenten Lichtflecke im Zentrum der Aufnahme, die durch die Baumkrone der Zypresse gefiltert wurden, beeinflussen die Art und Weise, wie das Bild eines japanischen Schreins betrachtet wird. Die Blicke der Betrachter bleiben zunächst an den Lichtflecken hängen, bevor sie nach oben in Richtung Hauptmotiv schweifen.

LICHTINSELN

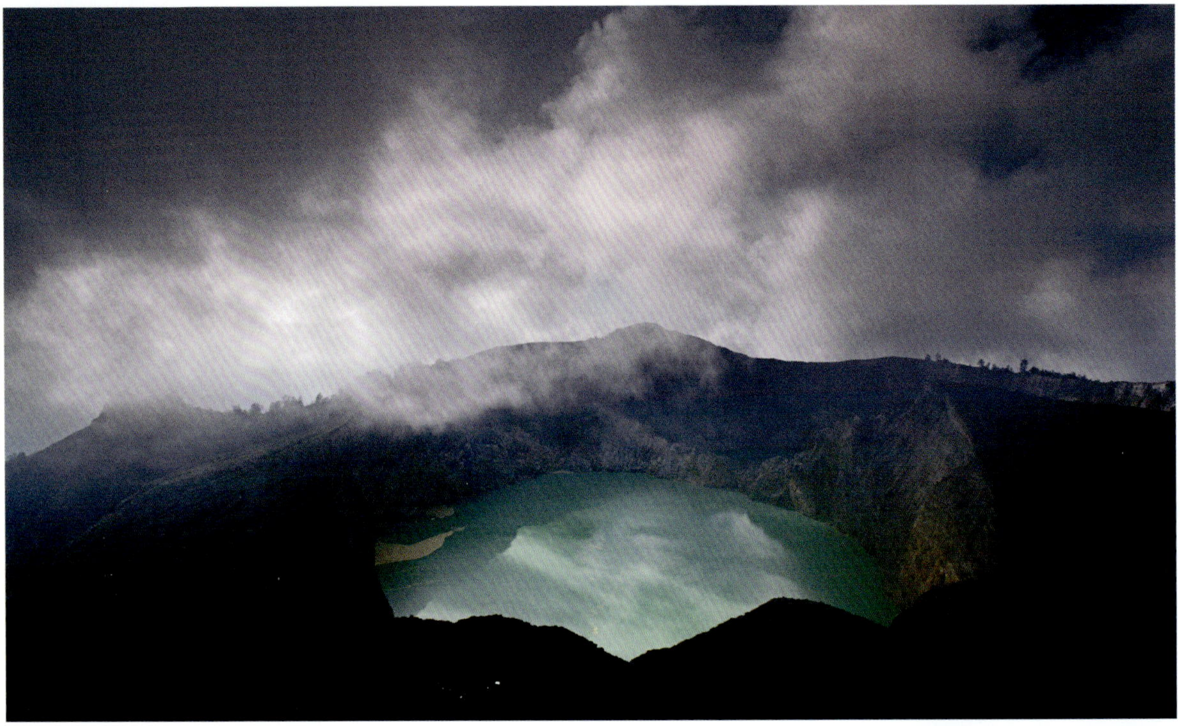

Ansammlungen von Licht mit hohen Kontrasten sind der nächste Schritt in Richtung dramatische Bildwirkung. Einfach gesagt, handelt es sich bei Lichtinseln um einen Spot-Effekt, der durch starke Kontraste zwischen Hell und Dunkel die Aufmerksamkeit auf sich zieht.

Eine dramatische Ausleuchtung ist in den meisten Fällen von hohen Kontrasten abhängig. Ist der erleuchtete Bereich darüber hinaus kleiner als die dunklen Bereiche, wird der Blick stets von ihm angezogen. Besonders gut ist das bei bestimmten Wetterbedingungen zu beobachten, etwa wenn Regenwolken bei starkem Wind schnell über die Landschaft ziehen. Eine dichte Wolke verringert die Lichtstärke um bis zu sechs Blendenstufen. Stößt nun das Sonnenlicht durch eine Wolkenlücke hindurch, steht die am Boden sichtbare Lichtfläche in großem Kontrast zu ihrer Umgebung. Durch die ständige Bewegung dieser Lichtinsel wird der dramatische Eindruck zusätzlich verstärkt, was die Spannung erhöht, aber auch für Frust beim Fotografieren

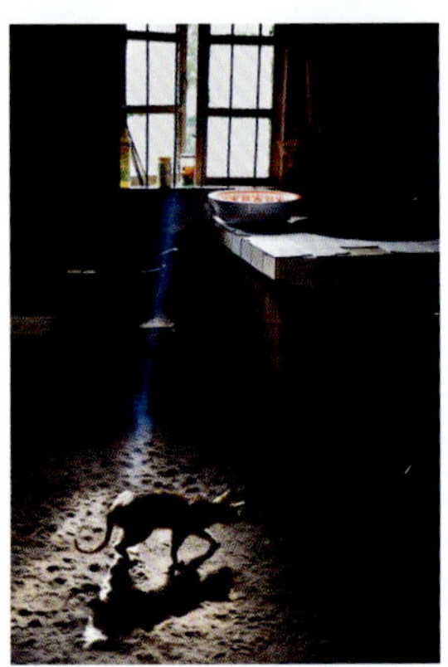

Sonnenlicht bahnt sich seinen Weg durch einen geöffneten Spalt im Fenster und setzt die vorbeilaufende Katze effektvoll in Szene.

Eine Lücke in den dichten Wolken über dem Kelimutu-Vulkan in Flores, Indonesien, badet den smaragdgrünen Kratersee in Licht.

Eine Wolkenlücke weist eine sich ständig verändernde Form auf und zeichnet die Konturen der Lichtinsel auf dem Boden weich.

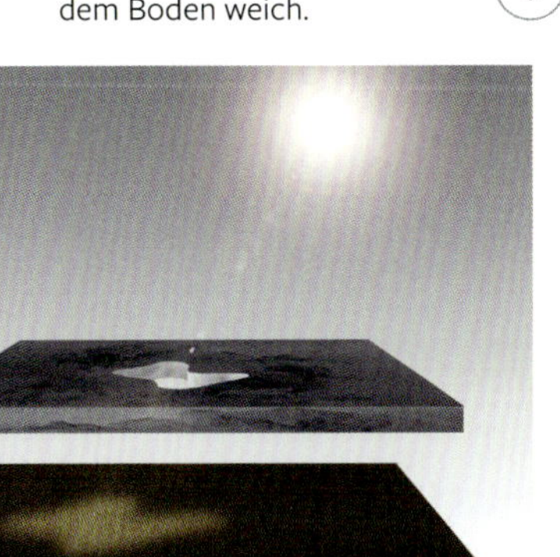

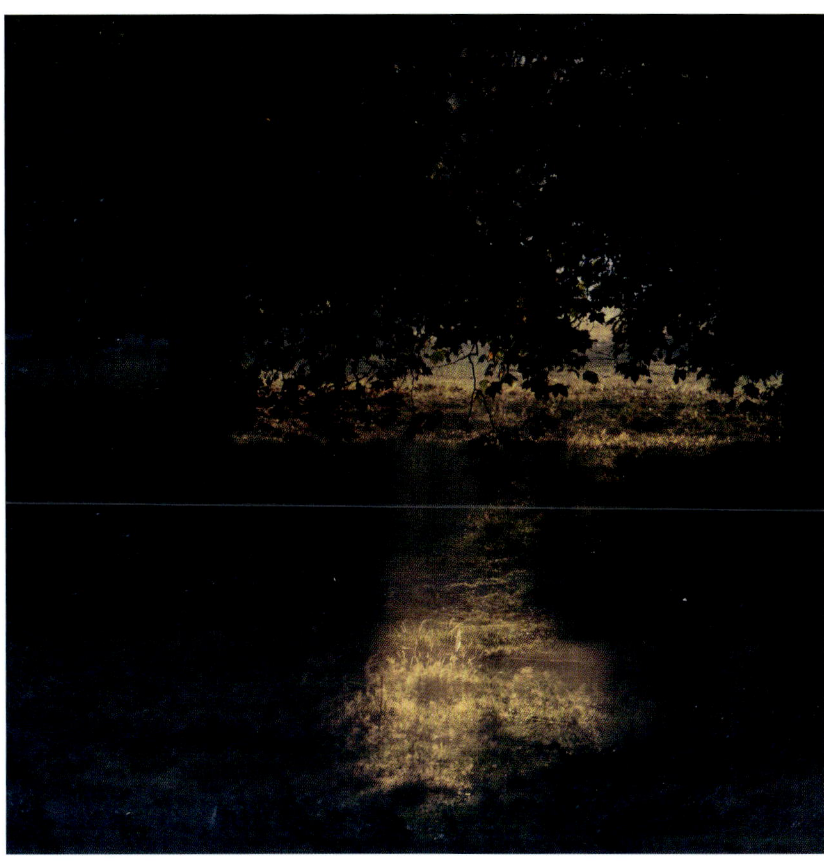

Eine Lücke im dichten Blätterwerk eines Ahornbaums im Londoner Hyde Park lässt das Morgenlicht auf das darunter liegende Gras vordringen. Leichter Nebel macht den Lichtstrahl sichtbar.

sorgen kann. Das erinnert mich oft an meine frühen Tage in der Dunkelkammer und wie ich dort ein Loch in einen Abzug brannte, als ich mit hohlen Händen unter der Vergrößererlinse versuchte, das Licht auf einen winzigen Bildbereich zu fokussieren.

Stürmisches Wetter bringt viel horizontale und vertikale Bewegung ins Bild, sodass die entstehenden Lichtinseln meist nicht Ihren Wünschen oder Erwartungen gerecht werden. Sie sind entweder gezwungen, das Beste aus der Situation herauszuholen, indem Sie beispielsweise die Lichtinsel selbst zum Hauptmotiv machen, oder (womöglich vergebens) auf den richtigen Moment zu warten, in dem Ihr gewünschtes Motiv vom Licht erwischt wird. Hierbei spielen auch schnelle Positionswechsel und Anpassungen der Brennweite eine entscheidende Rolle.

Wolkenlücken sind nicht die einzigen Verursacher von Lichtinseln. Im Sommer können Blätter in den Baumkronen das Licht partiell auf den Boden scheinen lassen, und in Innenräumen mit Fenstern kann eine tief stehende Sonne für den gewünschten Effekt sorgen. Im Studio können Sie einen eng fokussierten Spot verwenden. Alle Variationen setzen voraus, dass Sie von oben fotografieren und dass es einen scharf begrenzten Lichtfleck auf relativ dunklem Untergrund gibt.

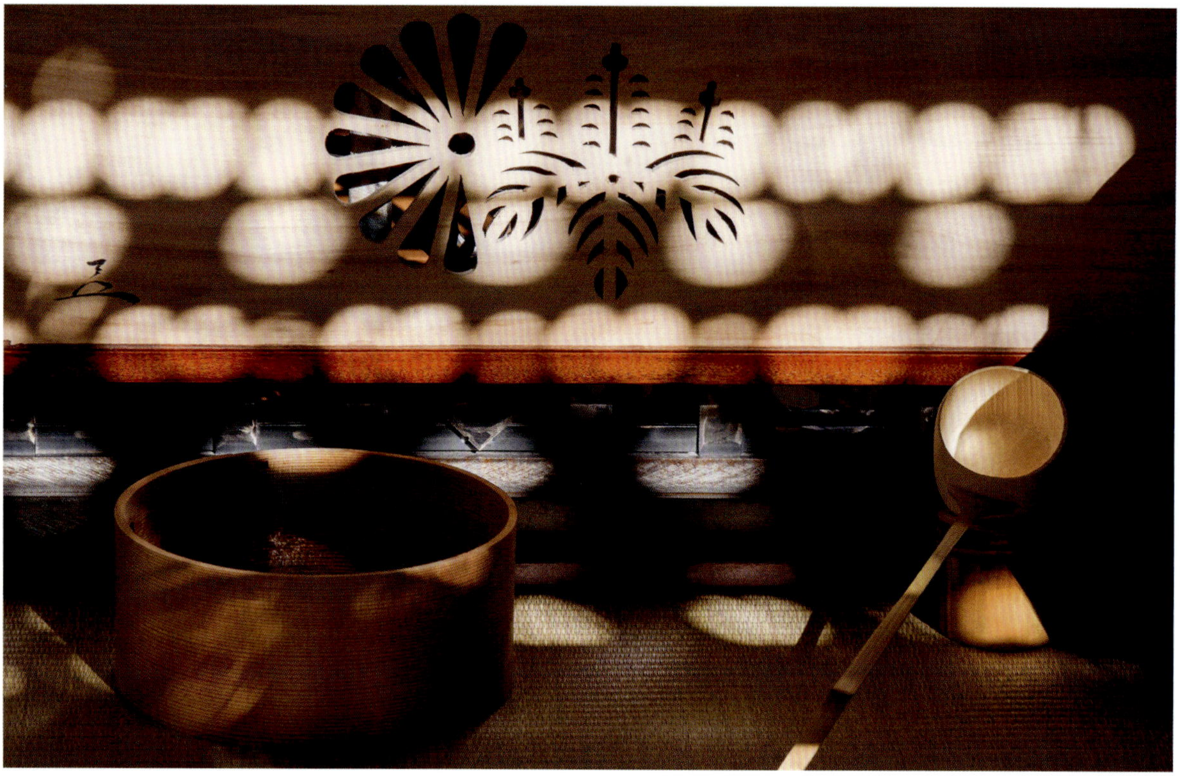

LICHTMUSTER UND -FORMEN

Zwischen Lichtinseln und erkennbaren Formen und Mustern besteht nur ein kleiner Unterschied, der jedoch die Anmutung eines Bildes gewaltig beeinflusst.

Formen aus Licht, wie jene auf diesen Seiten, verfügen über einen eigenen Charakter und werden zu Darstellern in einem Bild. Anstatt das Licht nur als Beleuchtung wahrzunehmen, erkennen die Betrachter eine zweidimensionale Form. Ein Lichtfleck oder eine Lichtinsel wird erst dann zu einer erkennbaren Form, wenn sie über scharfe Konturen und eine Regelmäßigkeit verfügt, die an geometrische Objekte oder allgemein bekannte Grundformen erinnert. Geometrische Formen sind Kreise, Ovale oder Polygone. Unser Gehirn transformiert bei der Auswertung einer Szene die enthaltenen Elemente mit Vorliebe in einfache Formen wie Kreise, Dreiecke oder Rechtecke. Dabei nehmen wir solche regelmäßigen Strukturen auch dann in ihrer grundlegenden Ausprägung wahr, wenn sie verzerrt, teilweise verdeckt oder unterbrochen sind. Solche tatsächlich vorhandenen oder gedachten Formen lassen sich als grafische Elemente zur Bildkomposition heranziehen, wie ich im ersten Buch dieser

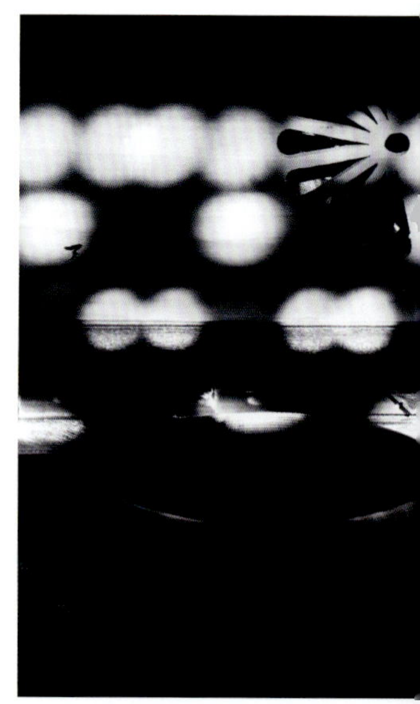

Reihe zum Thema Komposition erörtert habe. Die andere Art von Formen sind Konturen von Objekten, die wir kennen. Meist werden diese durch Lichtstrahlen erzeugt, die durch speziell geformte Öffnungen fallen. Die Form eines Fensters mit gekreuzten Balken gehört dabei zu den bekanntesten.

Wie Sie auf den folgenden Seiten anhand des Vergleichs zwischen Lichtmustern und Chiaroscuro erfahren werden, gibt es zwei grundlegende Arten von projizierten Formen: durch Licht, das von einer Oberfläche reflektiert wird, oder durch auf eine Oberfläche projizierte Schatten. Wie solch eine Form wahrgenommen wird, liegt zwar auch an der Interpretation des Betrachters, wird jedoch hauptsächlich davon beeinflusst, ob die Bildanmutung generell hell oder dunkel ist.

Der Unterschied zwischen Form und Muster manifestiert sich durch die Anzahl und Größe der Schatten oder Reflexionen. Viele kleine Kreise, wie in den Bildern eines japanischen Teeraums auf diesen Seiten, können je nach Anordnung als einzelne Formen oder als komplexe Muster wahrgenommen werden. Wenn sie einer gewissen Ordnung oder Reihung unterliegen, werden sie als Muster erkannt. Eine große Rolle spielt dabei auch der Raum, den die Elemente innerhalb des Ausschnitts einnehmen. Solche Muster können je nach Belichtung und Nachbearbeitung zum beherrschenden Bildmotiv werden, wie in der Abbildung unten zu erkennen ist. Mehr oder weniger unstrukturiert auftretende Formen werden dagegen eher als voneinander unabhängige Lichtflecke wahrgenommen – beispielsweise die durch Blätter entstehenden Lichtinseln oder Schatten. Dennoch sind gemusterte oder gestreute Lichtreflexe eng miteinander verwandt, wie Sie am Beispiel des Chiaroscuro-Stils ab Seite 122 erfahren werden. Der größte Unterschied besteht in der Ausprägung solcher Effekte als Licht oder Schatten, wie auf den vorangegangenen Seiten zu sehen ist.

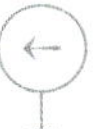

Eine Wand dieses zeitgenössischen japanischen Teehauses besteht aus einer von einem Muster durchbrochenen Stahlkonstruktion. Diese erzeugt ein komplexes Lichtmuster innerhalb des ganzen Raums. Das Interieur lässt verschiedene Herangehensweisen in Sachen Belichtung und Nachbearbeitung zu. Im Bild unten rechts wird die ganze Szene von Lichtmustern dominiert. Die Detailaufnahme links setzt den Fokus dagegen weniger auf die Lichteffekte, sondern mehr auf die anderen Details innerhalb des Ausschnitts. In der Nachbearbeitung besteht die Möglichkeit, die Schatten zu betonen und damit das Chiaroscuro zu unterstreichen. Das ist im Bild unten geschehen.

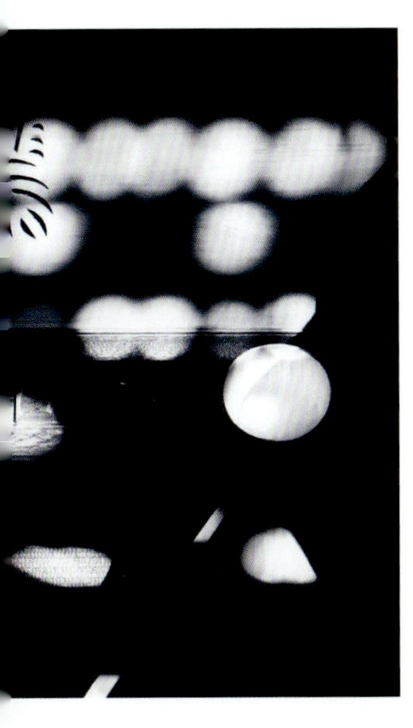

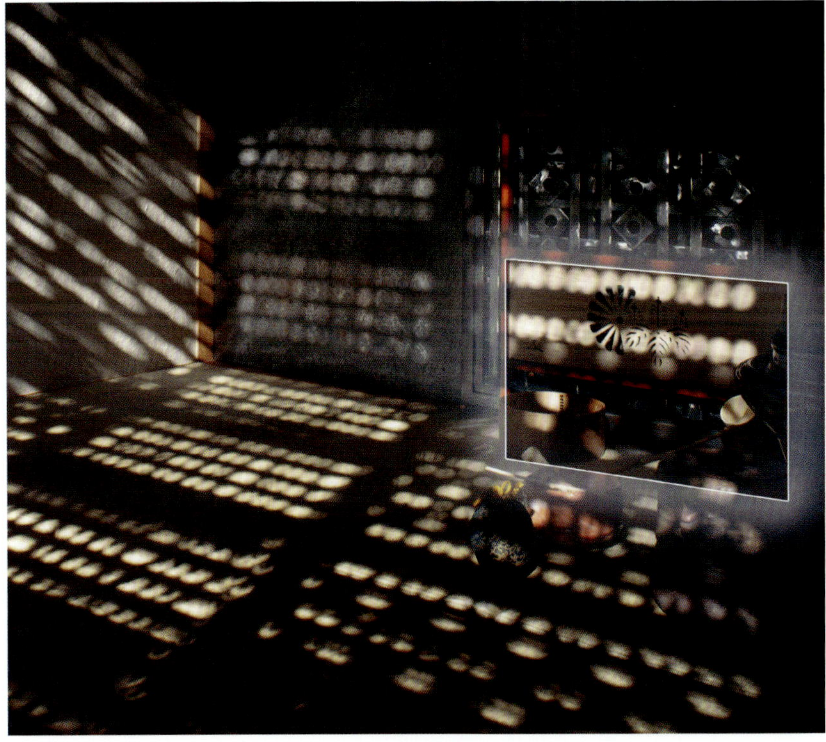

Das Formen von Licht durch künstliche Beleuchtung ahmt natürliche Effekte nach und wird hauptsächlich in der Studiofotografie von Stillleben und Personen eingesetzt. Über Jahrzehnte hinweg wurde die dahinter liegende Technik immer weiter verfeinert, sodass heutzutage beeindruckende Ergebnisse möglich sind. So kommen hochpräzise Strahler zum Einsatz, die meist mit einer speziellen Optik zur Bündelung der Lichtstrahlen ausgestattet sind. Einfachere Modelle verwenden Fresnel-Linsen, die ringförmig strukturiert sind und damit eine große Lichtbrechung auf kleinerem Raum ermöglichen. Präzisionsstrahler arbeiten dagegen mit klassischen, asphärischen Linsen, die zur exakten Justierung oft in Gruppen angeordnet sind und einen scharf gebündelten, variierbaren Lichtstrahl erzeugen. Eine einfache Methode zum Formen von Licht ist die Maskierung des Lichtstrahls durch Objekte, die sich zwischen Quelle und Motiv befinden – beispielsweise eine Doppeltür, die nur einen Spalt breit geöffnet wird, um einen rechteckigen Lichtbalken aufs Motiv zu werfen. Fein strukturierte Formen werden durch den Einsatz eines Gobo erzielt, das auf die Filmproduktionen der 1930er-Jahre zurückgeht. Die Abkürzung wird wahlweise zu »Graphical Optical Blackout« oder »Go before/between« aufgelöst. Dabei handelt es sich um eine strukturierte Maske, die entweder direkt vor einem Strahler angebracht wird oder für höhere Präzision im Fokuspunkt zwischen Lichtquelle und Motiv.

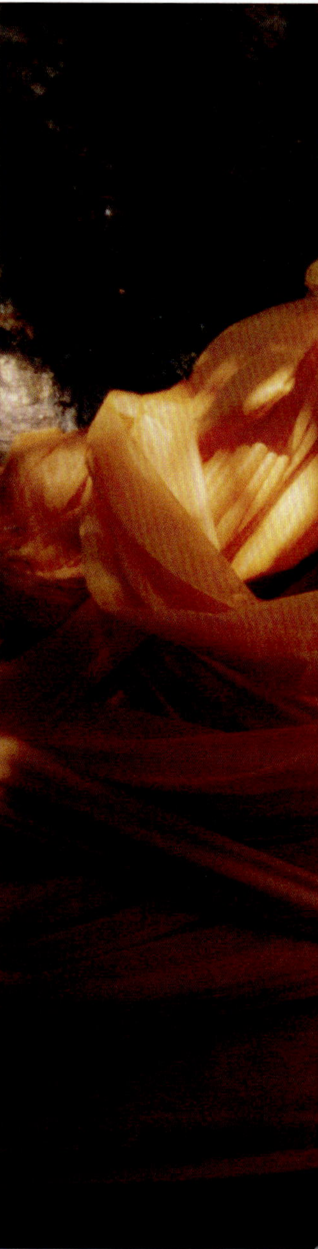

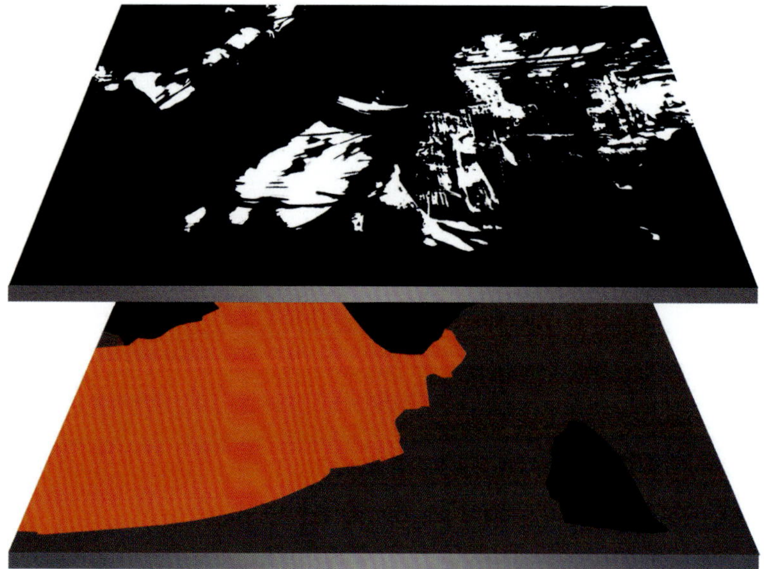

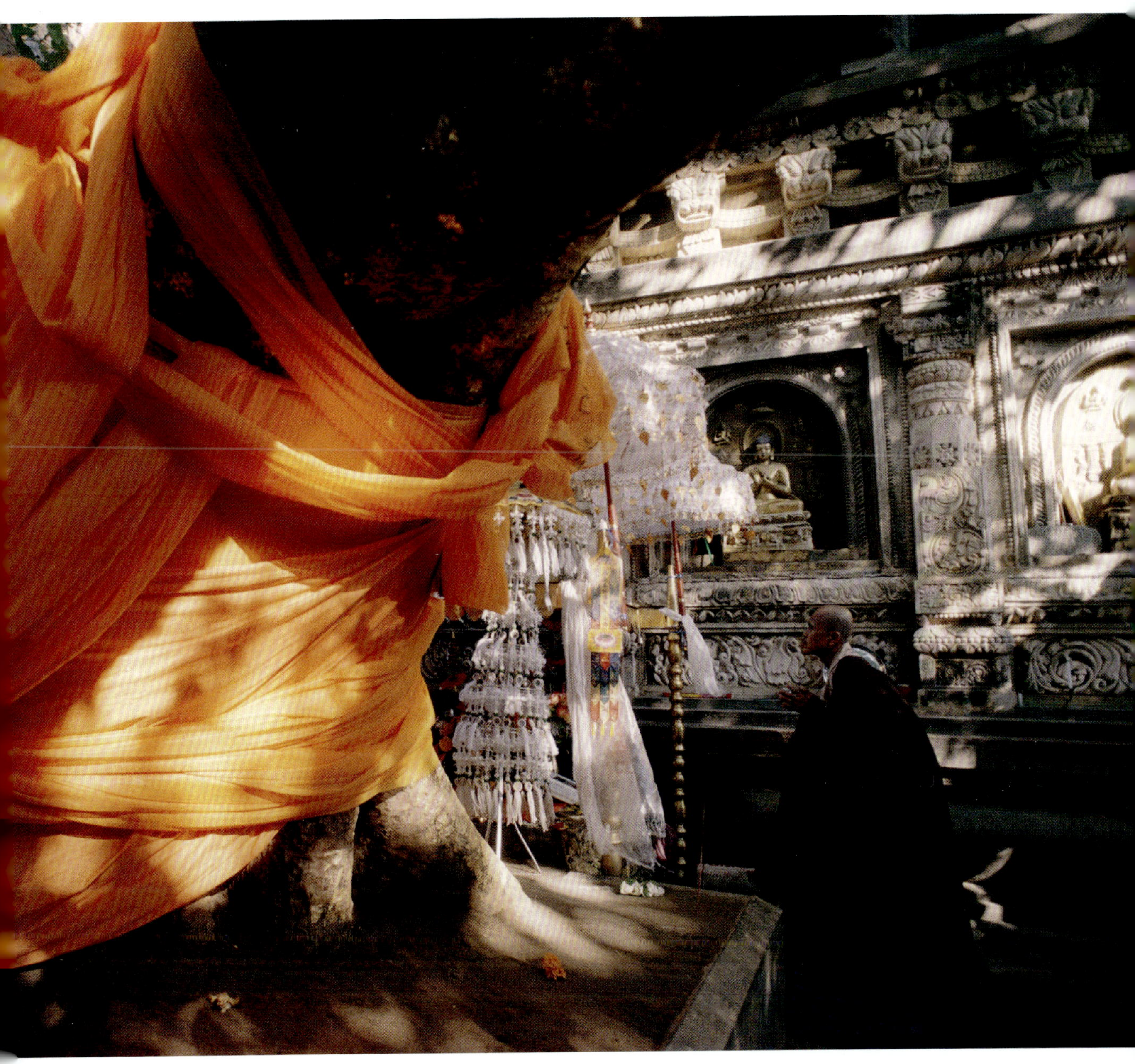

Flecken des durch die Äste des bekannten Bodhi-Baums im indischen Bodhgaya gefilterten Sonnenlichts erleuchten die um den Stamm gewickelten, safranfarbenen Roben. Licht, Schatten und Farbe dominieren die Aufnahme so stark, dass der betende Mönch erst sehr spät wahrgenommen wird.

REFLEKTIERTE FORMEN

Reflektierte Formen sind eine Spezialität der Fotografie unter kontrolliertem Licht, da sich die erforderlichen Bedingungen in der freien Natur so gut wie nie finden lassen.

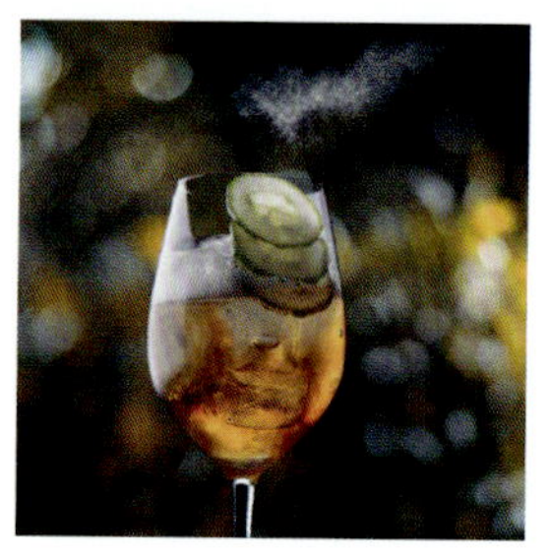

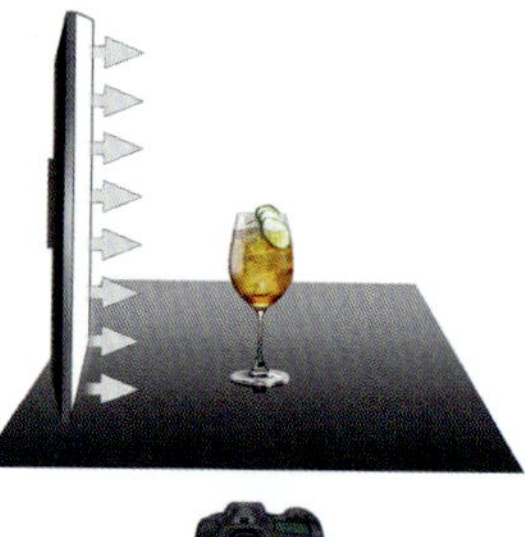

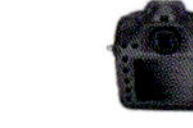

Dennoch möchte ich dieses Thema an dieser Stelle ausführlich beleuchten, da es von großer Bedeutung für jede Art von Stilllebenfotografie mit reflektierenden Oberflächen ist. Auch in der Automobilfotografie spielen solche Reflexionen eine entscheidende Rolle. Glänzende oder spiegelnde Oberflächen reflektieren die Lichtquelle. Handelt es sich um einen Lichtpunkt wie bei einem Punktstrahler oder der Sonne innerhalb einer größeren Szene, können Sie diesen Effekt einfach nur akzeptieren oder auch zu Ihrem Vorteil nutzen. Wenn die ganze Aufmerksamkeit jedoch auf einem einzelnen Objekt liegt, gewinnt die Form und Größe der Lichtquelle massiv an Bedeutung und muss in den Gestaltungsprozess einfließen, da die Reflexion die Beschaffenheit der Oberfläche sichtbar macht. Eine Unterdrückung der Reflexion wäre in diesem Fall sinnlos, obwohl technisch möglich (etwa durch große Lichtzelte oder aufwendige Retuschen), da sie zum Charakter des dargestellten Objekts gehört. Das trifft auf alle drei

In der Getränkefotografie wird in der Regel das gesamte Glas mit einer Reflexion der Lichtquelle von oben bis unten beleuchtet. Dadurch lenkt die Reflexion nicht zu sehr vom eigentlichen Motiv ab, was sich am besten mit einem großen Lichtpaneel in geringer Entfernung bewerkstelligen lässt.

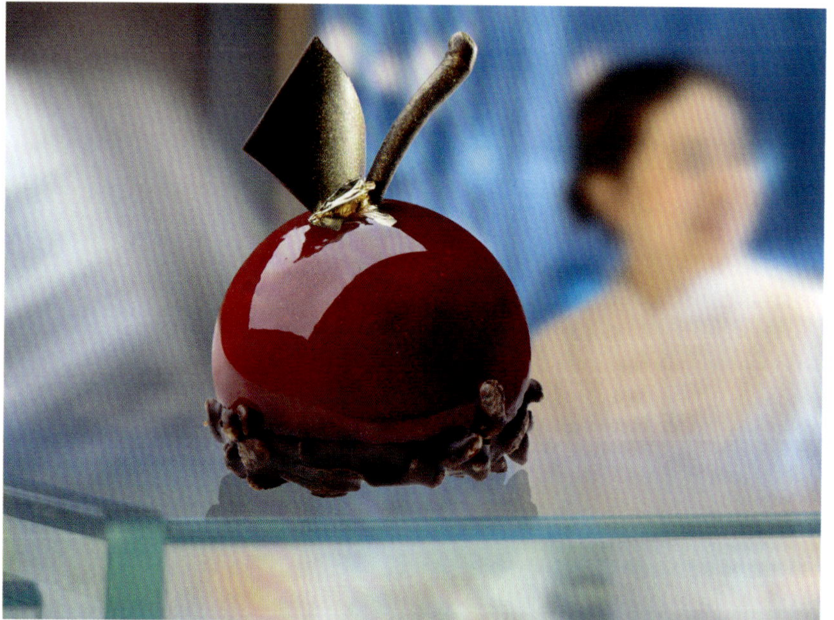

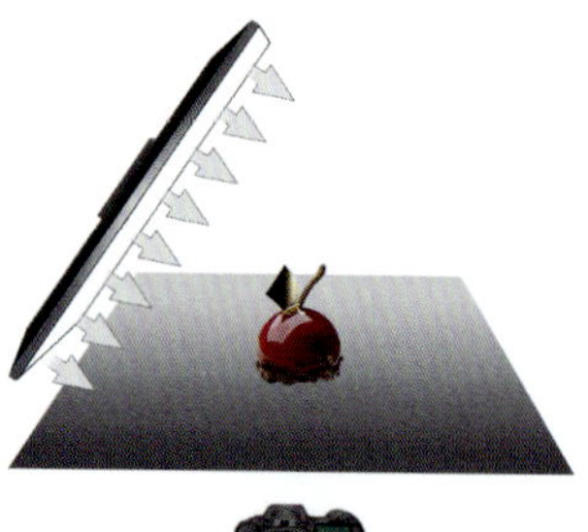

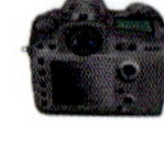

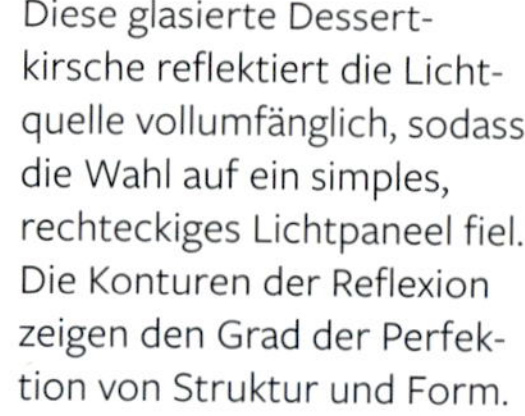

Diese glasierte Dessertkirsche reflektiert die Lichtquelle vollumfänglich, sodass die Wahl auf ein simples, rechteckiges Lichtpaneel fiel. Die Konturen der Reflexion zeigen den Grad der Perfektion von Struktur und Form.

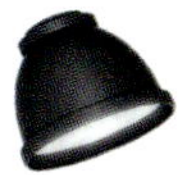

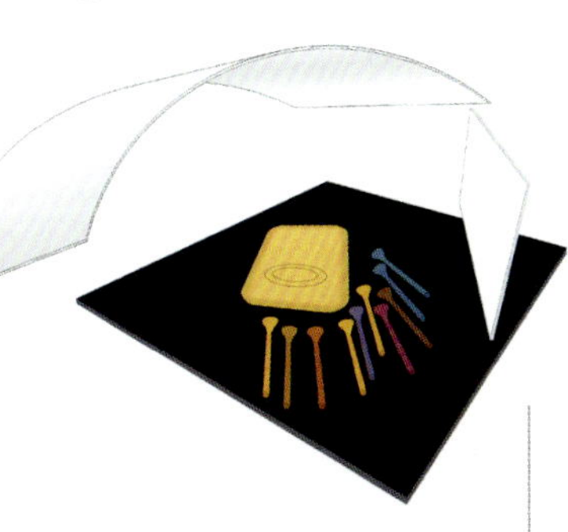

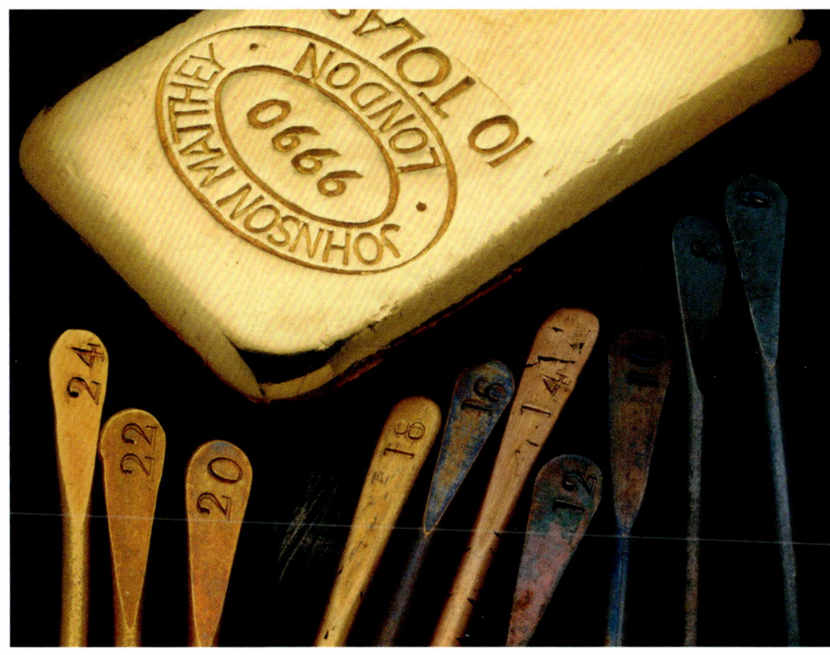

Die Ausleuchtung des stark reflektierenden Goldbarrens wurde mit einer lichtdurchlässigen, gebogenen Acrylbahn vorgenommen. Die abgerundeten Kanten des Barrens reflektieren das Licht mit reduzierter Helligkeit, was Form und Volumen hervorhebt.

Beispiele auf diesen Seiten zu: ein Goldbarren, ein Cocktailglas und eine glasierte Kirsche auf einem Dessert. Bei all diesen Objekten muss deren klare, polierte Oberfläche visuell herausgestellt werden.

Für die Form und Beschaffenheit der Lichtquellen gibt es keine Patentrezepte. Allerdings illustrieren die Beispiele meinen Hang zu rechteckigen Lichtquellen, die die klassische Form eines Fensters nachbilden. Die Dessertaufnahme wird von einem rechteckigen Lichtpaneel in Dreiviertel-Position (siehe Seite 54) beleuchtet. Ich habe diese Aufnahme als Beispiel ausgewählt, weil sie die subtile Unvollkommenheit der Glasur offenbart, die durch die harten Kanten der reflektierten Lichtquelle herausgearbeitet wird. Bei solchen Aufnahmen sollten Sie auch auf die Ausführung der Lichtquelle achten, da diese vollständig durch die Reflexion offenbart wird. Die faltige Gewebeabdeckung einer Softbox sieht einfach nur schrecklich aus, wenn sie vollständig reflektiert wird. Auch aus mehreren LED-Elementen bestehende Strahler führen oft zu unansehnlichen Ergebnissen. Das mag nach obsessiver Detailversessenheit klingen, doch gerade in der Studiofotografie im Allgemeinen und bei Stillleben im Speziellen sind solche Details entscheidend für die professionelle Wirkung einer Aufnahme.

Der Goldbarren mit den Prüfnadeln wurde unter einer gewölbten Acrylbahn abgelichtet, durch die ich die abgerundeten Kanten des Barrens herausarbeiten konnte. Eine einzelne Lampe sorgt für ein zu den Kanten hin abfallendes Licht – gut zu erkennen an der dunkleren linken Seite des Barrens. Ein weißer Reflektor rechts erhellt die rechte Kante des Barrens, während die Ecken dunkel bleiben. Von einer Retusche der dunklen Ecken habe ich abgesehen, da gerade diese Stellen den Glanz der Oberfläche hervorheben: Das Entfernen dieser Bereiche hätte dem Barren einen eher matten Look verliehen.

ÜBERSTRAHLEN UND ROLL-OFF

Beim Fotografieren ins Licht sorgt der Effekt einer besonders hell strahlenden Lichtquelle, die aus dem Bild herauszudringen scheint, für eine im wahrsten Sinne des Wortes blendende Bildwirkung.

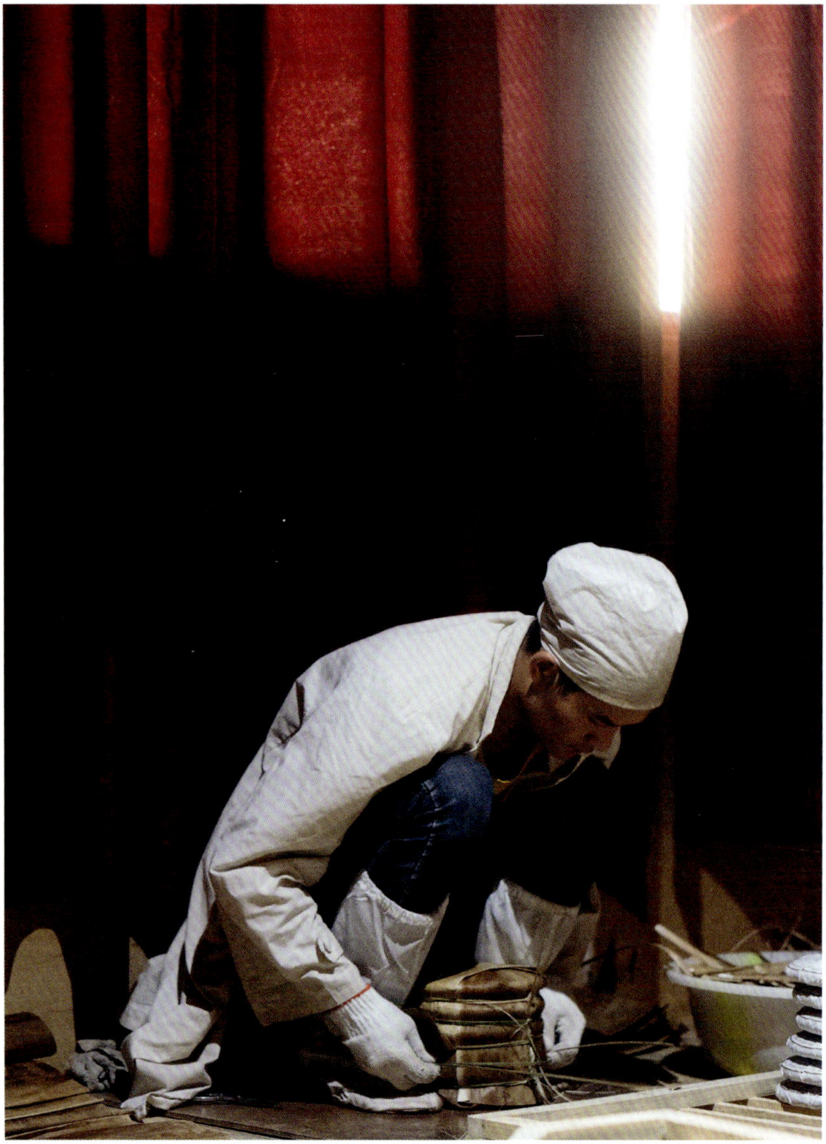

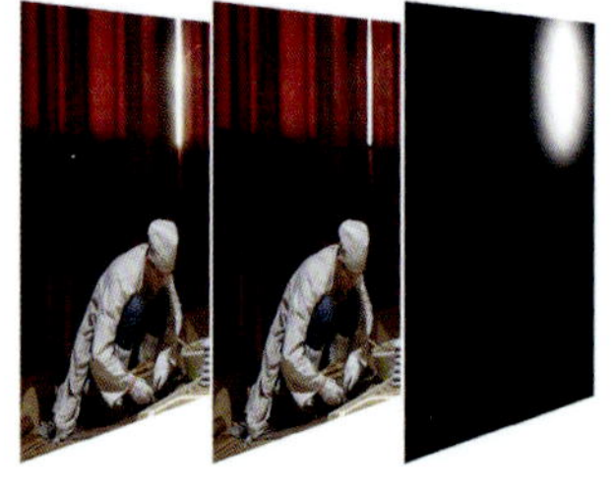

← Ein Arbeiter einer chinesischen Teefabrik formt Pakete aus Teeblättern. Das Strahlen entsteht durch Blendenflecke. Diese sind eigentlich unerwünschte Artefakte, wirken hier jedoch überaus attraktiv. Überstrahlender Glanz entsteht durch die Überlagerung von nicht dem Bild zugehörigen Lichteffekten mit den normalen Bildebenen, wie aus der Grafik oben ersichtlich ist.

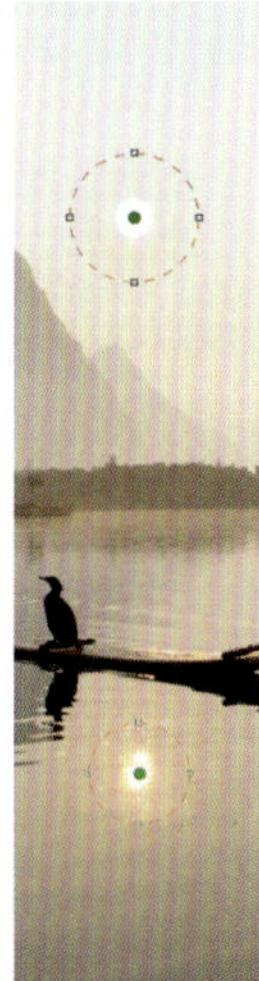

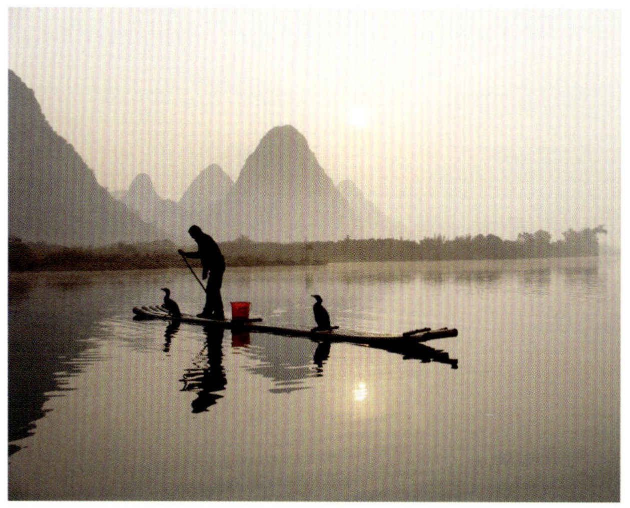

Hierbei geht es nicht um das von einer Lichtquelle emittierte Licht, sondern um die weiche Helligkeit, die diese umgibt. Dadurch entsteht der Eindruck von hell überstrahlendem Licht, das als Leuchten, Glühen oder Strahlen bezeichnet wird. Während all diese Begriffe positiv belegt sind, handelt es sich bei diesem Effekt eigentlich um einen technischen Fehler. Das weich auslaufende Überstrahlen würde von Objektivherstellern eindeutig als unerwünschter Blendenfleck identifiziert, der durch eine spezielle Linsenbeschichtung oder ähnliche Maßnahmen eliminiert werden sollte. Doch wie so oft bedeutet »technisch korrekt« nicht automatisch »ästhetisch befriedigend«, denn solche »Bildfehler« erzeugen den durchaus attraktiven Eindruck des direkten Blicks in eine helle Lichtquelle.

Ein Kormoranfischer an einem dunstigen Morgen nahe Guilin, China. Der Dunst verteilt das Sonnenlicht in Richtung der Bildränder, offenbart jedoch ein typisches Problem digitaler Sensoren: Diese tendieren dazu, einen harten Übergang von der überstrahlenden Sonnenscheibe (orange Kurve in der Grafik unten) zu den umgebenden Bildbereichen zu verursachen. Deshalb muss dieser Effekt während der Nachbearbeitung minimiert werden, um einen sanften Roll-Off wie beim Analogfilm (gepunktete Kurve) zu erzielen.

Auf diesen Seiten präsentiere ich Ihnen zwei Arten von Überstrahlen. In der Aufnahme links wird der Effekt durch eine Lücke im roten Vorhang erzielt, wodurch eine grelle, schmale und rechteckige Lichtquelle entsteht. Wie aus der Illustration ersichtlich ist, basiert das Strahlen auf einer weichgezeichneten Überlagerung, wobei der entstehende Effekt persönliche Geschmackssache ist. Die Szene am Fluss ist ungleich komplexer, da das Objektiv direkt auf die Sonne gerichtet wurde, die vom wolkenlosen Himmel strahlt. Entsprechend steil steigt die Tonwertkurve bis zum reinen Weiß der Sonnenscheibe an. Die Reflexion im Wasser ist eine etwas dunklere Version davon, die von den Wellen unterbrochen wird. Dieses Szenario zeigt anschaulich die Probleme auf, die digitale Sensoren mit der strikten Abgrenzung von überstrahlenden Bereichen haben. Dabei besteht das Risiko, dass geclippte, also reinweiße Bereiche ohne Details, mit harten Kanten ohne weiche Übergänge zu den umgebenden Bildbereichen dargestellt werden. Das Problem wird verschärft durch unterschiedliche Clipping-Empfindlichkeiten der drei Farbkanäle für Rot, Grün und Blau, wodurch mehrere deutlich sichtbare Abstufungen entstehen können. Bei Analogfilmen tritt dieses Problem nicht auf, da die Filmemulsion anders auf steigende Lichtstärken reagiert und deshalb meist einen weichen Übergang produziert, der als »Roll-Off« bezeichnet wird. Denn ein Farbfilm reagiert bei der Annäherung an reines Weiß weit weniger graduell. Digitalsensoren können dieses Verhalten nur dann nachahmen, wenn sie über einen entsprechend großen Dynamikumfang verfügen. Andernfalls clippen sie die Lichter scharf und übergangslos. Oben links können Sie sehen, wie die weichen Übergänge nahe der Sonne und ihrer Reflexion im Raw-Editor wiederhergestellt wurden.

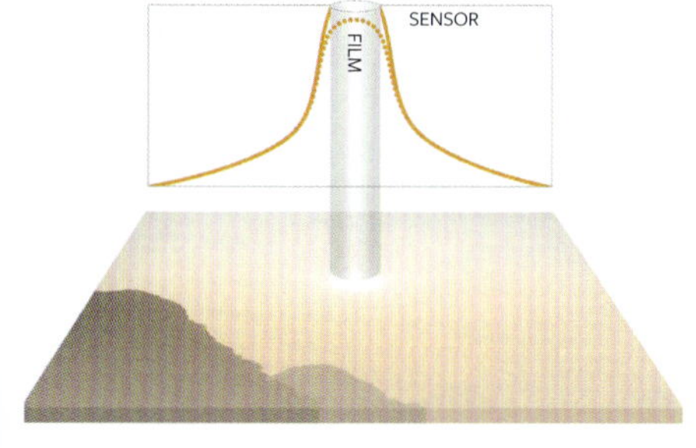

KAUSTIK

Hierbei handelt es sich um die Exoten in der Familie der Lichter: helle Kurven und Muster, die von transparenten Medien wie Glas und Wasser auf Oberflächen projiziert werden. Kaustische Effekte sind den meisten Menschen durch gefüllte Gläser im prallen Sonnenlicht bekannt, die ein leuchtendes, geometrisches Muster auf dem Tisch erzeugen. Auch die wellenförmigen Muster auf dem Boden eines sonnenbeschienenen Schwimmbeckens sind ein beliebtes Beispiel für diesen attraktiven Effekt.

Keiner dieser Effekte allein rechtfertigt ein Foto, doch als attraktive Zusatzbeleuchtung sind kaustische Lichter durchaus interessant. Zusammen mit dem scharf begrenzten Beleuchtungsstil, den ich auf Seite 166 beschreibe, sind solche Effekte besonders bei der kommerziellen Getränkefotografie sehr beliebt, in der die komplexe Kombination

Die aus farbigen Segmenten zusammengesetzten Fenster dieser Suite im Lake Palace Hotel in Udaipur, Indien, verwandeln die Strahlen der Morgensonne in ein spektakuläres Muster auf dem Fußboden.

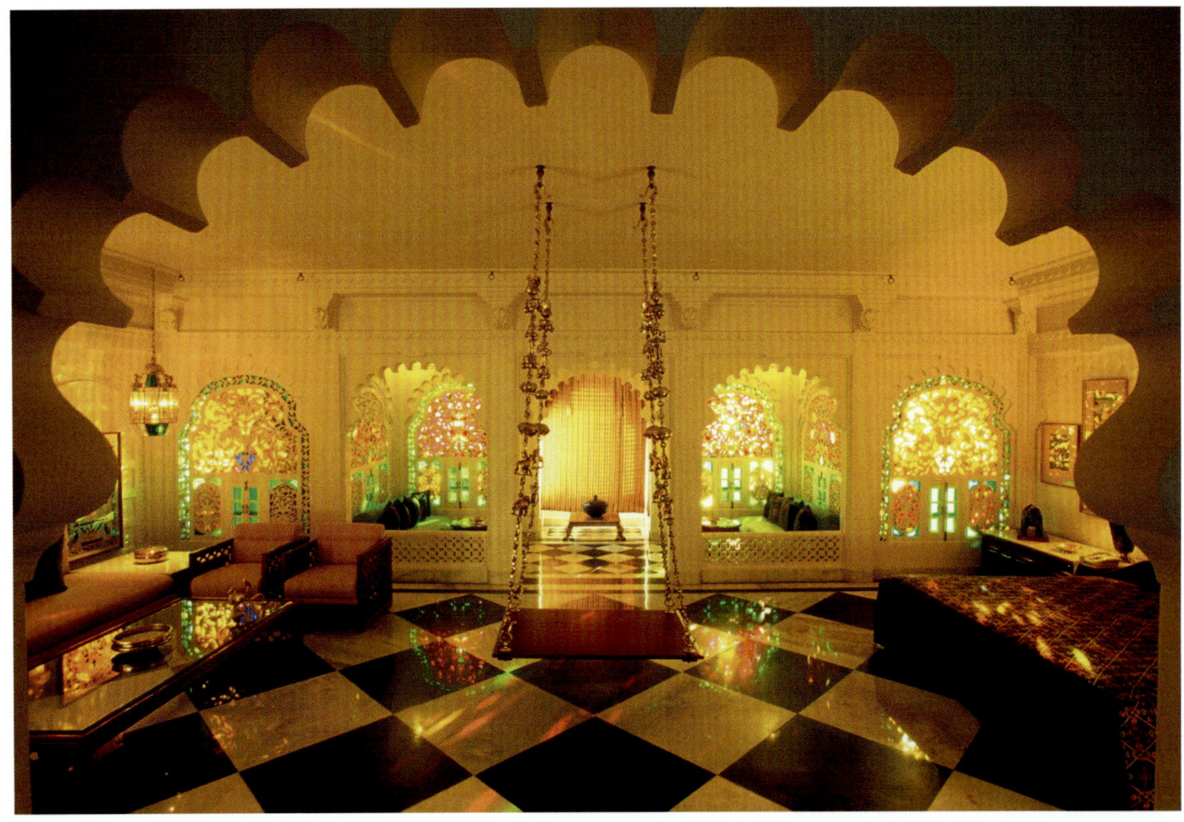

Handgeschöpftes Washi-Papier dient als Wandmaterial für ein japanisches Teehaus. Das Licht eines seichten Beckens scheint durch das Papier hindurch und produziert kaustische Muster.

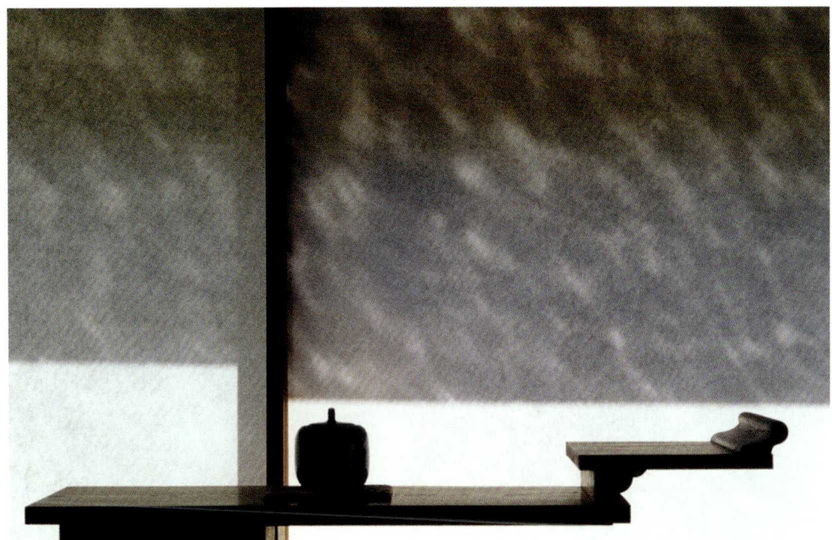

Kaustische Lichtspiele in einem für seine Architektur berühmten Haus in Akami, Japan. Geschliffene Brocken aus Glas ragen aus seichtem Wasser und projizieren Wellenmuster auf die dahinter liegende Wand.

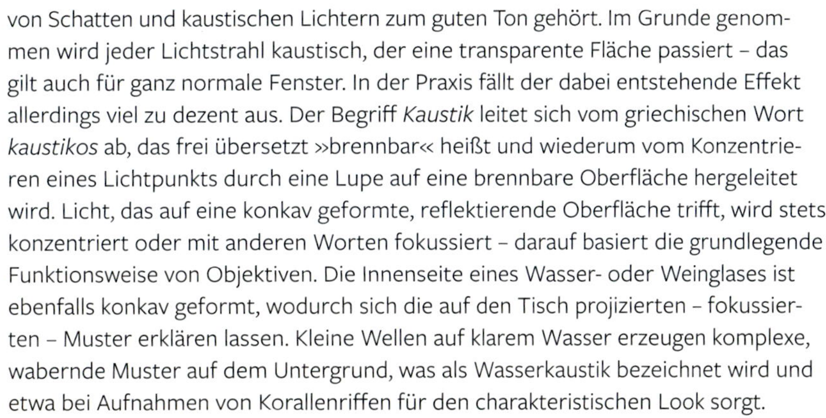

von Schatten und kaustischen Lichtern zum guten Ton gehört. Im Grunde genommen wird jeder Lichtstrahl kaustisch, der eine transparente Fläche passiert – das gilt auch für ganz normale Fenster. In der Praxis fällt der dabei entstehende Effekt allerdings viel zu dezent aus. Der Begriff *Kaustik* leitet sich vom griechischen Wort *kaustikos* ab, das frei übersetzt »brennbar« heißt und wiederum vom Konzentrieren eines Lichtpunkts durch eine Lupe auf eine brennbare Oberfläche hergeleitet wird. Licht, das auf eine konkav geformte, reflektierende Oberfläche trifft, wird stets konzentriert oder mit anderen Worten fokussiert – darauf basiert die grundlegende Funktionsweise von Objektiven. Die Innenseite eines Wasser- oder Weinglases ist ebenfalls konkav geformt, wodurch sich die auf den Tisch projizierten – fokussierten – Muster erklären lassen. Kleine Wellen auf klarem Wasser erzeugen komplexe, wabernde Muster auf dem Untergrund, was als Wasserkaustik bezeichnet wird und etwa bei Aufnahmen von Korallenriffen für den charakteristischen Look sorgt.

Was wir als Kaustik wirklich sehen, sind die äußeren Hüllen von Licht, geformt durch die Fokussierung, sowie die Überschneidungen zwischen verschiedenen Kurven. Um genau zu sein, sehen wir lediglich die *Projektion* dieser Lichthüllen auf einer nichtreflektierenden Oberfläche. Möchten Sie solche Lichteffekte selbst herbeiführen, brauchen Sie als Zutaten eine punktförmige Lichtquelle, ein transparentes und kurviges Objekt und einen matten Untergrund. Je niedriger der Lichteinfallswinkel ist, desto gestreckter erscheinen die kaustischen Effekte, ähnlich wie beim Schattenwurf (siehe Seite 124).

Bei computergenerierten Bildern (CGI) werden kaustische Effekte mit Vorliebe eingesetzt, weil sie schwer zu berechnen sind, Aufmerksamkeit generieren und in Profikreisen für eine realistische Darstellung der Umwelt stehen.

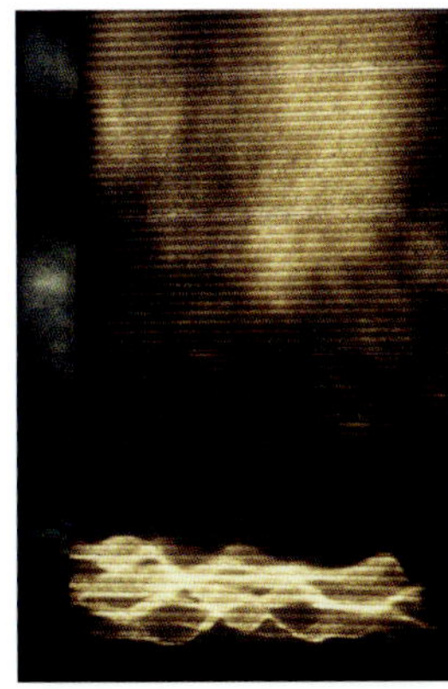

STREULICHTER UND PRACTICALS

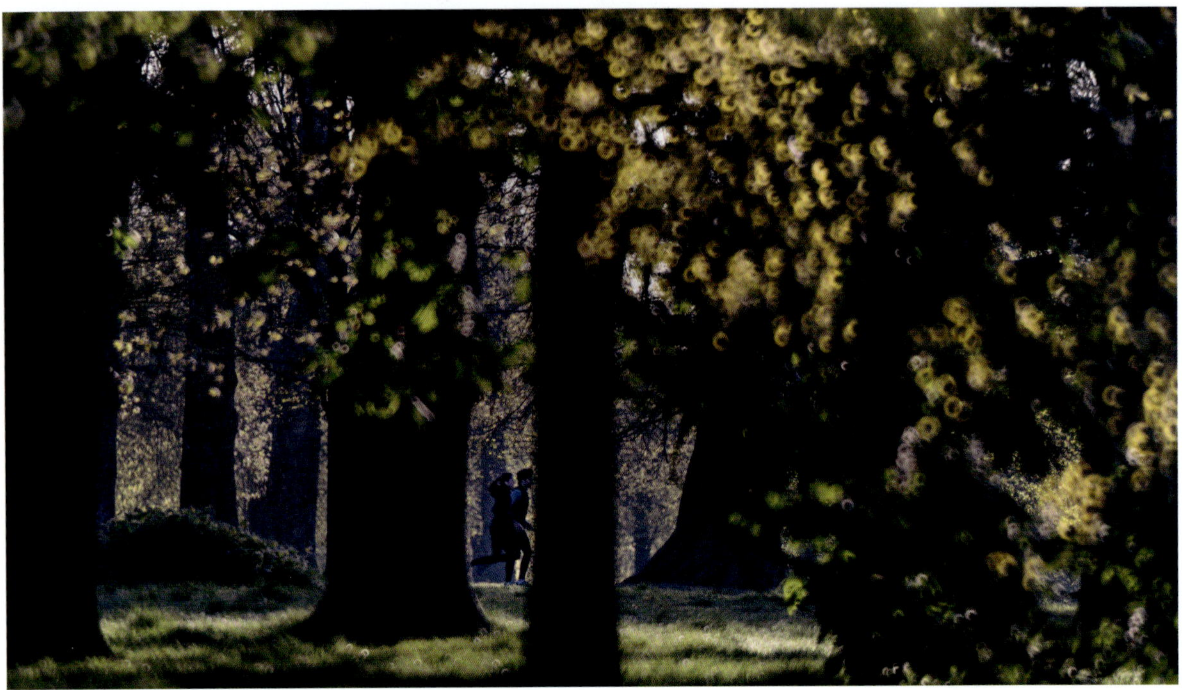

Die Linsenanordnung des hier verwendeten Spiegellinsenobjektivs verwandelt reflektierte Streulichter in kleine Lichtringe, was die Aufnahme in ein attraktives Funkeln taucht.

Hierbei handelt es sich im Grunde genommen um funkelnde Lichter. Sie sind klein, sehr hell bis hin zum Überstrahlen und entstehen entweder durch winzige Reflexionen auf gewölbten Oberflächen oder durch sich im Bild befindliche Lichtquellen (Fachjargon »Practicals«).

Streulichter wirken nur unterstützend, da sie selbst kein Licht erzeugen. Sie sind zwar nur dekorativ, aber bei Weitem nicht unwichtig, wie Sie in den Beispielen auf diesen Seiten sehen können. Im besten Fall erfüllen sie eine Aufnahme mit einem lebendigen Glitzern. Obwohl sie sehr klein sind, können sie erkennbare Formen aufweisen, wie zum Beispiel den Sterneffekt in der Kantenlichtaufnahme auf Seite 78 oder die Ringe im Bild oben, die vom zentralen Spiegel des verwendeten katadioptrischen Spiegellinsenobjektivs erzeugt wurden.

Spiegelnde Streulichter entstehen nur in Verbindung mit entsprechend stark reflektierenden Oberflächen. Das von den jeweiligen Oberflächen reflektierte Licht wird ohne Streuung direkt in Richtung Objektiv gelenkt. In dieser Hinsicht unterscheidenden sie sich von diffusen Reflexionen, die von matten Oberflächen stammen. Anders als Spiegelungen wie jener des Lichtpaneels auf der glasierten Kirsche auf Seite 94 geben Streulichter aufgrund ihrer geringen Größe keine identifizierbaren Objekte wieder. Darüber hinaus dürfen sie vollständig überstrahlen, da niemand erwartet, in solch kleinen Bereichen Details zu erkennen. Eng mit reflektierten Streulichtern verwandt sind in der Szene vorhandene kleine Lichtquellen. Diese werden von Filmschaffenden als »Practicals« bezeichnet, und es kann sich um Tischlampen, Straßenlaternen, Autoscheinwerfer oder Kerzen handeln. Diese haben beim Film eine weitaus größere Relevanz als in der Fotografie, da die Diskrepanz zwischen den sichtbaren Lichtquellen und der externen Beleuchtung zur Verwirrung der Zuschauer beitragen kann. In der Fotografie spielt dieses Problem eine untergeordnete Rolle. Dennoch gehe ich in Kapitel 7 auf die Möglichkeit ein, natürlich vorhandene Lichtquellen einer externen Beleuchtung vorzuziehen (siehe Seite 154).

Im Beispiel unten habe ich kleine Practicals mit Streulichtern kombiniert, da sie das Funkeln im Bild intensivieren. Die ebenso exotische wie beeindruckende Suite im Lake Palace Hotel in Udaipur auf der vorangegangenen Doppelseite kombiniert Streulichter, Practicals und kaustische Effekte zu einem wahren Rausch von Licht und Farbe, der einen guten Eindruck vom Luxus dieser Herberge vermittelt.

→ Die klassische Art-Deco-Beleuchtung dieses Ankleidezimmers setzt auf eine Vielzahl sichtbarer Lichtquellen (Practicals), die ihrerseits weitere Streulichter für eine ebenso weiche wie luxuriöse Anmutung erzeugen.

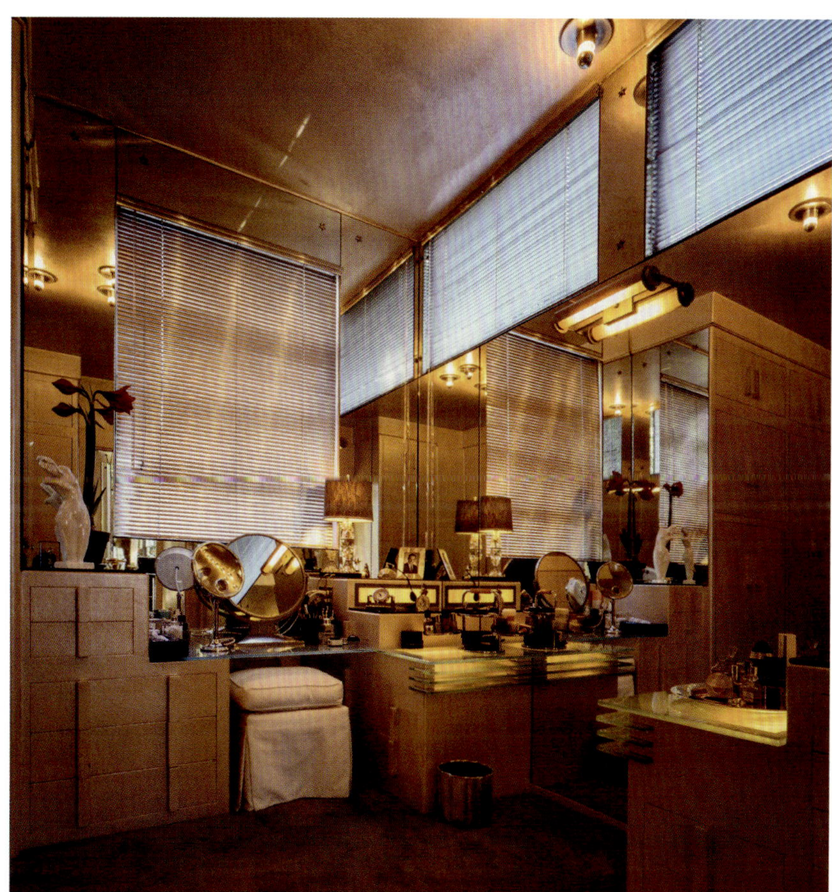

↓ Die Lichtreflexionen auf der Wasseroberfläche im Myakka River Park in Florida funkeln aufgrund der durch Diffraktion entstandenen Sonnensterne. Durch Verringern der Blendenöffnung wird der Effekt stärker.

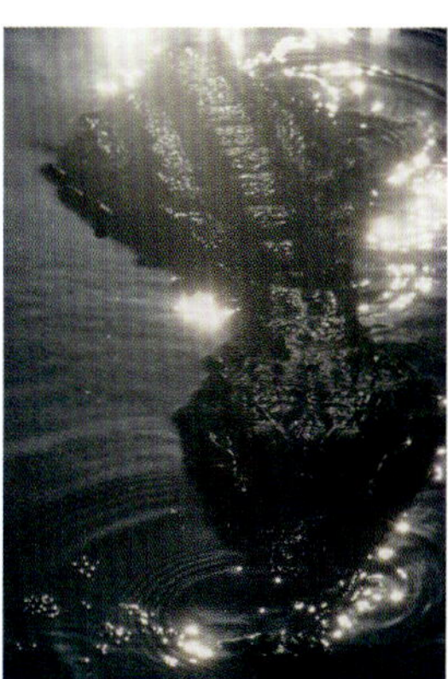

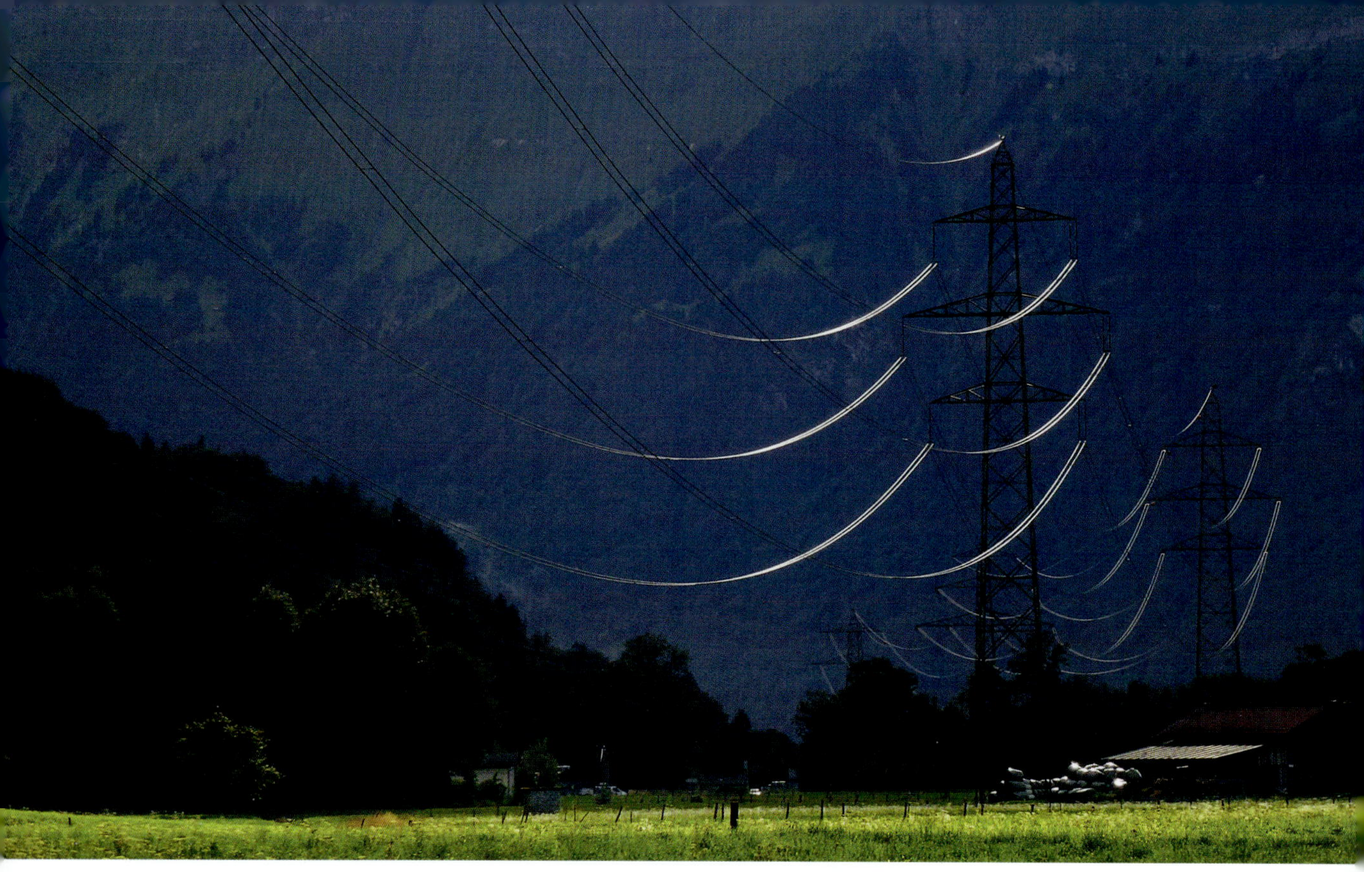

DEFINIERENDE LICHTER

Definierende Lichter enthüllen Strukturen im Bild, die unter normalen Lichtverhältnissen nicht oder nur geringfügig sichtbar wären oder innerhalb der dominierenden Beleuchtung untergehen würden. Dazu müssen mehrere Voraussetzungen erfüllt sein.

↑ Die durch ein Schweizer Tal führenden Stromleitungen reflektieren das Sonnenlicht vor einer dunklen Bergkette. Eine reduzierte Belichtung half dabei, die feinen Lichteffekte herauszuarbeiten.

Der Hintergrund muss dunkel sein. Andere Lichtquellen dürfen die Aufmerksamkeit nicht auf sich ziehen, sodass der Belichtung und Nachbearbeitung eine entscheidende Rolle zukommt. Und aufgrund der meist sehr schmalen Lichtspuren, die hauptsächlich durch Reflexion und selten durch Lichtbrechung entstehen, muss das Licht etwa aus Dreiviertel-Höhe von hinten kommen (siehe Seite 54). Im Zusammenspiel all dieser Aspekte können definierende Lichter sichtbar gemacht werden, die in freier Natur eher selten anzutreffen sind. Doch die Suche nach diesem besonderen Lichteffekt lohnt sich auf jeden Fall.

Definierende Lichter sind eng mit Kantenlicht (siehe Seite 78) verwandt, das seines Zeichens eines der komplexesten Lichtszenarien darstellt, da die hellen Kanten mit den dunklen Oberflächen des Motivs in Einklang gebracht werden müssen. Vereinfacht gesagt, müssen Sie die Balance zwischen der Belichtung der hellen Kanten und den Schatten innerhalb des Motivs finden. Definierende Lichter gehen sogar noch einen Schritt weiter, denn bei ihnen werden die hellen Kanten als Lichter und nicht als Mitteltöne behandelt, während der Rest der Aufnahme weitgehend dunkel bleiben muss. Dies gelingt nur bei ausreichend stark spiegelnden Oberflächen wie den Stromkabeln auf der linken Seite oder durch deutliche Brechungseffekte wie bei dem Spinnennetz unten. Die meisten solcher Aufnahmen abstrahieren eine Szene in einem gewissen Maß, indem sie visuelle Informationen zurückhalten und Raum für Interpretation lassen.

Eine Spinne in ihrem Netz, das von hinten beleuchtet wird. Eine Brennweite von 500 mm machte den Ausschnitt so klein, dass sich der dunkle Hintergrund über den ganzen Ausschnitt erstreckt. In der Nachbearbeitung wurde der Kontrast hochgezogen, um den Hintergrund gegenüber den hellen Spinnweben vollkommen schwarz erscheinen zu lassen.

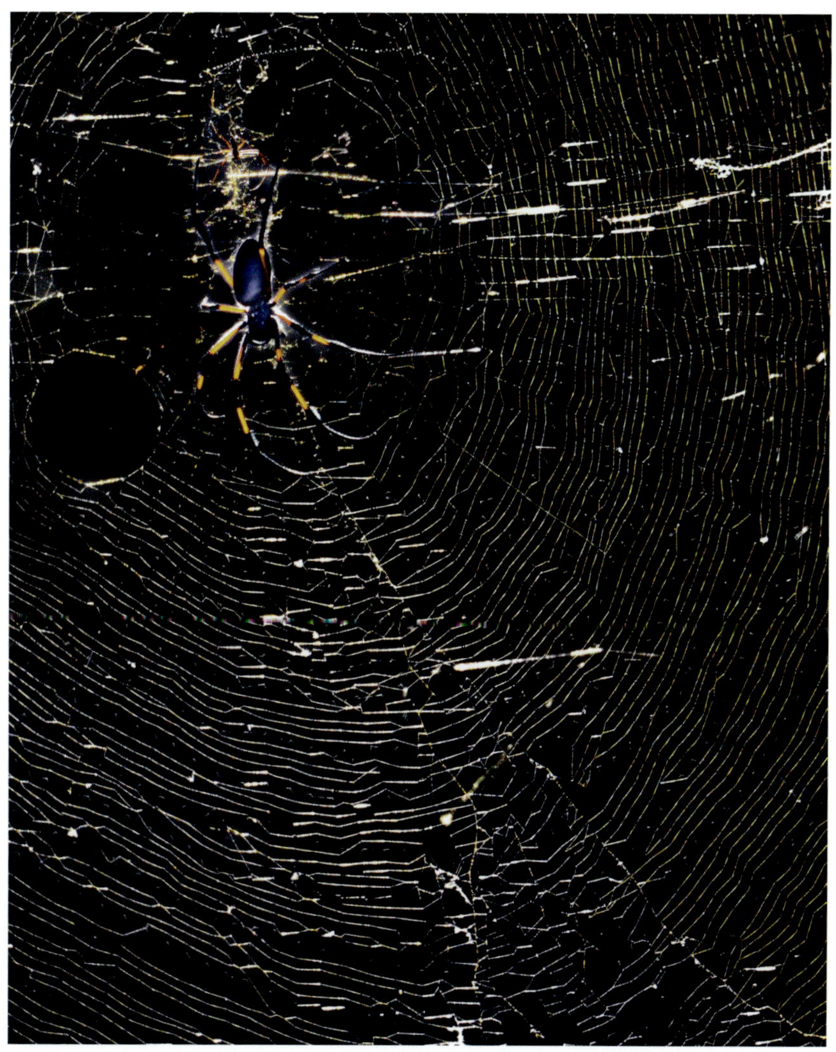

KAPITEL

5

SCHATTENLANDE

Eine unter normalen Umständen fotografierte Szene setzt sich aus Schatten, Mitteltönen und Lichtern zusammen. Dabei ziehen die Mitteltöne und Lichter die größte Aufmerksamkeit auf sich, wie Sie auf den vorangegangenen Seiten an vielen Stellen erfahren haben. Deshalb möchte ich mich in diesem Kapitel für die Schatten stark machen, die wahrlich interessant genug sind, um eine höhere Aufmerksamkeit zu erhalten.

Schatten bergen in der gesamten Tonwertskala den größten Raum für Interpretationen und heben sich deutlich von den anderen Tonwertbereichen ab. Schatten und Lichter besetzen nicht nur die beiden Enden der Skala und wirken sich dadurch enorm auf die Sichtbarkeit aus, sondern sind auch tief in der menschlichen Wahrnehmung und Kultur verankert. Licht und Schatten beeinflussen Kunst, Religion, Psychologie und Literatur in vielfältiger Weise, wobei ich persönlich den Schatten einen höheren Grad an Faszination attestieren würde. Schatten repräsentieren Dinge, die wir nicht wissen oder kennen, was im Verborgenen liegt und uns demnach neugierig macht. Auf den Punkt gebracht: Licht offenbart und Schatten verbirgt. Ein beliebtes Buch, das in den 1930er-Jahren von dem Japaner Jun'ichirō Tanizaki verfasst wurde und den Titel *Lob des Schattens* trägt, beschreibt die Wirkung von Schatten sehr eindrücklich: »Die Tiefe und Reichhaltigkeit eines ruhigen, dunklen Teichs offenbart eine nie gesehene Schönheit« oder »ein schwer in Worte zu fassender Schauder, der uns überkommt, wenn wir in die Tiefen einer Nische blicken, die noch nie vom Sonnenlicht berührt wurde – worin liegt der Schlüssel zu diesem Mysterium? Im Grunde ist es die reine Magie der Schatten.«

In den meisten Fällen sind Schatten ein ganz normaler Bestandteil einer Szene, der keiner besonderen Aufmerksamkeit bedarf. Sie gewinnen jedoch zunehmend an Bedeutung, wenn sie große Bildbereiche einnehmen, über eine bestimmte Form verfügen, scharfe Kanten aufweisen oder in starkem Kontrast zu helleren Bereichen stehen. Sie können sowohl Bestandteil des Motivs sein als auch den Hintergrund einer Szene definieren.

Worin liegen die Besonderheiten von Schatten gegenüber den anderen Tonwertbereichen? Mitteltöne definieren sich in der Regel selbst, wie Sie in den vorangegangenen Kapiteln gelernt haben. Lichter sind nuanciert und zart, werden jedoch von den meisten Kameras in Zaum gehalten, sodass sie nicht überstrahlen. Schatten bieten dagegen den größten Ermessensspielraum in ihrer Varianz und Ausgestaltung. Aktuell herrscht der Trend vor, Schatten zu öffnen, um Details zu offenbaren, was ich persönlich nicht in jedem Fall für einen erstrebenswerten Ansatz halte. Durch immer bessere digitale Algorithmen können wir viel mehr aus dunklen Bereichen herausholen, als jemals mit Analogfilm möglich war. Ein Software-Entwickler würde fragen: »Was ist das Problem daran?« Da gibt es einige Probleme, wie ich Ihnen auf den nächsten Seiten erklären werde.

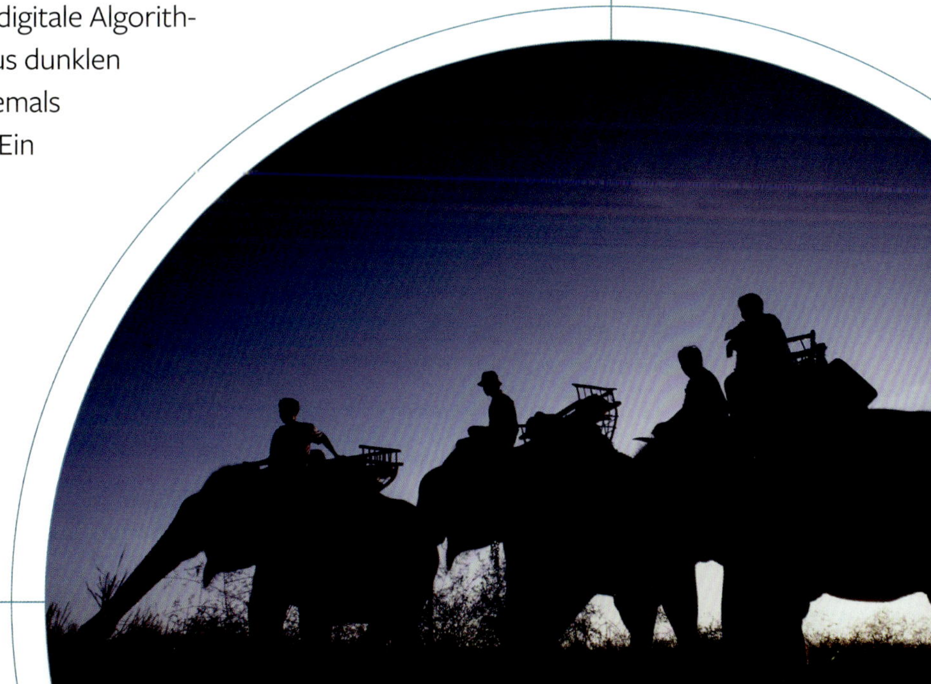

SCHATTENABSTUFUNGEN

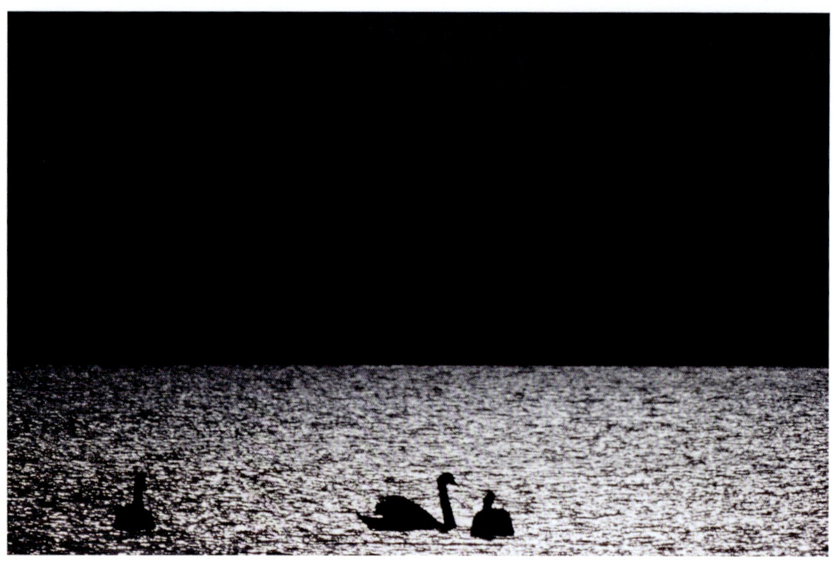

Eine Belichtung auf die Schwäne befördert die entfernte Hügelkette in den Grenzbereich zwischen schwarzen und tiefen Schatten.

Hier präsentiere ich Ihnen erneut das bereits zu Beginn vorgestellte Zonensystem, doch diesmal habe ich die acht Tonwertbereiche herausgestellt, die ich für die wichtigsten in der alltäglichen Fotografie halte.

Diese Zonen entsprechen jenen Beschreibungen, die uns weitgehend vertraut sind, und die ersten vier definieren die Tiefe und die Ausprägung von Schatten. Bevor ich Ihnen die meiner Meinung nach zehn vorherrschenden Varianten von Schatten präsentiere, möchte ich auf deren Abstufungen eingehen. Während sie grundsätzlich auf jeden im Bild vorhandenen Ton belichtet und nachbearbeitet werden können, sind sie in der Regel mit bestimmten Bedingungen verbunden.

Schwarze Schatten enthalten keinerlei Details, was für die meisten Szenen viel zu extrem ist. In einem Studio-Setting, wo Sie ein beleuchtetes Motiv strikt vom Hintergrund isolieren möchten, machen solch extreme Schatten jedoch durchaus Sinn. Interessanter sind die tiefen Schatten, die sich ungefähr über die Zonen I und II erstrecken. Laut Ansel Adams und anderen Begründern des Zonensystems wird Zone I wie folgt definiert: »Nahe vollkommenem Schwarz, das Gefühl des leeren Raums vermittelnd«. Für Zone II gilt: »Offenbart einen ersten Eindruck von Struktur. An der Grenze zwischen sichtbarer und unsichtbarer Struktur – mysteriös«. Solche Beschreibungen laden Fotografen dazu ein, statt auf reine Zahlen mehr auf ihre eigenen Sinne zu vertrauen. Tiefe Schatten enthalten eine Andeutung von Details, einen Eindruck von dem, was sich darin verbergen mag, aber keine klaren oder eindeutigen Hinweise. Sie sind tief und dreidimensional, sodass sie einen Eindruck von

Dieser Schattenwurf auf eine steile Klippe auf der Insel La Réunion wurde so belichtet und entwickelt, dass er im Bereich der strukturierten Schatten (Zone III) liegt.

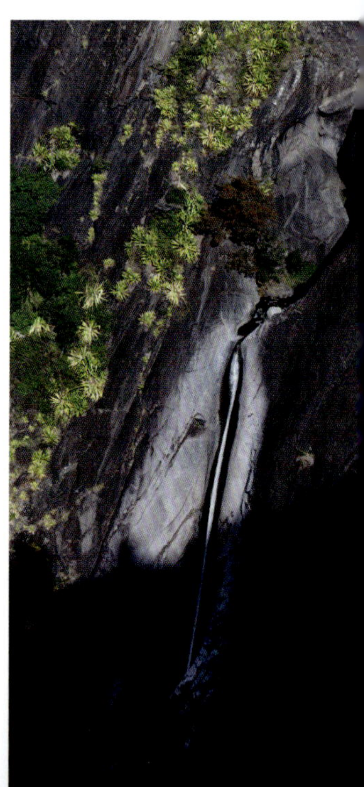

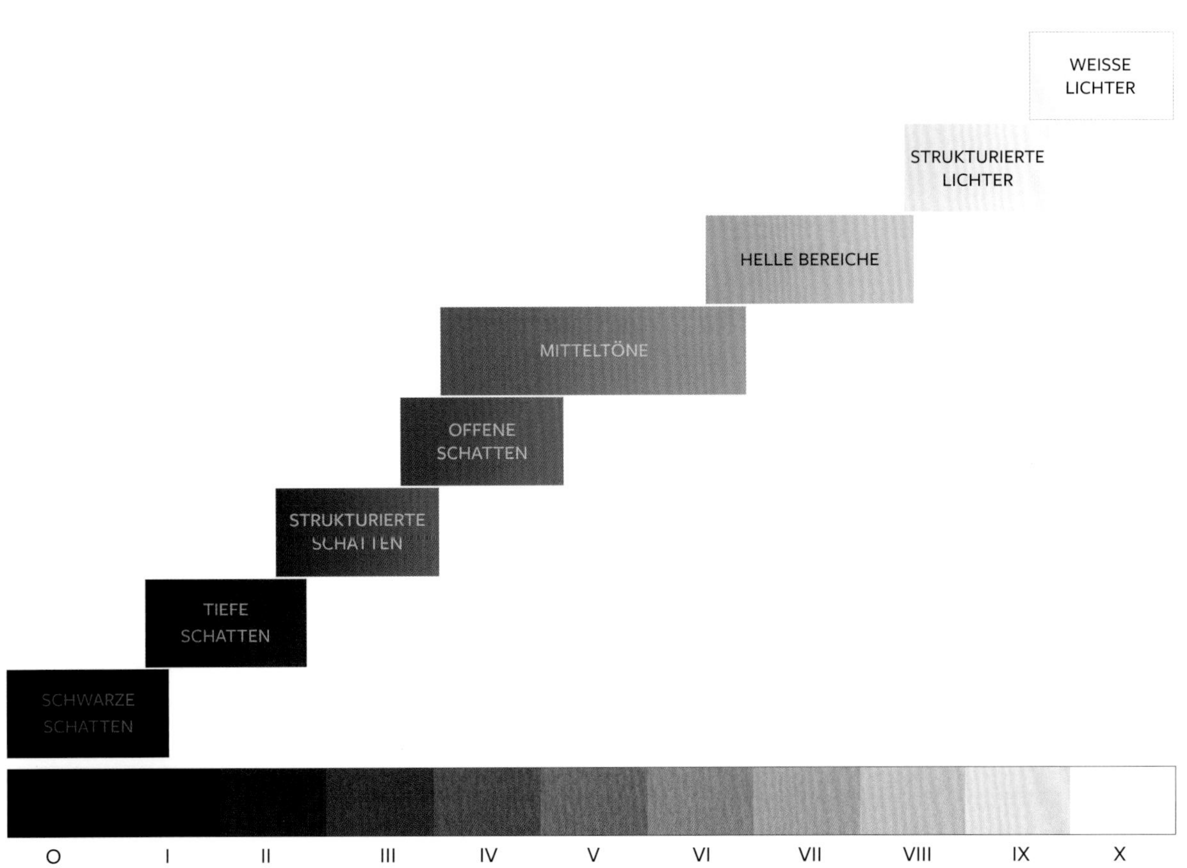

Eine Neuinterpretation des Zonensystems mit eher der Praxis entsprechenden Verteilungen und Bezeichnungen. Sie illustriert die Überlappungen verschiedener Abstufungen mit den Zonenbereichen.

der Ausdehnung des Raums vermitteln, aber dennoch wichtige Dinge im Verborgenen lassen. Mysteriös. Low Key. Film Noir.

Strukturierte Schatten gelten als die am häufigsten in Bildern vorkommenden Schatten und verdienen eine entsprechende Behandlung. In den dunklen Bereichen lassen sich Details erkennen, die jedoch nicht direkt ins Auge springen. Dieser Bereich liegt in Zone III und gehört laut Zonensystem zusammen mit den strukturierten Lichtern in Zone VIII zu den beiden wichtigsten Tonwertbereichen in der Fotografie.

Offene Schatten sind die hellsten Vertreter ihrer Gattung – das geht so weit, dass sie abhängig von den umgebenden Bildbereichen oft als Mitteltöne bezeichnet werden können. Solche Schatten werden meist von Reflexionen ausgeleuchtet und offenbaren eine große Menge an Strukturen und Details. In der Landschaftsfotografie genügen meist schon von der Sonne angestrahlte Wolken zum Öffnen der Schatten, während es in der Straßenfotografie geradezu von hellen, reflektierenden Oberflächen wimmelt. Wie Sie gleich erfahren werden, sind offene Schatten nicht nur eine Abstufung, sondern eine eigene Schattenvariante.

SCHATTENVARIANTE 1

GRUNDLEGEND UND REICHHALTIG

Ich selbst unterscheide zwischen zehn Schattenvarianten, die sich hinsichtlich ihrer visuellen und ästhetischen Charakteristik voneinander unterscheiden.

Die Varianten sind abhängig von den vorhandenen Tonwerten, internen Kontrasten sowie vom Abstand zwischen den dunkelsten und hellsten Bereichen einer Szene. Diese Parameter hängen stark von der Belichtung und Nachbearbeitung ab, sodass Ihnen nach der Identifikation der vorherrschenden Variante die entsprechende Optimierung leichter fallen wird.

Die erste Variante sehe ich als »grundlegenden Schatten« an, obwohl die tatsächliche Anmutung natürlich subjektiv geprägt ist. Bei der Definition versuche ich – wie bei allen anderen Varianten – einen professionellen Konsens zu berücksichtigen, der unter Vertretern der Industrie als generell akzeptierter Standard gilt. Zu ihnen zählen nicht nur professionelle Fotografen, sondern auch Menschen, die in der Repro (der Vorbereitung auf den Druck) tätig sind, Verleger, Ingenieure aus der Monitor- und Display-Entwicklung sowie Softwareentwickler aus dem Bereich der digitalen Fotografie. Das Wort »reichhaltig« verwende ich, da sich der Schattenbereich von nahe Schwarz bis zu einem Helligkeitswert von einem Drittel ausdehnt, was zu hervorragenden Kontrasten führt. Mit anderen Worten reichen die Schatten nicht bis in reines Schwarz oder in den offenen Bereich hinein. Diese Variante lässt sich immer dann heranziehen, wenn eine Szene nicht in die anderen neun Kategorien fällt.

All das wirkt sich auf die Nachbearbeitung aus, die ich gerne auch mit dem eher traditionellen Begriff »Entwicklung« umschreibe. Um das Tonwertspektrum nahe Schwarz beginnen zu lassen, sollte der Schwarzpunkt in der RGB-Skala bei 1 oder 2

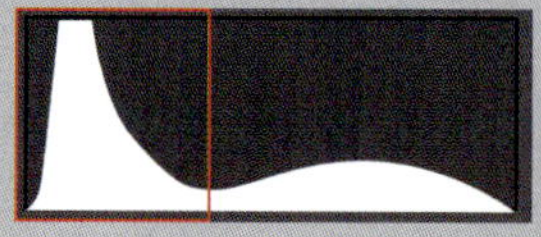

Das Histogramm beginnt nahe des linken Randes, steigt dann steil nach oben und nimmt innerhalb des ersten Drittels wieder ab, um in die hellen Bereiche des Bildes (im Histogramm mittig und rechts) überzugehen.

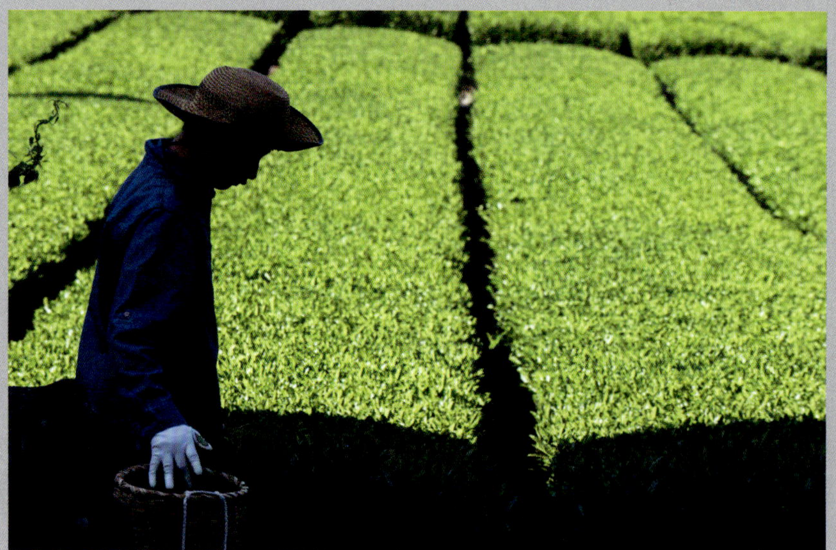

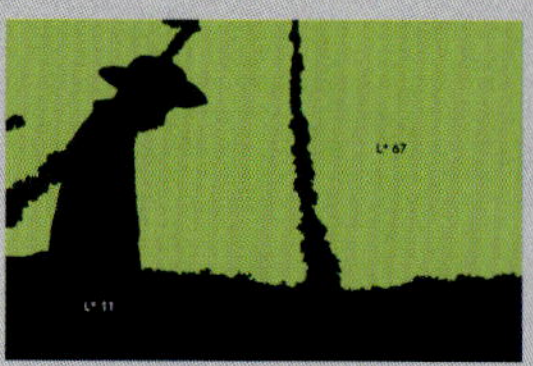

Ein Teepflücker in Kawane, Shizuoka, Japan. Wie bei der vertikalen Landschaftsaufnahme auf der vorangegangenen Doppelseite sorgen verschiedene Oberflächen – hier die blaue Jacke und der weiße Handschuh – für hohe Kontraste innerhalb der Schatten.

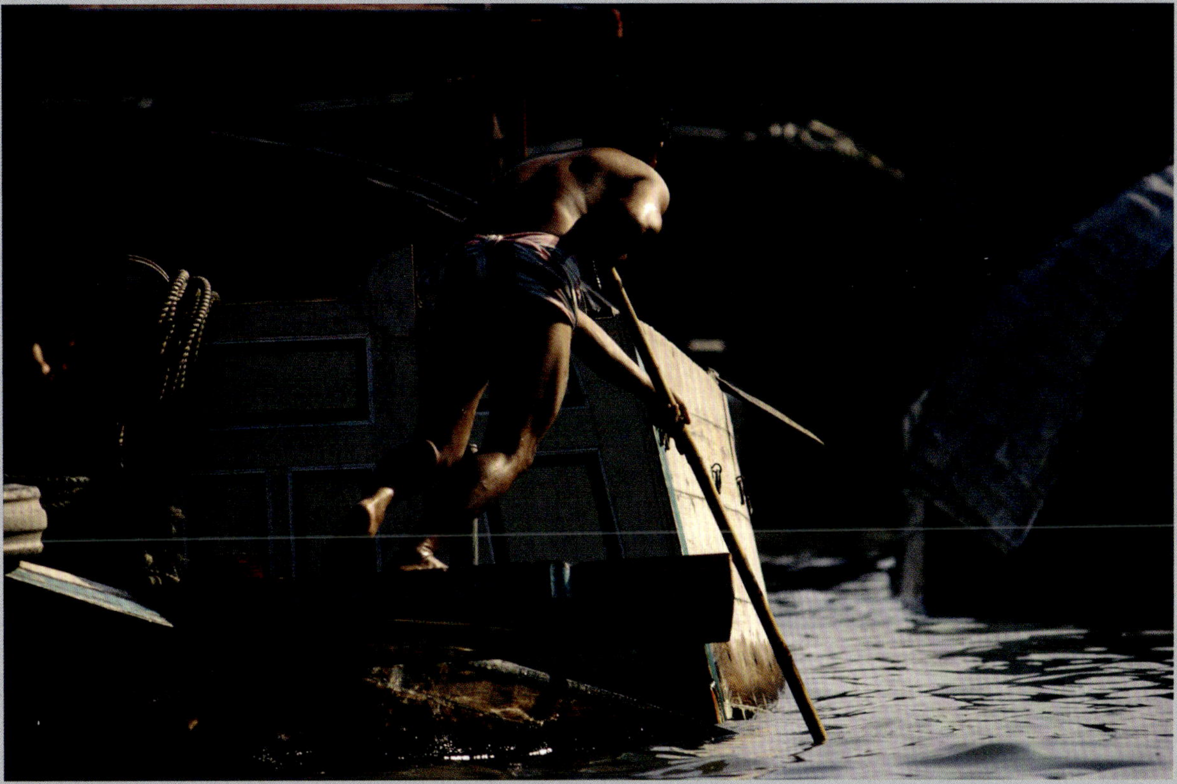

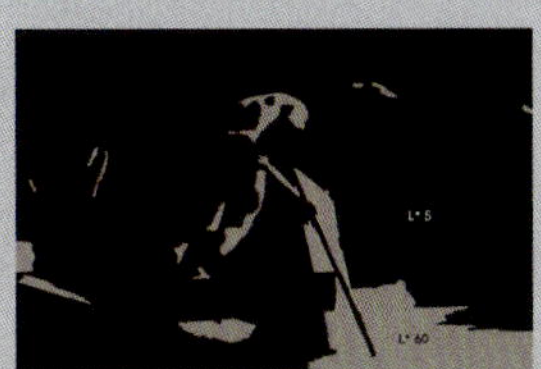

Ein thailändischer Bootsmann auf einem Lastenkahn in Bangkok. Das Bild wird von Schattenabstufungen von »tief« bis »strukturiert« beherrscht.

von 255 liegen, oder bei 1% in L*a*b* oder HSL. Das sollte für den dunkelsten Punkt im gesamten Bild gelten. Ein Helligkeitswert von einem Drittel erstreckt sich von Zone 0 bis knapp in die Zone III (strukturierte Schatten) hinein. Gute Kontraste lassen sich erzielen, indem man den Kontrastregler hochzieht, den Weißpunkt nach oben bewegt oder beides. Die Aufnahme des japanischen Teepflückers illustriert diese Aspekte sehr gut. Bezogen auf die Prägnanz von Schatten, wie ich sie auf Seite 104 bis 105 beschrieben habe, nehmen die Schatten etwa ein Drittel der Bildfläche ein, verfügen über scharfe Kanten und klar erkennbare Formen. Das Verhältnis von hellen zu dunklen Bildbereichen beträgt etwa 6:1, was relativ hoch ist. Die Schatten erstrecken sich von 1% bis 35%, ohne den weißen Handschuh zu berücksichtigen. Der Kontrast ist gut und reicht aus, um das einzelne Teeblatt auf dem Handschuh des Arbeiters zu offenbaren – ein wichtiges Detail der Aufnahme.

Das zweite Bild mit dem Bootsmann in Bangkok, der einen Lastenkahn lenkt, wurde auf Kodachrom-Film aufgenommen und zeigt auf, wie reichhaltig Schatten auf Analogfilm zur Geltung kommen. 90% des Ausschnitts werden von den Schatten dominiert. Das mittlere Verhältnis von Schatten zu Lichtern liegt bei 12:1, wobei die Schatten zwar tief und füllig erscheinen, jedoch selbst in den dunkelsten Bereichen noch Eindrücke von Details offenbaren.

SCHATTENVARIANTE 2

HINTERGRUND

Die zweite Variante macht Schatten zum Hintergrund und gehört zu den wichtigsten Techniken in der Studiofotografie. Sie kommt vor allem dann zum Einsatz, wenn Motive klar und ohne ablenkende Elemente herausgearbeitet werden sollen, wie die Sammlung goldener Zigarettenetuis von Fabergé aus dem Pariser Louvre.

Schwarzer Samt ist ein beliebtes Material für solche Hintergründe, da er das Licht nahezu vollständig absorbiert. Das Hintergrundmaterial reicht über die Grenzen des Ausschnitts hinaus und fungiert als dunkle, leere Leinwand, von der sich hell erleuchtete Objekte deutlich abheben. Diese Leinwand sollte keine sichtbare Struktur aufweisen, also vollkommen schwarz sein. Daher ist dies einer der wenigen Fälle in der Fotografie, in dem das Clipping von dunklen Bereichen erlaubt und sogar erwünscht ist, damit der Kontrast zu den hellen Motiven maximiert werden kann.

Das zweite Bild vom englischen Hampton Court, der in die Zeit von Heinrich VII. zurückreicht, weist einen Vordergrund mit den Eigenschaften eines Hintergrunds auf. Der Torbogen fasst das eigentliche Motiv ein und wird damit zu einem Rahmen, der wie der Hintergrund des Stilllebens tiefschwarz sein muss. Es mag Argumente für die Sichtbarkeit einiger Details im Torbogen geben, doch das würde nur vom zentralen Hauptmotiv ablenken und die strikte Formgebung des Torbogens beein-

↗ Das Histogramm weist den höchsten Pegel direkt am linken Rand zwischen 0 und 1% auf. Der Abfall zu den beleuchteten Bereichen rechts ist extrem steil.

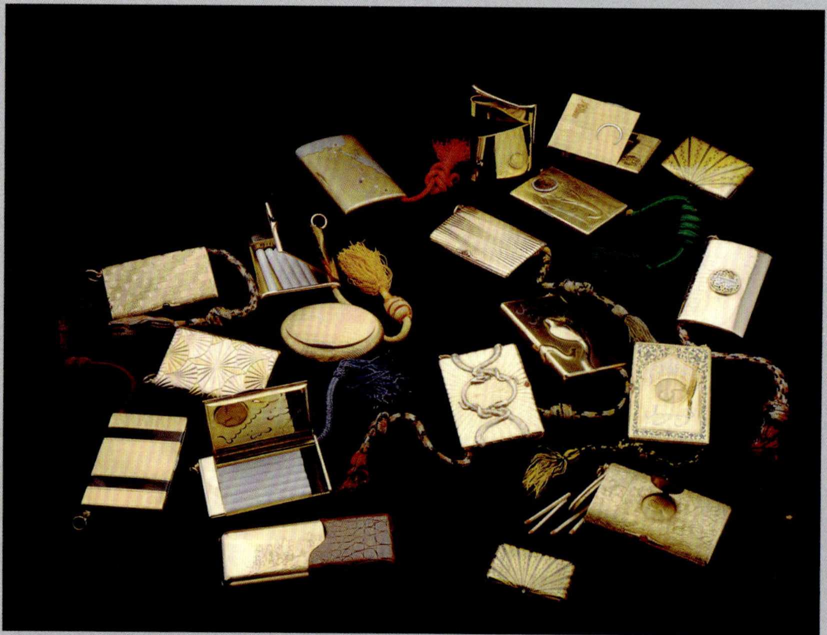

← Goldene Zigarettenetuis von Fabergé im Pariser Louvre, auf schwarzem Samt fotografiert. Dieses Material ist bekannt für seine guten Absorptionseigenschaften.

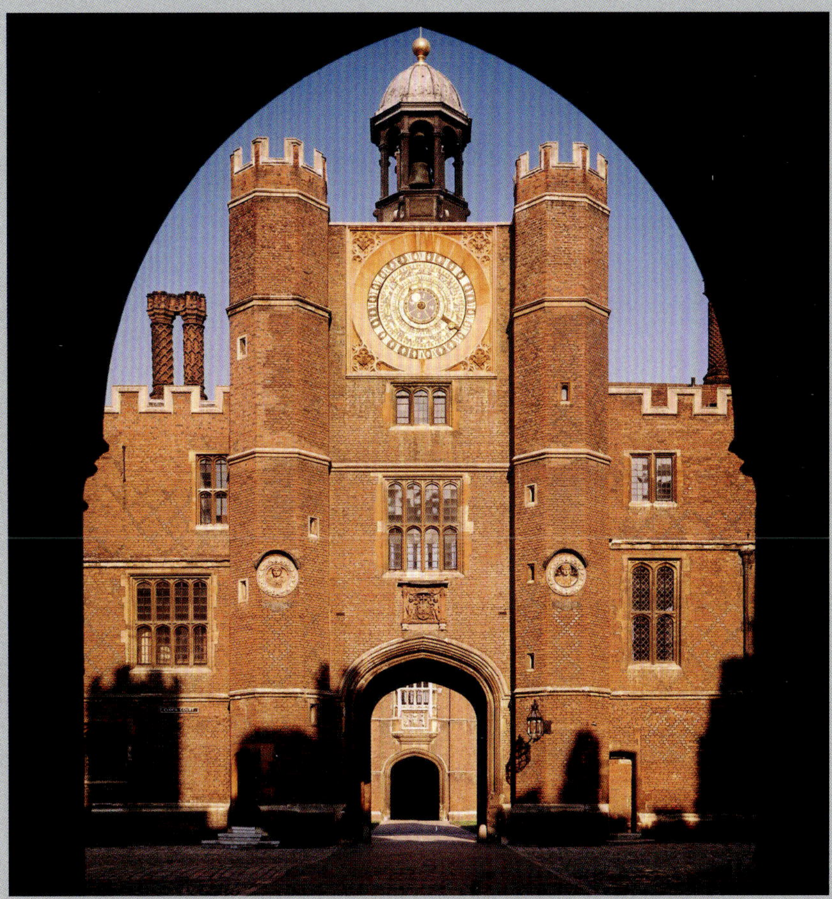

Umgekehrter Hintergrund: Der in Schatten gehüllte Torbogen rahmt den Glockenturm von Hampton Court nahe London ein. Belichtung und Nachbearbeitung lassen den Torbogen in solidem Schwarz erscheinen – eine bewusste Entscheidung des Fotografen.

trächtigen. Sicherlich gibt es Szenen, die einen offeneren Hintergrund rechtfertigen würden, um einige Details herauszuarbeiten. Dies würde sich allerdings deutlich auf die Dynamik der Aufnahme auswirken und eher der nächsten Variante entsprechen, den fliehenden Schatten. Da die Tiefe der Schatten die Bildwirkung erheblich beeinflusst, sollten Sie sich bereits vor der Aufnahme Gedanken über die gewünschte Variante machen.

Wie so oft in der Fotografie wirken sich Unterschiede in der Beleuchtung erheblich auf die Qualität der Aufnahme aus. Dank der Kontrolle über das Licht, die Sie bei Studioaufnahmen genießen, können Sie etwaige technische Probleme schnell identifizieren und aktiv gegensteuern. Ein typisches Problem bei dieser Schattenvariante ist die Erhaltung des gleichmäßig schwarzen Hintergrunds. Die goldenen Etuis aus dem Beispiel links sind ein einfaches Motiv, da sie um ein Vielfaches heller sind als der schwarze Samt im Hintergrund. Anders verhält es sich bei dunkleren Motiven, beispielsweise dunklem Haar vor schwarzem Hintergrund wie bei der Abbildung der jungen Frau auf Seite 57. Bei solchen Aufnahmen kann das Hauptlicht auf die Hintergrundebene fallen. Obwohl sich solche Fehler meist in der Nachbearbeitung beheben lassen, sollten sie bereits während der Aufnahme durch Änderung des Lichteinfallswinkels oder Abschattung der Scheinwerfer unter Kontrolle gebracht werden. Auf diese Weise vermeiden Sie die aufwendige und zeitraubende Maskierung des Motivs in Photoshop.

SCHATTENVARIANTE 3

FLIEHENDE SCHATTEN

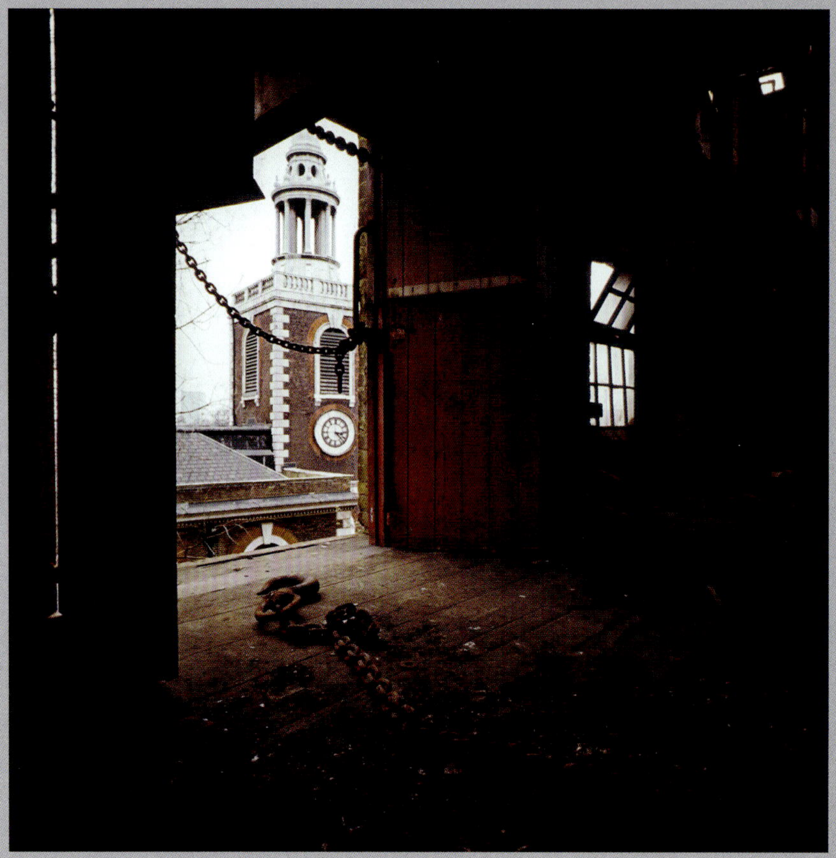

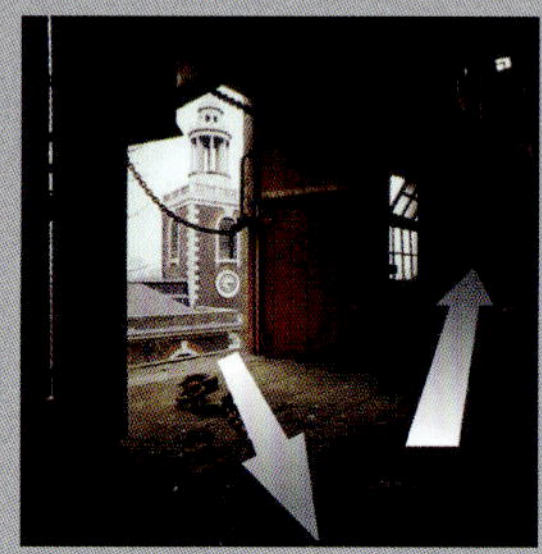

← Ein leeres Lagerhaus in den Docklands von London. Das Licht dringt hauptsächlich durch das große Eingangstor und lässt gleich zwei Bereiche mit fliehenden Schatten entstehen: einen kleinen Streifen vom Türrahmen zur Kamera und einen ausgedehnten Bereich von der Kamera weg in die Tiefe des Raumes auf der rechten Seite.

Fliehende Schatten erzeugen eine geheimnisvolle Lichtstimmung durch die progressiv zunehmende Abdunklung einer Szene. Neben dem mysteriösen Charakter sorgt diese Schattenvariante auch für eine fast schon greifbare räumliche Tiefe.

Eine klassische Situation für diese Schattenvariante ist ein tiefer Raum, der lediglich durch den Eingang hindurch beleuchtet wird. Denken Sie an eine Höhle, einen Tunnel oder ein großes fensterloses Zimmer, an dessen Eingang Sie stehen. Es handelt sich um eine durchaus simple und nachvollziehbare Lichtsituation, die bei entsprechend sorgfältiger Komposition das Potenzial hat, die Neugier der Betrachter zu wecken: Was mag sich wohl in den Schatten verbergen?

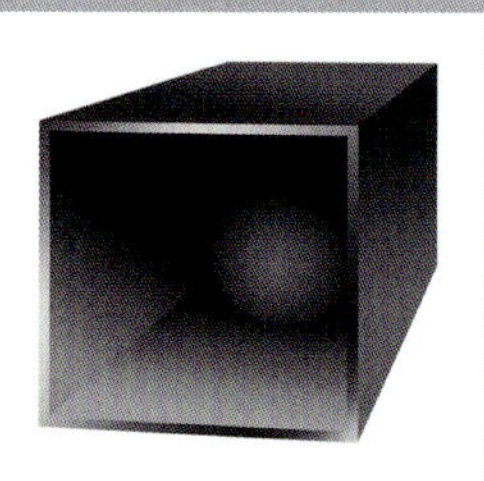

↗ Die Grundstruktur dieser Schattenvariante lässt sich mit einer offenen Black Box oder einem Tunnel vergleichen.

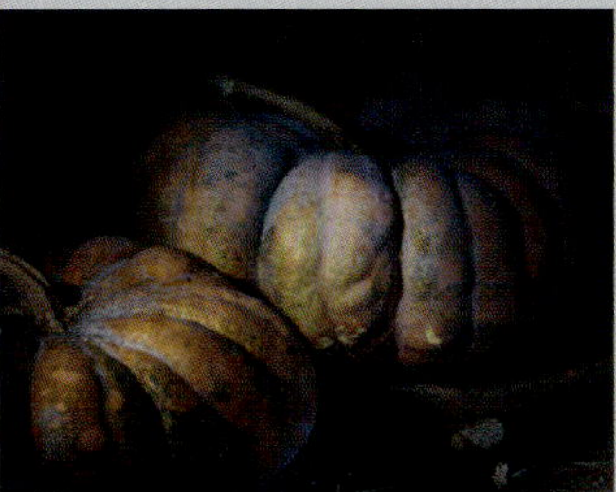

Eine bewusst sehr dunkel gehaltene Aufnahme von getrockneten Kürbissen in einer unbeleuchteten Speisekammer. Im Bild rechts verschwinden die Konturen in den Schatten und verstärken den Eindruck, dass sich die Früchte aus der Dunkelheit herausschälen. Mit einer eher konventionellen Belichtung (oben) verliert das Bild sichtbar an Atmosphäre.

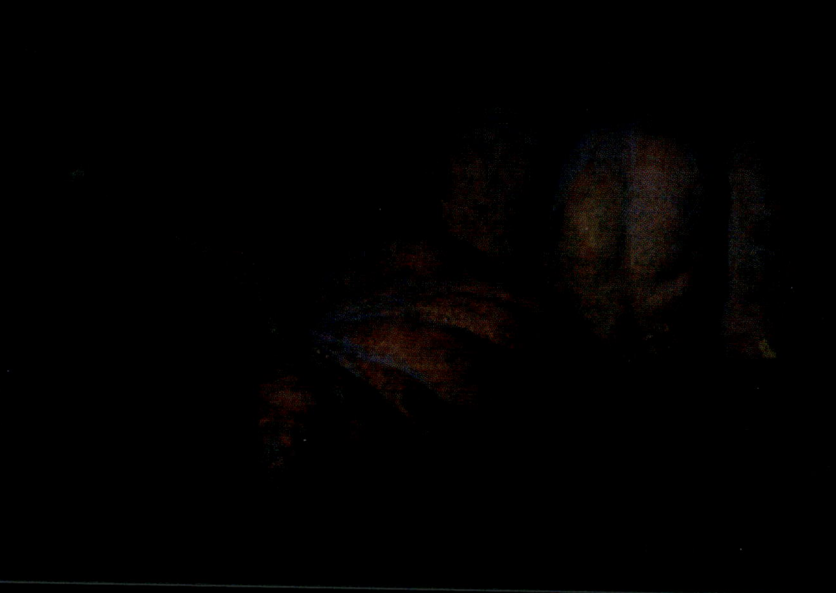

Der wichtigste Aspekt beim Einsatz dieser Schattenvariante ist eine sorgfältige Nachbearbeitung, die die Bildanmutung bewahrt und nicht durch zu starkes Öffnen der Schatten wieder zunichte macht. Seit den frühen Tagen der Bildbearbeitung mit Tools wie Photoshop scheint die Prämisse auf dem Enthüllen sämtlicher Details in einem Bild zu liegen, was nicht zuletzt durch das Öffnen der Schatten bewerkstelligt wird. Aus technischer Sicht mag dieser Ansatz durchaus seine Berechtigung haben, doch vom ästhetischen Standpunkt aus betrachtet, ruinieren solche Maßnahmen die Anmutung von Bildern wie den Beispielen auf diesen Seiten. Tiefe Schatten sind nicht einfach nur unbeleuchtete Bereiche in einem Bild, denn sie schaffen Atmosphäre und tonale Reichhaltigkeit. Wie Sie im nächsten Kapitel erfahren werden, können Schatten auf viele Arten behandelt werden. Hier kommt es auf die weichen, fein abgestuften Übergänge zwischen Hell und Dunkel an. Wir möchten die Betrachter sozusagen in die Schatten hineinziehen, indem wir sie dazu einladen, den Abstufungen in die Dunkelheit hinein zu folgen.

Eine wichtige Variation der fliehenden Schatten ist das Herausschälen des Motivs aus der Dunkelheit. Hierbei verschmelzen die Konturen des Motivs mit den Schatten, was die Anmutung eines aus dem Dunklen auftauchenden Objekts erzeugt.

Der berühmte US-amerikanische Fotograf Edward Weston hat diese Art von Schatten in den späten 1920er- und frühen 1930er-Jahren bekannt gemacht. In seiner bekannten Serie *Pepper No. 30*, die aus rund 60 Negativen im Format 10×8 besteht, hat er Pfefferschoten in einem Trichter aus Zinn abgelichtet. »Das war eine brillante Idee«, beschrieb Weston. »Eine perfekte Umgebung für den Pfeffer, der sich mit großer Präsenz vom Hintergrund abhebt.«

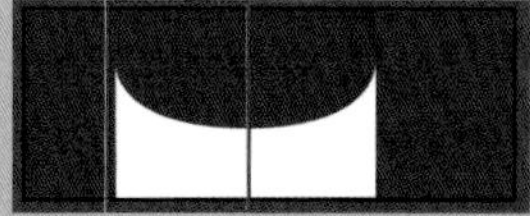

SCHATTENVARIANTE 4

VOLUMETRISCHE SCHATTEN

Die vierte Variante bezeichne ich als volumetrische Schatten. Diese werden fast ausschließlich durch seitliches Licht erzeugt und erstrecken sich über ein Objekt mit abgerundeter Oberfläche, wobei sie dessen Form und Volumen sichtbar machen.

Das Hauptmerkmal solcher Schatten ist der weiche, aber klar erkennbare Kantenbereich – auch als Halbschatten oder Penumbra bezeichnet –, der weder zu breit noch zu schmal ausfallen darf. Dies erfordert eine klare Vorstellung von der maximalen Breite des Schattens in direktem Bezug zur Form und Größe des Objekts. Gerade bei zylindrischen, runden oder ovalen Motiven ist die visuelle Darstellung ihres Volumens von entscheidender Bedeutung. Üblicherweise erstreckt sich die Penumbra über ein Viertel bis zur halben Breite des gesamten Objekts.

Bei Skulpturen, wie dem Buddha auf der rechten Seite, spielen Halbschatten eine zentrale Rolle. Besonders wichtig sind der Einfallswinkel des Lichts und die Größe des Lichtkegels (siehe Seite 56) im Verhältnis zu den Dimensionen des Motivs und zum Abstand der Lichtquelle. Dabei müssen Sie den individuellen Schattenwurf von weiteren Merkmalen des Motivs – im Beispiel von der Nase – sowie die Ausprägung der Lichter auf der beleuchteten Seite im Auge behalten. Im Fall des Buddhas war ein vertikal ausgerichtetes Lichtpaneel in geringem Abstand die Lösung der Wahl. Die markante Nase wirft ihren eignen Schatten, sodass bei der Ausleuchtung darauf

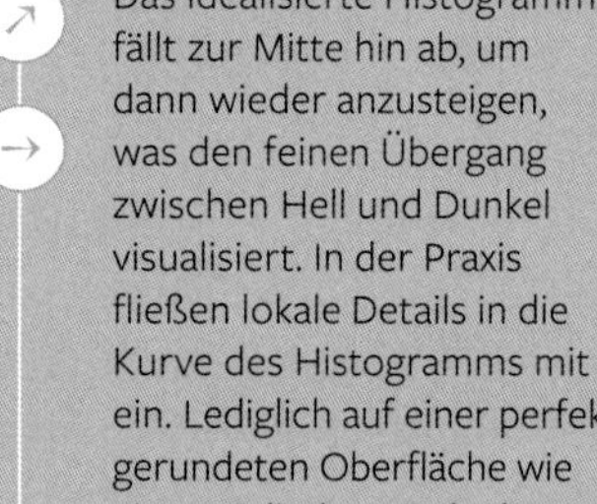

↗ Das idealisierte Histogramm fällt zur Mitte hin ab, um → dann wieder anzusteigen, was den feinen Übergang zwischen Hell und Dunkel visualisiert. In der Praxis fließen lokale Details in die Kurve des Histogramms mit ein. Lediglich auf einer perfekt gerundeten Oberfläche wie einem Zylinder würde das Histogramm so aussehen wie oben.

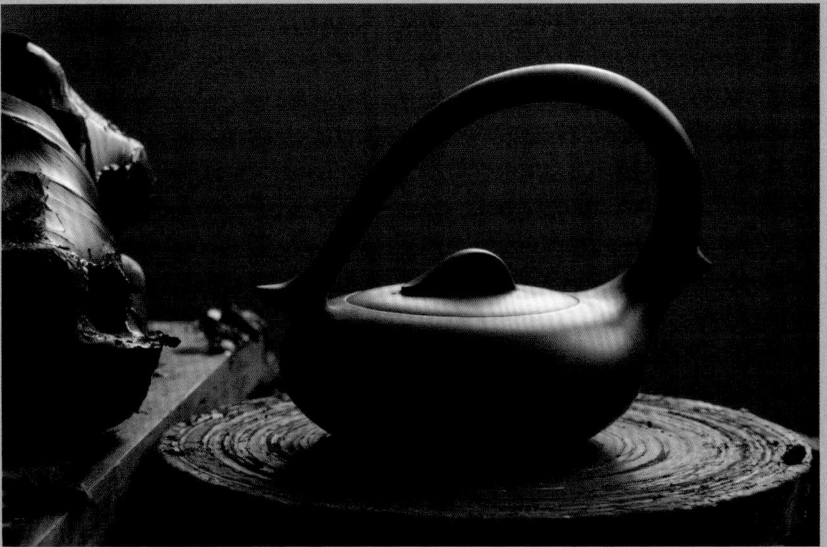

← Ein einzelnes Fenster hinten rechts hüllt diese gerade entstandene Teekanne auf einer Töpferscheibe in eine Variante des holländischen Nordlichts (siehe Seite 156).

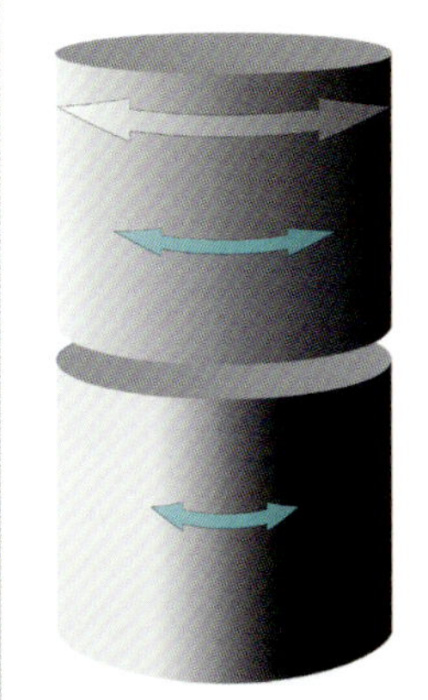

Ein größeres Licht in geringem Abstand führt zu einem weicheren Übergang (oben), während ein kleineres und/oder weiter entferntes Licht einen härteren, schmaleren Übergang erzeugt (unten).

Die thailändische Buddha-Statue wurde von einem breiten Lichtpaneel ausgeleuchtet. Die genaue Position des Paneels bestimmt nicht nur darüber, wo die Abstufung der Penumbra stattfindet (Punkt 1 rechts und gepunktete Linie in der Grafik unten), sondern auch darüber, wie der Schatten der Nase (2) mit dem Halbschatten (3) interagiert. Würde das Paneel nur geringfügig weiter weg platziert oder geneigt, würde der Schatten der Nase mit der Penumbra verschmelzen und die feine Schattenmodellierung zerstören (4).

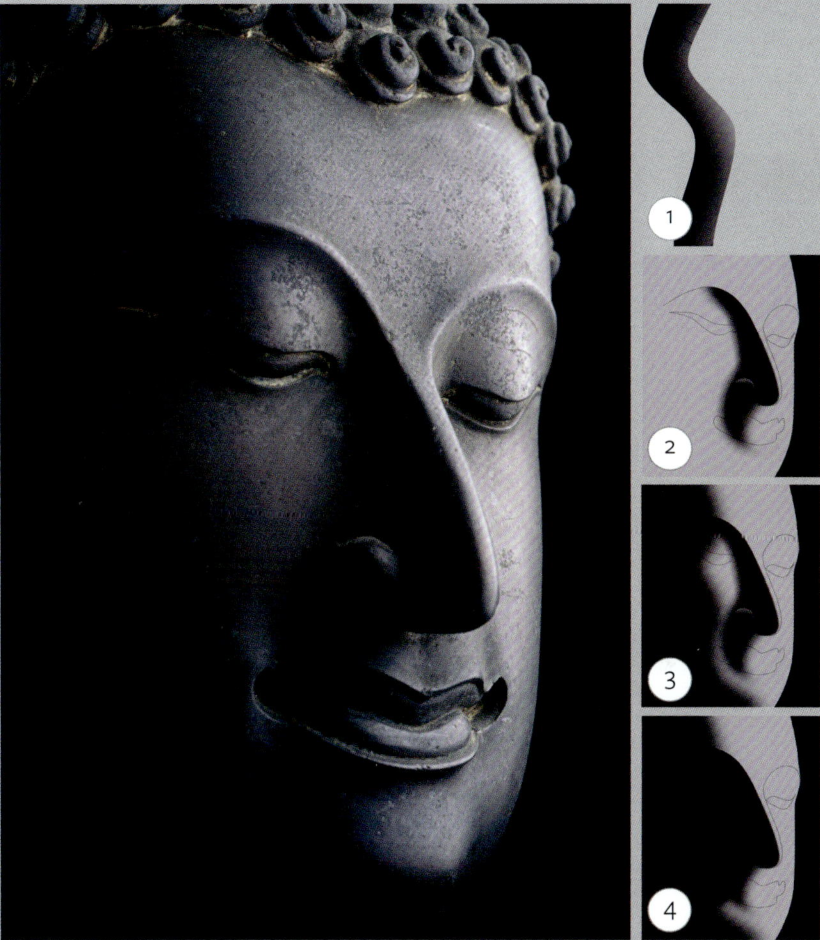

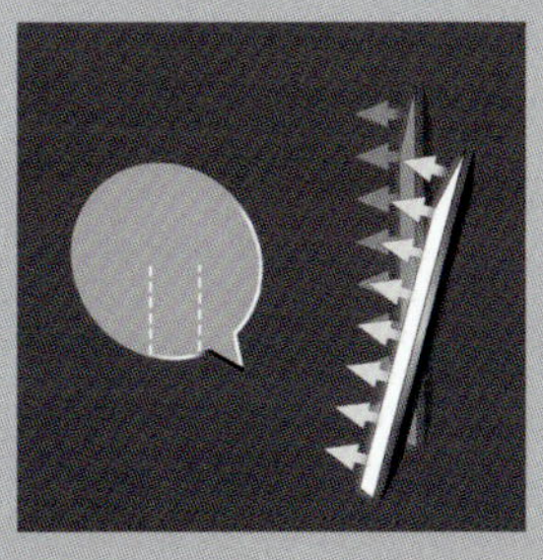

geachtet werden musste, die linke Wange hell genug auszuleuchten. Dies geschah durch einen geringen Abstand der Lichtquelle – wäre dieser größer ausgefallen, hätte der Schatten der Nase die komplette Wange verdunkelt.

Am wichtigsten für die Bildanmutung ist die Ausprägung der Penumbra, die idealerweise bis in den tiefen Schattenbereich hinein reicht. Allerdings kann es je nach Motiv wünschenswert sein, Details aus den Schatten herauszuholen. In diesem Fall kann der dunkelste Bereich der Penumbra mit einem passiven (Reflektor, Weiß- oder Silberkarte) oder aktiven Fülllicht (Scheinwerfer) ein wenig aufgehellt werden. Alternativ kann wie auf Seite 55 ein Strahler in Dreiviertelposition von hinten verwendet werden, um die Schatten zu öffnen. Bei der Aufnahme des Buddha sollte das Volumen herausgestellt werden, sodass der stärkste Halbschatten-Effekt ohne jegliches Fülllicht angestrebt wurde.

Beide Beispiele auf diesen Seiten erzeugen als Anschauungsbeispiele stärkere volumetrische Schatten als die meisten anderen Motive. Normalerweise fallen die Halbschatten etwas milder aus, wobei die Schattenseite leicht geöffnet wird. Dabei nähern wir uns dem Malereistil des Chiaroscuro an, über den Sie nach ein paar Seiten mehr erfahren werden.

SCHATTENVARIANTE 5

REFLEKTIVE SCHATTEN

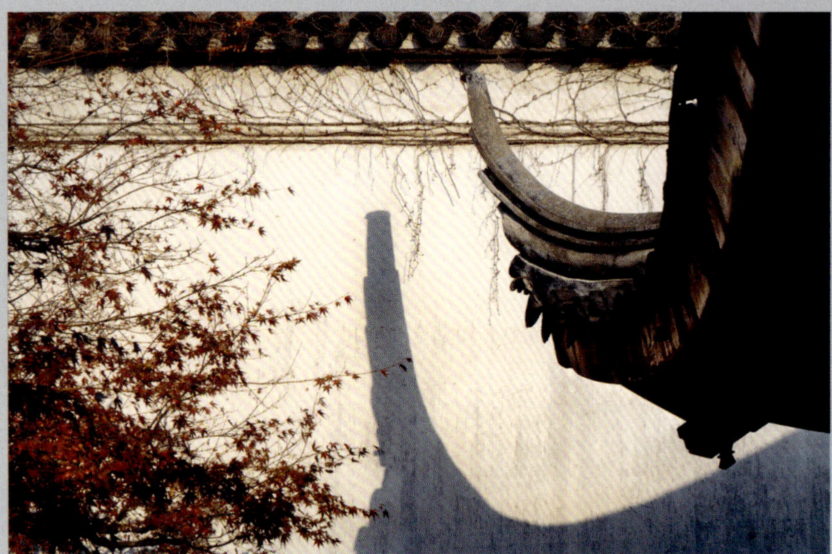

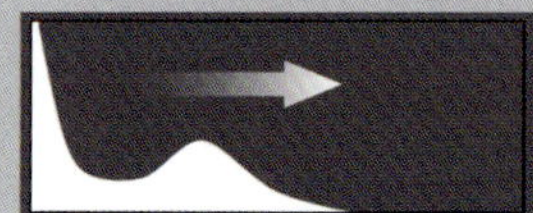

In diesem Histogramm der Schattenbereiche wurden diese durch die im Text beschriebene Methode so weit gestreckt, dass die helleren Bestandteile im Mitteltonbereich zu liegen kommen.

Ohne Nachbearbeitung tummeln sich die Schattenbereiche eng am linken Rand des Histogramms und werden entsprechend dunkel dargestellt.

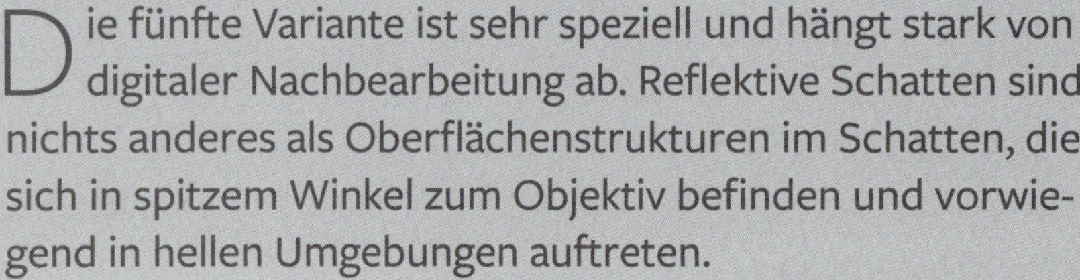

Die fünfte Variante ist sehr speziell und hängt stark von digitaler Nachbearbeitung ab. Reflektive Schatten sind nichts anderes als Oberflächenstrukturen im Schatten, die sich in spitzem Winkel zum Objektiv befinden und vorwiegend in hellen Umgebungen auftreten.

Mit anderen Worten sehen Sie eigentlich die Reflexionen der hinter den Schatten liegenden hellen Oberflächen, wie die Grafik auf Seite 117 zeigt. Das Objektiv muss dazu ins Licht gerichtet werden, um die erforderlichen Kontraste zu erzielen. Die hellen Strukturen werden meist nicht direkt beim Fotografieren herausgearbeitet, sodass Aufnahmen mit Standardeinstellungen meist nur herkömmliche, sehr dunkle Schatten offenbaren. Deshalb profitiert diese Schattenvariante so extrem von den Möglichkeiten während der Nachbearbeitung.

Einige der Techniken zum Wiederherstellen und Ausleuchten von Szenen, die ich ab Seite 142 vorstelle, helfen Ihnen beim Herausarbeiten der feinen Strukturen innerhalb der Schattenbereiche. Anstatt lediglich einen lokalen Bereich nachzuregeln, empfiehlt sich die Streckung des Tonwertumfangs, indem der Weißpunkt so hoch wie möglich gesetzt wird. Dadurch treten feine Details hervor, die eine Aufnahme reicher und lebendiger wirken lassen. Darüber hinaus erscheinen auch die Farben satter, ohne dass die Sättigung erhöht werden müsste. Eine geringe Erhöhung des Schwarzpunkts maximiert diesen Effekt. Eine alternative Möglichkeit ist das Durchführen

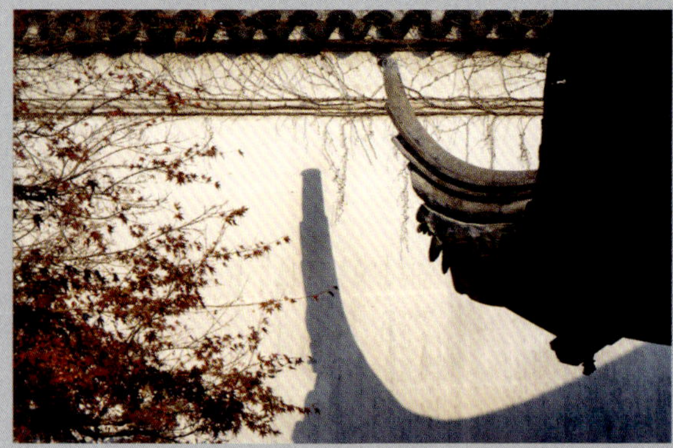

Der Winkel der Dachvorsprünge dieses Tempels im chinesischen Suzhou generiert einen deutlich sichtbaren Schatten auf der gegenüberliegenden, in helles Sonnenlicht getauchten Wand. Ohne Nachbearbeitungen würden die Reflexionen in den Schatten kaum zu sehen sein. Gezielte Anpassungen bei der Nachbearbeitung öffnen die Schatten ein wenig, sodass die reflektierten Details gut sichtbar werden.

einer Tonwertangleichung, bei der die hellsten Bereiche auf Weiß und die dunkelsten Stellen auf Schwarz gesetzt werden und die dazwischen liegenden Tonwerte dieselbe Gewichtung erhalten. Eine solche Korrektur führt in Programmen wie Photoshop allerdings schnell zu überzogenen Änderungen, die manuell abgemildert werden müssen (siehe Seite 143). Unabhängig von der gewählten Methode hängen reflektierte Schatten am stärksten von der Nachbearbeitung ab, wie anhand der Beispiele auf diesen Seiten gut zu sehen ist.

Da es sich um Reflexionen in den Schatten handelt, führen stark reflektierende (glänzende) oder spiegelnde Oberflächen zu den besten Ergebnissen. Wie Sie im Abschnitt zu den Hauttönen ab Seite 40 erfahren haben, reflektiert dunkle Haut stärker als helle Haut, sodass ich das unten stehende Beispiel entsprechend gewählt habe. Beide nachbearbeiteten Varianten gewinnen gegenüber der Originalaufnahme (kleines Bild unten links) an Brillanz und Lebendigkeit sowie dank der besseren Durchzeichnung der schattigen Bereiche auch an räumlicher Tiefe.

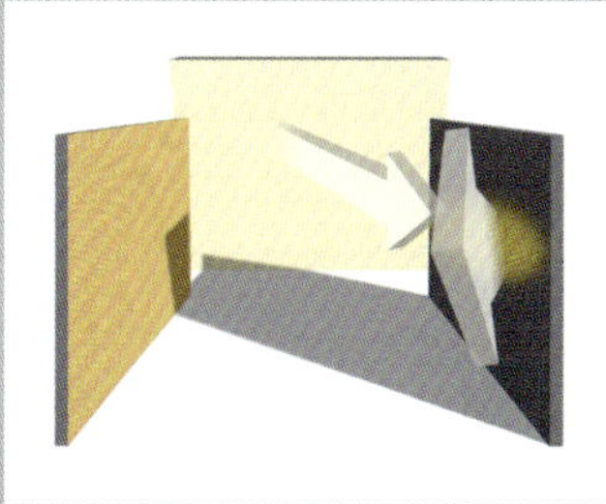

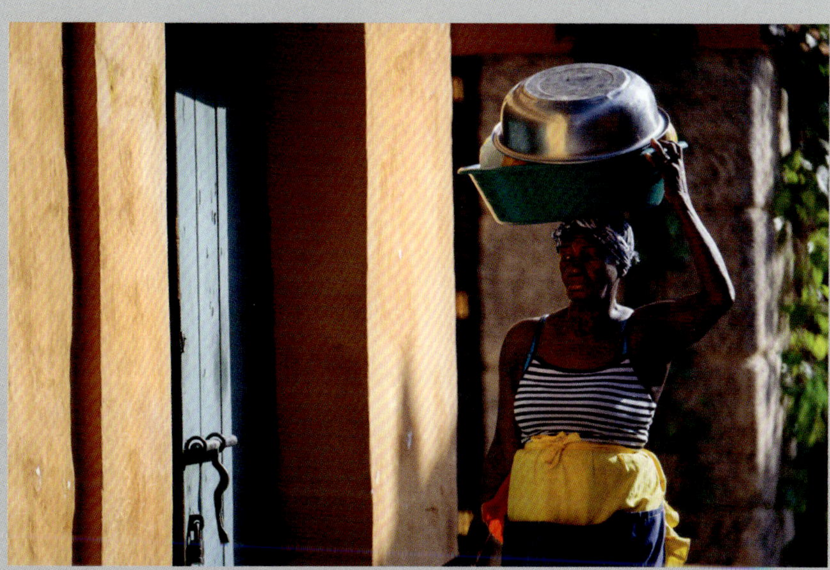

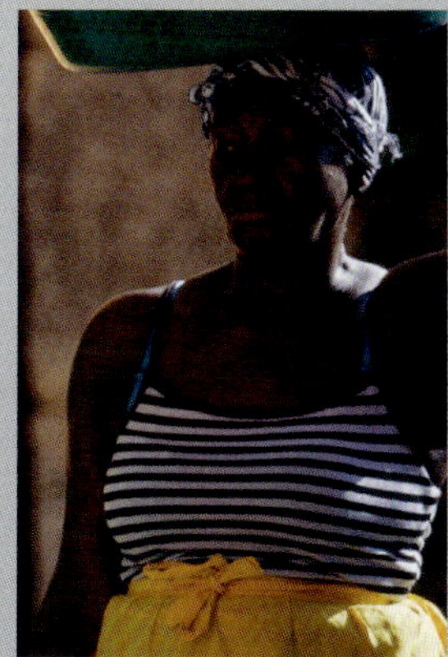

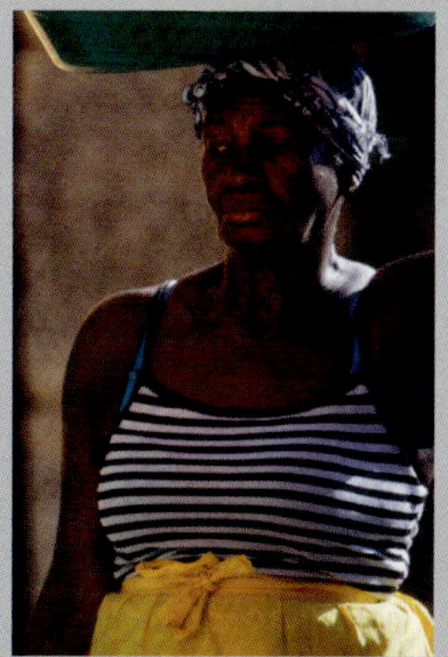

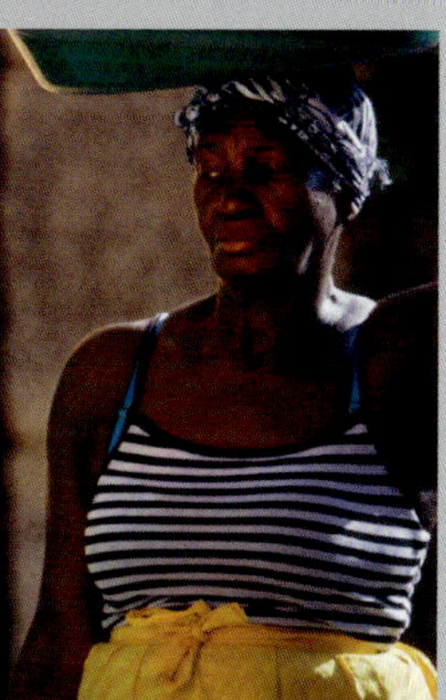

Von der hellen Wand reflektiertes warmes Sonnenlicht umschmeichelt diese Frau im kolumbianischen Cartagena. Wie stark die Schatten während der Nachbearbeitung geöffnet werden, ist Geschmackssache – ich tendiere zur mittleren Version.

SCHATTENVARIANTE 6

OFFENE SCHATTEN

Variante Nummer 6 ist der offene Schatten, der sich deutlich von allen anderen Formen unterscheidet, da er nicht zwangsläufig dunkel ist. Das mag widersprüchlich klingen, da wir Schatten eigentlich im linken Bereich des Tonwertspektrums verorten. Öffnen Sie jedoch die Schatten mit natürlichen oder künstlichen Reflektoren, werden sie hell und offenbaren einen Großteil der Details.

Offene Schatten werden trotz ihrer relativ großen Helligkeit von unseren Sinnen aufgrund ihrer Konturen und ihrem räumlichen Verhältnis zum Lichteinfall als Schatten erkannt. Dabei gehen wir davon aus, dass eine deutlich erkennbare Lichtquelle einen bestimmten Schatten werfen muss, und ahnen, welche Form dieser Schatten abhängig vom angestrahlten Objekt aufweisen sollte. Offene Schatten befinden sich am oberen Ende der Helligkeitsskala für Schatten und werden durch ein starkes Fülllicht von einer hellen, stark reflektierenden Oberfläche aufgebrochen und ausgeleuchtet. Dadurch werden alle Details innerhalb des Schattenbereichs sichtbar, wodurch allerdings der Eindruck von Tiefe und Volumen weitgehend verloren geht.

Offene Schatten sind überraschenderweise die Hauptverantwortlichen für eine umstrittene Art der Nachbearbeitung, auf die ich in Kapitel 6 näher eingehen werde. Das weitreichende Öffnen von Schatten zur Offenbarung aller Details ist das erklärte Ziel moderner Algorithmen wie der Tone-Mapping-Operatoren (TMOs), die Sie ab Seite 138 kennenlernen. Die Schatten-Regler in Adobe Lightroom und ACR sind ein klassisches Beispiel für diese Technik: hocheffizient, aber weit von einer natürlichen Darstellung abweichend. Ein »echter« und natürlicher offener Schatten entsteht beispielsweise in weichem Sonnenlicht, wenn sich eine reflektierende Fläche in unmittelbarer Nähe befindet. Dabei wird zwischen zwei Varianten unterschieden: durch Cross-Lighting oder durch Hintergrundbeleuchtung entstehender Schatten. Cross-Lighting wie im Bild rechts neigt zum Öffnen von Schatten, da das Umgebungslicht bei niedrigem Sonnenstand einen stärkeren Fülleffekt aufweist. Bei einer Hintergrundbeleuchtung durch die tief stehende Sonne kommt das Fülllicht dagegen vorwiegend von Oberflächen in unmittelbarer Nähe des Motivs. Diese Version hat viel gemeinsam mit dem Szenario des offenen Hintergrundlichts auf Seite 74.

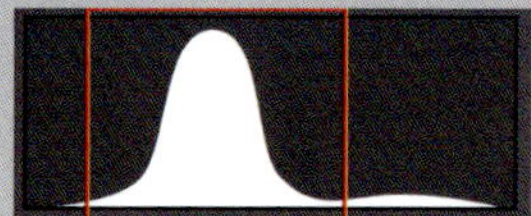

↗ In diesem typischen Histogramm wurden die Schatten weit nach rechts geschoben, knapp unterhalb des Mitteltonbereichs.

↓ Im Freien servierter japanischer Tee. Der niedrige Sonnenstand kurz vor Sonnenuntergang vermindert die Kontraste zwischen Licht und Schatten.

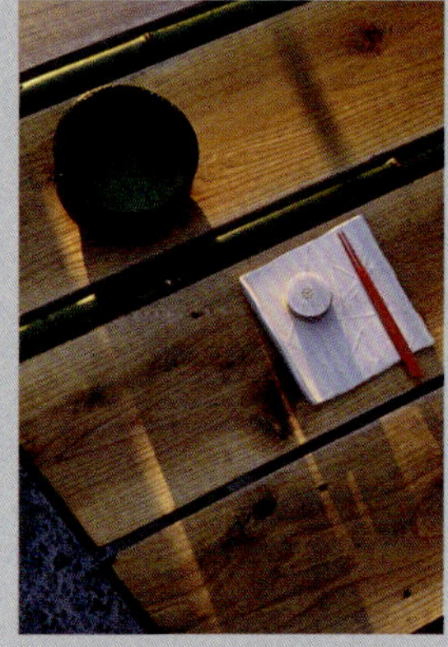

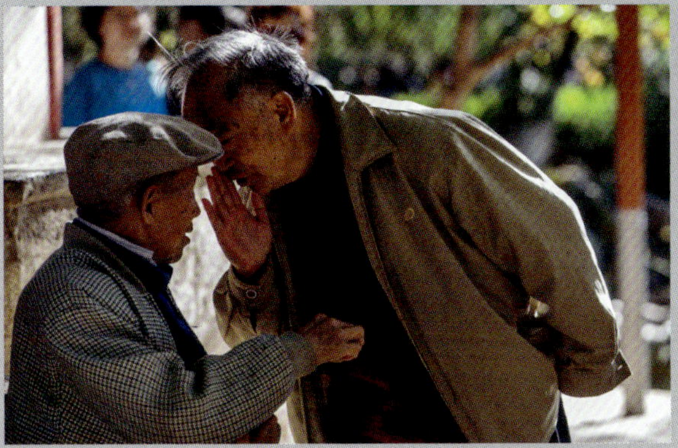

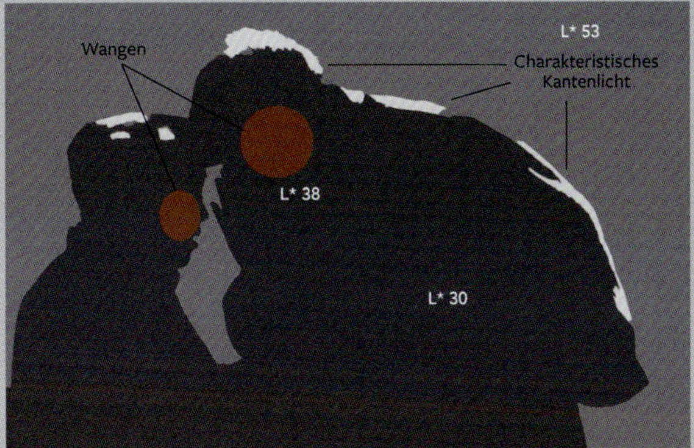

Zwei Männer während einer Unterhaltung im chinesischen Kunming. Die Aufnahme erfolgte gegen die Sonne, woraus das Kantenlicht resultiert. Dieses wurde jedoch bei der Belichtung ignoriert, um die Schattenbereiche mit einer Helligkeit zwischen 30 und 40% abzubilden.

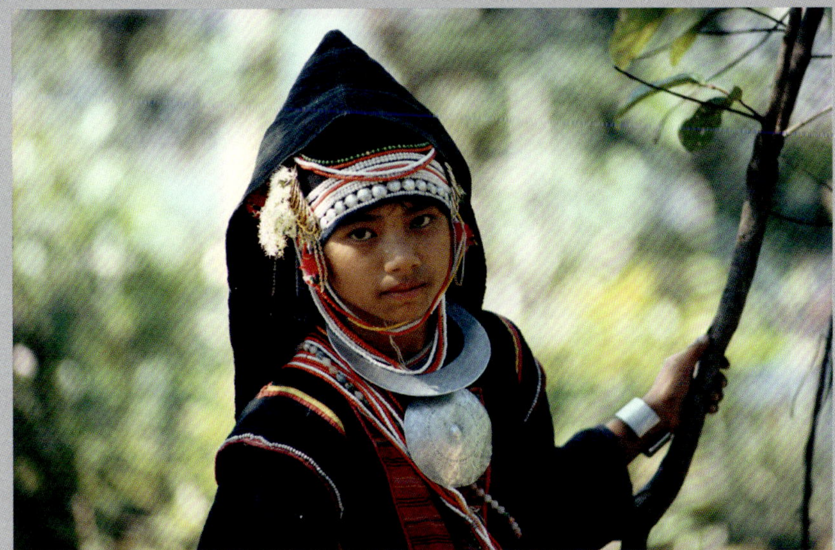

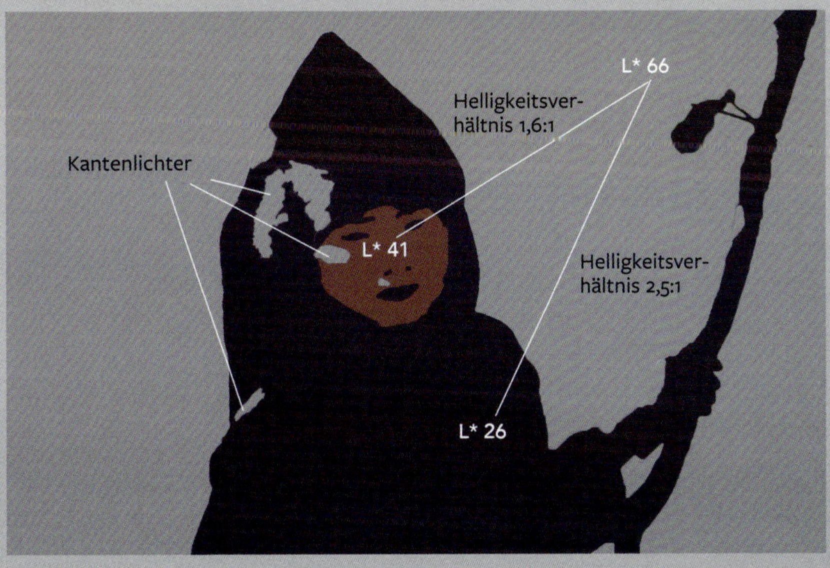

Ein Akha-Mädchen in überwiegend weichem Gegenlicht. Das Helligkeitsverhältnis zwischen Person und Hintergrund ist relativ gering, und die Belichtung wurde so eingestellt, dass ihr Gesicht mit einem Helligkeitswert von rund 40% dargestellt wird.

SCHATTENVARIANTE 7

ABGESTUFTE SCHATTEN

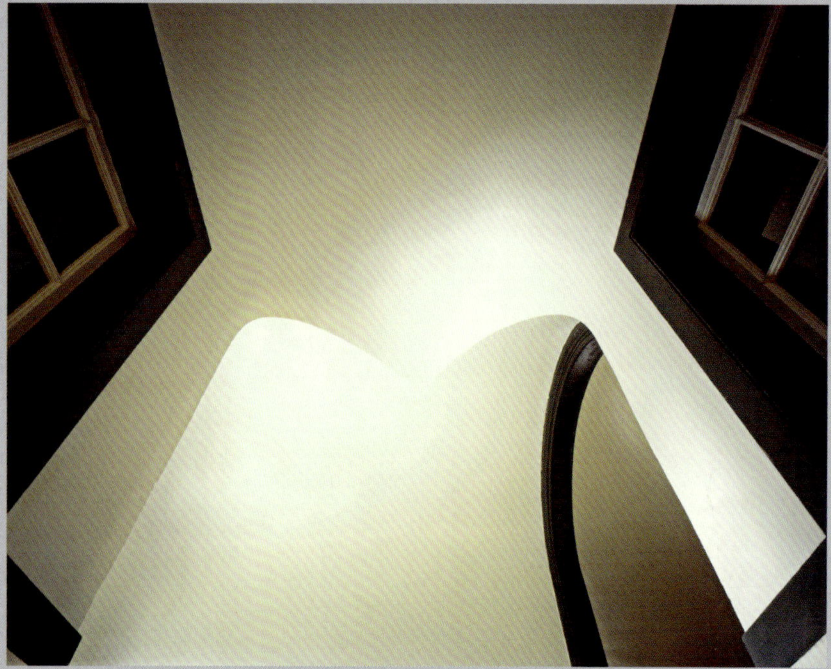

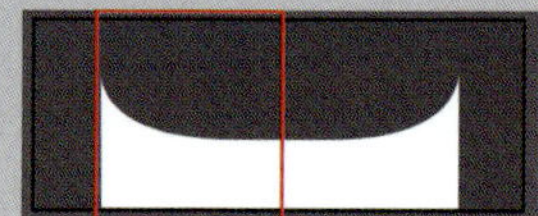

→ Solche feinen Verläufe treten nur selten in freier Natur auf und erfordern einen großen Abstand zum Motiv. So entstand der Schatten auf dem Landscape Arch in Utah durch einen weit entfernten Berg.

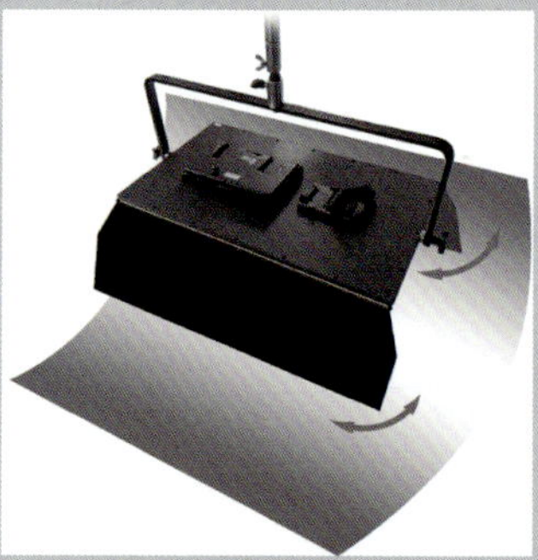

↖ Die Kombination aus einem einzelnen, gen Norden ausgerichteten Fenster und einer gewölbten Decke erzeugt in dieser Aufnahme eines Shaker-Hauses in Neuengland zwei gegenläufige, fein abgestufte Schatten.

Die siebte Schattenvariante ist fein von hell nach dunkel abgestuft, da ein langer Schatten auf eine gleichmäßige Oberfläche fällt. Im Grunde genommen handelt es sich um eine ausgedehnte Penumbra, die sich in einigen Szenen über den gesamten Ausschnitt erstreckt.

In der Praxis lässt sich diese Schattenvariante vornehmlich unter Studiobedingungen herstellen, da die Beleuchtung sehr präzise ausfallen muss, um den gewünschten Effekt zu erzielen. Unter natürlichem Sonnenlicht ist eine gleichmäßige und weiche Abstufung der Schatten nur unter großem Aufwand und unter eng definierten Bedingungen zu realisieren.

Abgestufte Schatten unter freiem Himmel verlangen nach einer Kombination aus einer sehr klaren Atmosphäre ohne Dunst sowie einer spezifischen Form und Position des Objekts, das den Schatten wirft. Auch die nur geringe Diffusion von direktem Sonnenlicht spielt eine Rolle, da selbst unter Optimalbedingungen die Schatten stets hart und klar abgegrenzt erscheinen – gut zu sehen am messerscharfen Schattenwurf entfernter Hügel oder Berge in der Wüste. Die atmosphärischen Bedingungen für weiches Licht und kantenlose Schatten sind sehr eng gesteckt, da sich selbst Wolken, die in der Regel für weiches Licht sorgen, negativ auf die

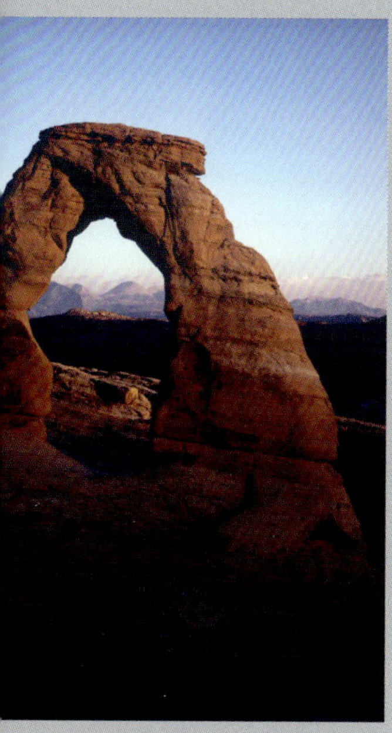

Ausprägung und Sichtbarkeit von Schatten auswirken. Die Konturen des Motivs, das den Schatten wirft, müssen ebenmäßig oder am besten gerade sein. Jede Unregelmäßigkeit in der Kontur vermindert die Qualität der Abstufung.

In Innenräumen entspannt sich die Lage deutlich, besonders in Zimmern mit nur einem großen Fenster (siehe Seite 61). Weist das Fenster nach Norden und ist der Himmel bedeckt, wird das Fenster selbst zur ausreichend diffusen Lichtquelle für einen fein abgestuften Schattenwurf.

Bei voller Kontrolle über die Beleuchtung im Studio lassen sich abgestufte Schatten am leichtesten realisieren und gehören zur Grundausstattung eines jeden geübten Fotografen. Die beste Kontrolle bietet Hintergrundlicht (siehe Seite 70), wobei die Lichtquelle entweder kleiner gewählt oder näher an den Hintergrunddiffusor heran bewegt wird. Eine leicht nach unten geneigte Kamera in Verbindung mit einem reflektierten Hintergrundlicht sorgt für besonders elegant wirkende Ergebnisse, wie die Aufnahmen auf Seite 73 und 144 beweisen. Auf einer undurchsichtigen weißen Oberfläche lässt sich die Abstufung des Schattens durch das Öffnen einer Tür oder ein flächiges Lichtpaneel fein regulieren, wie in der Illustration auf der linken Seite zu sehen ist. Studiofotografen greifen meist auf diese Schattenvariante zurück, weil sie vom Betrachter als attraktiv empfunden wird, strukturlose Untergründe interessanter gestaltet sowie den räumlichen Eindruck erhöht.

Vom reinen Erscheinungsbild her entsprechen auch Vignettierungen abgestuften Schatten, obwohl es sich bei ihnen gar nicht um echte Schatten handelt (siehe Seite 18). In der Nachbearbeitung können solche Effekte fein kontrolliert werden.

Bei dieser Studioaufnahme eines Desserts fungiert ein abgestufter Schatten als Hintergrund. Transparentes Plexiglas wirkt wie ein Diffusor auf den rückwärtigen Scheinwerfer. Das Licht wird von schwarzem Acryl reflektiert. Die Abstufung des Schattens lässt sich durch eine Positionsänderung der Lampe nach vorne oder hinten variieren.

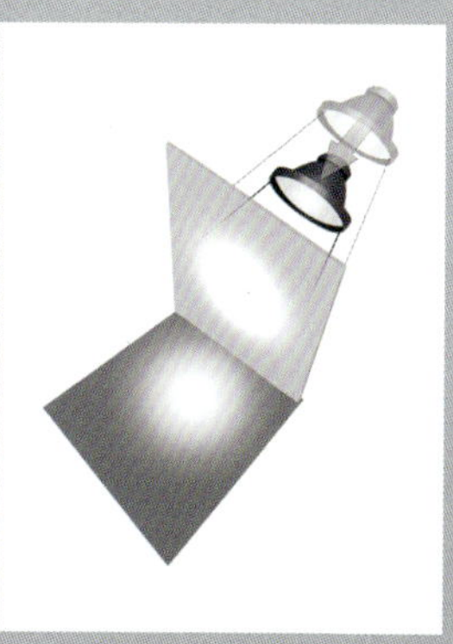

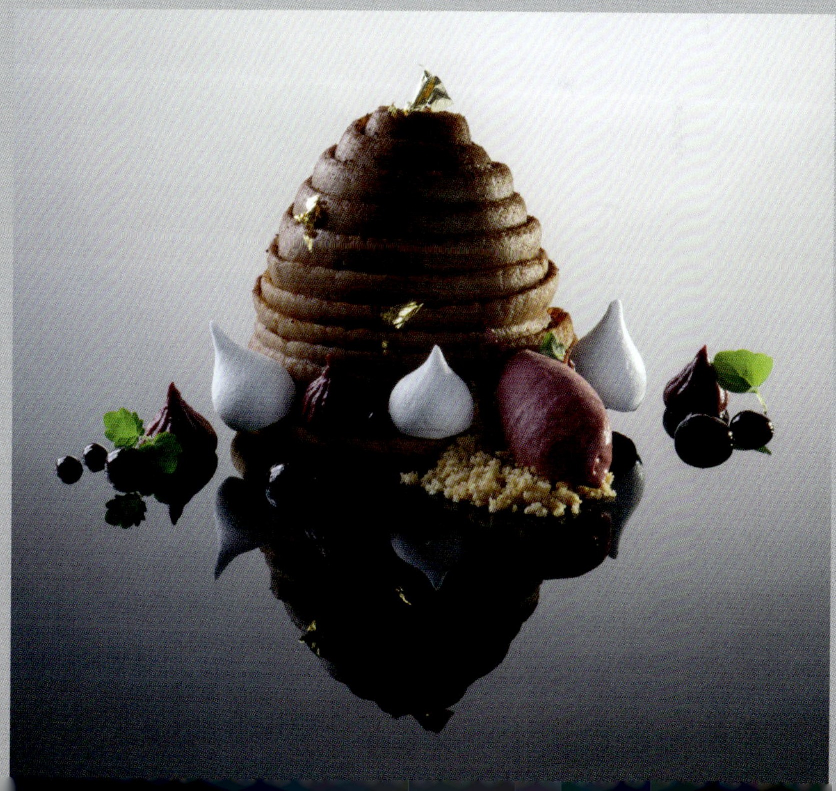

SCHATTENVARIANTE 8

CHIAROSCURO

Der Begriff »Chiaroscuro« stammt ursprünglich aus der italienischen Malerei und beschreibt im Wesentlichen die Wechselwirkung von Hell und Dunkel.

Die Bedeutung des Begriffs »Chiaroscuro« hat sich über die Jahrhunderte gewandelt. Ursprünglich verwies er auf die Technik, Volumen durch den gekonnten Einsatz von Schatten zu visualisieren. Mittlerweile steht Chiaroscuro eher für die allgemeine Interaktion von harten Schatten mit hellem Licht. Daher wird es eher als eine Kompositionsmethode für Schatten angesehen, wobei zwischen zwei grundlegenden Varianten zu unterscheiden ist. Eine Variante setzt auf erkennbare geometrische Formen, die andere auf Muster. Dabei werden Lichter wie in den Beispielen auf den Seiten 90 bis 93 zur Erzeugung von Mustern verwendet. Der große Unterschied besteht darin, was tatsächlich auf die Szene projiziert wird – Licht oder Schatten. In den meisten Fällen ist dieser Aspekt austauschbar und von der Interpretation der Betrachter abhängig. Die Voraussetzungen für Chiaroscuro sind hartes, von atmosphärischen Effekten unbeeinflusstes Licht in Kombination mit mehreren oder einem perforierten Objekt im Pfad des Lichtsscheins. Dieses Arrangement ist für die charakteristischen Muster verantwortlich, wobei die Verteilung von entscheidender Bedeutung ist – im ursprünglichen Verständnis von Chiaroscuro herrscht ein ausgewogenes Verhältnis zwischen Licht und Schatten. Auch die Oberfläche, auf die das Muster geworfen wird, trägt zum visuellen Eindruck bei. Ist sie hell und gleichmäßig, dominiert das Licht-Schatten-Muster. Eine eher komplexe Oberfläche, wie die Ladenfront in Shanghai auf der rechten Seite, interagiert mit dem Chiaroscuro, was die gesamte Aufnahme interessanter gestaltet. Darüber hinaus besteht eine enge Verwandtschaft mit der nächsten Schattenvariante, dem Schlagschatten. Auch dieser wird auf eine Oberfläche projiziert, weist jedoch eine erkennbare Form auf. Abstrakte Arrangements sind eher dem Chiaroscuro zuzuordnen.

Wie alle in diesem Kapitel vorgestellten Schattenvarianten lässt sich der Effekt während der Nachbearbeitung intensivieren, wobei der Kontrast die wichtigste Stellschraube ist. Dieser verstärkt die Unterschiede zwischen den beleuchteten und schattigen Bereichen im Bild. Wie stark der Kontrast angezogen werden soll, ist davon abhängig, ob das Chiaroscuro-Muster das Bild dominieren soll oder ob noch Details der eigentlichen Szene erkennbar bleiben sollen. Bei der Belichtung müssen Sie entscheiden, ob die Lichter hell bis glühend dargestellt werden sollen. Der Ansatz des Glühens erfordert eine starke Betonung der Lichter (siehe Seite 90 bis 93), während eine normale Belichtung eher die Schatten herausarbeitet.

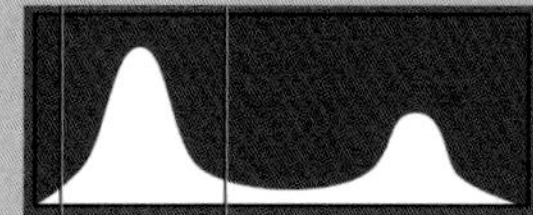

Das Histogramm zeigt typischerweise zwei weit voneinander entfernte Gipfel an. Welcher davon höher ist – die dunklen Bereiche links oder die hellen Bereiche rechts – hängt von der Belichtung ab und wird im Text näher beschrieben.

Ein vergittertes Fenster projiziert ein Schattenmuster auf die flachen und gewölbten Objekte in dieser Küche.

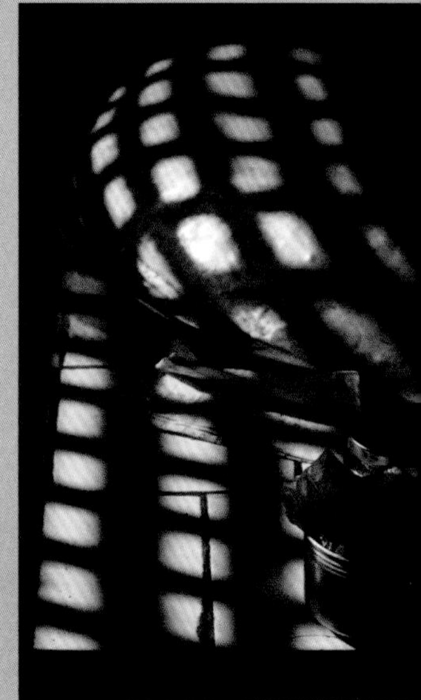

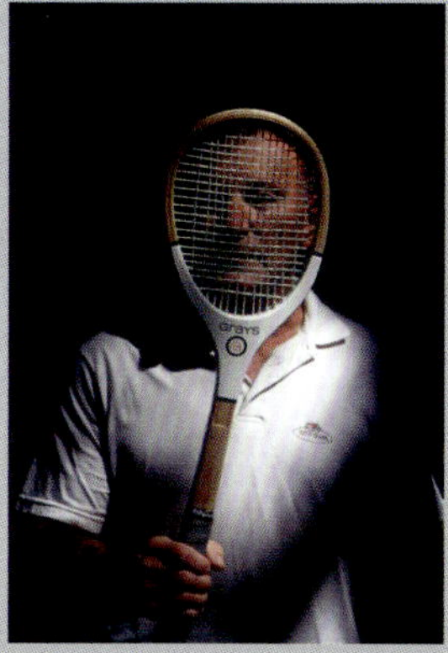

Das Porträt eines Tennisspielers, der strategisch in einem schmalen Lichtstreifen von oben platziert wurde.

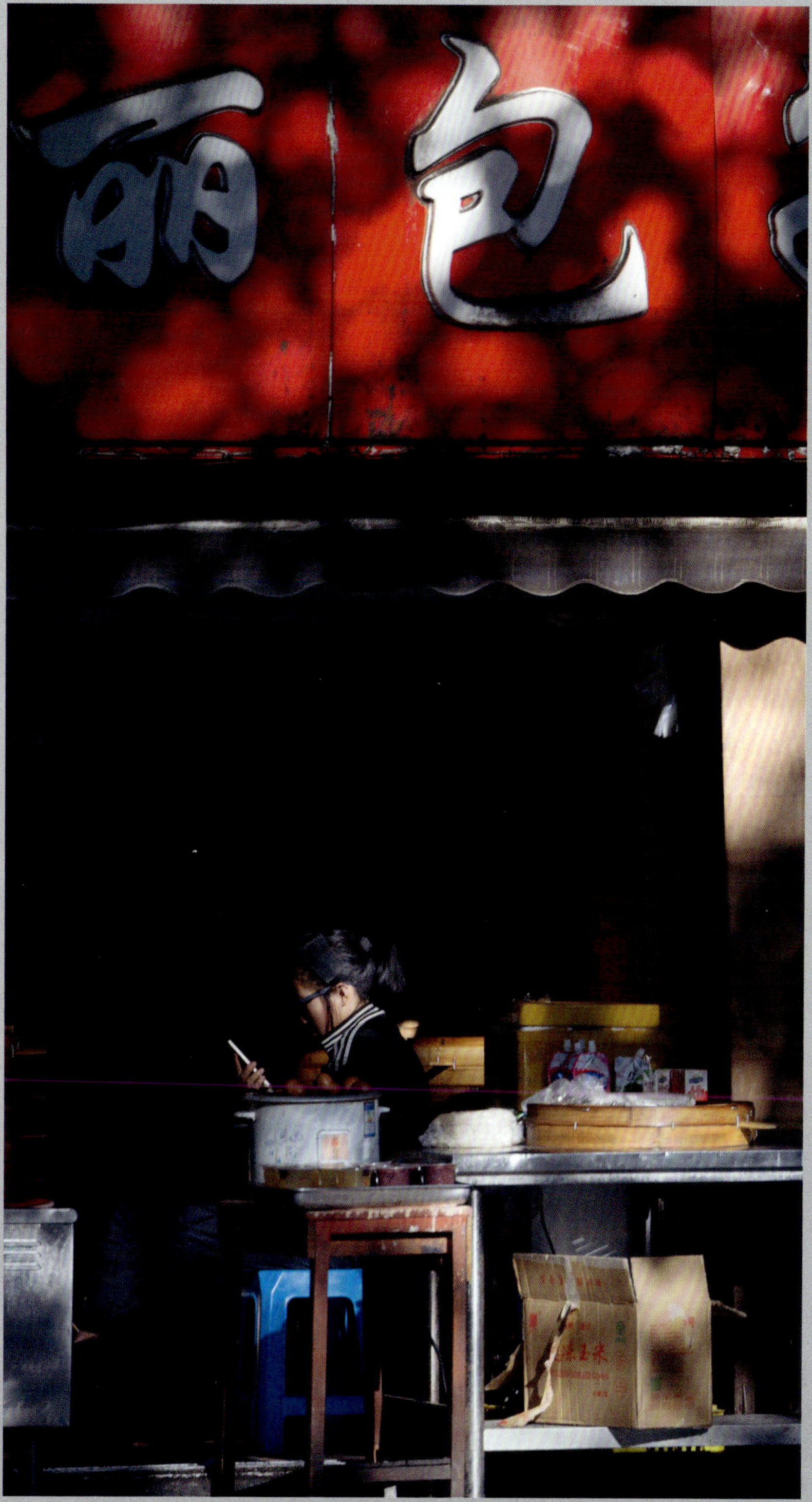

In dieser Straßenszene aus Shanghai wird das harte Winterlicht von Bäumen gefiltert.

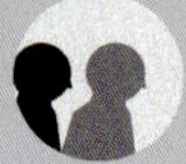

SCHATTENVARIANTE 9

SCHLAGSCHATTEN

Die letzten beiden Schattenvarianten könnten kaum gegensätzlicher sein – allerdings nicht von der Ausleuchtung her, sondern aufgrund unserer Wahrnehmung.

Schlagschatten und Silhouetten sind eng miteinander verwandt, wie Sie auf den folgenden Seiten sehen werden. Obwohl sie unter identischen Lichtverhältnissen entstehen, stellen sie das Gegenteil der jeweils anderen Variante dar. Beide Schattenarten lassen sich als eigene, identifizierbare Motive lesen. Ein Schlagschatten ist der Schatten eines Objekts, der durch eine punktförmige Lichtquelle – etwa die Sonne oder einen Spotstrahler – auf eine helle Oberfläche projiziert wird. Für eine klare Erkennbarkeit müssen die Schattenkanten hart und scharf sein. Ein Schlagschatten kann für sich allein stehen oder zusammen mit dem Motiv dargestellt werden, von dem er verursacht wird. Anders als die vorangegangenen Varianten definiert sich ein Schlagschatten nicht über seine Dunkelheit, sondern über seine Form – wobei er natürlich dunkel genug sein muss, um sich deutlich vom Hintergrund abzuheben.

Diese Art von Schatten ist tief verwurzelt in der Kunst, Literatur und Kultur, bis zurück zu Platons Höhlengleichnis. Wie ich bereits in der Einleitung zu Kapitel 5 erwähnt

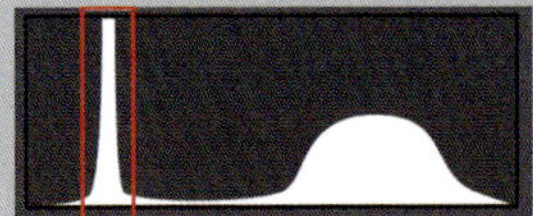

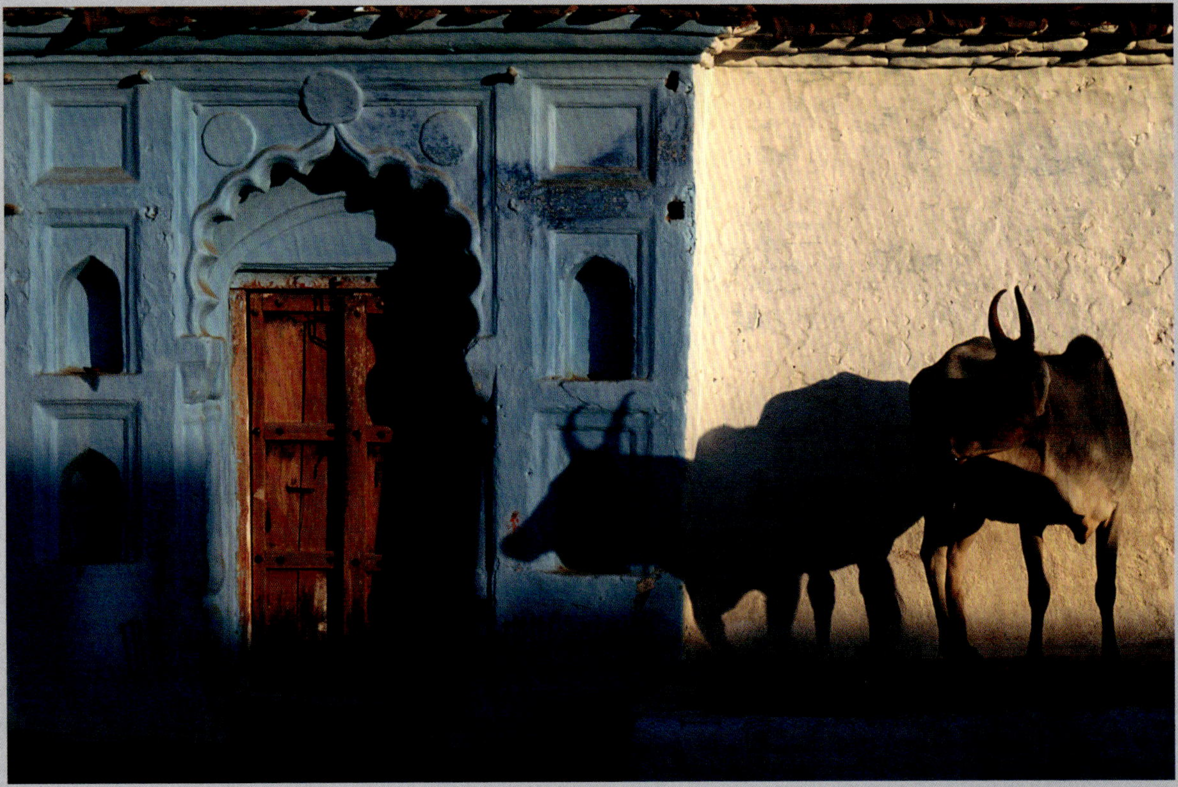

Das Histogramm zeigt typischerweise ein schmales Schattenband auf der linken Seite und mit großem Abstand die hell erleuchteten Bereiche der Quelle im rechten Drittel.

hatte, wird Schatten oft nur eine untergeordnete Rolle in der Wahrnehmung der Menschen zugestanden. Oft werden sie als Nebenprodukt von Licht behandelt – so bezeichnete ein Wissenschaftler aus dem 18. Jahrhundert sie als »Löcher im Licht«.[1]

Daraus resultiert, dass die meisten Menschen keinen Unterschied zwischen »einem Schatten« oder »im Schatten« machen. Während Letzteres eine Beleuchtungsbedingung darstellt, ist Ersteres eine erkennbare Form mit viel Raum für Interpretation. Das Spektrum reicht von »Mein Schatten«, dem Gedicht von Robert Louis Stevenson, bis hin zum verlorenen Schatten von Peter Pan; von Platons Höhle, in der die Schatten die einzige Sicht auf die reale Welt repräsentierten, bis hin zu C.G. Jungs Projektionen des Unbewussten. Literaten von William Shakespeare bis Haruki Murakami schrieben Schatten ein eigenes Leben zu.

Die Fotografie bildet Schlagschatten meiner Meinung nach am besten ab, da es sich um eine Momentaufnahme der Realität handelt. In Verbindung mit der Person oder dem Objekt, das sie verursacht, sind Schatten ein kompositorisches Gestaltungsmittel. Werden sie losgelöst und allein dargestellt, verleiten sie die Betrachter dazu, die Quelle vor ihrem geistigen Auge zu rekonstruieren. Beiden Varianten ist gemeinsam, dass sie ein hohes Maß an Aufmerksamkeit generieren können.

1 Michael Baxandall, *Shadows and Enlightenment*, New Haven & London: Yale University Press, 1991 (deutsche Übersetzung von Heinz Jatho: *Löcher im Licht. Der Schatten und die Aufklärung*, Verlag BildundText, 1998, vergriffen).

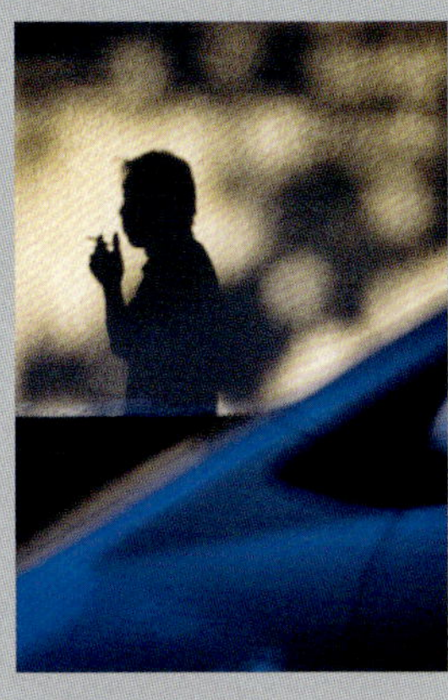

↗ Der von seiner Quelle losgelöste Schatten eines Mannes, der vom Licht der niedrig stehenden Sonnen auf eine Wand projiziert wird.

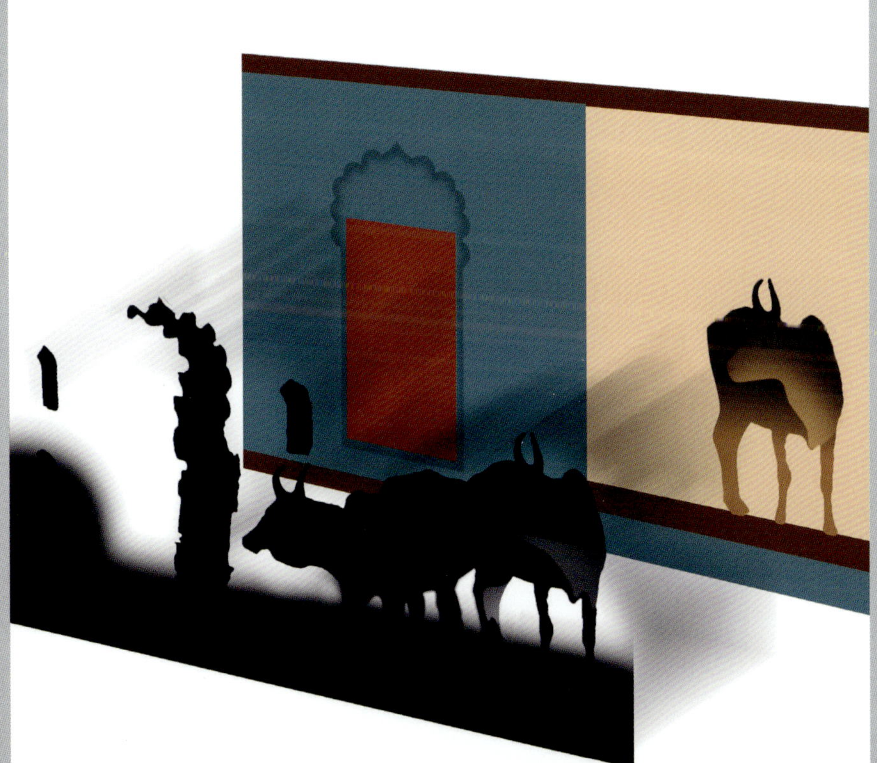

← In dieser Szene aus Orccha, Indien, ist der Schatten mit seiner sichtbaren Quelle verbunden. Der Schatten wirkt wie eine erweiterte Abbildung des Tiers aus einem anderen Blickwinkel. Die Illustration trennt die Schatten von ihren Quellen, der Kuh und dem Türrahmen.

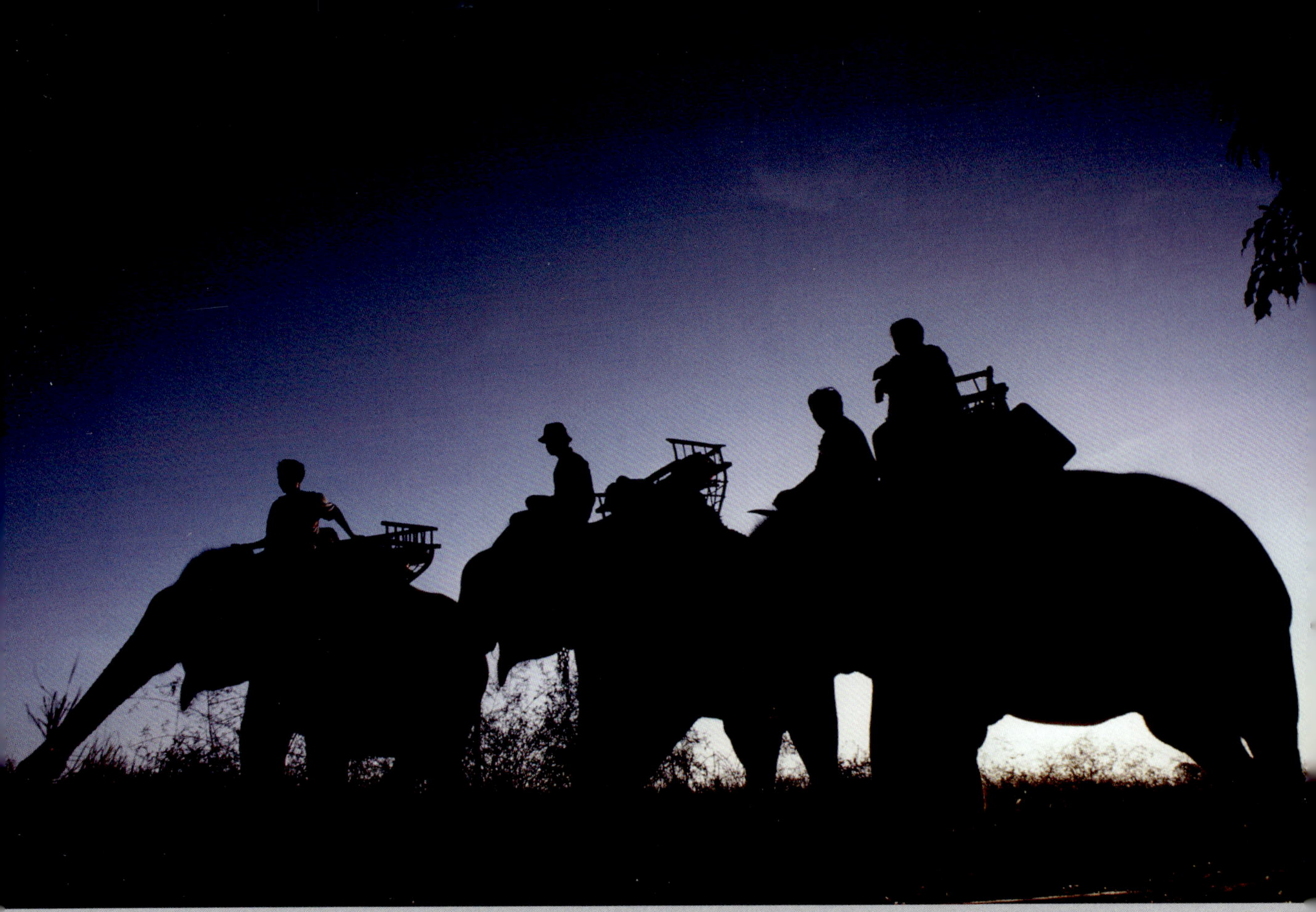

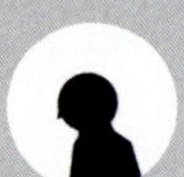

SCHATTENVARIANTE 10

SILHOUETTE

Unsere Schattengalerie wird komplettiert von der Silhouette, bei der es sich im Grunde genommen um eine umgekehrte Ansicht des Schlagschattens handelt.

Obwohl Silhouetten und Schlagschatten identische Lichtverhältnisse erfordern – klare Atmosphäre, niedriger Sonnenstand –, müssen Sie sich meist für eine der beiden Varianten entscheiden, was hauptsächlich durch Blickwinkel und Abstand begründet wird. Denn wie im vorangegangenen Abschnitt beschrieben, muss sich das Motiv nahe einer hellen Oberfläche befinden, um einen passablen Schlagschatten zu werfen – und unter solchen Umständen lässt sich in der Regel keine Silhouette einfangen. Eine weitere Gemeinsamkeit von Schlagschatten und Silhouetten ist die große Aufmerksamkeit, die sie auf sich ziehen, sowie ihr Vermögen, die Fantasie der Betrachter anzuregen. In meinem letzten Buch zum Thema Komposition habe ich moderne Eye-Tracking-Technologien angewandt, um die Blicklinien der Betrach-

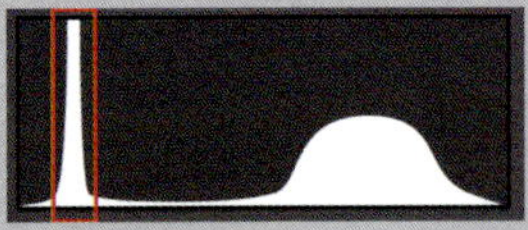

Das Histogramm ist identisch mit seinem Pendant von der vorangegangenen Seite, da es sich ja quasi um das Spiegelbild eines Schlagschattens handelt: ein schmales Schattenband, das klar vom helleren Hintergrund separiert ist.

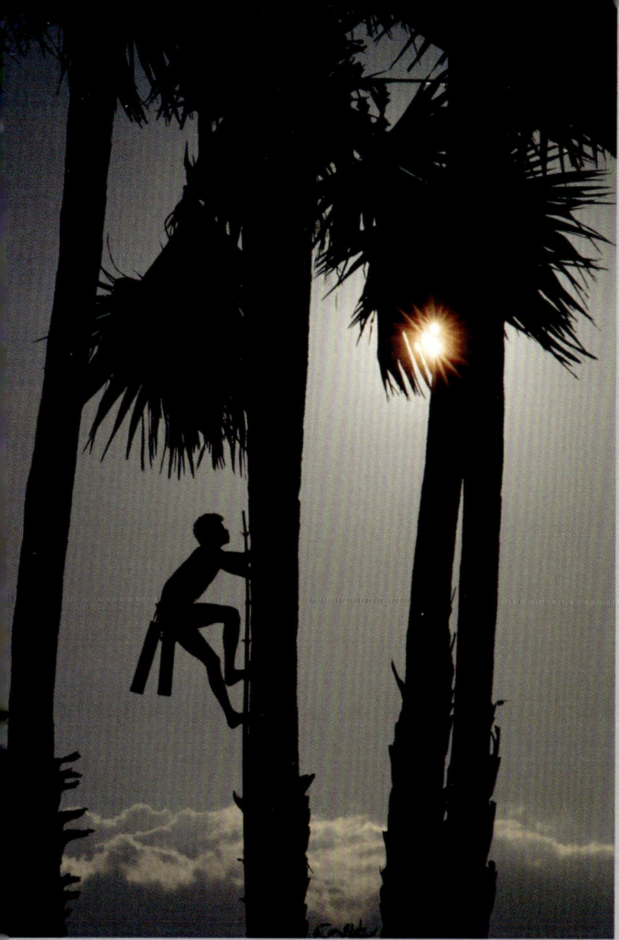

ter zu analysieren. Eine Erkenntnis aus diesen Testreihen war die enorm hohe Salienz, die Umrisse von Personen aufweisen – sie ziehen die Blicke regelrecht an. Dabei kommen sowohl visuelle als auch kognitive Mechanismen zum Tragen. Vom rein visuellen Standpunkt aus betrachtet, weisen Silhouetten einen extrem hohen Kontrast zum Hintergrund auf, was einen hohen Aufmerksamkeitswert nach sich zieht. Je gleichförmiger und heller der Hintergrund ist, desto stärker wirkt die Silhouette. Ein ähnliches Prinzip wirkt bei der lokalen Prägnanz, die ich ab Seite 164 erläutere.

Die kognitive Seite ist weitaus interessanter. Da eine echte Silhouette nichts anderes darstellt als einen soliden Schatten ohne Details, wird sie als simplifizierte Version einer Person oder eines Objekts wahrgenommen. Die im ersten Buch dieser Reihe behandelten Gestaltgesetze untermauern unsere natürliche Tendenz zur visuellen Vereinfachung. Als simple grafische Einheit in einem Bild eröffnet eine Silhouette weitreichende kompositorische Möglichkeiten. Hinzu kommt der »Puzzle-Effekt« – eine Silhouette löst bei den Betrachtern große Befriedigung aus, wenn sie klar erkennbar ist. Dies ist vor allem bei der Profilansicht einer Person gegeben, was die im 18. Jahrhundert und auch zu früheren Zeiten beliebten Scherenschnitte beweisen. Für viele Betrachter kann es überaus anregend sein, aus dem Umriss einer Person deren tatsächliches Aussehen vor dem geistigen Auge zu rekonstruieren.

Silhouetten funktionieren am besten, wenn sie sehr dunkel oder sogar schwarz sind. Dabei gilt die Faustregel: je kleiner, desto dunkler. Eine spezielle Variante sind mehrere Silhouetten mit abnehmenden Tonwerten, etwa Landschaftsaufnahmen, die aus mehreren Ebenen bestehen, die sich in verschiedenen Entfernungen befinden. Dabei agiert jede neue Ebene als hellerer Hintergrund für die davor liegende. Das Bild auf Seite 138 ist ein anschauliches Beispiel für diese Technik. Es zeigt darüber hinaus auf, dass auch beleuchtete Objekte den Charakter einer Silhouette aufweisen können. Denn die Form einer Silhouette trägt mehr zu ihrem visuellen Eindruck bei als der Verzicht auf Details in den Schatten.

Silhouetten sollten so dunkel wie möglich belichtet und entwickelt werden, wozu Sie im nächsten Kapitel wertvolle Tipps erhalten. Unter bestimmten atmosphärischen Bedingungen (siehe Seite 26 und 150) kann es sich jedoch lohnen, die Schatten zu öffnen und dadurch eine fast schon ätherisch wirkende Anmutung zu erzielen. Denn Silhouetten sind ebenso von Ihrer persönlichen Wahl wie von den gebotenen Lichtverhältnissen abhängig.

↖ Elefanten im nordöstlichen Thailand. Wie bei allen Silhouetten lassen sich Profilansichten leichter erkennen.

↑ Ein Mann erklimmt eine Toddy-Palme in Indonesien, um deren Saft für die Produktion von Palmwein zu gewinnen.

KAPITEL

6

BILDVERARBEITUNG

Die Bildverarbeitung ist für mich ein fester Bestandteil des Vorgangs des Fotografierens, ja sogar der Belichtung selbst. Das mag eine unkonventionelle Sichtweise sein, und ich bin mir durchaus bewusst, dass diese in harschem Kontrast zum eher traditionellen Meinungsbild steht.

Zu Zeiten der Analogfotografie, als mit der Belichtung des Films der Vorgang des Fotografierens abrupt beendet wurde, unterschied man lediglich zwischen Belichtung und Entwicklung als zwei voneinander unabhängigen Vorgängen. Das lag schlicht an den Einschränkungen, die das System seinerzeit mit sich brachte. Heute erfolgt die Bildverarbeitung direkt in der Kamera nach dem Loslassen des Auslösers, wenn Sie nicht aktiv eingreifen. Die digitale Fotografie, befördert durch Smartphone-Kameras, geht noch einen Schritt weiter: Dort findet die Bildverarbeitung bereits *vor* der Aufnahme statt. Diese Art der Fotografie beweist, dass Belichtung und Bildverarbeitung geradezu miteinander verwoben sind. Dieser Umstand gewinnt an Bedeutung, wenn Sie sich selbst um die Verarbeitung kümmern, statt sie allein der Kamera zu überlassen.

Durch die Kombination aus Belichtung und Bildverarbeitung erhalten Sie die volle Kontrolle über natürliches oder künstliches Licht, wobei im Studio die Manipulation der physisch vorhandenen Leuchtmittel die bessere Alternative darstellt.

Das klingt wenig intuitiv und unlogisch, da Sie ja zuerst belichten und die Bildverarbeitung erst im Nachgang stattfindet? Die Dinge haben sich verändert, da die digitale Fotografie Belichtung und Verarbeitung miteinander verschmolzen hat. Wenn Sie beispielsweise mehrere Aufnahmen mit unterschiedlichen Belichtungseinstellungen anfertigen und diese später zu einem Ganzen zusammenfügen, haben Sie bereits während des Fotografierens die Bildverarbeitung im Sinn. Das Gleiche gilt, wenn Sie den Prozess zeitlich strecken – Fotografieren, nach Hause gehen, die Raw-Datei bearbeiten. In jedem Fall stellt die Bildverarbeitung den unausweichlichen Schritt zwischen Aufnahme und Präsentation dar. Selbst wenn Sie persönlich passiv bleiben, übernimmt die Hard- und Software diesen Job. Allerdings sollten Sie bei der Herausarbeitung der feinen Nuancen des Lichts selbst Hand anlegen, um ein ansprechendes Ergebnis zu erhalten.

Die Bildverarbeitung ist meiner Meinung nach kein kreativer Akt. Sie entspricht eher einer handwerklichen Fähigkeit, die Ihre kreativen Möglichkeiten fördert. Zwischen den beiden Extremen des völligen Verzichts auf Eingriffe in die Bildverarbeitung und dem übermäßigen Einsatz von Effekten gibt es unendlich viele Graustufen. Wer allerdings auf jegliche Möglichkeit zur Bildverarbeitung verzichtet, um eine Szene »natürlich« abzubilden, hat die Funktionsweise der digitalen Bilderfassung nicht verstanden. Denn unter der Haube werkeln stets smarte Algorithmen zur Optimierung der Sensordaten. Deshalb birgt der bewusste Verzicht auf jegliche Modifikationen der Bildverarbeitung das Risiko, flache und uninspiriert wirkende Aufnahmen zu erhalten. Auf der anderen Seite führen zu starke Korrekturen in Bereichen wie Kontrast, Sättigung oder Schärfe nicht selten zu unrealistisch wirkenden Ergebnissen. Natürlich spielt auch der persönliche Geschmack eine Rolle. Ich schätze professionell wirkende Aufnahmen und versuche Ihnen deshalb meine Vorstellungen zu vermitteln, doch Sie sind keinesfalls gezwungen, diese sklavisch zu reproduzieren!

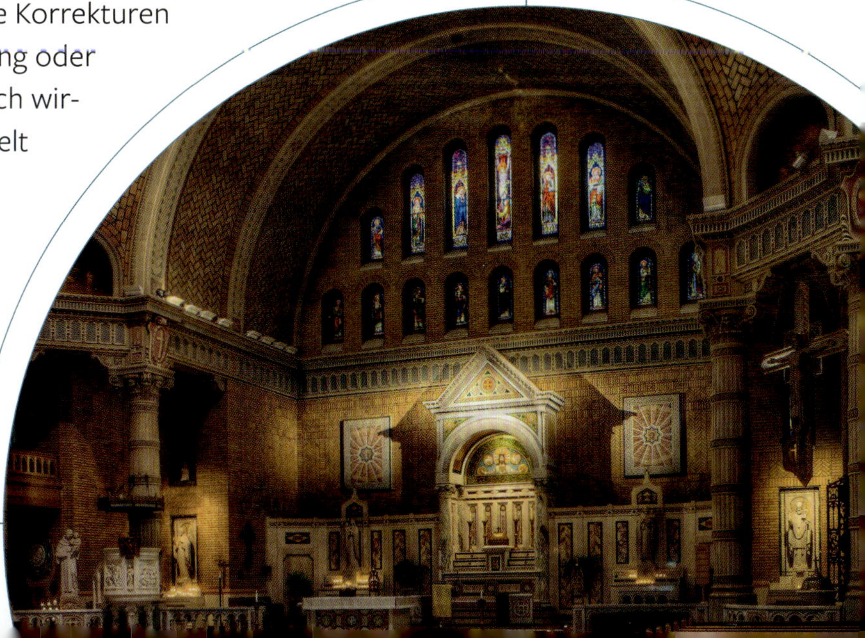

VORAUSSCHAUEND FOTOGRAFIEREN

Während einer Fotosession müssen Sie nicht nur auf Motiv, Umgebung, Lichtverhältnisse und Komposition achten, sondern müssen auch auf etwaige Probleme bei der Belichtung vorbereitet sein.

Streng genommen handelt es sich um Probleme, die durch die Verzahnung von Belichtung und Bildverarbeitung auftreten können und die eine vorausschauende Herangehensweise erfordern. Deshalb sollten Sie bereits vor dem Druck auf den Auslöser wissen, welche Probleme auftreten könnten und ob sich diese durch Bildverarbeitung lösen lassen. Besonders dann, wenn Sie keine Zeit für eine umfassende Analyse einer Szene haben, kann es von entscheidendem Vorteil sein, wenn Sie wissen, welche Aufgaben Sie später an den Raw-Editor delegieren können. Dabei handelt es sich um einen optimierten Workflow, der auf Antizipation basiert.

Zu Beginn sollten Sie sich vergegenwärtigen, welche Belichtungsprobleme auftreten könnten. Dabei wird hauptsächlich zwischen zwei Kategorien unterschieden: wenig Licht und hoher Kontrastumfang. Bei schlechten Lichtverhältnissen müssen Sie mit Abstrichen in Sachen Helligkeit, Verschlusszeit und Rauschverhalten rechnen. Ein hoher Kontrastumfang erfordert es, sich auf wichtige Tonwertbereiche zu konzentrieren, üblicherweise auf die Lichter. In beiden Fällen können Sie etwaigen Problemen durch drei Vorgehensweisen vorbeugen. Erstens können Sie bereits während der Aufnahme eingreifen, beispielsweise durch die Verwendung eines Stativs, eines Objektivfilters, durch das Hinzufügen oder Ändern von Lichtquellen oder das Anfertigen einer HDR-Sequenz. Lösungsansätze wie diese funktionieren aber nur unter kontrollierten Bedingungen ohne Zeitdruck – bei der Straßenfotografie aus der Hand bleibt Ihnen schlicht keine Zeit für solche Maßnahmen. Zweitens können Sie Kompromisse eingehen: Sie müssen sich entscheiden, einen Nachteil wie beispielsweise Bewegungsunschärfe bei schlechten Lichtverhältnissen in Kauf zu nehmen, um die Aufnahme zu retten. Der dritte Lösungsansatz ist, auf die Nachbearbeitung der Bilddaten zu vertrauen, was jedoch profunde Kenntnisse über die Möglichkeiten und Grenzen der Bildverarbeitung voraussetzt.

Doch selbst wenn keinerlei Probleme evident sind, sollten Sie die Belichtungseinstellungen nicht ausschließlich an Ihre gestalterischen Vorstellungen anpassen, sondern auch die Möglichkeiten der Raw-Bearbeitung in Ihre Überlegungen einbeziehen. Wenn Sie beispielsweise eine Szene mit geringem Kontrastumfang ablichten möchten – etwa eine Landschaft im Nebel – und sich für eine eher dunkle Bildanmutung (siehe Seite 158) entscheiden, kann es von Vorteil sein, dennoch eine durchschnittliche Belichtung der Mitteltöne anzustreben, die Sie später im Raw-Editor entsprechend anpassen können. Diese Vorgehensweise ist vollkommen konträr zur Analogfotografie, weist aber dennoch einige Gemeinsamkeiten mit der Entwicklung von Schwarzweißaufnahmen in der Dunkelkammer auf. Dazu werden Sie mehr im vierten Buch dieser Reihe zum Thema Schwarzweißfotografie erfahren. Da interessante Licht- und Schatteneffekte weit entfernt vom Durchschnitt sind, können Sie sich darüber hinaus nur selten auf die Standardeinstellungen der in die Kamera integrierten Bildverarbeitung verlassen.

Dieser Steinkrug in einer Straße in Shanghai liegt weitgehend im Schatten, während die Oberseite und der dahinterliegende Türklopfer von der Sonne angestrahlt werden. Bei der Nachbearbeitung haben Sie die Wahl, ob Sie die Schatten dunkel halten möchten (oben) und damit den Kontrast zwischen Licht und Schatten herausstellen oder ob Sie die Schatten öffnen, um mehr Details zu offenbaren.

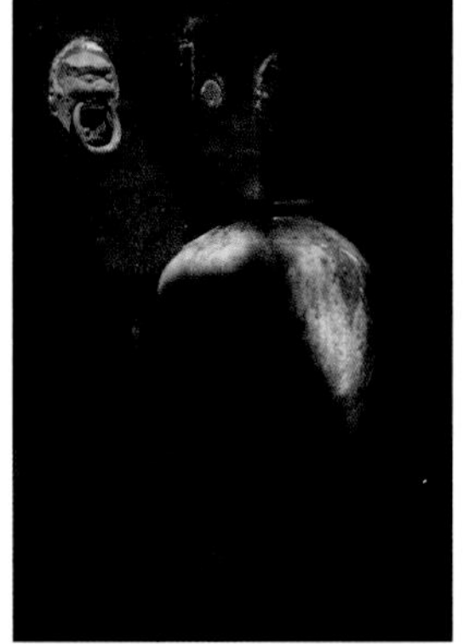

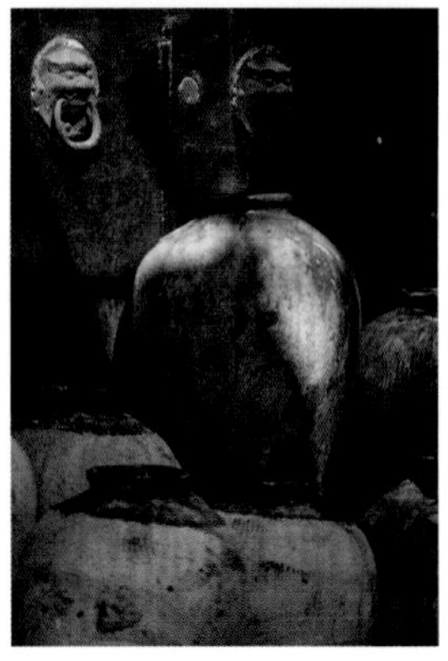

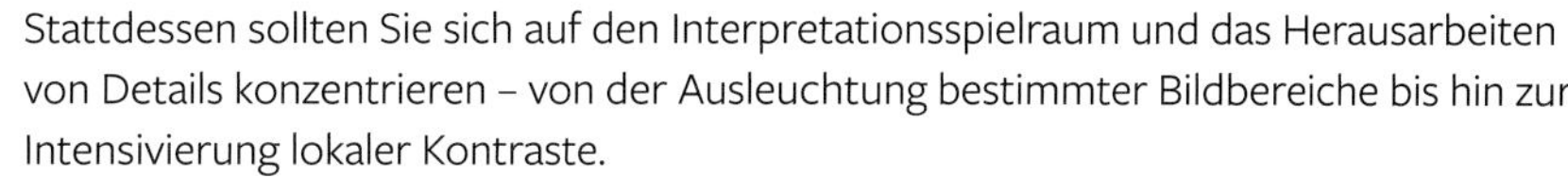

Stattdessen sollten Sie sich auf den Interpretationsspielraum und das Herausarbeiten von Details konzentrieren – von der Ausleuchtung bestimmter Bildbereiche bis hin zur Intensivierung lokaler Kontraste.

Aus diesem Grund lohnt es sich in den meisten Fällen, sich Zeit für die Raw-Datei zu nehmen, denn sie enthält alle Originaldaten des Bildsensors. Wenn Sie darüber hinaus bereits während der Aufnahme wissen, wie das finale Bild aussehen soll und welche Möglichkeiten sich bei der Nachbearbeitung ergeben, genießen Sie eine große Gestaltungsfreiheit.

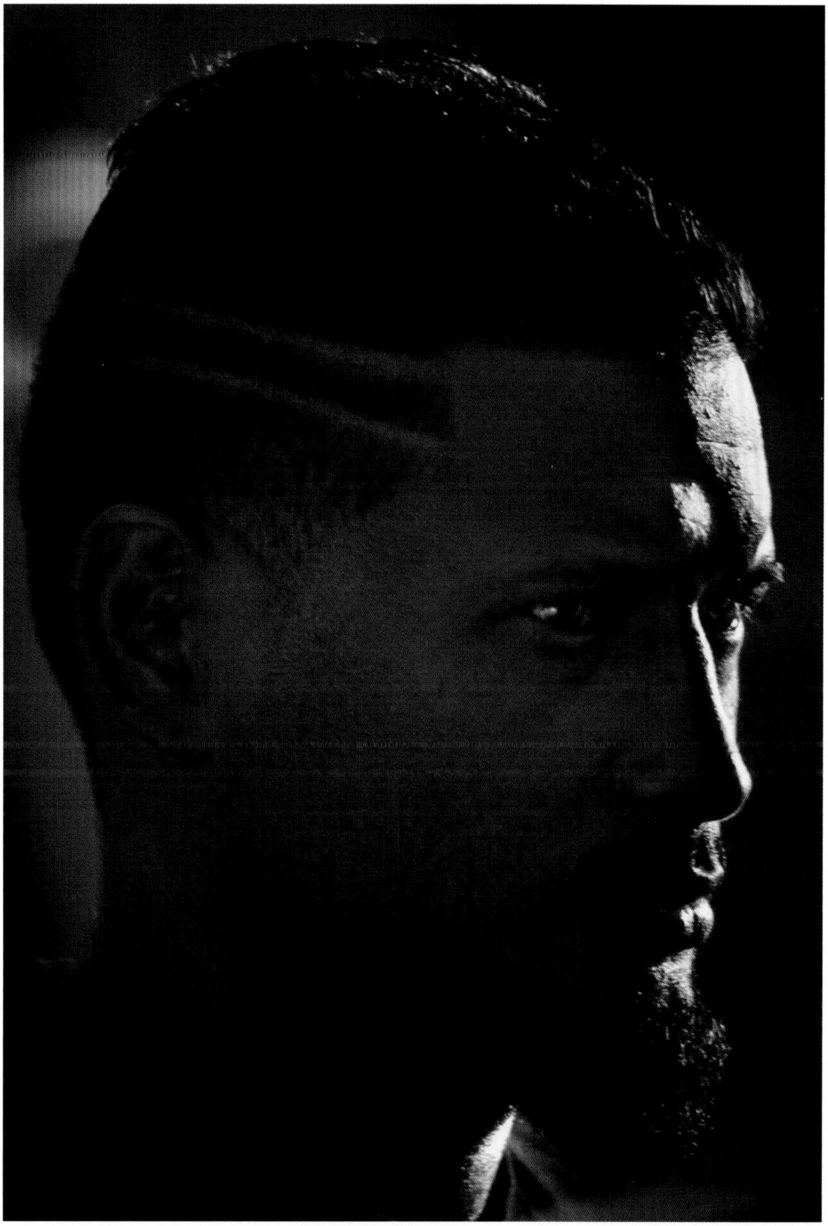

Bei dieser Aufnahme eines Mannes auf La Réunion ergeben sich durch die Kombination von Kanten- und Fülllicht mehrere Interpretationsmöglichkeiten – von der Dominanz der Schatten und der Kontur bis hin zum Öffnen der Details im Gesicht.

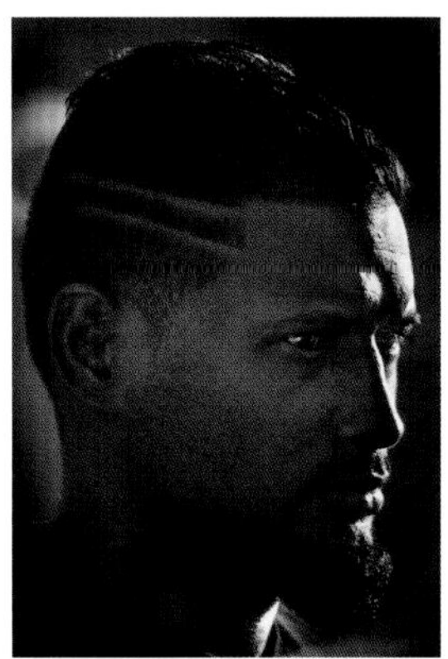

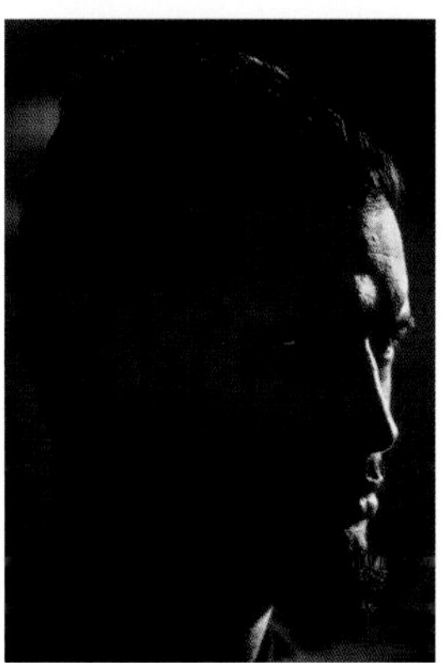

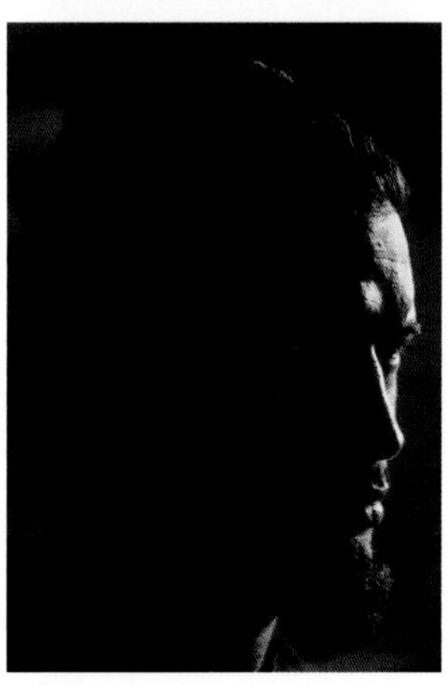

ARCHIVIERTES LICHT

Ich wollte diesen Abschnitt nicht mit »HDR« übertiteln, da damit oft der spezifische Look solcher Aufnahmen verbunden wird. Dadurch tritt die eigentliche Aufgabe dieser Technik in den Hintergrund: die Aufnahme sämtlicher in einer Szene enthaltenen Licht- und Schatteninformationen.

Mit anderen Worten: Das Licht wird archiviert und nichts geht verloren. Im Nachgang können die gespeicherten Informationen unseren Wünschen entsprechend aufbereitet und dargestellt werden. Bei der Analogfotografie verhielt es sich umgekehrt: Es ließ sich eben *nicht* jede beliebige Szene mit ihrem gesamten Kontrast- und Tonwertumfang einfangen. Schlaue Köpfe aus Chemie, Optik und Technik haben in der Vergangenheit nichts unversucht gelassen, dem Ideal von der vollständigen und akkuraten Abbildung der Welt vor dem Objektiv näher zu kommen. Und findige Fotografen haben Mittel und Wege gefunden, diese technischen Beschränkungen zu umgehen.

So waren die Filmplatten Ende des 19. Jahrhunderts orthochromatisch – sensitiv für Blau und Grün, jedoch nicht für Rot, sodass der blaue Himmel stets bis hin zu

Dieses Bild von der Einrichtung eines traditionellen thailändischen Hauses besteht aus vier durch jeweils zwei Blendenstufen voneinander getrennten Aufnahmen, die in einem 32-Bit-Fließkomma-TIFF vereint wurden. Die Nachbearbeitung in Adobe Camera Raw hatte eine möglichst natürliche Darstellung zum Ziel.

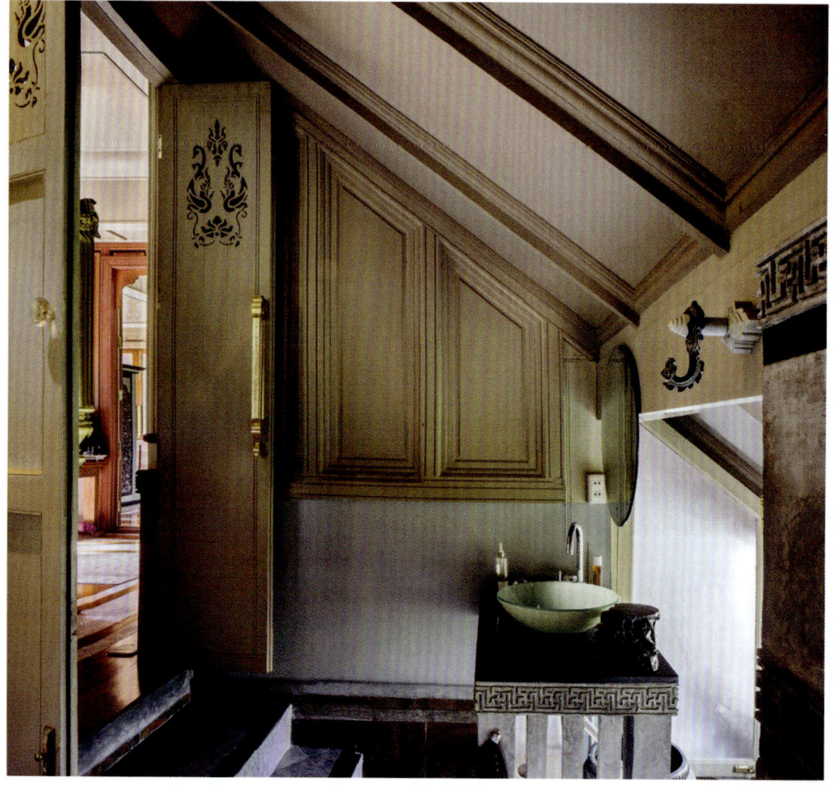

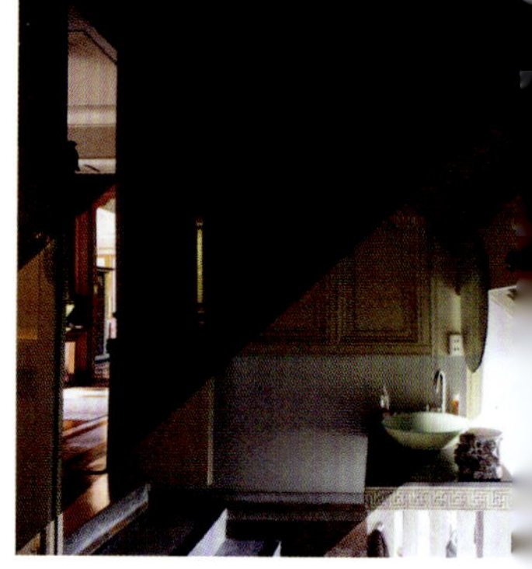

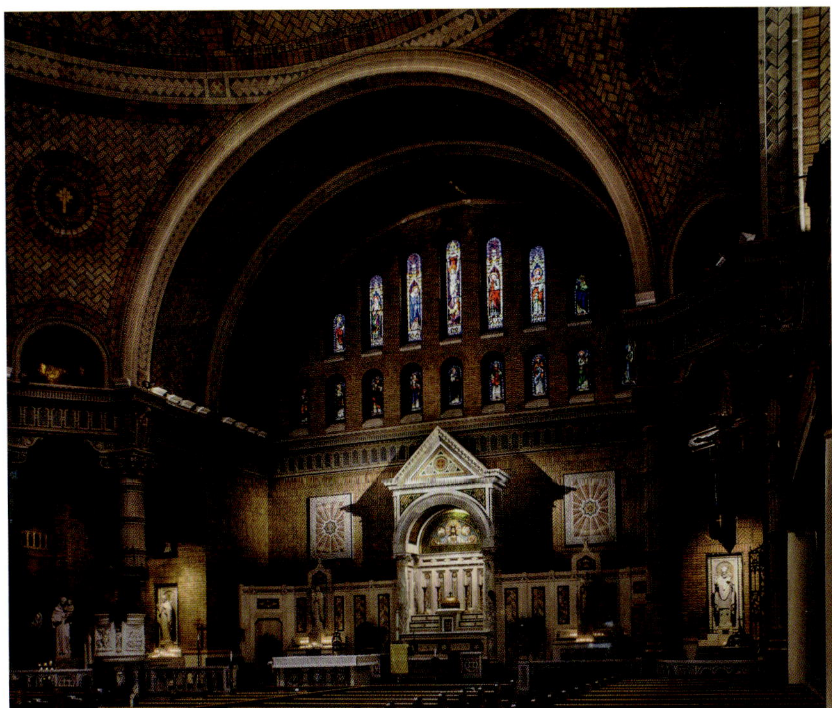

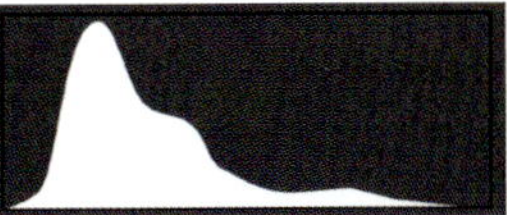

Diese Aufnahme in einer New Yorker Kirche stellt die Extreme des HDR-Tonemappings dar. Während die natürlich wirkende Version (links) ein Histogramm aufweist, das sich über alle Tonwerte erstreckt, zeigen die Beispiele unten typische HDR-Sünden wie Lichthöfe (oben) und übertriebene Mikrokontraste in den Mitteltönen (unten).

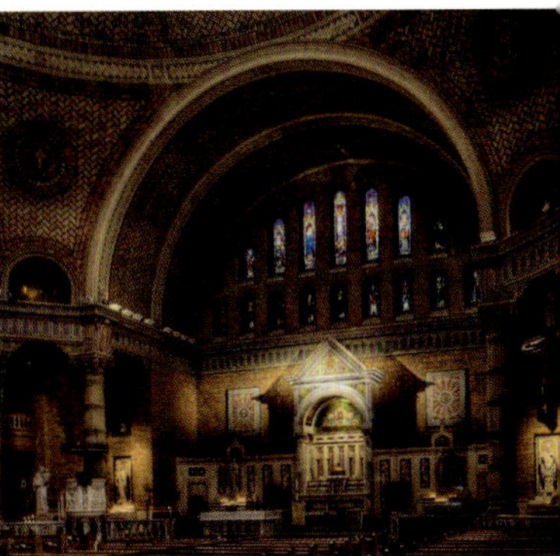

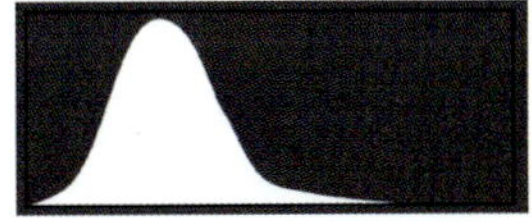

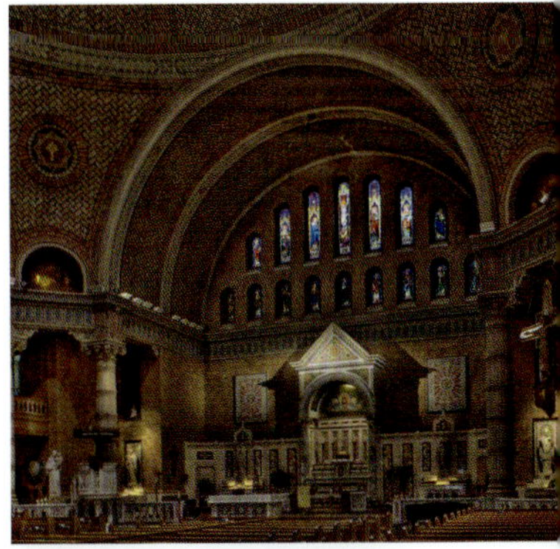

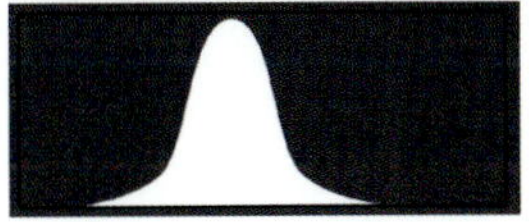

reinem Weiß überbelichtet wurde. Anstatt wie die meisten anderen Fotografen den Himmel separat zu entwickeln, machte der Reisefotograf Timothy H. O'Sullivan aus der Not eine Tugend, indem er die harten Übergänge zu kompositorischen Zwecken nutzte: Er arbeitete damit die Kontraste zwischen dem Himmel und anderen Bildelementen wie Hügeln oder Klippen heraus.

Eine HDR-Sequenz setzt sich aus mehreren, üblicherweise zwei Blendenstufen voneinander entfernten Einzelaufnahmen zusammen, die den gesamten Tonwertumfang einer Szene in einer Bilddatei zusammenfasst (oft eine TIFF-Datei mit 32 Bit). Sie können das Bild mit spezieller Software oder Add-ons wie *Photoshop ACR* frei nach Ihren Wünschen belichten und nachbearbeiten. Das birgt allerdings die Gefahr, dass Sie der Verlockung erliegen, den typischen und mittlerweile aus der Mode gekommenen HDR-Stil anzuwenden.

Aus diesem Grund empfehle ich stets Zurückhaltung bei der Verarbeitung von HDR-Sequenzen. Niemand will den effektbeladenen Stil sehen, der jedes Detail offenbart und in schrille Farben und Lichthöfe hüllt. Die Beispiele auf diesen Seiten zeigen, wie sich ein vollständiger Tonwertumfang in einer ganz normal anmutenden Aufnahme darstellen lässt. Das HDR-Tonemapping neigt zu starken Mikrokontrasten in den Mitteltönen sowie zum aggressiven Öffnen der Schatten, wie im Bild rechts gut zu sehen ist. Das Histogramm offenbart diesen Missstand: Es zeigt eine typische Glockenkurve im Zentrum, in der sich alle enthaltenen Töne konzentrieren.

Wenn es um das Herausarbeiten von Licht- und Schattenstimmungen geht, spielt die persönliche Interpretation eine große Rolle. Das Offenbaren aller Details sollte die Aufgabe einer Überwachungskamera bleiben. Erst das gekonnte Spiel mit Licht und Schatten macht ein Bild zu Ihrem persönlichen Werk.

SEMANTISCHE AUSWAHL

Die semantische Bildverarbeitung wird durch die digitale Fotografie vorangetrieben, die hauptsächlich mit Smartphones stattfindet. Ihre eigentlichen Ursprünge liegen jedoch in den Dunkelkammern der Schwarzweißfotografen, die einen ähnlichen Ansatz verfolgten, jedoch mit weit weniger Präzision als mit den heute verfügbaren Digitaltechniken.

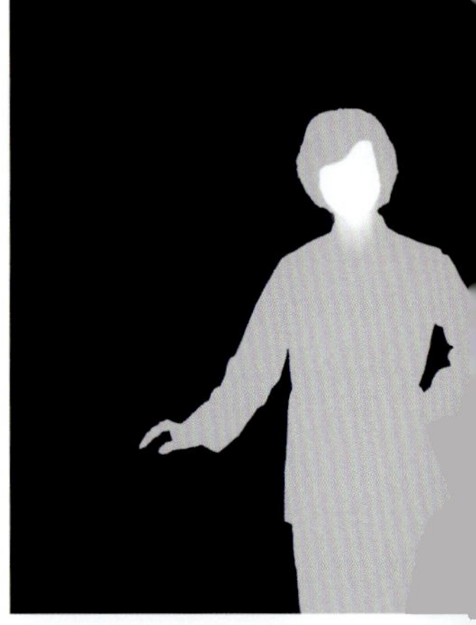

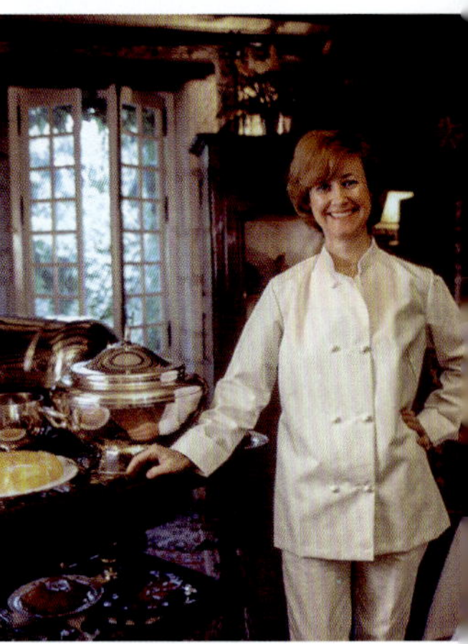

In der Semantik geht es um *Bedeutung*, und in der digitalen Fotografie um Inhalte, genauer gesagt um die Erkennung des Motivs in einer Szene und den entsprechenden Umgang damit. Semantische Masken werden automatisch durch KI-gestützte Algorithmen erzeugt und beziehen sich hauptsächlich auf Personen (Gesicht und Körper). Wie Sie bereits ab Seite 40 in Bezug auf Hauttöne gelernt haben, werden diese von den Betrachtern überaus sensitiv und kritisch wahrgenommen, sodass eine automatische Bearbeitung sicherstellen muss, dass die Farben den allgemeinen Erwartungen entsprechen. Gleiches gilt für die manuelle Verarbeitung von Raw-Dateien, um die es hier hauptsächlich geht.

Ein weiterer Ansatz zur Beschreibung der semantischen Bildverarbeitung ist eine Korrektur, die auf den eigentlichen Inhalt und nicht auf einen bloßen Bereich in einer Szene angewendet wird. Wenn Sie beispielsweise die abnehmende Helligkeit in einem Raum (siehe Seite 61) gleichmäßig kompensieren möchten, hilft ein auf

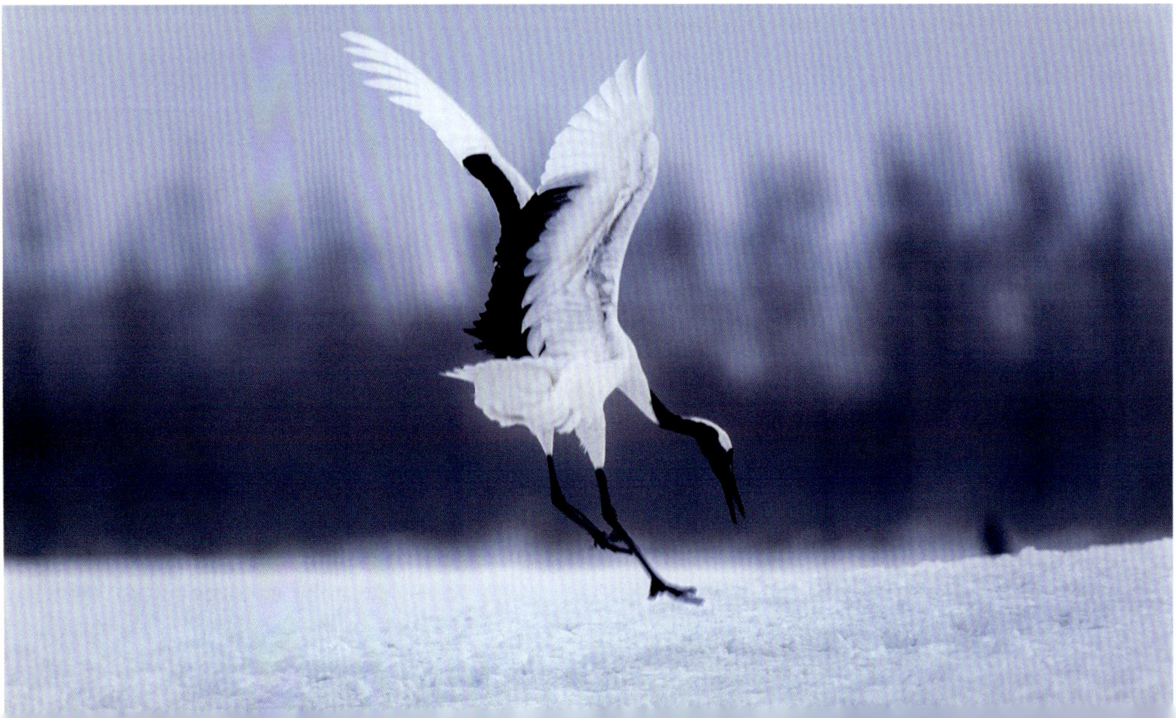

Das Porträt einer französischen Köchin entstand unter schlechten Lichtverhältnissen. Zwei Masken – eine für den Körperbereich und eine für das Gesicht – erlaubten die Korrektur der Hauttöne unabhängig von der weißen Kleidung. Solche Anpassungen sind Standard in der digitalen Fotografie.

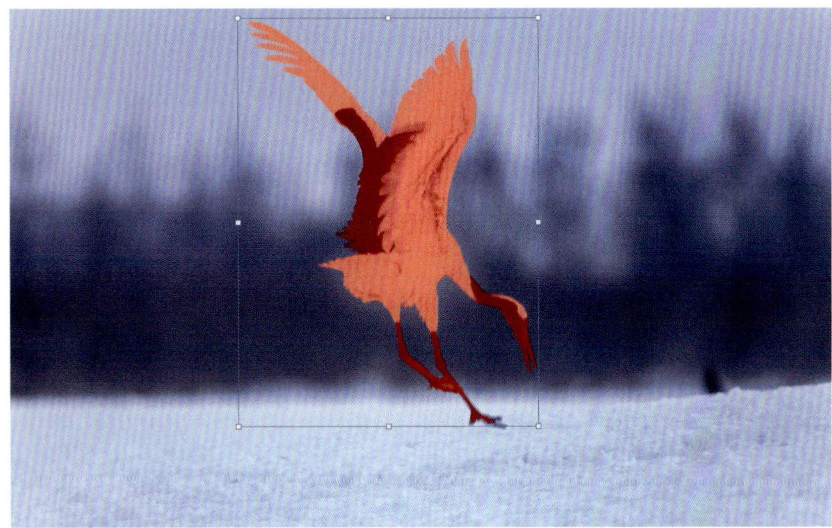

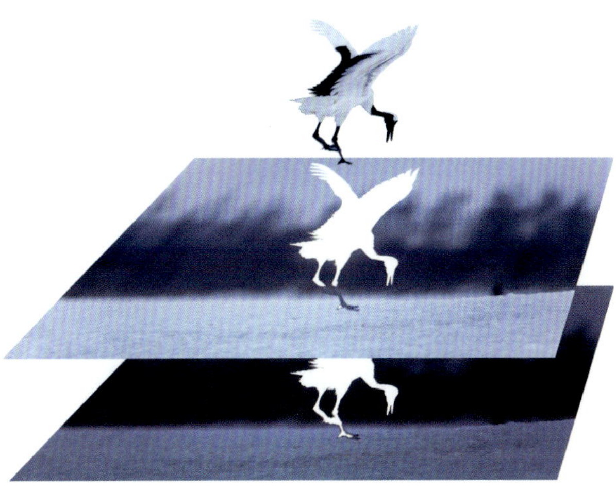

die gesamte Szene angewendeter Gradationsfilter weiter. Wollen Sie dagegen ein einzelnes Objekt in derselben Szene herausstellen, wählen Sie den semantischen Ansatz. Die KI einer Smartphone-Kamera erkennt bestimmte Motive in einer Szene – etwa eine Person – zuverlässig und versieht diese mit einer semantischen Maske, um beispielsweise die Helligkeit gezielt anzupassen. Die manuelle Auswahl ist deutlich aufwendiger und stark von der verwendeten Software für die Raw-Verarbeitung abhängig. Unter Umständen müssen Sie auf zusätzliche Software wie Photoshop ausweichen. Darüber hinaus müssen Sie die Entscheidung treffen, ob die Maske locker oder präzise sein soll. Präzises Maskieren braucht Zeit und Geschick, um Fehler entlang von Objektkanten zu vermeiden. Werkzeuge wie die Objektauswahl in Photoshop unterstützen Sie dabei, bergen jedoch die Gefahr unsauberer Übergänge in Bereichen mit niedrigem Kontrast. Alternativ können Sie Maske locker halten und auf weichgezeichnete Übergänge setzen. Radiale Masken sind ebenfalls eine probate Alternative, da unsere Augen Veränderungen eher akzeptieren, wenn diese in Richtung des Zentrums eines Kreises stattfinden.

Ein Kranich landet im Schnee des japanischen Hokkaido. Das Problem hier war die mangelhafte Separation des Vogels vom Hintergrund – der Kopf und das linke Bein verschmolzen fast mit der dunklen Baumreihe im Hintergrund. Indem der Kranich per Maske vom Hintergrund gelöst wurde, konnten die nötigen Anpassungen vorgenommen werden, ohne sich auf den Rest der Aufnahme auszuwirken.

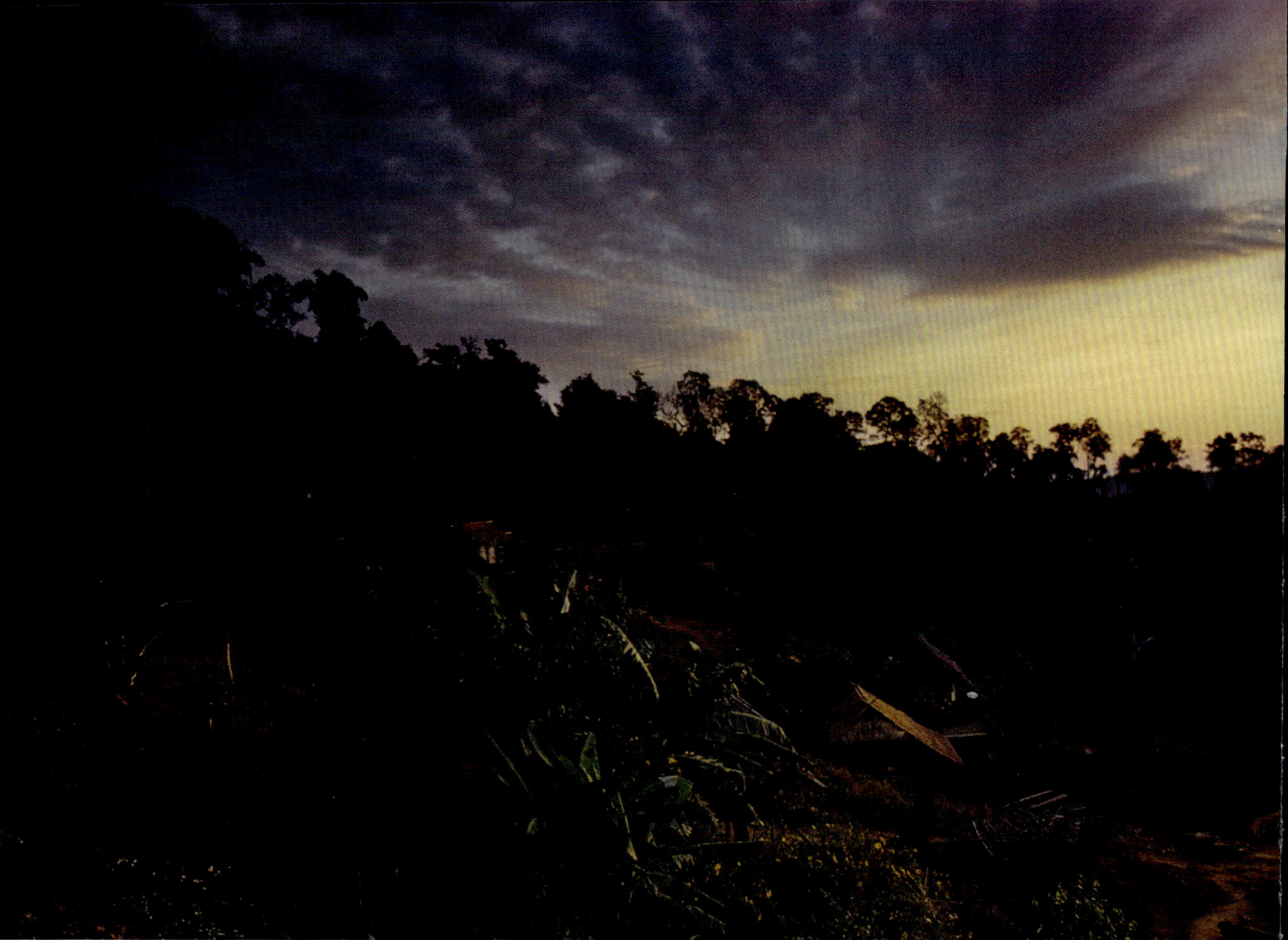

AUTHENTIZITÄT WAHREN

Mit der zunehmenden Leistungsfähigkeit der digitalen Bildverarbeitung tritt ein Problem zutage, das bereits heute evident ist und in naher Zukunft enorm an Bedeutung gewinnen wird. Wenn wir die volle Kontrolle über Licht und Schatten in einem Bild haben, stellt sich die Frage: Wie sollte ein Foto aussehen? Werfen Sie einen Blick auf Bilder, die im Internet publiziert wurden, und Sie werden feststellen, dass Fotografen höchst unterschiedliche Vorstellungen vom tonalen Look eines Bilds haben.

↑ Diese Kodachrome-Aufnahme mit hohen Kontrasten ist ein Beispiel dafür, wie Szenen ansprechend, aber nicht übertrieben dargestellt werden können. Die Lichter sind präsent, die Schatten flüchten in die Tiefe und die Farben entsprechen weitgehend der Realität.

→ Ein weiteres Kodachrome, diesmal in Peshawar, Pakistan, entstanden. Von der sonnendurchfluteten Baumwolle bis zu den Schatten im Hintergrund glänzt das Bild durch eine ausgewogene Tonalität.

Das Spektrum reicht, um zwei Extreme zu nennen, von knallbunten HDR-Aufnahmen mit exzessiven Mikrokontrasten durch aggressives Tonemapping bis hin zum dunklen, stimmungsvollen und kinematischen Look. Bei meiner Arbeit mit verschiedenen klar definier- und unterscheidbaren Stilen habe ich festgestellt, dass uns ein allgemein verbindlicher Standard für ein ganz normales Foto fehlt – ein Standard, der die schier unendlichen Möglichkeiten der digitalen Bildverarbeitung auf ein allgemein verträgliches Maß beschränkt.

In der Analogfotografie mit Farbnegativfilm wurde ein solcher Standard durch die chemische Zusammensetzung des Films gesetzt, die schlicht keine weitreichenden Abweichungen zuließ. Das galt auch für den berühmtesten aller Filme, den Kodachrome. Der Standard-Look wurde durch die Emulsion definiert. Heutzutage kombiniert die digitale Fotografie Belichtungsreihen und wendet smarte Algorithmen an, sodass tonale Standards massiv an Bedeutung verloren haben. Bislang habe ich in diesem Buch versucht, Ihnen behutsam einen standardisierten Blick auf Licht und Schatten zu vermitteln, der sich natürlich nicht mit nackten Zahlen ausdrücken lässt. Dieser Blick basiert auf zwei Grundsätzen. Der erste ist ein professioneller Konsens unter Experten in den Bereichen Fotografie, Druck, Verlagswesen und Bildbearbeitungssoftware. Mit wenigen Ausnahmen, wie besonders kreativen Software-Entwicklern für Smartphone-Kameras und Drittanbieter-Programme, haben sich die Beteiligten weitgehend auf einheitliche Standards geeinigt. Der zweite Blick richtet sich auf die historischen Aspekte, unter denen sich die Fotografie und deren Rezeption über mehr als ein Jahrhundert hinweg entwickelt hat. Diese Aspekte bezogen sich über einen sehr langen Zeitraum ausschließlich auf Analogfilm und dessen Entwicklung, doch die entscheidenden visuellen Merkmale wurden auf die digitale Fotografie übertragen. Dabei handelt es sich unter anderem um weiche Tonwertverläufe, klar definierte Lichter, die nicht abrupt überstrahlen, reiche Schatten ohne reine Schwarzwerte sowie einen möglichst breiten Tonwertumfang von nahezu Schwarz bis fast Weiß. Es gibt noch weitere Merkmale, die sich jedoch kaum auf Licht und Schatten auswirken – etwa an den Bildrändern konzentrierte Schärfe statt gleichmäßig über die gesamte Szene hinweg oder eine höhere Farbsättigung in dunkleren Tonwertbereichen.

Sie könnten nun einwenden, dass die Einhaltung dieser Standards allein dem Sensor und der Kameraelektronik (und damit dem Hersteller) obliegt. Wenn Sie jedoch mit meiner Aussage konform gehen, dass die Bildverarbeitung ein fester Bestandteil der Belichtung ist, liegt der Umgang mit den Reglern in Ihrem persönlichen Verantwortungsbereich. Gerade Techniken, die nicht den fotografischen Traditionen entsprechen, sollten Sie mit Bedacht nutzen. Viele spannende Algorithmen wie »Klarheit« und »Dunst entfernen« in Lightroom und ACR versprechen interessante Ergebnisse – allerdings auf die Gefahr hin, dass die damit behandelten Fotos eher wie Illustrationen wirken. Die meisten gut fotografierten und perfekt belichteten Aufnahmen brauchen die Tools aus dem »Präsenz«-Bereich von Lightroom nicht. Wenn Sie dennoch Unterstützung durch besagte Tools brauchen, haben Sie schon während des Fotografierens nicht das Beste aus der jeweiligen Situation herausgeholt.

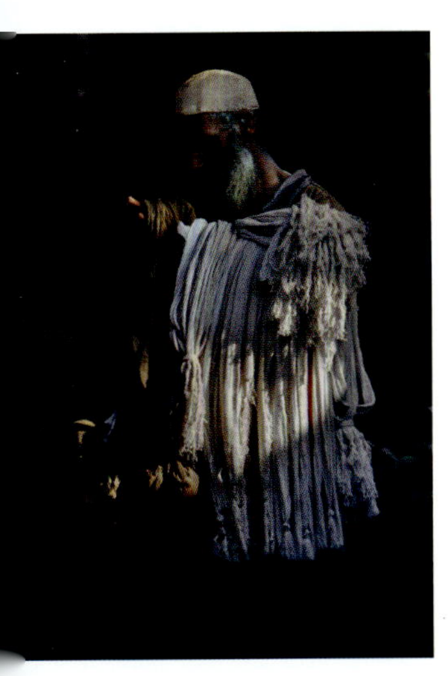

DIE MATHEMATIK DES LICHTS

Bei all der Software und den unzähligen Werkzeugen kann Bildverarbeitung schnell verwirrend wirken. Doch eigentlich können Sie lediglich drei grundlegende Änderungen an der Tonalität eines Fotos (oder eines bestimmten Bildbereichs) vornehmen.

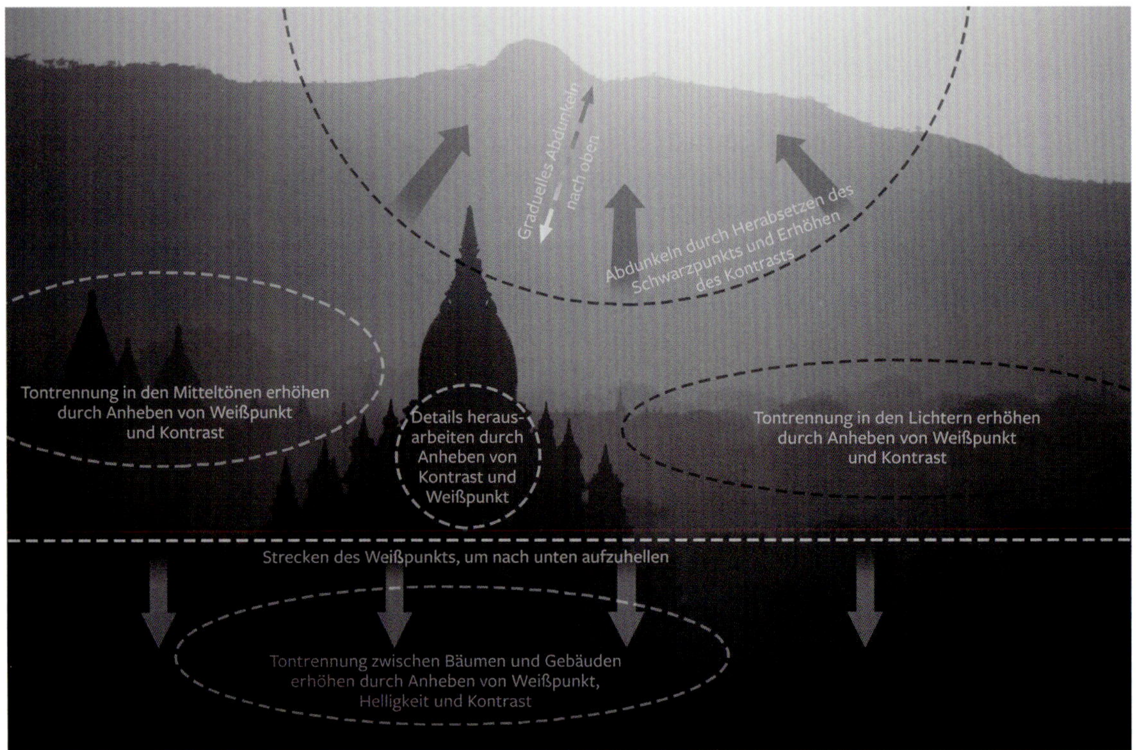

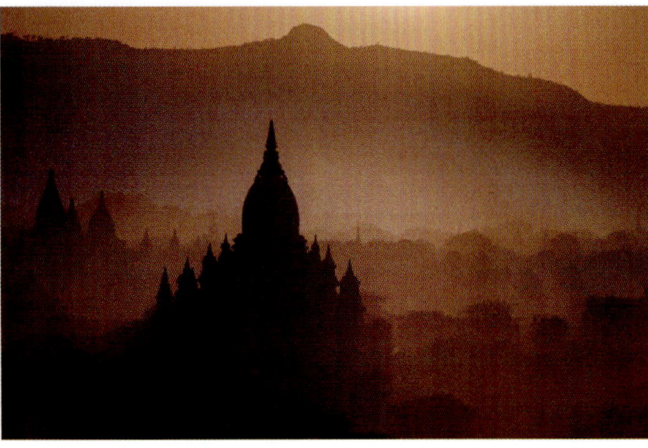

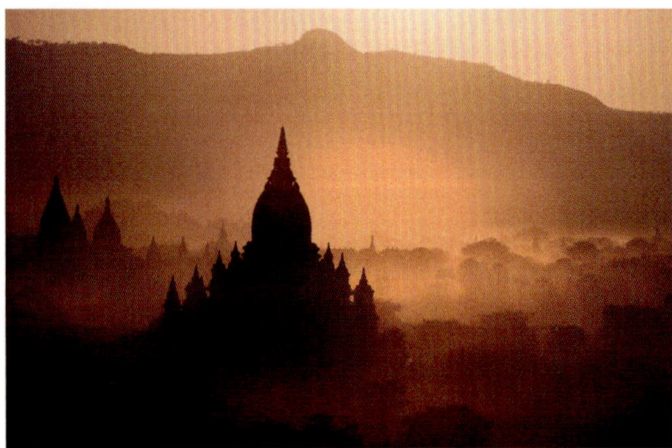

Ich habe diese spezielle Aufnahme aus vier Gründen zur Illustration der Einstellungen von Helligkeit, Kontrast und Tonwertumfang gewählt:
1. Das Bild verfügt über einen großen Tonwertumfang, der jedoch nicht an die beiden Enden der Skala heranreicht.
2. Die für die Lichter rund um die aufgehende Sonne erforderliche Belichtung ließ den unteren Bereich zu dunkel werden.
3. Das Bild lässt mehrere vom persönlichen Geschmack abhängige Kombinationen von Einstellungen zu.
4. Keine prägnanten Farben lenken von den Tonwerteinstellungen ab.

Wie immer bei der Nachbearbeitung sollten Sie sich einen Plan für die Erzielung der gewünschten Bildwirkung zurechtlegen. Die Illustration zeigt die Gedanken, die mir bezüglich der Bearbeitungsmöglichkeiten in den Sinn kamen. Der Sonnenaufgang über der nebligen Bagan-Ebene in Myanmar weist einen hohen Anteil an Vorwärtsstreuung auf (siehe Seite 74). Dies bot viele Möglichkeiten für eine Intensivierung der Atmosphäre durch das Wechselspiel zwischen Licht, Nebel und den Silhouetten der Bäume, Berge und Pagoden. Mein wichtigstes Anliegen war eine klare Trennung der verschiedenen Ebenen im Bild. Dafür kamen drei Einstellungen in ACR zum Einsatz: Belichtung (Helligkeit), Kontrast für die Mitteltöne und Tonwertumfang für die Schwarz- und Weißpunkte. Links unten sehen Sie das unbearbeitete Bild, rechts daneben die fertige Datei mit allen vorgenommenen Anpassungen.

Dieses Dreigestirn der Bildverarbeitung bilden die *Helligkeit*, der *Kontrast* und der *Tonwertumfang*. Allerdings wird dieses simple Konzept oft unter komplizierten Benutzeroberflächen und einer großen Palette von Zusatzeinstellungen begraben, deren Zahl ständig zunimmt. Unabhängig davon müssen Sie stets bedenken, dass die Regler in der Software nur selten linear funktionieren (also jedes Pixel um denselben Wert erhöhen oder verringern), sondern dass bestimmte Bereiche – meist die Mitteltöne – stärker variieren als die anderen Tonwertbereiche.

An erster Stelle steht die *Helligkeit*, die oft auch als Belichtung bezeichnet wird. Allerdings wird die Helligkeit von den meisten Programmen und Algorithmen überproportional im Mittelton-Bereich angehoben und fällt zu den Rändern des Histogramms hin ab. Dies liegt an der Relevanz der Mitteltöne für eine natürliche Bildwirkung. Eine Verringerung der Helligkeit intensiviert die Schatten, wobei sie meist nicht in den reinen Schwarzbereich verschoben werden. Erhöhen Sie die Helligkeit, besteht die Gefahr, dass die Lichter so sehr verstärkt werden, dass sie ins reine Weiß überstrahlen. Die Anpassung findet üblicherweise per Regler statt, ist aber auch mit einer Kurve möglich, indem der mittlere Bereich nach links oder rechts verschoben wird.

Die *Kontrasteinstellung* ändert die Werte von dunklen und hellen Tönen simultan in die jeweils andere Richtung. In der Kurvenansicht auf der übernächsten Seite steht eine S-Kurve für erhöhten Kontrast, während eine invertierte S-Kurve eine Kontrastreduzierung illustriert. Die Ränder der Skala bleiben dabei weitgehend unberührt, sodass auch diese Einstellung hauptsächlich auf den Mitteltonbereich wirkt. Neben dieser traditionellen Kontrasteinstellung haben viele moderne Algorithmen Einzug in die Bildbearbeitung gehalten, die einzelne Pixel gegeneinander aufrechnen und damit Mikrokontraste erzeugen. Diese werden in Fachkreisen als Tonemapping-Operatoren bezeichnet, abgekürzt »TMOs«.

Die dritte Einstellungsmöglichkeit bezieht sich auf den gesamten *Tonwertbereich*, in dem sich die Helligkeits- und Kontrasteinstellungen bewegen. Dieser Bereich kann erweitert oder komprimiert werden, indem Sie den Schwarz- und Weißpunkt einer Aufnahme oder eines Ausschnitts setzen. Wenn Sie also den Schwarzpunkt auf einen tiefschwarzen und den Weißpunkt auf einen reinweißen Bildbereich setzen, erzielen Sie den höchstmöglichen Tonwertumfang. Diese Einstellungen führen zu einer Darstellung, die die meisten Betrachter als angenehm und visuell befriedigend empfinden.

Da Sie die drei Einstellungen auf jeden beliebigen Bereich in einem Bild anwenden können, genießen Sie die nahezu volle Kontrolle über die Ausprägung von Licht und Schatten einer Szene.

Neben Helligkeit/Kontrast/Tonwertumfang gibt es auch andere mathematische Modelle zur Anpassung der Tonalität. In der Videobearbeitung wird das Modell *Lift/Gamma/Gain* in Verbindung mit dem *Offset* bevorzugt. Diese Einstellungen sind einfacher und nachvollziehbarer als die in der Fotografie verwendeten Methoden. *Lift* wirkt sich hauptsächlich auf die Schatten aus, und *Gain* auf die Lichter. Der *Gammawert* (γ) erlaubt eine nicht lineare Anpassung im unteren bis mittleren Tonwertspektrum, wodurch gleichzeitig der Kontrast erhöht und die Aufnahme abgedunkelt wird. Der *Offset* verschiebt alle Tonwerte linear nach oben oder unten.

Keine Einstellung liefert allein gute Ergebnisse – diese entstehen erst durch das Zusammenspiel der einzelnen Funktionen. Im folgenden Beispiel demonstriere ich die Wechselwirkungen für die Einstellungen anhand von neun Bereichen, wobei eine graduelle, sieben radiale und eine Pinsel-Auswahl angewendet wurden. Auf diese Bereiche habe ich ausschließlich die drei in diesem Abschnitt beschriebenen Grundeinstellungen angewendet.

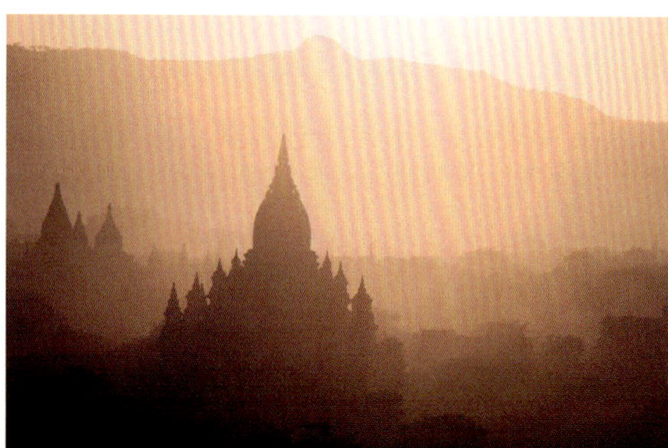

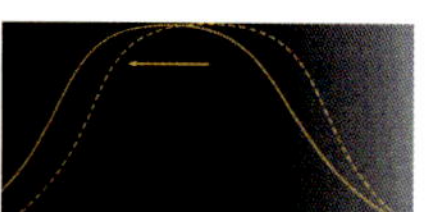

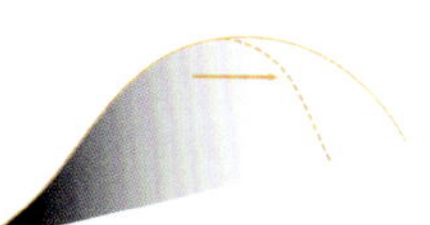

HELLIGKEIT

Die Änderung der Helligkeit oder Belichtung wirkt sich hauptsächlich auf die Mitteltöne aus und lässt die Extreme an den Rändern weitgehend unangetastet. Die gepunktete Kurve steht für das Originalbild. Die Erhöhung der Helligkeit für das gesamte Bild (oben) verschiebt die Lichter so weit, dass sie in den Clipping-Bereich abdriften. Ein Abdunkeln der gesamten Szene (unten) führt zu vereinzeltem Clipping in den Schatten.

KONTRAST

Eine Erhöhung des Kontrasts dunkelt die Schatten ab, während gleichzeitig die Lichter heller dargestellt werden. Dies äußert sich in der langen S-Kurve (oben) für höheren Kontrast und in der invertierten S-Kurve (unten) bei einer Reduzierung des Kontrasts.

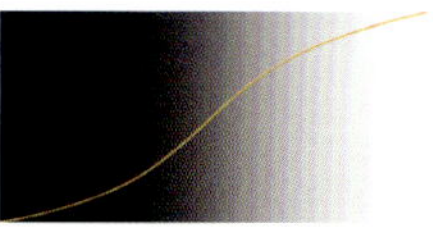

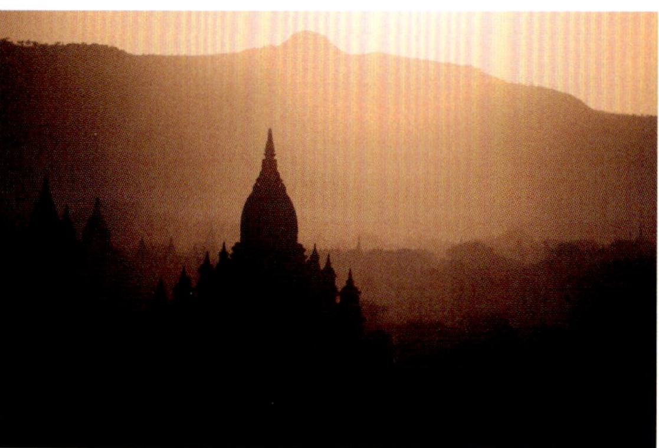

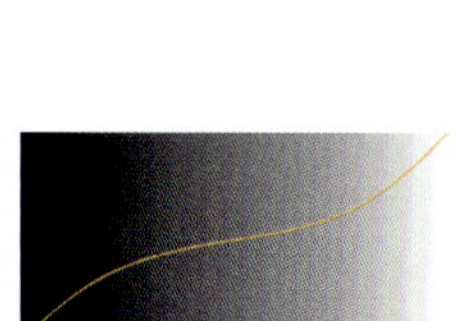

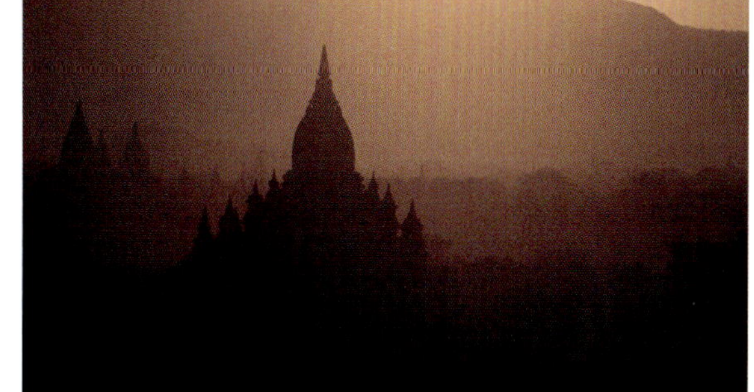

TONWERT-UMFANG

Eine Erhöhung des Tonwertumfangs (oben) hat ähnliche Auswirkungen wie das Verringern des Kontrasts, wobei tiefes Schwarz und reines Weiß verloren gehen. Das Verringern des Umfangs (unten) erhöht den Kontrast bei potenziellem Clipping an beiden Enden der Tonwertskala.

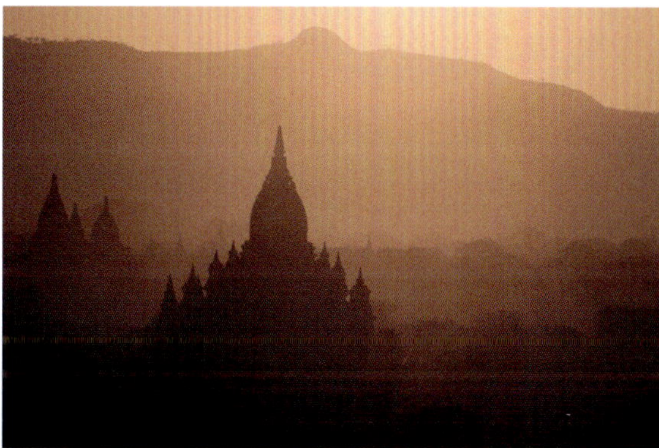

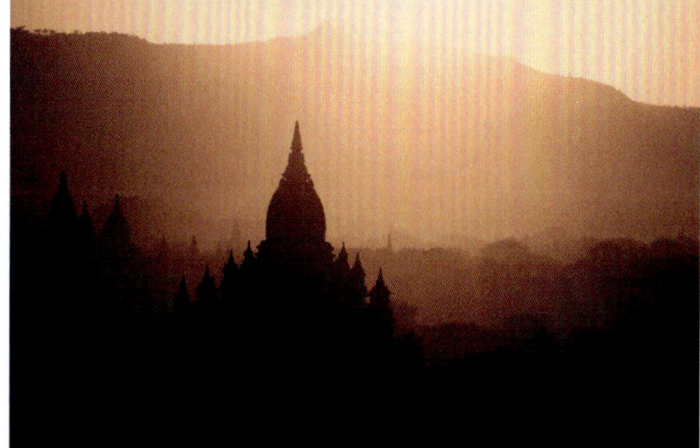

WIEDERHERSTELLEN UND BELEUCHTEN

Die wichtigsten Entscheidungen während der Bildverarbeitung finden in den Schatten und Lichtern statt, nicht in den Mitteltönen. Diese These wird durch die Tatsache untermauert, dass jedes Kamerasystem für die Optimierung der Durchschnittswerte ausgelegt ist.

Ihr Hauptaugenmerk sollte auf den Abweichungen vom Standard liegen, die in besonders hellen oder dunklen Bereichen sowie in Szenen mit extremen Lichtern und Schatten zu finden sind. Im Bereich der Fotografie findet die Bearbeitung in der Raw-Engine statt, also mit ACR in Photoshop oder entsprechenden Tools in Software wie Lightroom und Capture One. In der digitalen Fotografie werden dagegen meist mehrere unterschiedlich belichtete Aufnahmen miteinander verrechnet.

Mit anderen Worten: Die beiden Extreme der Tonwertskala (sehr dunkel und extrem hell) bieten die weitreichendsten Möglichkeiten zur Änderung der Bildwirkung. Ich habe den Begriff »Wiederherstellen« in der Überschrift gewählt, da die meisten Fotografen die Sichtbarkeit und die Details solcher Bereiche verbessern möchten. Dabei müssen Sie beachten, auf welche Bereiche sich die Anpassungen beziehen sollen und in welchem Ausmaß tonale Korrekturen möglich sind. Der erste Schritt besteht in der Auswahl der Schatten und/oder Lichter, die auf drei verschiedene Arten erfolgen kann.

↓ Eine grundlegende, aber sehr effiziente Methode zum Neuausleuchten eines Bildes ist die Kombination zweier unterschiedlich belichteter Aufnahmen. In Photoshop stacken Sie die Bilder als einzelne Ebenen übereinander und löschen die unerwünschten Bereiche aus der oberen Ebene, wie es in dieser Aufnahme einer Befestigung aus der Bronze- und Eisenzeit namens Cadbury Castle geschehen ist.

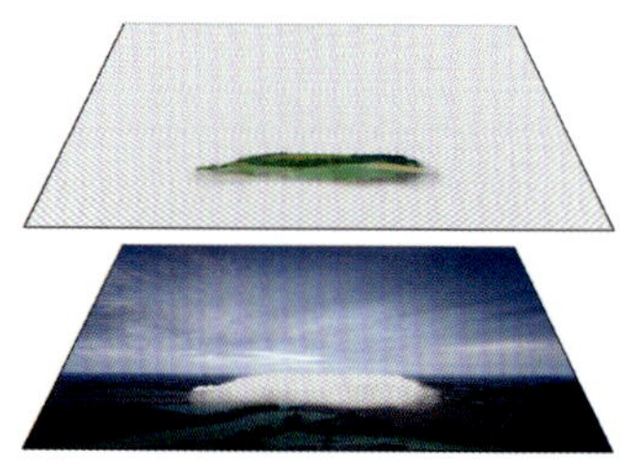

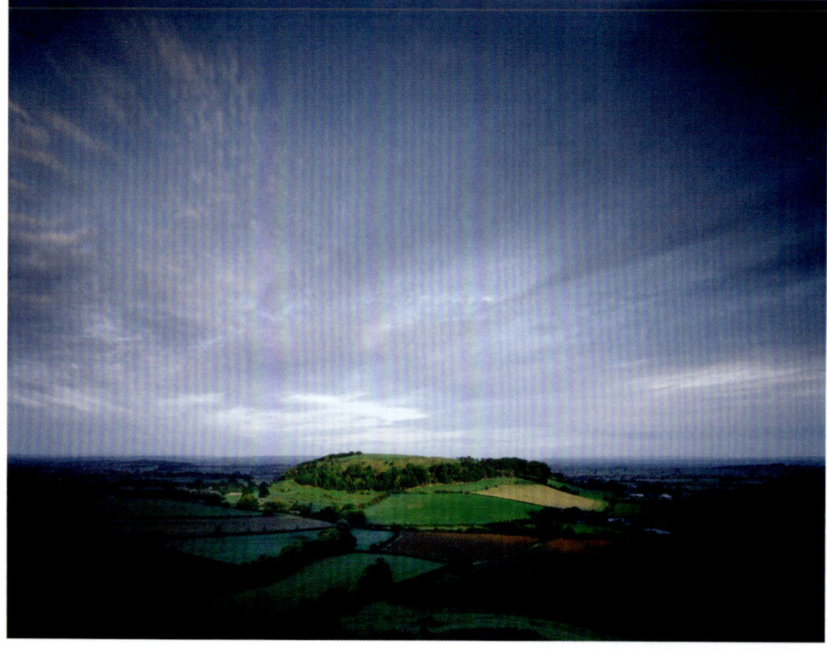

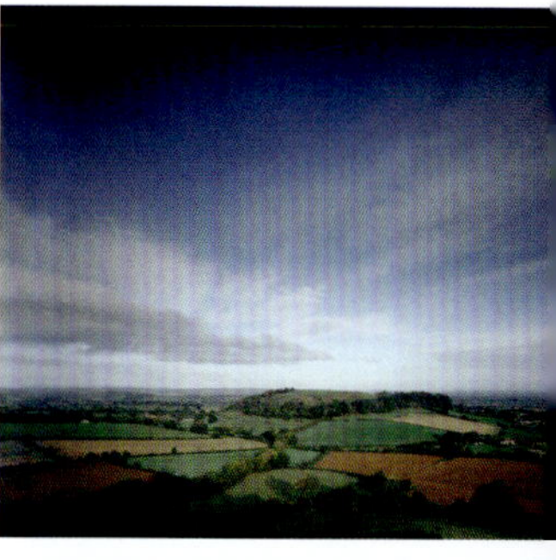

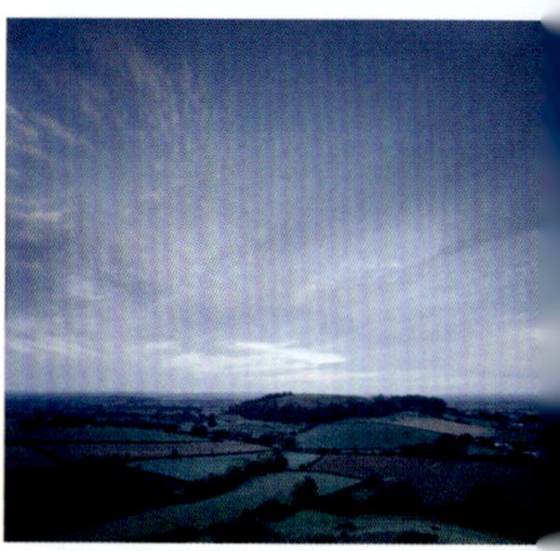

Die Tonwertangleichung ist eine mit dem Öffnen von Schatten verwandte Technik, in der alle Töne in einem ausgewählten Bereich eine ähnliche Gewichtung erhalten. Links sehen Sie das Original und rechts die Version mit moderat aneinander angeglichenen Tonwerten. Die Bearbeitung führt zu mehr Details in hellen und dunklen Bildbereichen sowie zu einer globalen Erhöhung der Kontraste.

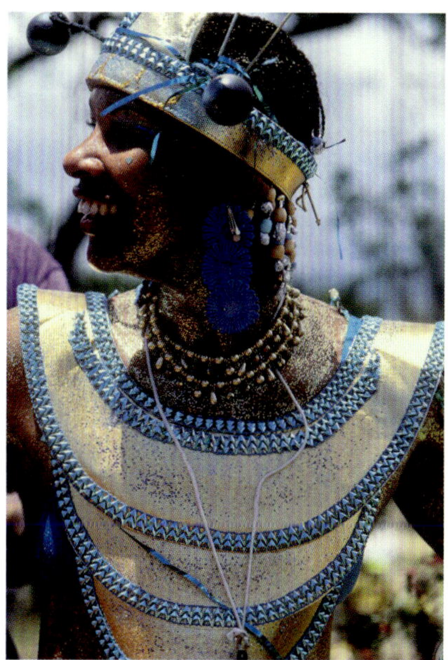

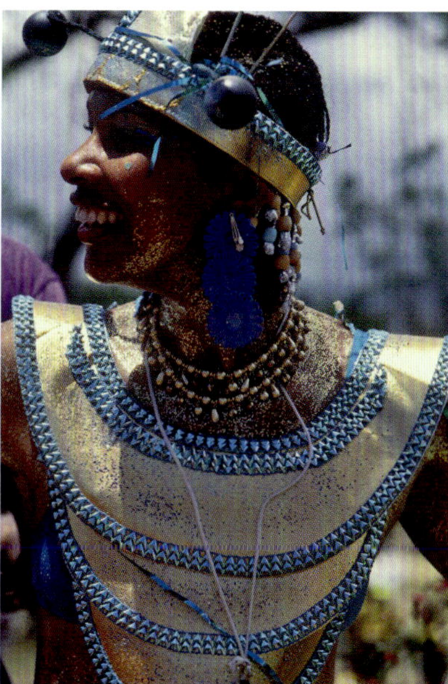

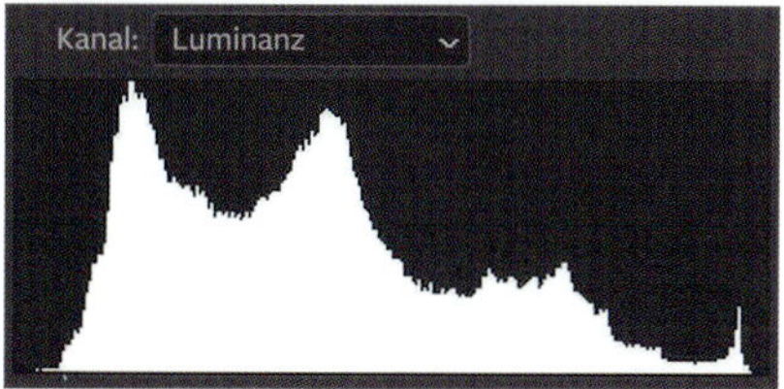

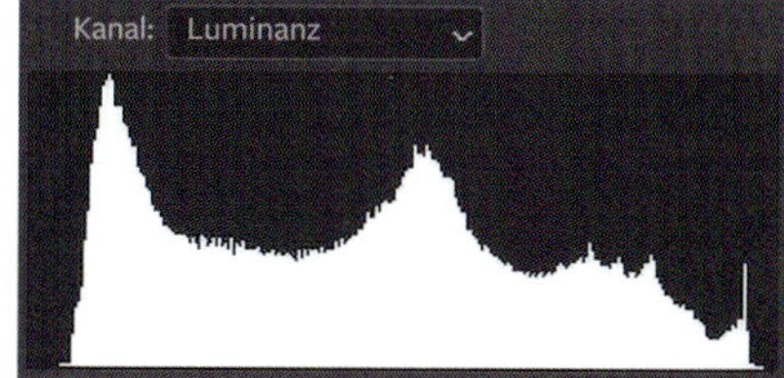

Variante 1 sind globale Werkzeuge, die sich auf das gesamte Bild auswirken, jedoch auch unerwünschte Veränderungen an anderen Bereichen bewirken können. In Lightroom und Photoshop gehören dazu die Lichter- und Schatten- sowie die Schwarz- und Weiß-Regler sowie die eher traditionellen Kurven. Der zweite Weg besteht in der Auswahl eines Helligkeitsbereichs vom Beginn oder Ende der Skala, was die Anpassungen weitgehend auf die Lichter oder Schatten beschränkt. Die dritte Möglichkeit besteht in der semantischen Auswahl (siehe Seite 134), wobei Sie selbst entscheiden, welche Bestandteile einer Szene Sie bearbeiten möchten. Dazu stehen Ihnen neben radialen, graduellen oder pinselgestützten Auswahlwerkzeugen auch diverse KI-gestützte Methoden zur Verfügung. In den allermeisten Fällen führen gezielte Änderungen zu besseren Ergebnissen als globale Maßnahmen.

Damit sind die Möglichkeiten bei Weitem noch nicht erschöpft. Mit semantischen Auswahlen oder Ebenenmasken kann jeder Bereich eines Bildes neu ausgeleuchtet werden. Das fällt leichter, wenn Sie wie im Beispiel links über unterschiedlich belichtete Versionen einer Szene verfügen, geht jedoch auch ohne. Dabei sollten Sie jedoch stets behutsam vorgehen, denn schnell erzielen Sie mit solchen Maßnahmen weitreichende Änderungen im Bild, die nur noch wenig mit der ursprünglichen Aufnahme zu tun haben. Das reicht bis in den Bereich der bewussten Bildmanipulation oder Fälschung hinein, doch das ist ein anderes Thema.

BELEUCHTUNGS-STACKING

Wenn Sie die Beleuchtung präzise kontrollieren können und ein sich nicht bewegendes Motiv ablichten, empfiehlt sich die Verwendung mehrerer Lichtquellen für unterschiedliche Ausleuchtungsszenarien, die nacheinander aufgenommen werden.

Diese Beleuchtungsmethode gibt Ihnen volle Kontrolle über das Endergebnis – nicht nur über die einzelnen Lichtquellen, sondern auch darüber, wie stark sie sich auf das Motiv auswirken und miteinander interagieren. In der Nachbearbeitung stacken Sie die Einzelbilder.

Beachten Sie, dass es sich hierbei nicht um eine Möglichkeit handelt, die Ausleuchtung nach der Aufnahme beliebig zu variieren. Denn diese Methode erfordert eine genaue Planung der Beleuchtung von Beginn an, wie dieses Beispiel aus der Lebensmittelfotografie zeigt. Die unterschiedlich ausgeleuchteten Aufnahmen werden in Photoshop in einen Ebenenstapel geladen und per Ebenenmasken und verschiedenen Mischmodi miteinander kombiniert, wobei bestimmte Bereiche selektiv aus den Masken gelöscht werden (Stacking). Bei den Mischmodi handelt es sich um mathematische Rechenverfahren, die darüber entscheiden, wie sich die Pixel der darunterliegenden Ebene auf die darüber liegende Schicht auswirken. Modi wie *Aufhellen*, *Abdunkeln* und *Multiplizieren* sind selbsterklärend, während einige Modi wie *Weiches Licht* zwar weniger intuitiv sind, aber einen guten Weg zum Intensivieren der Farben und Töne darstellen.

In dieser Aufnahme kamen vier Lichtquellen zum Einsatz. Das Haupt- oder Key-Licht ist ein Lichtpaneel in Dreiviertelhöhe von hinten, kombiniert mit einem LED-Fülllicht. Gegenüber vom Hauptlicht befindet sich ein Spot auf Dreiviertelhöhe, der den Kaviar zum Leuchten bringen soll. Ein diffuses Hintergrundlicht projiziert eine fein abgestufte Reflexion auf die schwarze Acryloberfläche (siehe Seite 121). In der Illustration rechts oben erkennen Sie, wie die einzelnen Schichten ineinander gemischt und welche Bildbereiche aus den Ebenenmasken radiert wurden, um die Lichteffekte sichtbar zu machen und zu »formen«.

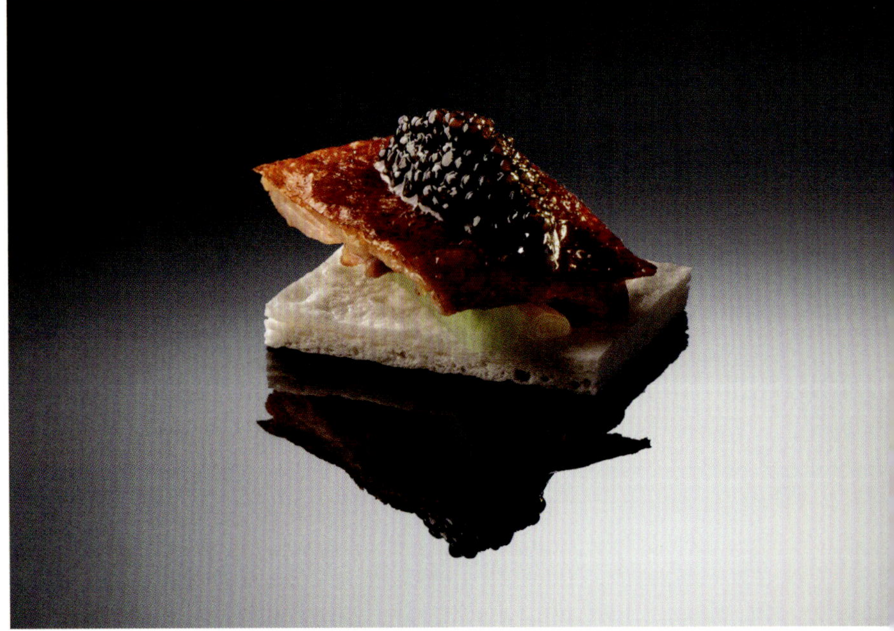

↓ Aufwendig beleuchtetes Häppchen aus Pekingente mit Kaviar

Der Ebenenstapel in Photoshop

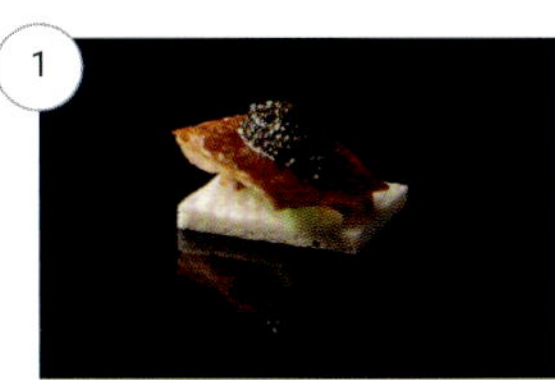

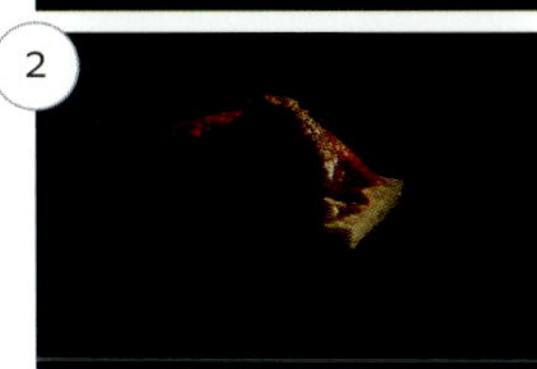

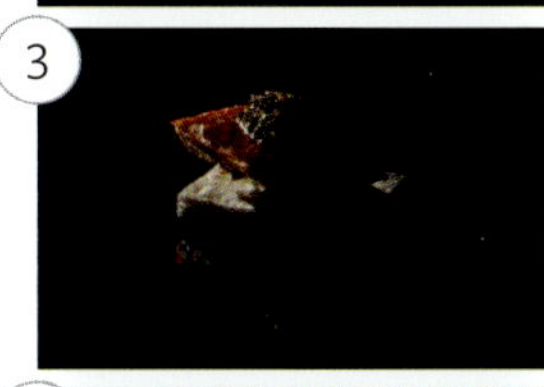

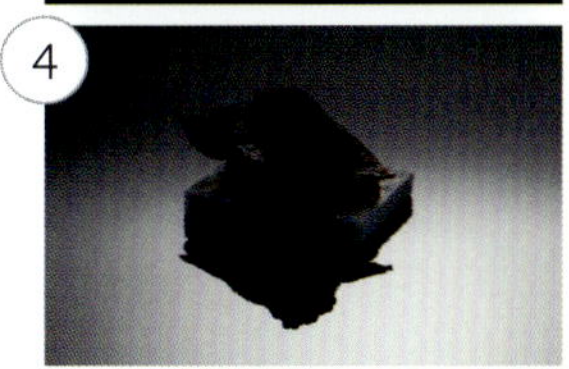

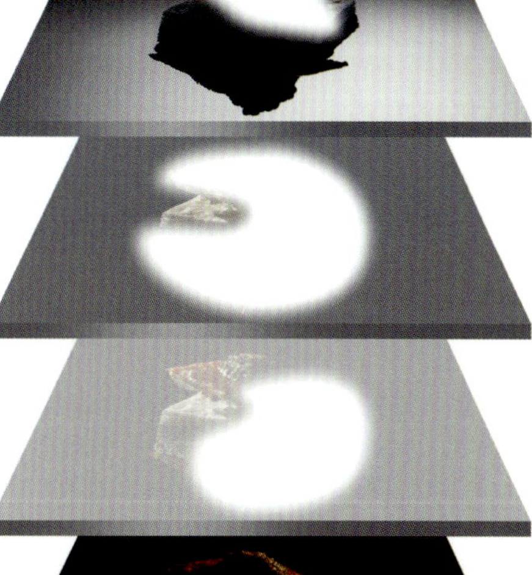

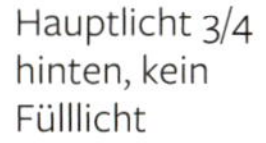

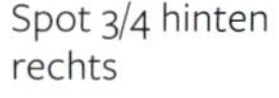

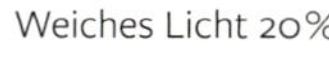

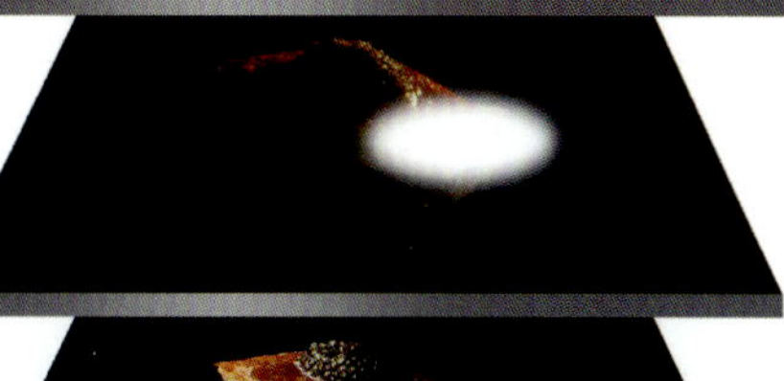

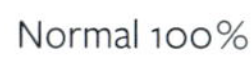

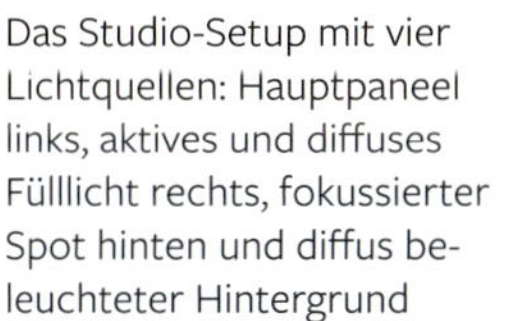

Vier Einzelaufnahmen: Haupt- und Fülllicht, Spot, nur Hauptlicht, Hintergrundlicht

Das Studio-Setup mit vier Lichtquellen: Hauptpaneel links, aktives und diffuses Fülllicht rechts, fokussierter Spot hinten und diffus beleuchteter Hintergrund

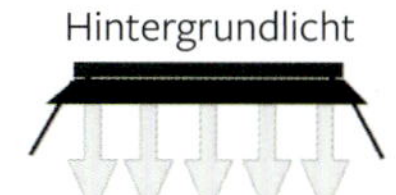

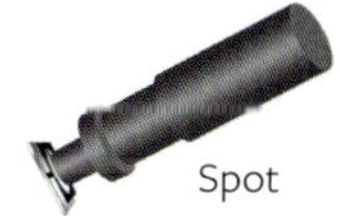

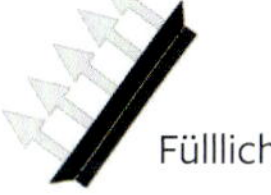

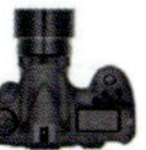

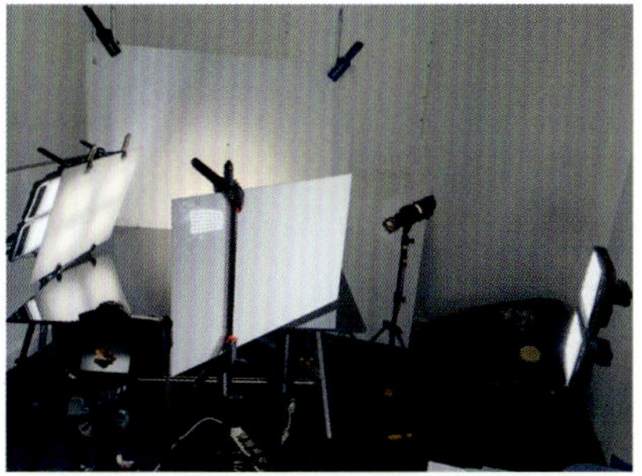

NACHTMODUS

Die intelligenten Nachtmodi aktueller Smartphones basieren wie das vorangegangene Beispiel auf dem *Stacking* (Stapeln) von Bildern, wobei die Verrechnung der Bilddaten durch KI-gestützte Algorithmen deutlich komplexer ausfällt.

Deshalb eröffnet diese Variante der weitgehend automatisierten Bilderfassung Möglichkeiten, die in der konventionellen Fotografie überaus schwierig zu erzielen bis unmöglich wären. Mehrfachbelichtungen und Bilder-Stacking zählen zu den Stärken der digitalen Fotografie. Der Nachtmodus gehört zu den ersten praktischen Anwendungsbereichen dieser Technologie, die sich auf breiter Front durchgesetzt haben und spektakuläre Ergebnisse erzielen. Die Resultate werden wie bei jeder digitalen Technologie immer besser, doch bereits von Beginn an hat der Nachtmodus mit vielen Beschränkungen unter schlechten Lichtverhältnissen aufgeräumt. Wird die Lichtstärke geringer, muss die Kamera dem Verlust entgegenwirken, zum Beispiel durch längere Belichtungszeit, größerer Blende oder höhere Sensorempfindlichkeit. Jede dieser Gegenmaßnahmen führt zu Problemen in Sachen Bildqua-

Eine Smartphone-Aufnahme bei aktiviertem Nachtmodus. Die Grafik zeigt, wie mehrere Aufnahmen den Dynamikumfang erweitern, das Rauschen reduzieren, das Clipping der Lichter unterbinden und wie die schärfste Bewegungsaufnahme selektiert wird.

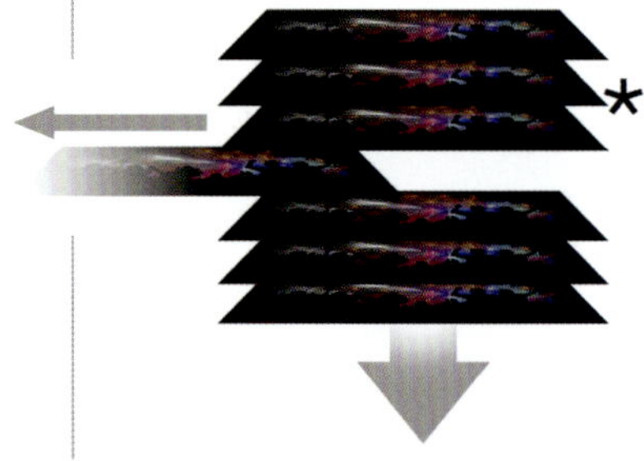

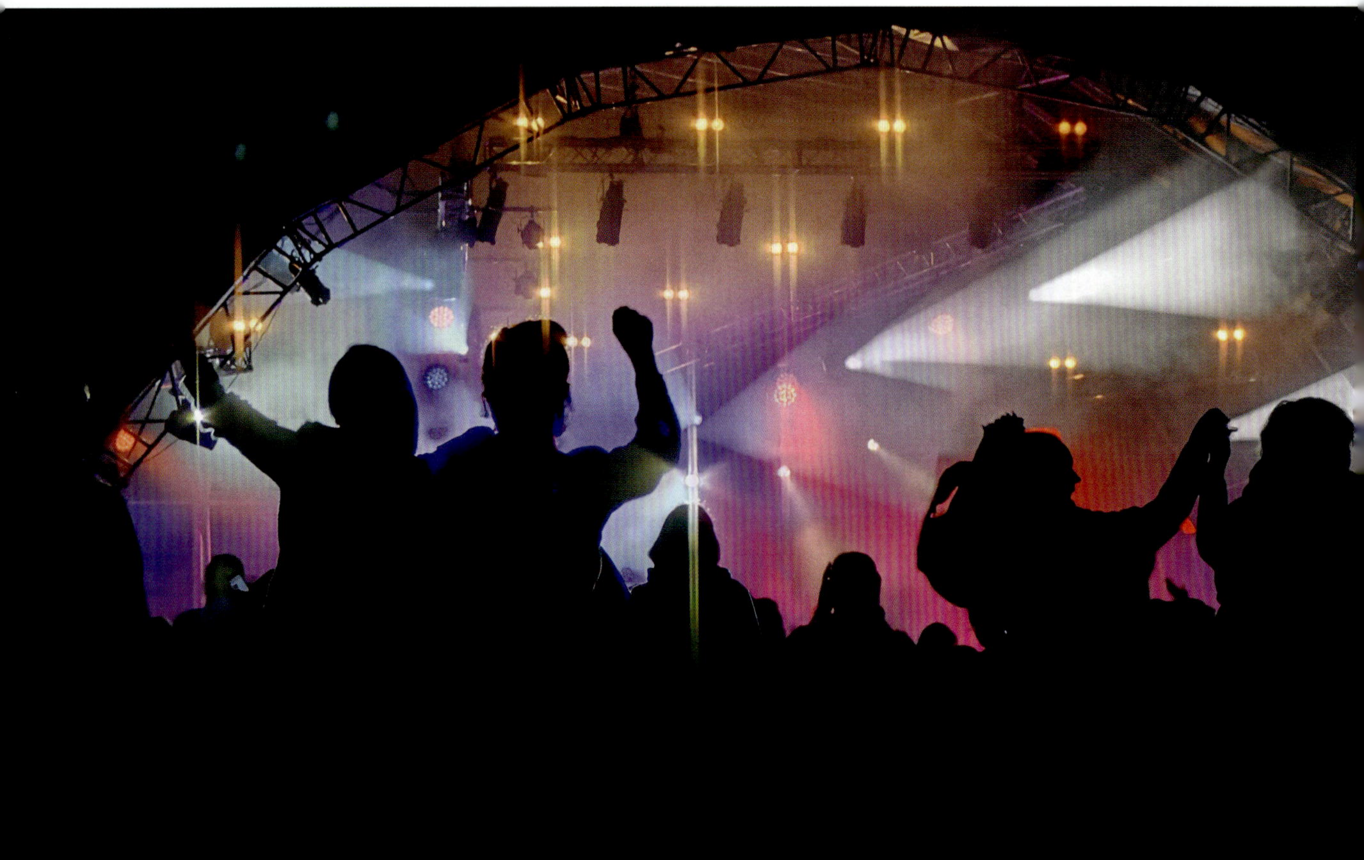

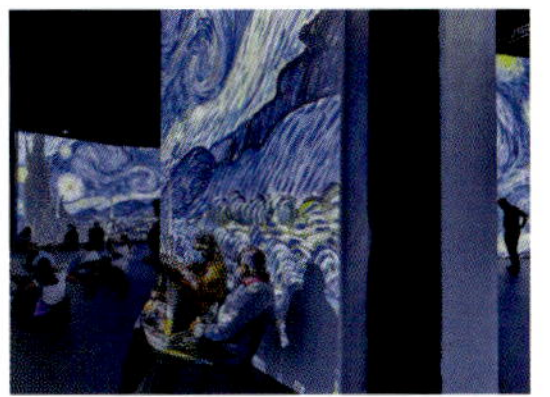

Während sich die Software-Interfaces bei verschiedenen Handymodellen unterscheiden, erwarten die meisten Geräte, dass man sie eine über einen bestimmten Zeitraum hinweg ruhig hält, der hier als Countdown angezeigt wird.

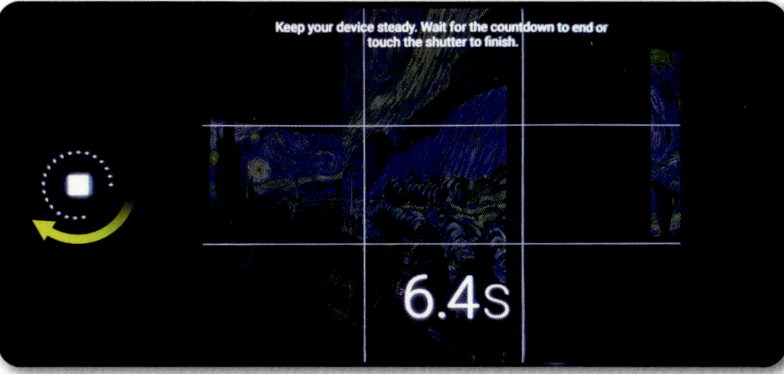

lität oder zumindest zu Einschränkungen der kreativen Freiheit. Lange Verschlusszeiten erzeugen Bewegungsunschärfen und verwackelte Bilder, größere Blendenöffnungen reduzieren die Schärfentiefe, und eine Erhöhung der Sensitivität führt zu stärkerem Bildrauschen.

Der Nachtmodus löst diese Probleme, indem er mit hoher Geschwindigkeit eine Sequenz aus mehreren Bildern mit unterschiedlichen Belichtungseinstellungen anfertigt, die zusammengenommen die erforderliche Belichtungszeit erreichen. Die Einzelbilder werden anschließend automatisch ausgerichtet und gestackt. Gleichzeitig wird das Bildrauschen reduziert, indem die KI die Unterschiede zwischen den Bildern analysiert, die zufälligen Rauschpixel identifiziert und aus dem Endergebnis herausrechnet. Das Gleiche könnten Sie mühevoll mit einem Ebenenstapel im Modus »Helligkeit interpolieren« erzielen, doch die Handykamera erledigt das alles direkt nach der Aufnahme. Weitere qualitätsverbessernde Maßnahmen sind die Anpassung der Belichtungszeit bei wenig Bewegung im Bild oder die automatische Bevorzugung der schärfsten Bewegungsaufnahmen im Stapel. Da die kleinen Sensoren in Smartphone-Kameras kaum Probleme mit der Schärfentiefe haben, liefern Handys Nachtaufnahmen in einer bislang noch nie dagewesenen Qualität. Die Durchzeichnung liegt mitunter sogar über der Empfindlichkeit des menschlichen Auges.

Der letzte Punkt führt zu einem weiteren Schritt in der Bildverarbeitung: Wie nehmen unsere Augen eine typische Nachtszene wahr? Eine automatische Belichtung unter Verwendung eines Stativs rückt ein solches Bild visuell in die Nähe einer Tageslichtaufnahme. Doch wie dunkel sollte eine typische Nachtaufnahme sein? Sollten die Schatten tiefschwarz oder offen sein? Deshalb erfordert die Nachbearbeitung von Nachtaufnahmen eine Vielzahl von persönlichen Entscheidungen. Die Tonwertskala niedrig zu halten, um echte Dunkelheit zuzulassen, ist ein guter erster Ansatz bei der Nachbearbeitung solcher Bilder.

Dabei ist auch zu beachten, dass unter einer Lichtstärke von rund 4 Lux (unter einer Straßenlaterne) die Stäbchen auf der Retina gegenüber den Zäpfchen die Auswertung der Lichtwellen übernehmen und unter 0,04 Lux (Vollmond) komplett für die Wahrnehmung zuständig sind. Stäbchen nehmen Wellenlängen des Lichts über Rot-Orange nicht wahr, sodass wir Dunkelheit weitgehend farblos erleben. Sollten deshalb Nachtaufnahmen ebenfalls farblos sein? Das ist Ihrer Interpretation überlassen. Ein gangbarer Mittelweg ist eine reduzierte Farbsättigung mit einem leichten Blaustich, um die Empfindlichkeit der Zäpfchen in die Bildwirkung einzubeziehen.

KAPITEL

7

STIL

Ich schließe alle Bücher dieser Serie mit einem Kapitel zum Thema Stil ab, da dieser für die meisten von uns einen höheren Stellenwert einnimmt als die technische Kompetenz. Alle Aspekte der Fotografie konvergieren letztendlich im Ausdruck des persönlichen Stils, wobei es um bewusste Entscheidungen bezüglich der Art und Weise geht, wie ein Foto gemacht wird.

Bisher habe ich Ihnen in diesem Buch Methoden, Techniken, Möglichkeiten und Werkzeuge präsentiert, unter denen Sie wählen können. Wenn es dagegen um Stil geht, gewinnen Ihre persönlichen Ansichten und Vorgehensweisen an Bedeutung. Der Stil hebt ein Bild vom Durchschnitt ab und verleiht ihm Identität. Dabei müssen Sie sich bewusst von bewährten, sicheren und vorausschaubaren Methoden entfernen. An diesem Punkt werfen Sie all Ihre Kenntnisse und Fertigkeiten in die Waagschale und nutzen sie, um Ihren persönlichen Geschmack auszudrücken und Ihre Aufnahmen von denen anderer Fotografen unterscheidbar zu machen.

Im Folgenden spreche ich hauptsächlich von Beleuchtungsstilen, die lediglich eine Komponente im Zusammenspiel von Komposition, Farbe, Motivwahl und vielem mehr sind. In Bezug auf Licht und Schatten funktioniert Stil anders als in der Komposition, wo Sie große Freiheiten dabei genießen, Ihre eigenen Ideen abhängig von Szene und Motiv zu verwirklichen. Die Beleuchtung ist hingegen oft von äußeren Umständen abhängig, auf die wir keinen oder nur geringen Einfluss haben. Das gilt besonders draußen in der freien Natur beim Ablichten von Landschaften oder ähnlich weitläufigen Szenen. Um unter diesen Umständen die eigenen Vorstellungen von Stil zu verwirklichen, müssen Sie jagen, abwarten, auswählen, verwerfen und ganz viel hoffen. Das andere Extrem sind kontrollierte Lichtsituationen im professionellen Umfeld, wo Sie die volle Kontrolle über die Ausleuchtung genießen.

Allgemein ist der Beleuchtungsstil enorm abhängig von Ihrer Art zu fotografieren und davon, inwieweit Sie dazu bereit und auch in der Lage sind, aktiv in die vorhandene Lichtsituation einzugreifen. Auf den folgenden Seiten präsentiere ich Ihnen elf typische Lichtstile, die sowohl auf natürliche Lichtverhältnisse als auch auf die Studiofotografie ausgelegt sind.

Darüber hinaus gibt es natürlich auch viele weitere Beleuchtungsstile, die allerdings den Rahmen dieses Buchs sprengen würden. Deshalb habe ich jene Stile ausgewählt, die aus der Masse hervorstechen und klar voneinander unterscheidbar sind, während ich allzu offensichtliche Varianten vermieden habe. Dabei sollten Sie beachten, dass Sie sich nicht mit Leib und Seele einem bestimmten Stil verschreiben sollen. Wie in allen kreativen Bereichen lebt auch die Fotografie von einem regen Wechsel zwischen verschiedenen Stilen, was mitunter überaus erfrischende, neue Sichtweisen mit sich bringt.

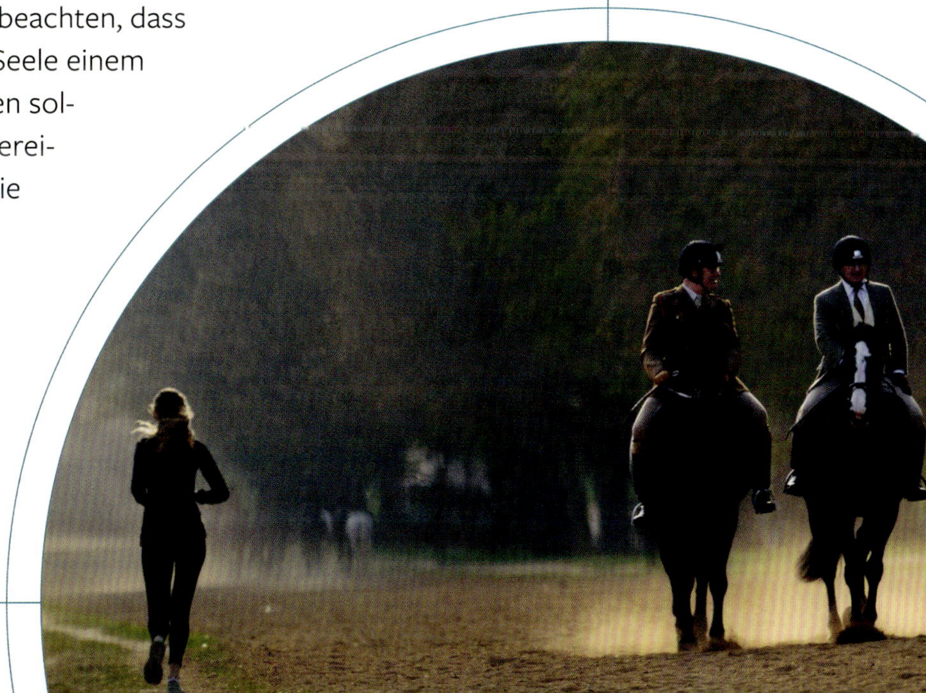

ATMOSPHÄRISCHES GEGENLICHT

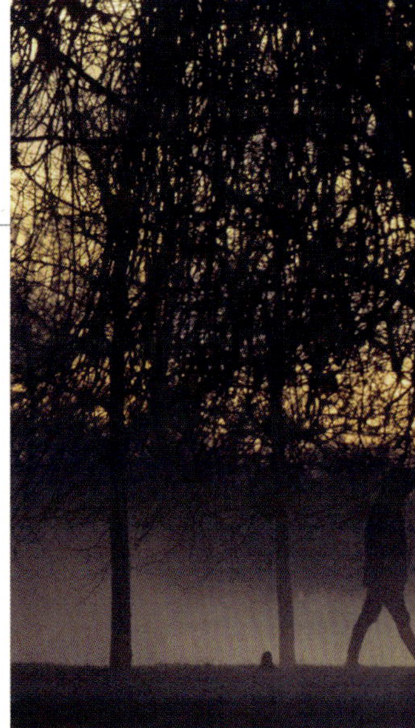

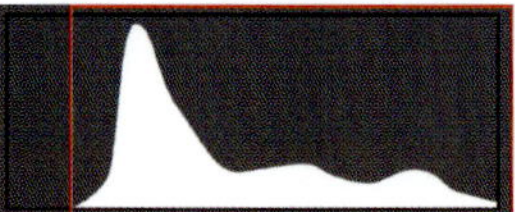

Die Histogramme solcher Aufnahmen sind stark abhängig von der gewählten Art der Bildverarbeitung. Typischerweise wird kein Schwarzpunkt gesetzt, sodass die gesamte Szene heller erscheint. Die dominanten Schatten im Bild werden durch den Anstieg im linken Bereich repräsentiert.

Hierbei handelt es sich um einen der am leichtesten erkennbaren und gleichzeitig beliebtesten Beleuchtungsstile. Bereits das bloße Fotografieren ins Gegenlicht hinein stellt eine beachtliche stilistische Entscheidung dar, wie Sie bereits in Kapitel 3 erfahren haben.

Dieser Stil verdankt seine Popularität in der breiten Masse vor allem der Tatsache, dass er die Helligkeit in den Vordergrund stellt und eher auf das Erzeugen von Gefühlen statt auf eine nüchterne und faktenbasierte Abbildung setzt. In der zeitgenössischen Kunst sieht sich dieser Stil deshalb einer gewissen Kritik ausgesetzt: Er ziele auf Attraktivität und Emotionalität bis hin zur Sentimentalität ab. Genau deshalb habe ich mich dazu entschieden, das Kapitel mit diesem Stil einzuleiten. Er ist ein gutes Beispiel dafür, dass erkennbare Stile die Betrachter polarisieren und gerade daraus ihren Reiz ziehen. Auch wenn wir hier nur von einem Teilaspekt der Fotografie sprechen – der Ausleuchtung –, führt dieser Stil zu einer Polarisierung unter den Betrachtern. Dafür führe ich gerne folgende Gleichung ins Feld: Je prägnanter ein Stil ist, desto kleiner wird das potenzielle Publikum und desto höher der Anteil an positiven Reaktionen.

Wie ich schon in Kapitel 1 zum Thema Atmosphäre ausgeführt habe, kann eine extreme Gegenlichtaufnahme zu einer fast schon körperlichen Spürbarkeit des Lichts führen. Dafür müssen allerdings die atmosphärischen Bedingungen stimmen: Nebel, Dunst oder Rauch bewirken eine maximale Vorwärtsstreuung des Lichts und einen entsprechend starken visuellen Effekt. Gegenlichtaufnahmen funktionieren am besten bei niedrigem Sonnenstand, sodass die meisten Fotografen die Zeitfenster am frühen Morgen oder späten Nachmittag bevorzugen. Vom Boden aufsteigender Nebel ist die bevorzugte atmosphärische Komponente, wie am großen Beispielbild zu sehen ist.

Die Hauptmerkmale dieses Stils sind eine sich über die ganze Szene erstreckende Helligkeit mit dunklen Bereichen, die weit über Schwarz liegen, und warmen Farbflächen durch die tief stehende Sonne. Ein Teleobjektiv eignet sich für diesen Stil besser als eine Weitwinkeloptik, die mehr Vordergrund bei geringeren atmosphärischen Effekten darstellt. Dank der sanften Übergänge in den hellen Lichtern funktioniert dieser Stil am besten mit Analogfilm (siehe Seite 136), während die Digitalfotografie zusätzliche Aufmerksamkeit bei der Bildverarbeitung erfordert.

Die Atmosphäre lässt sich auch hervorragend zur Verschleierung bestimmter Motive heranziehen, wie bei dem Spaziergänger im großen Bild und der von Rauchschwaden umgebenen Frau im Bild rechts. Ist die Sonne direkt im Bild zu sehen, müssen Sie auf die richtige tonale Balance achten, um die Kontraste nicht ins Dramatische ansteigen zu lassen. Das Verbergen der Sonnenscheibe hinter Bestandteilen einer Szene wie beispielsweise Ästen schafft hierbei Abhilfe.

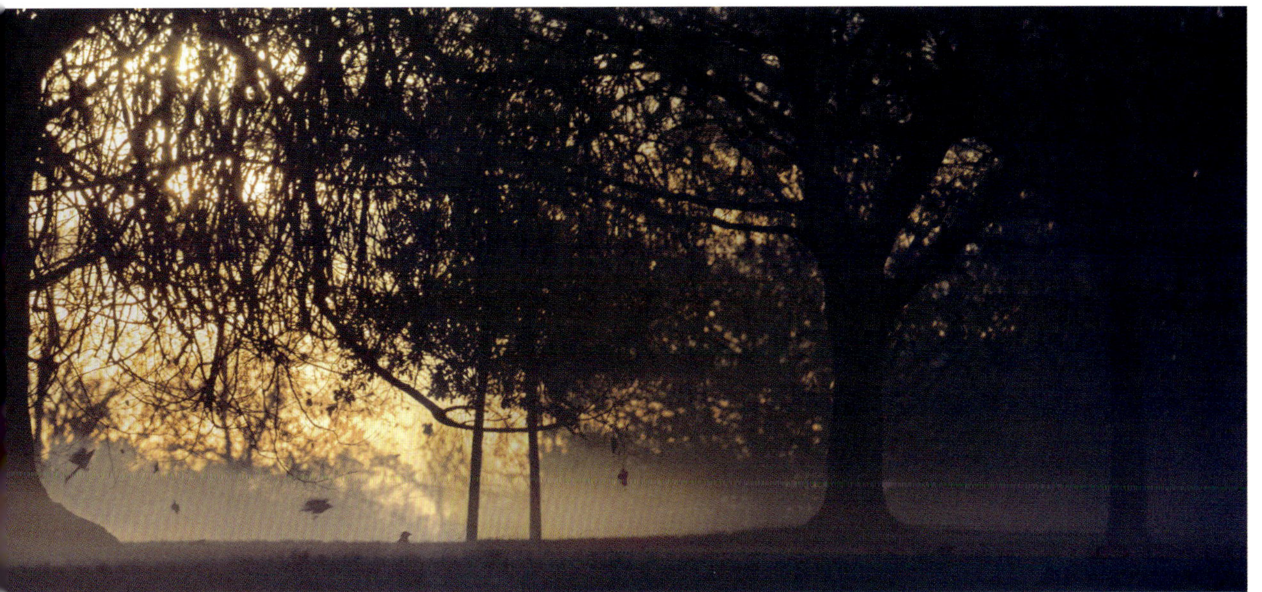

Dunst, leichter Nebel oder Rauch sind die Grundzutaten für atmosphärische Gegenlichtaufnahmen. Der vom feuchten Gras aufsteigende Morgennebel (oben) hilft dabei, Motive im Mittelgrund von den dunkleren Silhouetten im Hintergrund zu isolieren.

In der Aufnahme rechts, die im tibetanischen Lhasa entstand, bringen einzelne Sonnenstrahlen tonale Varianz ins Bild, indem sie den Weihrauch visuell auffächern. In beiden Fällen trägt die Vermeidung von tiefschwarzen Flächen bei einem großen Tonwertumfang stärker zur Atmosphäre bei, als es hohe Kontraste tun würden.

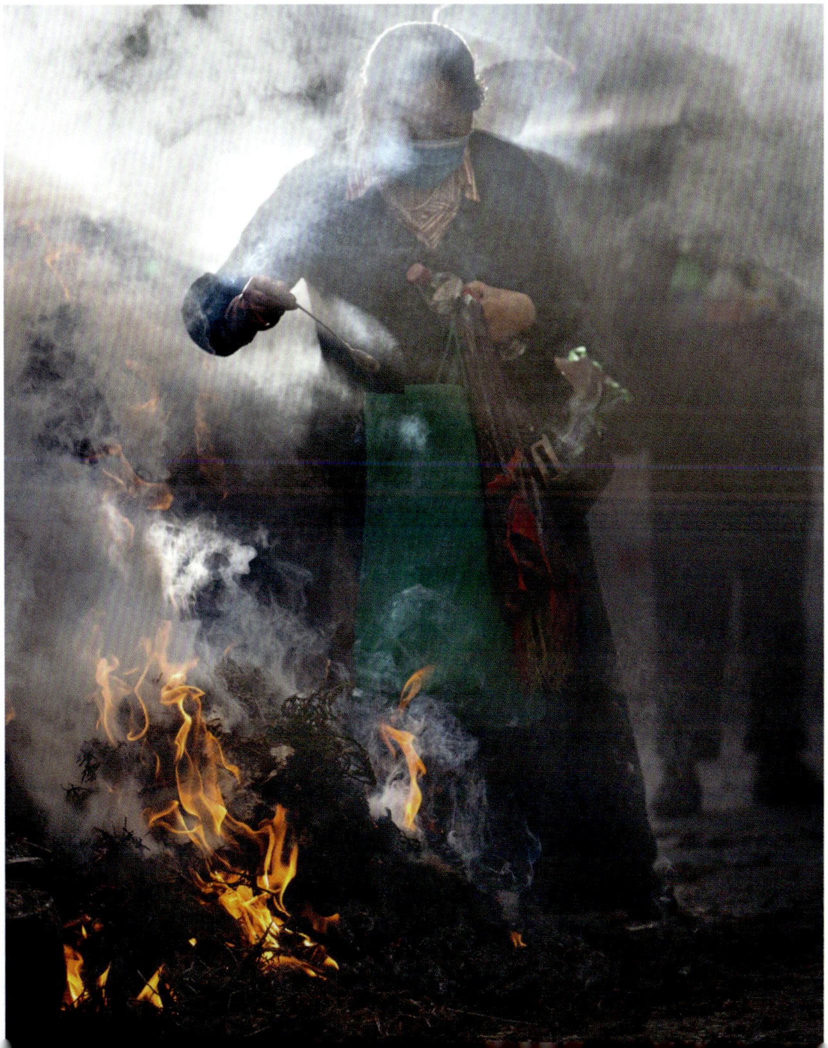

HIGH REGISTER

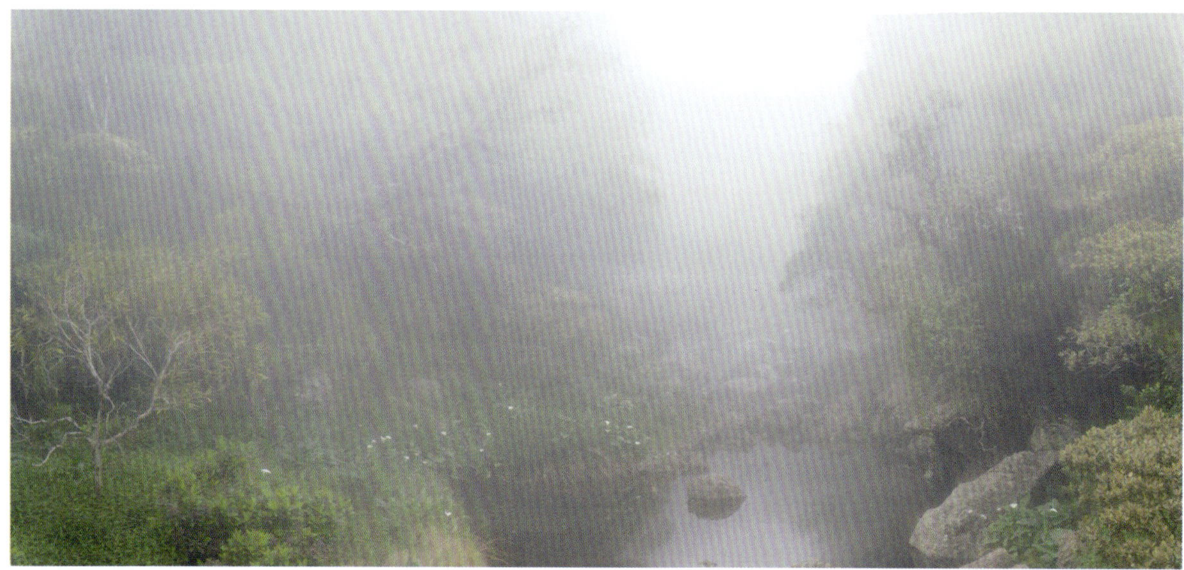

In der Fotografie steht der Tonumfang (engl. *register*) für das komplette Spektrum an Tonwertbereichen, die in einem Bild vorkommen. Dieser Tonumfang kann auch ausschließlich im oberen oder unteren Bereich des Histogramms angesiedelt sein; man spricht dann von *High* oder *Low Register*. High-Register-Aufnahmen sind auf den oberen Tonwertbereich beschränkt, sodass die gesamte Szene fast gleichmäßig hell dargestellt wird.

Das bedeutet: Es gibt keine Schatten und keine Mitteltöne. Damit unterscheidet sich dieser Stil von herkömmlichen High-Key-Aufnahmen, in denen zwar die Helligkeit dominiert, jedoch immer noch Raum für dunklere Tonwerte lässt, die die Aufmerksamkeit auf sich ziehen und die Kontraste verstärken. Der Begriff *High Key* impliziert so viele Belichtungsvarianten, dass er mehr verwirrt als erklärt. Eine entscheidende Komponente von High-Register-Aufnahmen ist der niedrige Kontrast, der sich über

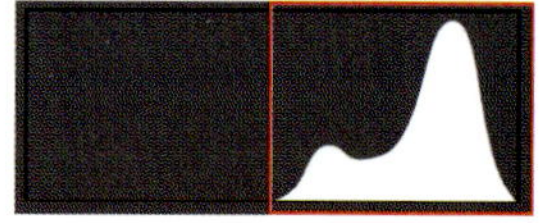

Niedrige Wolken hängen über einem Flusslauf im Bebour-Wald auf La Réunion. Wie bei allen Szenen mit dichtem Nebel ist die endgültige Helligkeit vom Geschmack des Fotografen abhängig. In diesem Fall vermied die Bildverarbeitung (oben) sowohl einen schlammig wirkenden Bildeindruck (unten links) als auch eine blendende Helligkeit (unten rechts). Das Histogramm belegt ausschließlich die rechte Hälfte des verfügbaren Tonwertbereichs.

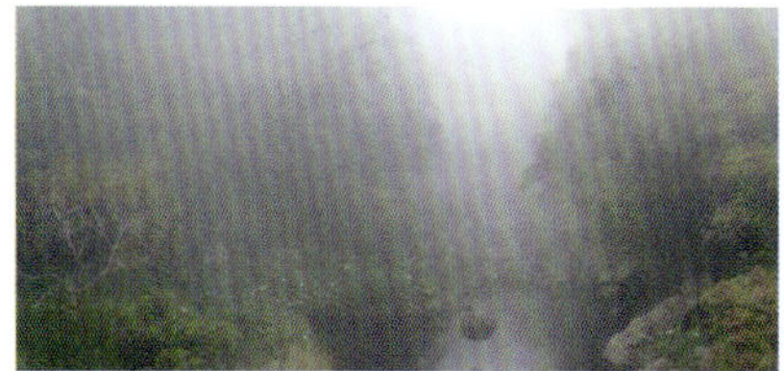

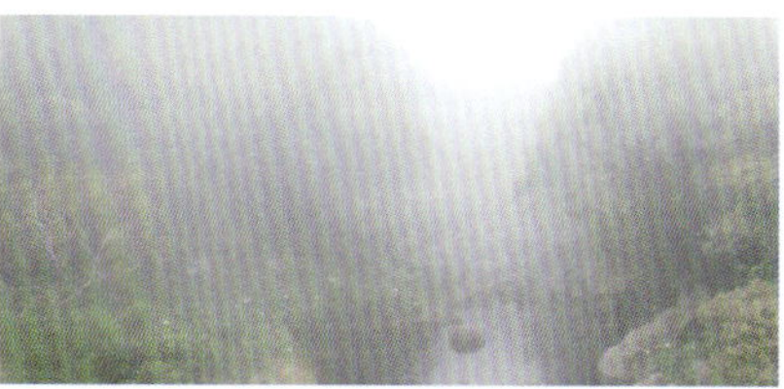

das gesamte Bild erstreckt. Legt man herkömmliche Maßstäbe an, handelt es sich schlicht um überbelichtete Aufnahmen. Ein solcher Stil illustriert beispielsweise helle oder weiße Motive unter gleißend hellen Lichtverhältnissen. Genau dies ist der Fall bei den Beispielbildern auf diesen Seiten, was jedoch immer noch der Interpretation des Fotografen unterliegt. Wie hell ist »hell«? Beide Bilder hätten durchaus normal belichtet und entwickelt werden können, was zu höheren Kontrasten und mehr sichtbaren Details geführt hätte. Paul Grahams Buch *American Night* (2003) enthält Bilder von urbanen und suburbanen Landschaften in den USA, die so stark überbelichtet sind, dass sie nur eine Ahnung von den abgelichteten Strukturen vermitteln. Die Kuratorin[1] sprach von »sengendem Licht« und dem »harten Glühen der realen Welt«. Im begleitenden Text namens »Blindness« ging es um einen Mann, der mit »offenen Augen in einen milchigen See getaucht« ist und somit quasi blind wird. Die Arbeiten sollten die soziale Spaltung Amerikas anhand einer gebleichten urbanen Dystopie illustrieren.

Die Qualitäten von High-Register-Aufnahmen sind das Gefühl großer Helligkeit und die Unterdrückung von Details, was die Betrachter dazu einlädt, sich eingehender mit den Bildern auseinanderzusetzen. Solche positiven Statements finden Sie aber überwiegend in Ausstellungstexten, denn diese Art von Fotografie birgt hohes Potenzial für eine negative Rezeption außerhalb von Künstlerkreisen.

1 Alanna Heiss aus »Paul Graham: American Night« (Ausstellungsinformationen) über *https://www.moma.org/calendar/exhibitions/4791*

Der SX-70-Film von Polaroid verleiht einer High-Register-Aufnahme seinen ganz eigenen, perlmuttartigen Glanz. Diese Szene musste bewusst überbelichtet werden, da keine digitale Nachbearbeitung möglich war.

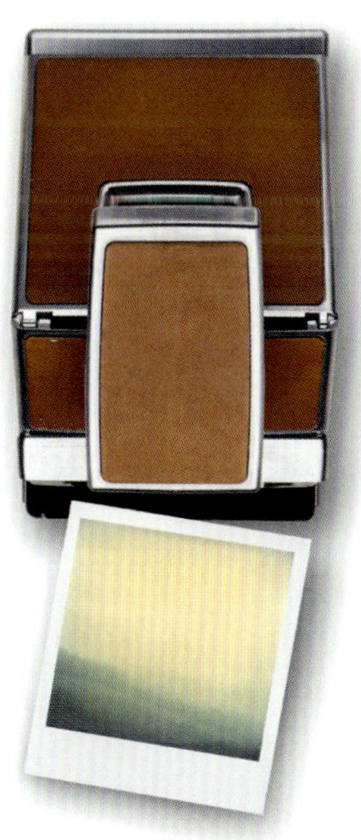

GEGENLICHT IM INNENRAUM

Obwohl eine griffige und allgemein akzeptierte Bezeichnung für diesen Stil fehlt, ist er allen professionellen Architektur- und Porträtfotografen ein Begriff.

Dieses kompromisslose Szenario hat seinen Ursprung im Film. Die meisten Räume älterer Bauart und auch die Zimmer in vielen modernen Wohnungen werden von nur einem Fenster erleuchtet. Wie sich das auf Aufnahmen mit seitlichem Lichteinfall auswirkt, haben Sie auf Seite 60 gesehen. Innenräume schränken die möglichen Kamerapositionen stark ein, sodass sich das Fenster meist links oder rechts von der Kamera befindet, was einen guten Kompromiss zwischen Atmosphäre und Effizienz darstellt. Befindet sich das Fenster hinter der Kamera, ergibt sich die ab Seite 66 vorgestellte axiale Beleuchtung, die eine Szene flach und kaum durchzeichnet wirken lässt, wodurch der individuelle Charakter eines Raumes verloren gehen kann. Die Ausrichtung des Objektivs in Richtung Fenster ist eine der am schwierigsten zu beherrschenden Beleuchtungsvarianten, da der Kontrastumfang durch die Decke geht und nur durch zusätzliche Fülllichter und/oder Reflektoren in den Griff zu bekommen ist. Zudem zieht er meist eine aufwendige Nachbearbeitung nach sich. Das zum Öffnen der Schatten erforderliche Fülllicht muss meist so stark sein, dass es die Aufmerksamkeit auf sich zieht. In Sachen Bildverarbeitung bieten sich HDR-Belichtungsreihen (Seite 132) an, die allerdings genau so wie zusätzliche Lichtquellen den originalen und natürlichen Charakter einer Szene verfälschen.

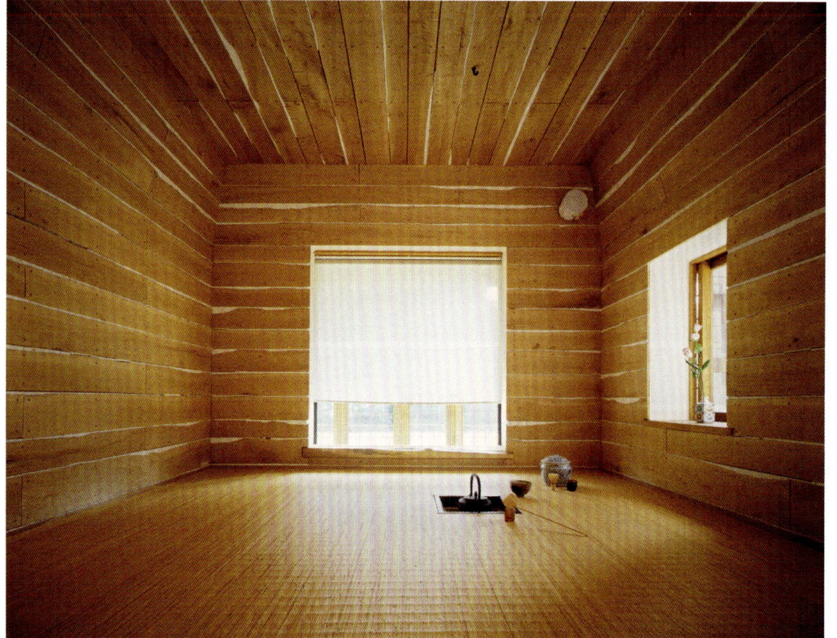

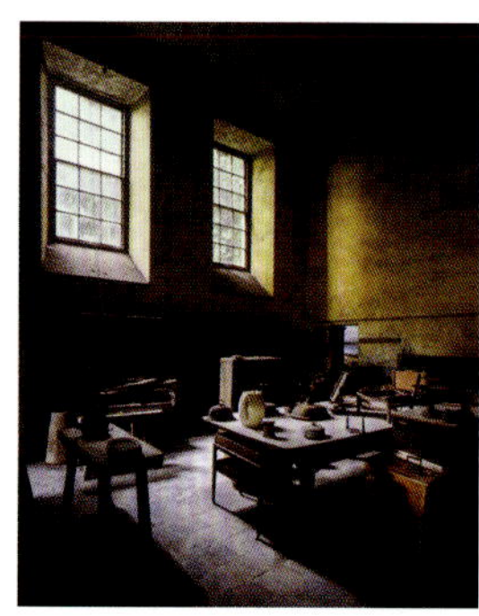

↗ ← Ein japanischer Raum für Teezeremonien (links) und die Küche eines großen Landhauses in England (oben). Beide bewahren ihre spezifische Atmosphäre, da auf künstliches Licht verzichtet wurde und die Fenster in nahezu reines Weiß überstrahlen.

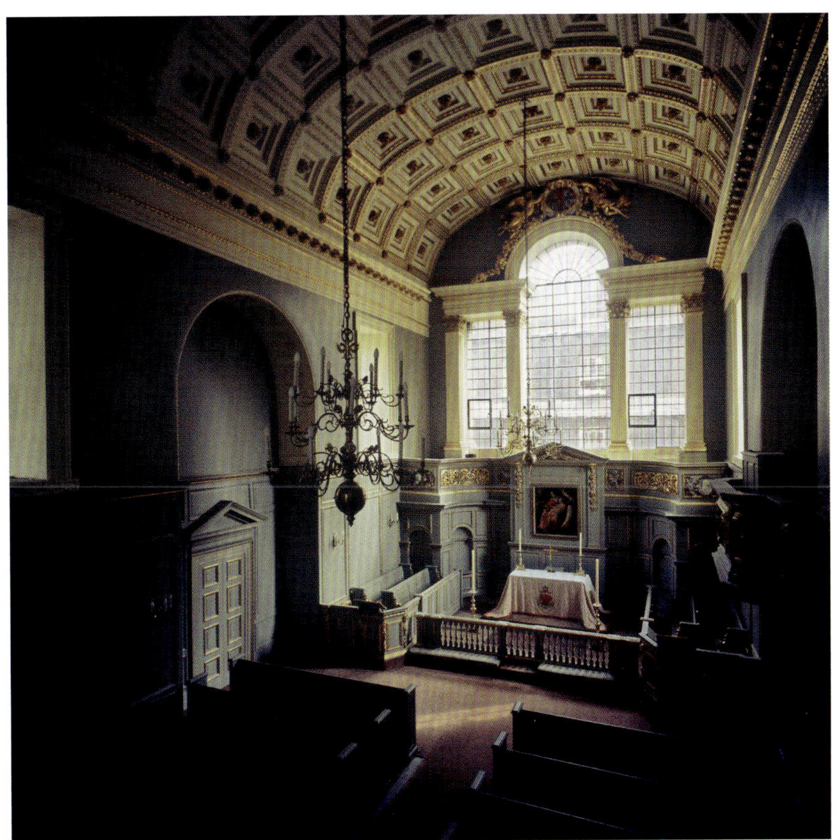

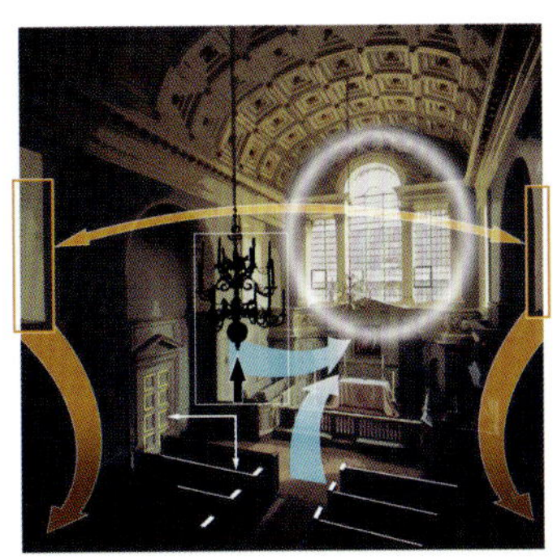

Die Kapelle des St. James's Palace in London, aufgenommen unter natürlichem Licht. Die Aufmerksamkeit der Betrachter wird in dieser Weitwinkelaufnahme durch das sanfte Strahlen und die konvergierenden Linien in Richtung des großen Dreifachfensters gelenkt. Individuelle Lichter (blaue Pfeile) tragen ihren Teil dazu bei, während die Szene von den beiden hellen Rechtecken an den Bildrändern und den dichten Schatten in den Ecken eingefasst wird (orange Pfeile).

Die Lösung all dieser Probleme liegt in diesem Stil, der vom Fotografen ein gehöriges Maß an Überzeugung und Zuversicht erfordert, da er so kompromisslos natürlich ist und ohne jegliche Hilfsmittel auskommen muss. Keine künstlichen Lichtquellen, kein unnatürliches Öffnen der Schatten im Vordergrund – nur eine Kameraposition, ein Ausschnitt und eine exakte Belichtung. Das funktioniert am besten in historischen Bauwerken oder geräumigen Interieurs, und der Schlüssel zum Erfolg liegt in der Behandlung der Silhouetten von Einrichtungselementen und der geschickten Nutzung von Reflexionen. So reflektieren im Bild oben die Kanten der Bänke das Licht des Fensters, sodass genug Details zutage treten, um das Auge zu befriedigen – das Aufdecken aller Details in den Schatten ist unnötig. Die Ausleuchtung reicht gerade eben, um große Bereiche von »Nichts« zu verhindern.

Die Vorteile dieses Stils resultieren in Stimmung, Atmosphäre und Authentizität im Überfluss. Aus diesem Grund schätzen viele Fotografen diese Herangehensweise trotz der hohen Anforderungen an die richtige Belichtung. Die durch die Fenster dringende Flut an Licht ist von einem Strahlen umgeben (von Objektivherstellern als *Flare* verachtet, aber in diesem Fall völlig legitim) und trägt entscheidend zur Atmosphäre bei. Professionell aufgenommen, wird für die Betrachter fast schon spürbar, wie es sich anfühlen würde, einen solchen Raum zu betreten und mit eigenen Augen zu sehen.

HOLLÄNDISCHES NORDLICHT

Wir befinden uns noch immer in einem Innenraum, der wie auf den vorangegangenen Seiten von nur einem Fenster erleuchtet wird, durch das aber kein direktes Sonnenlicht dringt. Diese vermeintlich ungünstige Lichtsituation machen wir uns für die Porträtfotografie zunutze.

Porträt des Besitzers eines alten Anwesens in Eureka auf Mauritius. Das seitlich einfallende Fensterlicht konzentriert die Aufmerksamkeit auf die ausgeleuchtete Gesichtshälfte. Ein Fülllicht von rechts hätte der üblichen Vorgehensweise entsprochen, wobei jedoch der starke visuelle Charakter der Aufnahme verloren gegangen wäre.

Beim holländischen Nordlicht handelt es sich um einen etablierten und oft verwendeten Beleuchtungsstil, der ebenfalls den Verzicht auf jegliche zusätzliche Lichtquellen propagiert. Die Geschichte der Beleuchtungsstile reicht weit hinter die Erfindung der Fotografie zurück. Klassische Maler mussten sich schon immer mit natürlichem Licht auseinandersetzen, da ihnen schlicht keine nennenswerten Alternativen und erst recht keine Bildverarbeitung zur Verfügung stand, die alles per Kopfdruck erledigt. Einige der größten Maler von natürlichem Licht waren im Holland des 17. Jahrhunderts aktiv, darunter Jan Vermeer und Pieter de Hooch. Diese Künstler bevorzugten einen ganz bestimmten Beleuchtungsstil, der auf einem einzigen, nach Norden weisenden Fenster oder in andere Himmelsrichtungen ausgerichtete Fenster bei bedecktem Himmel basierte. Oft ist in solchen Gemälden ein kleiner, lichtdurchfluteter Teil dieses Fensters zu sehen. Das Licht wird ausschließlich von den Wänden und den Einrichtungsgegenständen des Raums reflektiert, was zu einem umwerfend natürlichen Effekt mit wunderschönem Volumen und glaubwürdigen Schatten führt. Was so gut bei den holländischen Künstlern funktionierte, lässt sich perfekt auf die moderne Fotografie übertragen.

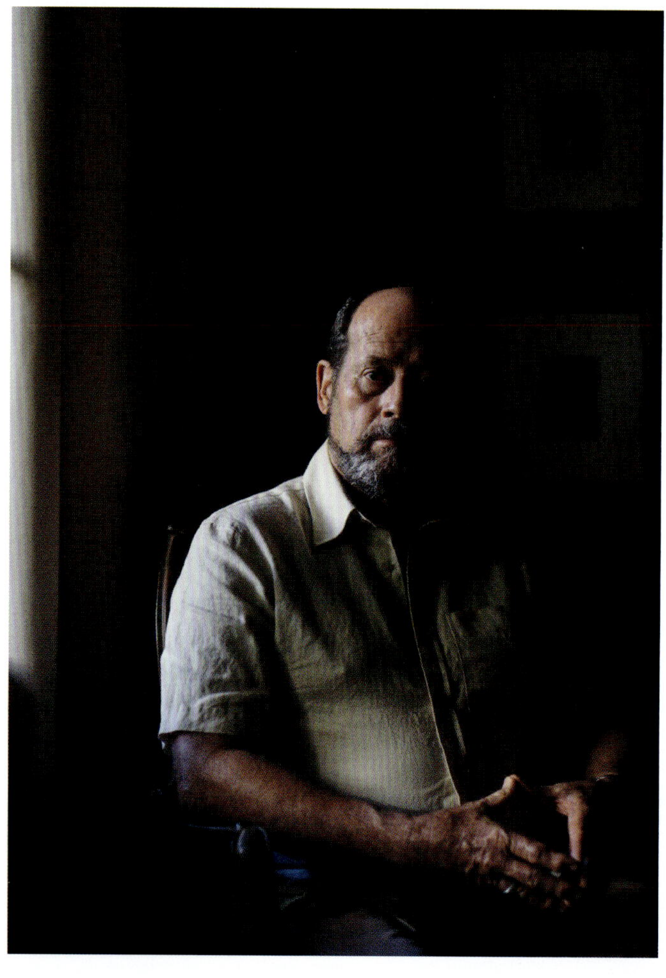

Die Beleuchtungsszenarien mit breitem gerichteten Licht auf Seite 17 und die volumetrischen Schatten auf Seite 114 sind die Grundlagen für diesen Stil. Da keine direkten Sonnenstrahlen in den Raum vordringen, wird das Fenster selbst zu einer großen, gleichmäßig leuchtenden und rechteckigen Lichtquelle. Diese eignet sich hervorragend zur Ausleuchtung von Motiven, die der Größe eines Menschen entsprechen, solange dieser sich in unmittelbarer Nähe des Fensters aufhält. Die Relation zwischen Licht und Motiv habe ich bereits in den Abschnitten zum

Diese in China entstandenen Innenaufnahmen aus einem tibetanischen Haushalt (links) und von einem Handwerker, der ein asiatisches Musikinstrument namens *Guqin* herstellt (rechts), verdanken ihre bestechende Authentizität der natürlichen Ausleuchtung ohne zusätzliche Lichter und ohne das Öffnen der Schatten während der Nachbearbeitung.

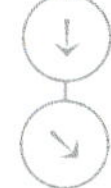

frontalen Licht und zum Licht von oben auf den Seiten 56 bis 59 diskutiert. Dabei geht es im Wesentlichen darum, den Lichteinfallswinkel oder den Betrachtungswinkel ausreichend groß zu gestalten. Das führt zu weichen Schatten und zu einem visuell sehr angenehmen Dynamikumfang. In solchen Situationen ist die Versuchung groß, einen Reflektor gegenüber des Fensters aufzustellen, um die Schatten zu öffnen und vor allem bei dunkler Einrichtung mehr Details zu offenbaren, so wie es sich bei dem Porträt auf der linken Seite angeboten hätte. Das mag für die gleichmäßige Ausleuchtung von Vorteil sein, doch ich persönlich verzichte lieber darauf. Denn nur ohne zusätzliche aktive oder passive Lichtquellen bleibt der originale Charakter der vorherrschenden Lichtsituation erhalten, was der Atmosphäre ungemein zuträglich ist. Auf diese Weise lassen Sie die Schatten für sich selbst sprechen und widerstehen der Versuchung, sie zu öffnen. Dieser Stil soll keinesfalls die Arbeiten von Vermeer und seinen Zeitgenossen imitieren, sondern ist einfach nur ein optisch attraktives Zugeständnis an natürliches Licht.

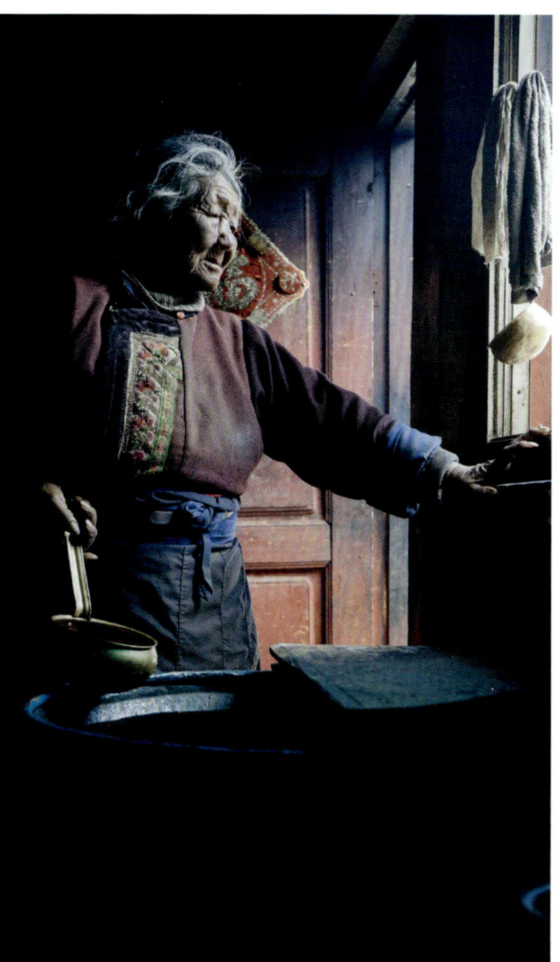

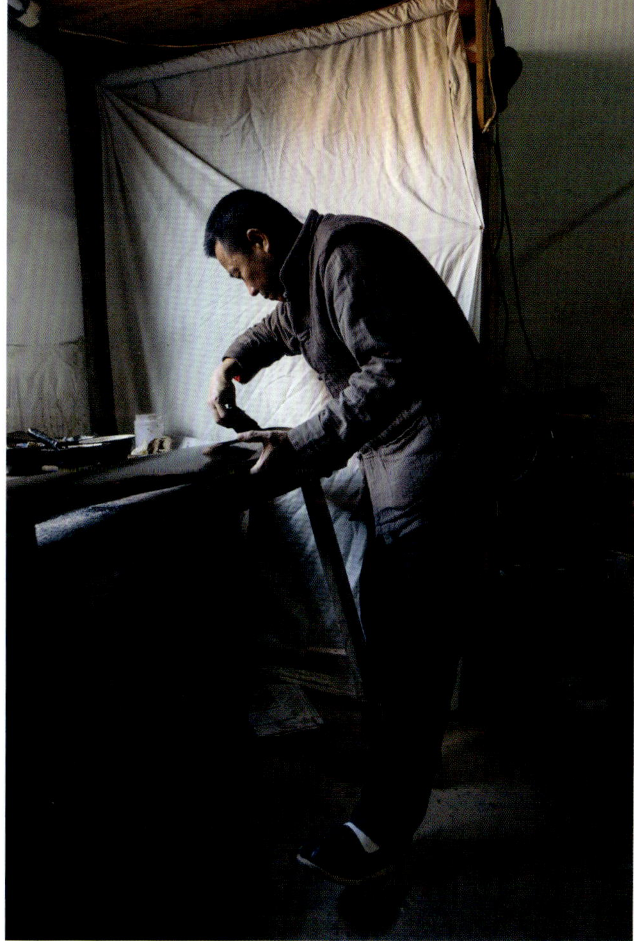

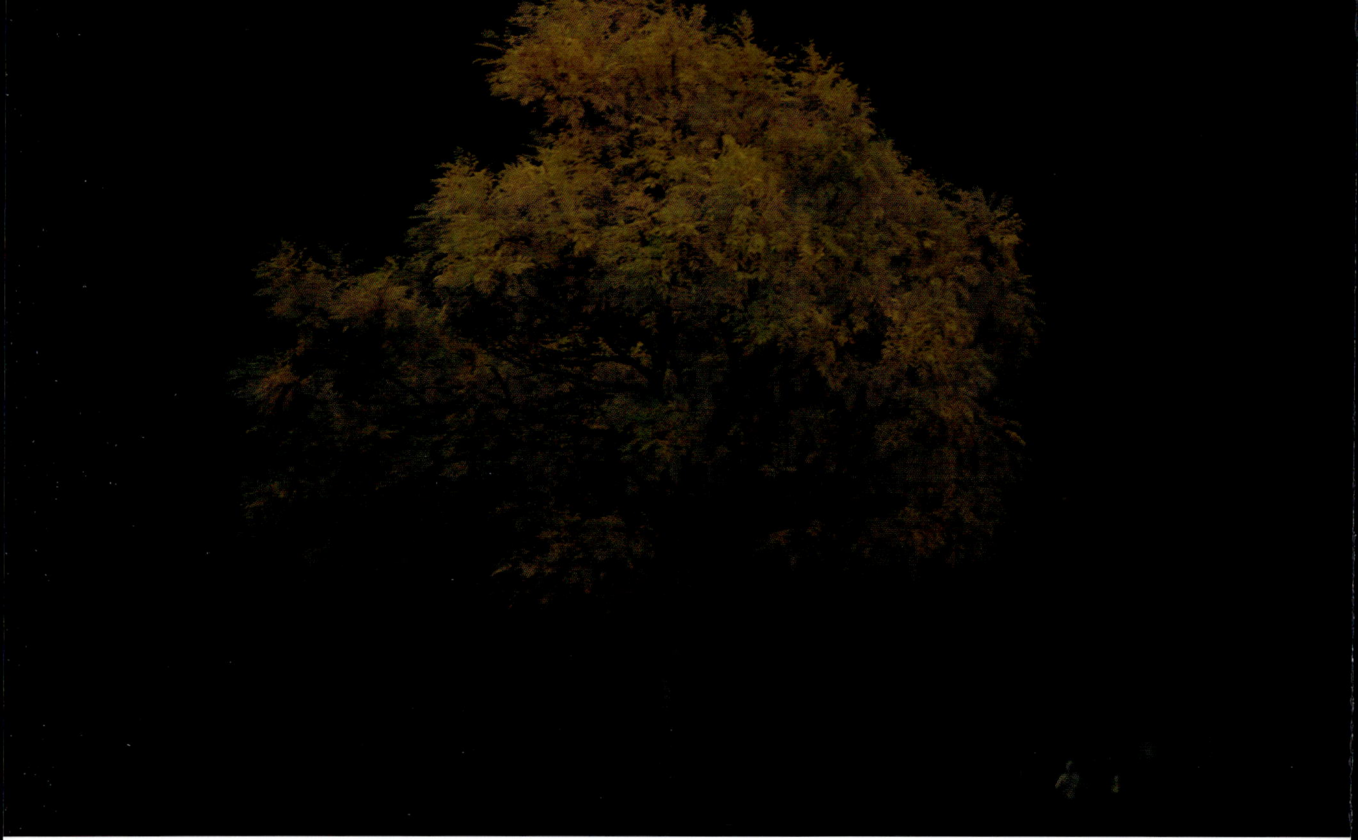

LOW REGISTER

Dieser Stil ist eine Feier der Schatten und huldigt dem Dunklen und Geheimnisvollen. Dabei geht es nicht unbedingt um Nachtaufnahmen, sondern um Szenen ohne direktes Licht, die bewusst dunkel gehalten werden.

Dieses Thema habe ich bereits in Kapitel 5 aufgegriffen, insbesondere im Abschnitt zu den fliehenden Schatten auf Seite 112 am Beispiel der Kürbisse. Diese Regeln gelten auch für diesen besonderen Stil. Die eher expressiven Qualitäten von großen Schattenbereichen haben Sie bereits kennengelernt: geheimnisvoll, ungewiss, nuanciert und mit verborgenen Details. Eine natürliche Steigerung dieser Anmutung ist, die gesamte Szene in Schatten zu hüllen. Von einem konventionellen Standpunkt aus betrachtet, handelt es sich um unterbelichtete Aufnahmen oder eine Fehlfunktion des Kamerasensors. In Bezug auf Atmosphäre, Stimmung und Gefühl kann es jedoch absolut gerechtfertigt sein, in den Schatten zu verweilen. Das gelingt mit dem Low-Register-Stil.

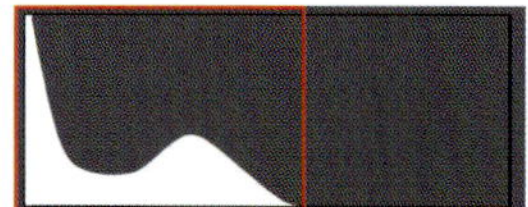

Beim reinen Low-Register-Stil beschränkt sich der Tonumfang auf die linke Hälfte des Histogramms. Dadurch fallen hellere Bereiche, wie im Bild oben die Baumkrone und die gerade noch erkennbaren Menschen, in den Bereich der dunkleren Mitteltöne.

Ein paschtunischer Arbeiter in einem Getreidelager in Peshawar, Pakistan.

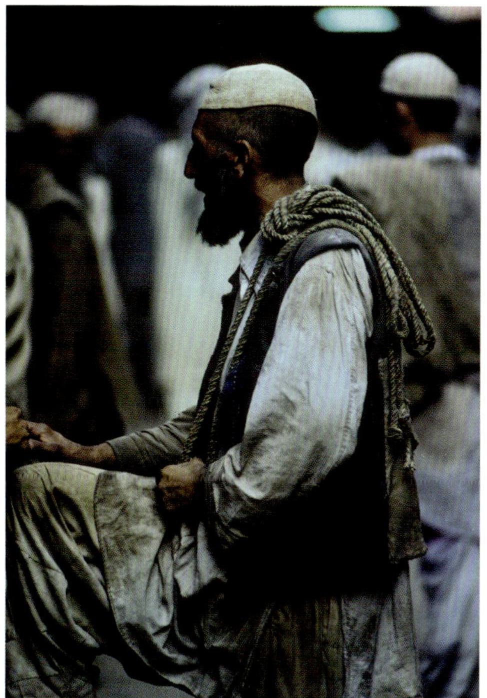

Ähnlich wie auf Seite 152 mit dem Begriff *High Key* möchte ich es vermeiden, dass *Low Register* mit *Low Key* verwechselt wird, obwohl es Gemeinsamkeiten gibt. Über die genaue Definition von Low Key gibt es keine breite Übereinstimmung. Einige verstehen darunter das Stimmungsbild des Film Noir oder hohe Kontraste mit Schwerpunkt auf Schwarz und schmalen Lichtstreifen. Man könnte beispielsweise das Kantenlicht auf Seite 78 als Low Key bezeichnen. Low Register unterscheidet sich fundamental davon, da der gesamte Tonumfang der Aufnahme auf den linken (dunklen) Bereich des Histogramms beschränkt ist, wodurch lediglich niedrige bis mittlere Kontraste entstehen. In Sachen Belichtung und Entwicklung weicht die Low-Register-Fotografie weit vom Standard ab. Dennoch wird sie von einigen bekannten Fotografen geschätzt und angewendet, darunter W. Eugene Smith, Hiroshi Sugimoto, Bill Brandt und Baud Postma.

Die Beschränkung auf einen sehr schmalen Tonumfang widerspricht den üblichen Regeln der Fotografie und auch vielen Verfahrensweisen, die ich Ihnen in diesem Buch vermittelt habe. Anstatt den Tonwertumfang zu erweitern, wird dieser bewusst eingeschränkt: Es gibt keine hellen Mitteltöne, keine Lichter und kein reines Weiß. Großen Einfluss auf die Low-Register-Fotografie hatte der japanische Autor Jun'ichirō Tanizaki mit seinem im Jahr 1933 erschienenen Buch *Lob des Schattens*. Tanizaki setzte sich darin hauptsächlich mit den Unterschieden zwischen der japanischen und den westlichen Kulturen auseinander und argumentierte dabei äußerst elegant: »Wir finden die Schönheit nicht in den Dingen selbst, sondern in den Mustern der Schatten, in Licht und Dunkelheit, die durch das Zusammenspiel der Elemente entstehen … ohne Schatten würde es keine Schönheit geben.« Als Erklärung dafür definierte er »unsere Vorfahren, die gezwungen waren, in dunklen Räumen zu leben und deshalb die Schönheit in den Schatten erkannten«. Demnach handelt es sich quasi um das Gegenteil von Platons Höhlengleichnis, in dem die Schatten für eine verzerrte und unvollständige Version der Realität standen, die sich ihrerseits nur im Licht entfalten kann.

Ein von der späten Nachmittagssonne erleuchteter Saatkasten der Shaker aus dem 19. Jahrhundert, der bewusst dunkel belichtet wurde.

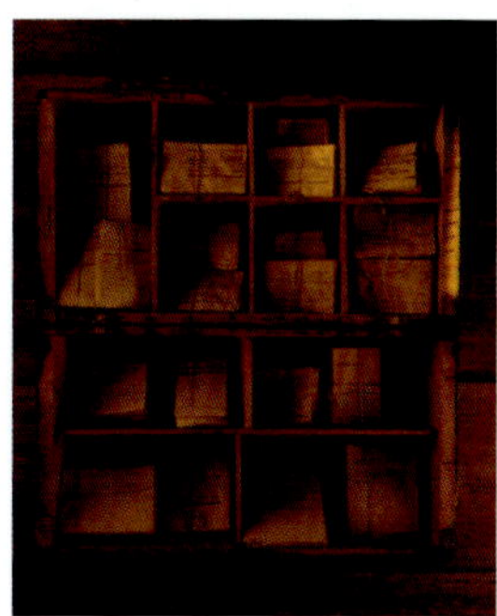

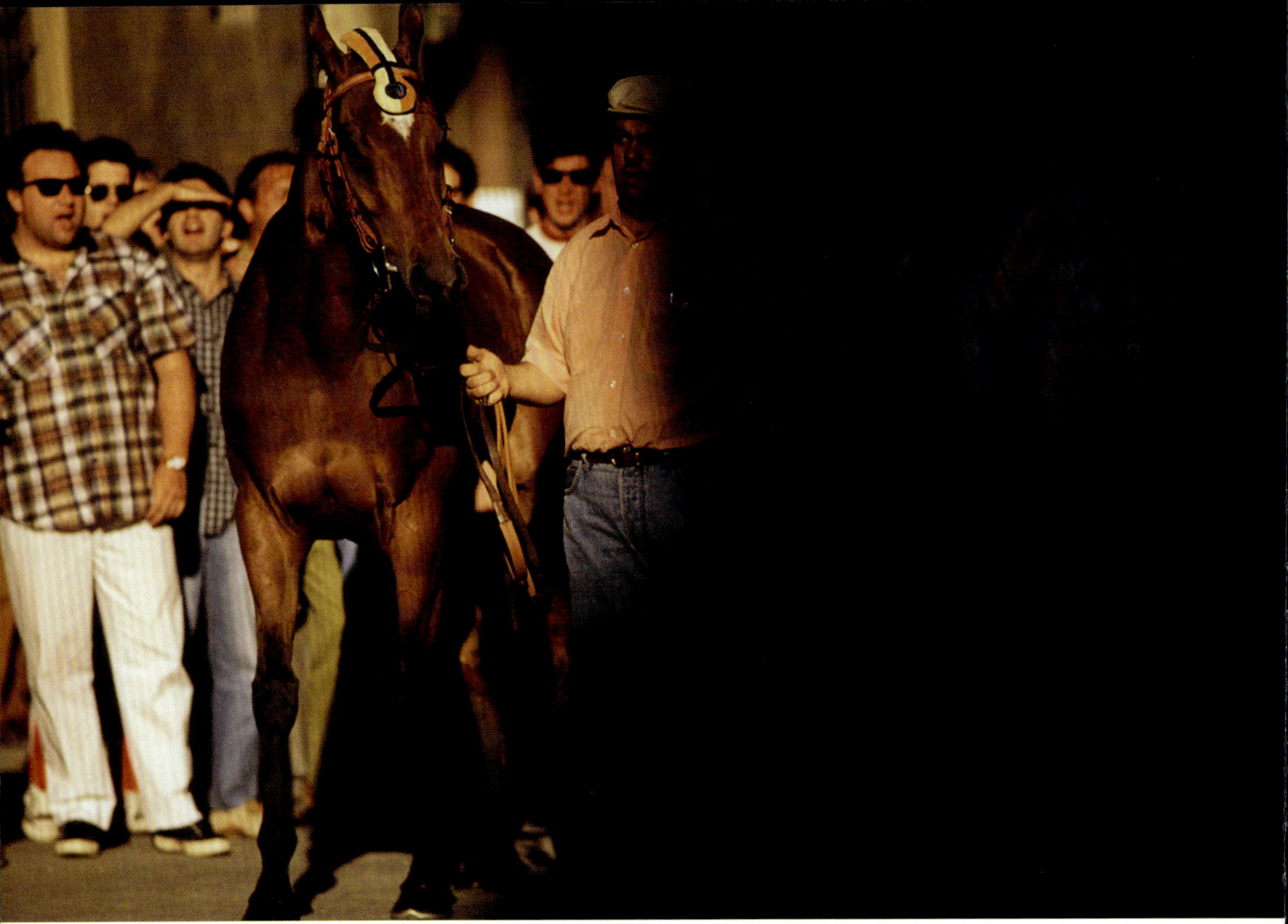

SCHATTENFALL

Eines der größten Probleme bei sorgfältig und mit präzisem Timing ausgeleuchteten Szenen ist ihre große Verbreitung, die mit einer gewissen Beliebigkeit einhergeht. Je mehr solcher Aufnahmen Sie zu Gesicht bekommen, desto vorhersehbarer und langweiliger erscheinen diese.

Dieses Schicksal holt alle Stile ein, die gemeinhin akzeptiert und damit regelmäßig herangezogen werden – ihre stilbildende Wirkung lässt nach. Deshalb empfiehlt es sich, einer Szene eine gewisse Ambivalenz und Unvorhersehbarkeit zu verleihen, auch wenn Sie damit die potenzielle Zielgruppe verkleinern.

Wenn sich eine Szene klar in helle und dunkle Bereiche untergliedern lässt, befindet sich das Hauptmotiv üblicherweise im Licht. Das mag selbstverständlich klingen, doch wie wir in den Kapiteln zu Lichtern und Schatten gesehen haben, können

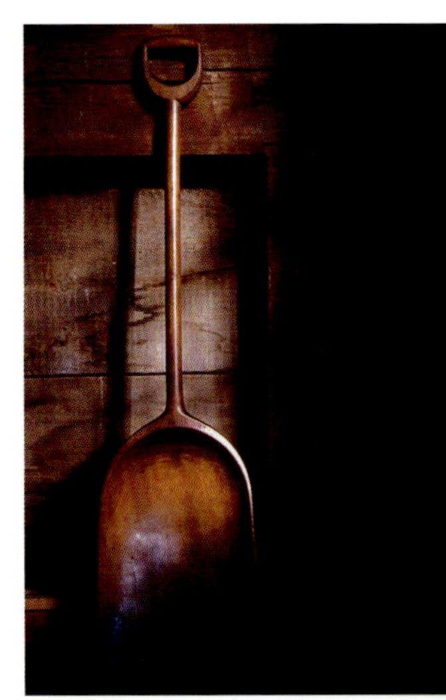

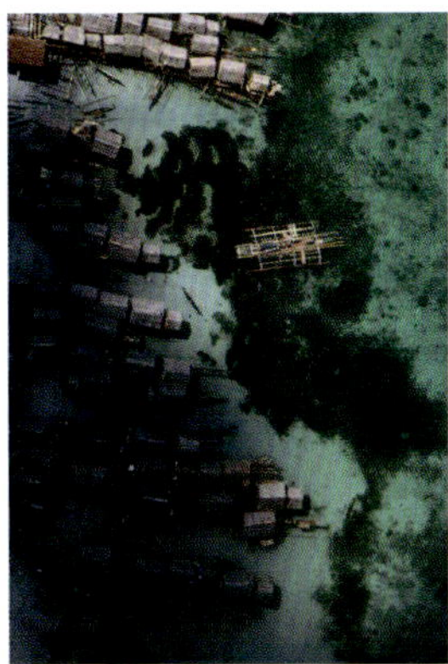

Luftaufnahme eines Küstenorts auf der südphilippinischen Insel Jolo im Sulu-Archipel. Die Schatten von Wolken verhüllen einen Großteil der Hüttendächer.

Ein Pferd vor dem jährlichen Palio-Rennen in Siena. Die klare Grenze zwischen Licht und Schatten separiert das Tier vom Menschen.

Fotografen eine Vielzahl von Entscheidungen treffen, wenn es um die Gewichtung und das gesamte Erscheinungsbild geht. Sie können Ausschnitt, Belichtung und Entwicklung an die Schatten anpassen. Nichtsdestotrotz wird ein klar erkennbares Motiv auch dann ins Licht gerückt. Dabei können Sie auch den stilistischen Weg der Ambivalenz einschlagen, der zu einem geheimnisvollen und faszinierenden Bildeindruck führt. So können Sie bewusst die gültigen Regeln der Fotografie ignorieren, indem Sie beispielsweise die Grenze zwischen Licht und Schatten mitten durch das Hauptmotiv laufen lassen, beispielsweise durch das Gesicht einer Person. Mit einer solchen Maßnahme rechnen die Betrachter nicht, was ein Bild interessanter macht, denn das Überschreiten von Grenzen generiert Aufmerksamkeit. Ähnlich wie beim tageszeitabhängigen und flüchtigen Licht auf den Seiten 28 bis 31 vermittelt dieser Stil ein gewisses Maß von Unsicherheit und das greifbare Gefühl des Übergangs von einem Status in einen anderen. Die Kanten von Schatten sind unter natürlichem Licht einer ständigen Bewegung ausgesetzt. Wie bei Schatten im Allgemeinen und bei fliehenden Schatten (Seite 112) im Speziellen werden die Betrachter dazu angeregt, die Schatten nach Dingen zu erforschen, die sich darin verbergen könnten.

Solchen Bildern haftet stets der Eindruck von Unvollkommenheit an. Kreativität in jeglicher Ausprägung erhebt jedoch nicht den Anspruch auf Perfektion, wobei diese gerade in der Fotografie mit ihren weitreichenden technischen Möglichkeiten zur Einstellung und Nachbearbeitung vorausgesetzt wird. Die im Unvollkommenen verborgene Schönheit ist der Gegensatz von offensichtlicher Ästhetik und ein zentraler Aspekt des japanischen *wabi-sabi*, das seine Wurzeln im chinesischen Taoismus hat. Ohne allzu sehr ins Philosophische abzudriften, können Schatten und deren Kanten von dieser Betrachtungsweise profitieren. Mit gutem Timing und sorgfältig ausgewähltem Blickwinkel können Sie unter natürlichen Bedingungen Ihren ganz eigenen Beleuchtungsstil erschaffen.

Ein Mann kehrt den Boden einer Kirche in Mexiko.

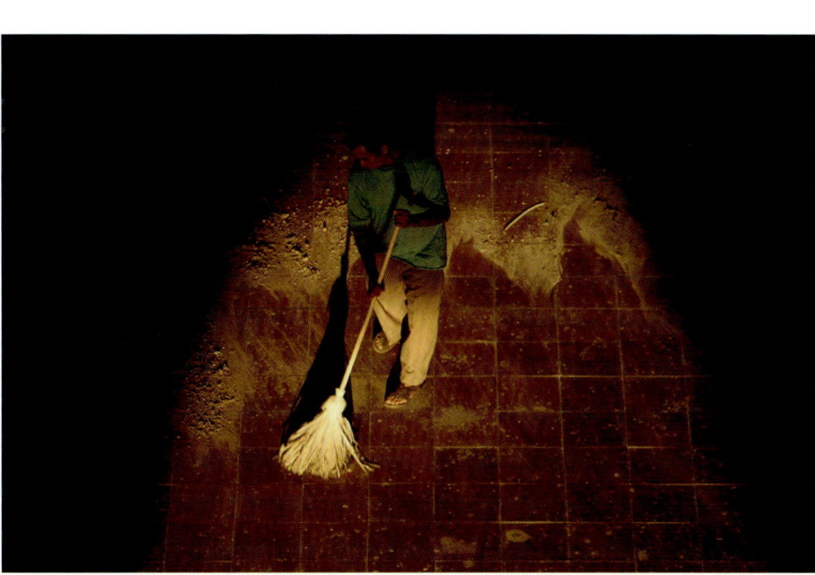

Eine hölzerne Schaufel der Shaker aus Neuengland

INTENSITÄT À LA CARAVAGGIO

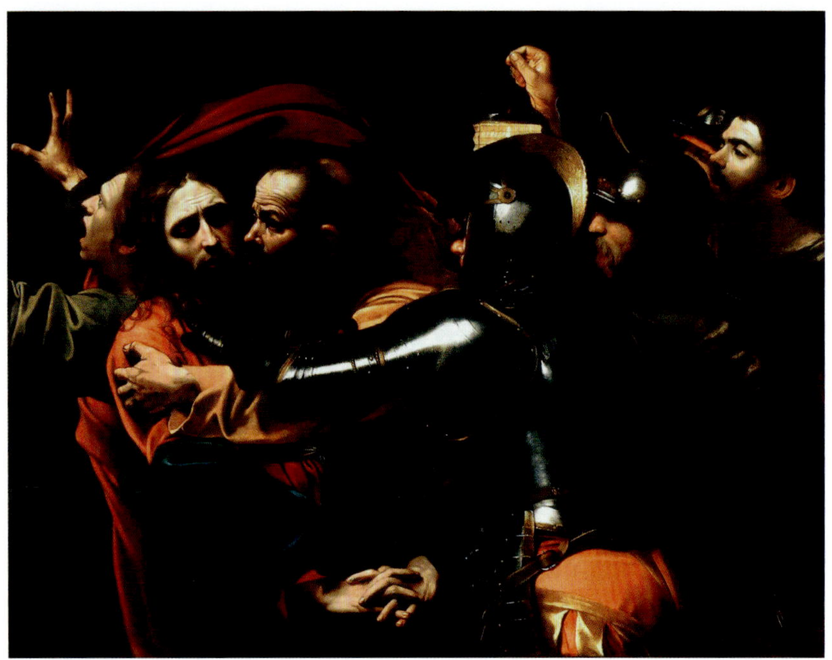

Die Gefangennahme Christi von Michelangelo Merisi da Caravaggio, 1602

Ein buddhistischer Mönch in Lijiang, China. Das grelle Sonnenlicht und die schattige Gasse im Hintergrund bilden zwei geometrische Blöcke: einer ist unregelmäßig geformt, der andere ein Dreieck. In Kombination mit dem dezent beleuchteten Gesicht, das die Reflexionen der Kleidung aufnimmt, reichen die hellen Bereiche gerade aus, um die Figur anzudeuten.

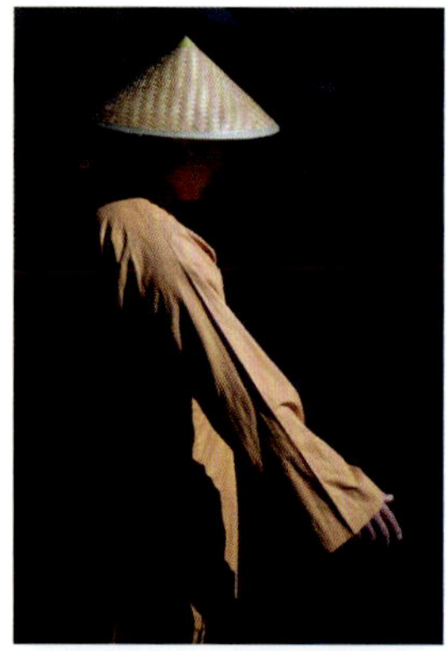

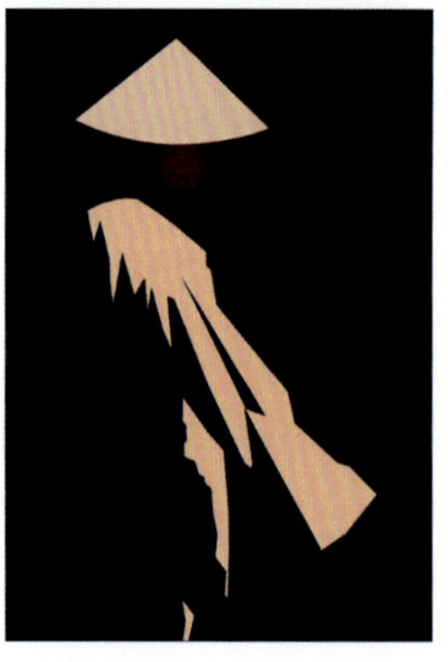

Michelangelo Merisi da Caravaggio, der zu Beginn des 17. Jahrhunderts in Mailand wirkte, ist wie auch Vermeer einer der Maler, die einen großen Einfluss auf die spätere Fotografie hatten. Sein Stil könnte nicht unterschiedlicher von der holländischen Malerei sein, abgesehen von einem Hang zum Naturalismus – und genau deswegen funktioniert dieser Stil auch hervorragend mit der Kamera.

Oberflächlich betrachtet, erschafft Caravaggio Dramatik aus extremer Dunkelheit. Die Hintergründe sind nahezu vollständig schwarz, ebenso die Schatten mit ihren harten Kanten. Doch dieser Stil geht bei näherer Betrachtung noch viel tiefer. Die Lichteffekte sind kompromisslos in ihrer Härte – ohne jeden Ansatz, das Schöne im Licht zu finden. In diesem Sinne ist der Lichteffekt unkonventionell, man könnte also sagen, ehrlicher als eine ausgeklügelte und kontrollierte Beleuchtung im Atelier. Auf die Fotografie übertragen, handelt es sich um das harte Licht einer einzelnen, kleinen Lichtquelle vor einem sehr dunklen bis schwarzen Hintergrund. Diese Lichtquelle kann, wie im Bild rechts, die Sonne bei wolkenlosem Himmel sein oder eine unverkleidete Lampe im Studio oder, wie im Bild auf der rechten Seite, ein kleines Fenster in einem dunklen Raum. Der wichtigste Aspekt ist die dunkle Umgebung, die idealerweise bis zu den

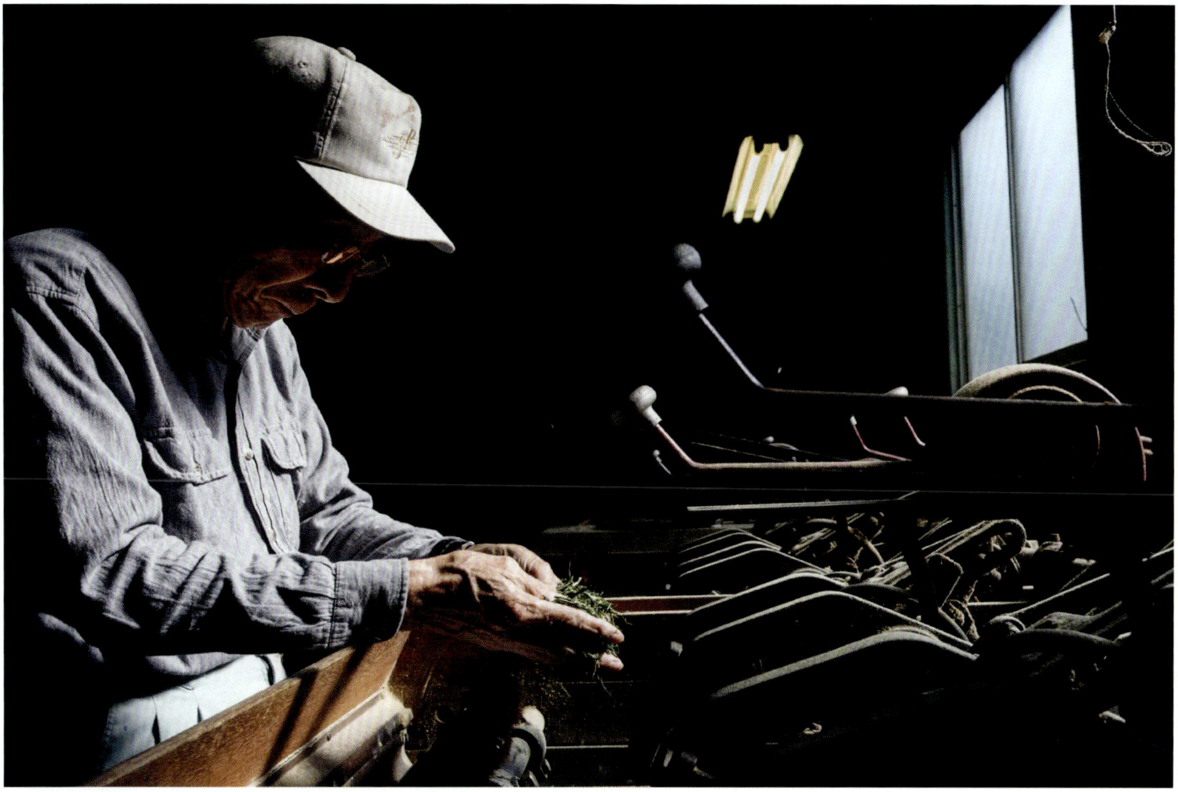

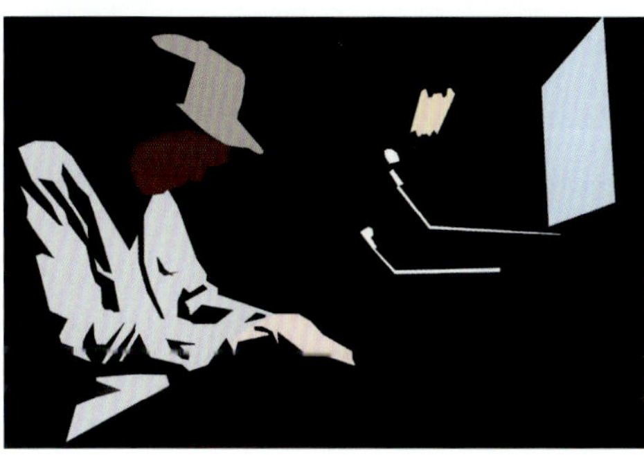

Grenzen des Ausschnitts reichen sollte. Das erinnert an das Hintergrund-Szenario aus Kapitel 5, »Schattenlande«, wobei hier eine eher ausgewogene und abgerundete Beleuchtung zum Einsatz kommen sollte. Mehr als bei allen anderen Stilen kommt es auf klar erkennbare und unterscheidbare Schatten an, sodass Sie der Versuchung widerstehen sollten, die Schatten während der Nachbearbeitung zu öffnen. Daraus ergeben sich zwei nützliche Zusatzeffekte. Erstens bieten stark kontrastierende Hell-Dunkel-Bereiche das grafische Potenzial für ein Spiel mit erkennbaren Formen – quasi Chiaroscuro im modernen, kompositorischen Sinne. Zweitens sticht das beleuchtete Motiv auf dramatische Weise hervor, und zwar mit maximaler Intensität. Das ist natürlich nicht gerade subtil, doch diese Eigenschaft kann man auch Caravaggio selbst nicht gerade zusprechen. Darüber hinaus erregt ein solches Bild auch dann Aufmerksamkeit, wenn es sehr klein dargestellt wird, was in Zeiten von Miniaturansichten auf Handybildschirmen einen entscheidenden Vorteil bringen kann.

↑ Ein japanischer Arbeiter in einer traditionellen Tee-Manufaktur, beleuchtet von einem kleinen Fenster in einem Raum, der zu groß für etwaige Reflexionen ist. Das Gesicht des Mannes wird hauptsächlich durch die Lichtreflexionen von seinem Hemd beleuchtet. Der starke Kontrast zwischen der sanften und warmen Durchzeichnung des Gesichts und dem harten Licht auf der Kleidung macht den ganz besonderen Reiz dieser Aufnahme aus. Der Gesamtkontrast wurde bei der Bearbeitung leicht erhöht, um die Schatten zu intensivieren.

LOKALE PRÄGNANZ

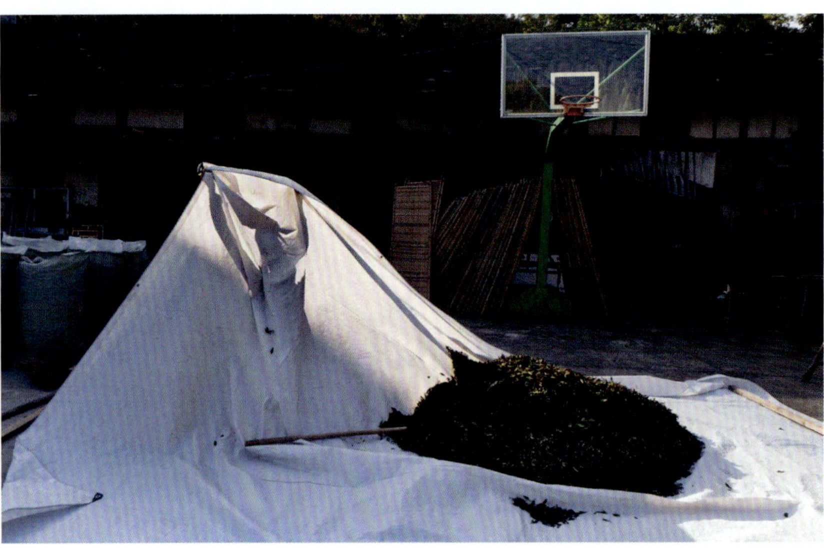

Beleuchtungsstile müssen nicht immer allumfassend und ausgeklügelt sein. Bereits der Umgang mit Licht in kleinen Bereichen einer Szene kann stilbildend sein, wie es bei der lokalen Prägnanz der Fall ist. Der Caravaggio-Ansatz aus dem letzten Abschnitt sorgt auch hier für einen maximalen Kontrast zwischen Hintergrund und Motivbereichen, sodass auch weit entfernte Elemente in einer hellen Umgebung lichttechnisch hervorgehoben werden können.

Dieser Stil basiert auf einer nützlichen Technik, die den Blick auf einen kleinen Bereich innerhalb der Szene zieht, wodurch größere Ausschnitte und großzügigere Kompositionen möglich werden. Wie ich Ihnen im ersten Teil dieser Buchreihe sowie im Abschnitt über Silhouetten auf Seite 127 demonstriert habe, sind klein dargestellte Motive in einer ausgedehnten Szene – »Figuren in einer Landschaft« – ein gern verwendetes Stilmittel. Allerdings ist eine Methode erforderlich, um die Aufmerksamkeit auf diese Figur zu lenken. Sie können den Blick ganz langsam oder schneller lenken, um das Motiv zu enthüllen oder es direkt zu präsentieren oder um es wie im Beispiel hier durch hohe lokale Kontraste hervorzuheben. Im vorangegangenen Buch habe ich das Konzept der Salienz beschrieben und deren hohen

↗ Wie im Text beschrieben, sorgen die Silhouetten der Pferdebeine vor dem aufgewirbelten Staub für eine starke lokale Prägnanz, die den Blick der Betrachter trotz der geringen Abbildungsgröße auf sich zieht.

↖ Ein Teebauer in Fujian, China, bei der Arbeit mit sonnengetrockneten Teeblättern am späten Nachmittag. Sein Schatten wird auf die weiße Plane geworfen und erzeugt damit einen stark kontrastierenden Bereich mit hoher Salienz, der die Situation in dieser nicht auf den ersten Blick in ihrem ganzen Umfang erfassbaren Szene auflöst.

→ Obwohl der Jogger nur einen winzigen Bereich im Bild einnimmt, zieht der starke Kontrast zwischen seiner dunklen Silhouette vor dem hellen Morgennebel die Blicke auf sich.

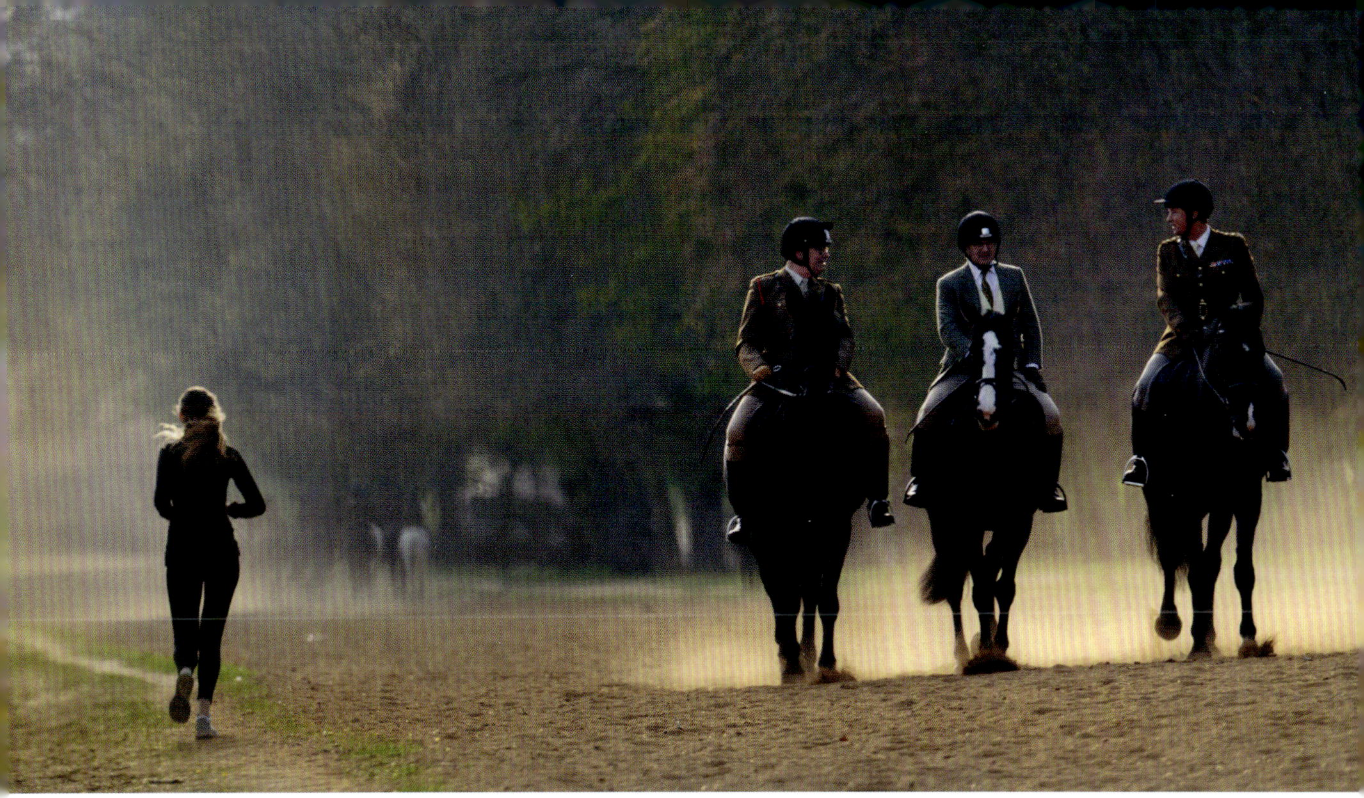

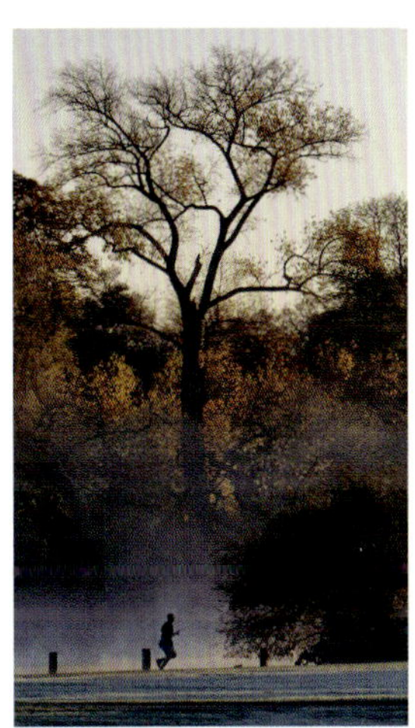

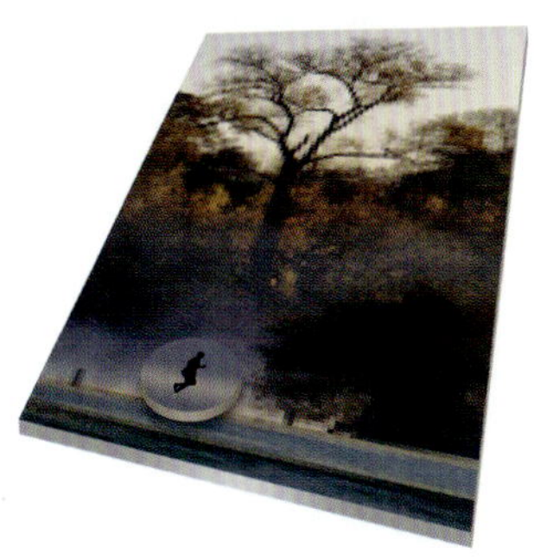

Aufmerksamkeitswert per Eye-Tracking-Technologie illustriert. Sowohl menschliche Umrisse als auch Areale mit hohem Kontrast zeichnen sich durch eine große Salienz aus. Kombinieren Sie diese beiden Stilmittel, erhalten Sie einen mächtigen visuellen Anker. Selbst wenn dieser Bildbereich nur wenig Raum in einer Szene einnimmt, wird er die Aufmerksamkeit der Betrachter auf sich ziehen, wie an der Panorama-Aufnahme oben gut zu erkennen ist. Dieses Foto zeigt den breiten Reitweg am Rande des Londoner Hyde Park, der als Rotten Row bekannt ist. Als ich die drei ins Gespräch vertieften Reiter zu Gesicht bekam, hatte ich zunächst eine Tele-Aufnahme im Sinn, in der die drei Männer und ihre Pferde den Bildausschnitt komplett ausfüllen. Auf den zweiten Blick fiel mir jedoch der von den Hufen aufgewirbelte Staub ins Auge, der von der Morgensonne beleuchtet wurde. Die Silhouetten der Pferdebeine bildeten zusammen mit dem aufgewirbelten Staub einen Bereich mit sehr hohem Kontrast, der auch bei einer kleineren Abbildungsgröße die nötige Aufmerksamkeit auf sich ziehen würde. Das ermöglichte mir eine Erweiterung des Sichtfelds aufs Panoramaformat, das vom Geländer am linken Bildrand bis zu den Bäumen am rechten Rand reicht. Die Läuferin mit dem hintergrundbeleuchteten Haar setzte einen interessanten Kontrapunkt zu den drei Reitern, wobei ich lediglich auf das richtige Timing achten musste.

Keiner dieser Aspekte ist besonders überraschend, doch in der Kombination definieren sie durchaus einen eigenen Stil. Das Herausarbeiten der lokalen Prägnanz ermöglicht die kleinere Darstellung wichtiger Motive innerhalb eines größeren Kontexts, was einen erkennbaren Unterschied zur formatfüllenden Abbildung des Hauptmotivs macht.

HARTE SCHNITTE

Diesen Stil könnte man als revolutionär oder zumindest unkonventionell bezeichnen, denn er steht in krassem Widerspruch zu den gemeinhin akzeptierten Standards zur Ausleuchtung von Motiven. Hierbei stellt sich eine fundamentale Frage: Fotografieren wir der bloßen Schönheit wegen oder nehmen wir die Kamera zur Hand, weil wir Neues entdecken und ausprobieren möchten?

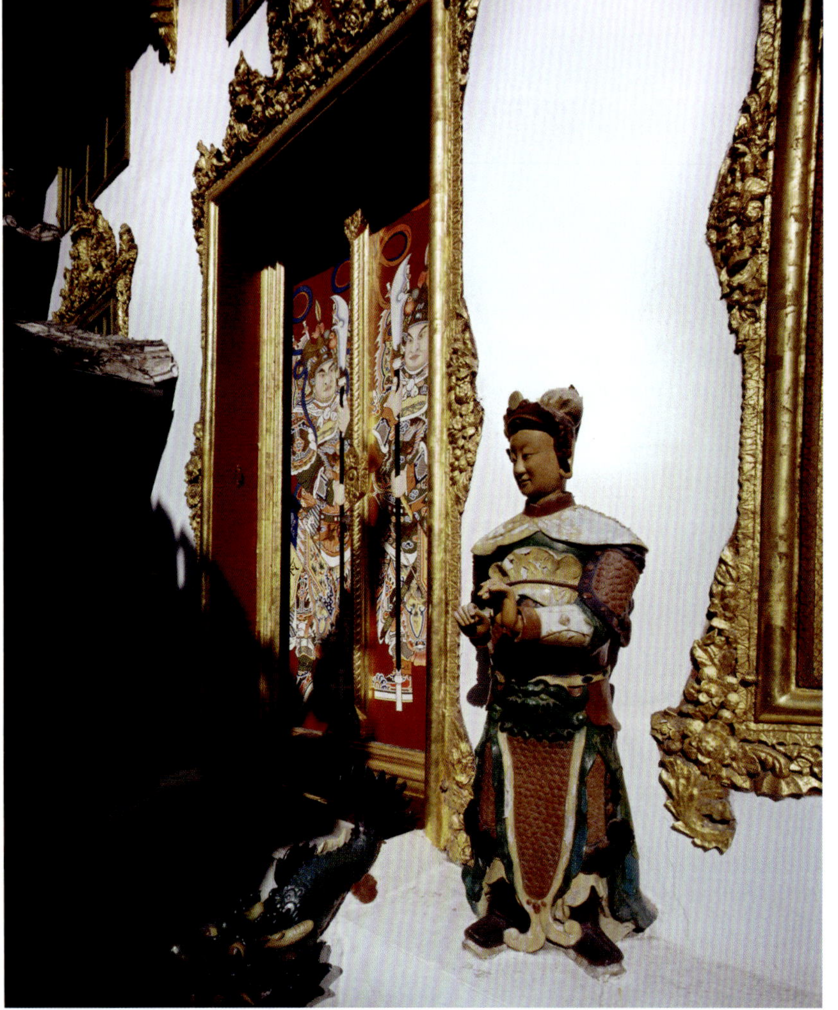

Die hoch stehende tropische Sonne über dem Innenhof des Großen Palasts von Bangkok war eine unkonventionelle Wahl zur Beleuchtung einer Architekturaufnahme. Doch die Strenge des Lichts sorgte zusammen mit der weißen Wand für einen prägnanten Scherenschnitt-Effekt. Im Histogramm spiegelt sich die Konzentration der Tonwerte auf die Schatten und Lichter wider.

Diese Studioaufnahme einer Knoblauchzehe auf einem Steak wurde mit dem konzentrierten Licht eines Spots angestrahlt, wobei auf ein Fülllicht für die Schatten verzichtet wurde (die weiße Haut des Knoblauchs bildet selbst einen kleinen Reflektor). Der Streifwinkel des Lichts unterstreicht die Textur des Rindfleischs.

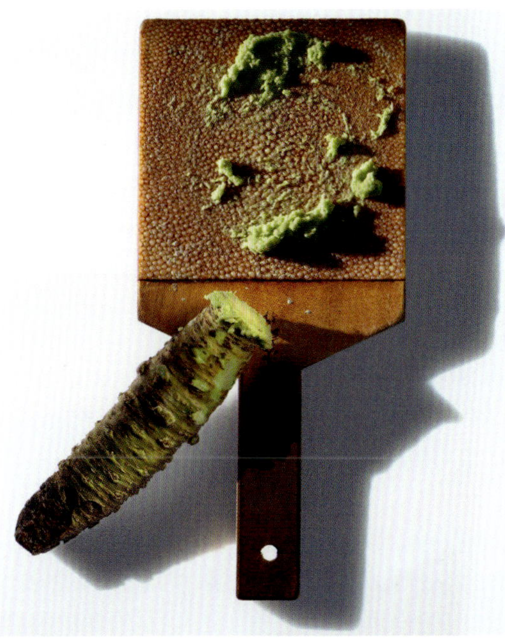

Das betrifft vor allem die Beleuchtung, und Sie haben im Verlauf dieses Buches die besondere Eigenschaft von Licht und Schatten kennengelernt, bestimmte Motive besonders schmeichelhaft in Szene zu setzen. Attraktivität ist das konventionelle Ideal, birgt jedoch wenig Raum für Überraschungen. Das gilt insbesondere für die Auftragsfotografie im Studio und wird in diesem Gerne auch vorausgesetzt. Die Beauty-Beleuchtung (siehe Seite 56) ist ein perfektes Beispiel für ausgeklügelte Techniken, die zu einem von den meisten Menschen akzeptierten Ergebnis führen. Gleiches gilt für Stillleben, die im Studio entstehen, wo es auf die Präsentation des Volumens und der Textur des Motivs ankommt. All diese Techniken basieren auf einem einzelnen großen Lichtpaneel, wie Sie an den Beispielen auf den Seiten 55 bis 59 sehen können. Das holländische Nordlicht (siehe Seite 156) und das Licht von oben (siehe Seite 58) setzen auch auf dieses simple Prinzip. Gerichtetes und gleichzeitig weiches Licht für sanfte Schattenwürfe wurde zuerst in den New Yorker Studios der 1950er-Jahre eingeführt und gilt seither als Standard. Davor haben die Studioscheinwerfer harte Schatten erzeugt, und die großen Glamour-Fotografen wie George Hurrell, Horst P. Horst oder George Hoyningen-Huene haben damit gearbeitet und nicht dagegen angekämpft. Sie haben die Schatten gekreuzt, gefüllt und möglichst viele davon aus allen Winkeln entstehen lassen. Für den neuen, weichgezeichneten Stil wurden präzise Leuchtmittel konzipiert, die den beherrschenden, über den Motiven angebrachten Lichtpaneelen zur Seite standen.

↑ Die Reibe mit frischem Wasabi wird aus niedrigem Winkel und großer Entfernung von einem Studiostrahler beleuchtet, was in einem harten Schattenwurf resultiert. Durch das Fülllicht eines Reflektors bleiben die Details in den Schatten erhalten, ohne den Scherenschnitt-Charakter der Aufnahme zu beeinträchtigen.

Aus diesem Grund versuche ich in diesem Kapitel, die standardisierten und gewöhnlich wirkenden Vorgehensweisen zu hinterfragen und wie viele Fotografen und Artdirectors nach neuen Wegen zu suchen. Selbst das Publikum beginnt sich zu langweilen, und so hat dieser scherenschnittartige Stil mit seinen harten, prägnanten Schatten und hohen Kontrasten über die letzten Jahre hinweg eine gewisse Akzeptanz erfahren. Es ist eine Wiedergeburt des in den 1930er-Jahren verbreiteten Stils mit mehreren harten Lichtern und den dadurch entstehenden Schatten. Ein kleiner, präzise fokussierender Spot oder eine nackte Lampe bilden einen guten Ausgangspunkt. Draußen übernimmt die Sonne bei klarem Himmel diese Rolle. Der gleiche Effekt lässt sich in einem kontrollierten Setting nicht so leicht herstellen, da er dann am stärksten ausfällt, wenn sich die Lichtquelle in großer Entfernung zum Motiv befindet, wofür der Platz in normal dimensionierten Räumen meist nicht ausreicht. Der Winkel des Lichts bestimmt über die Länge und Verzerrung der Schlagschatten (siehe Seite 124), während die Dichte über Fülllichter oder dunkle Hintergründe kontrolliert werden kann.

Bei diesem Ansatz stellt sich jedoch die Frage, wie viele Betrachter zugunsten dieses frischen Stils dazu bereit sind, auf die konventionelle Attraktivität der herkömmlichen Beleuchtung zu verzichten.

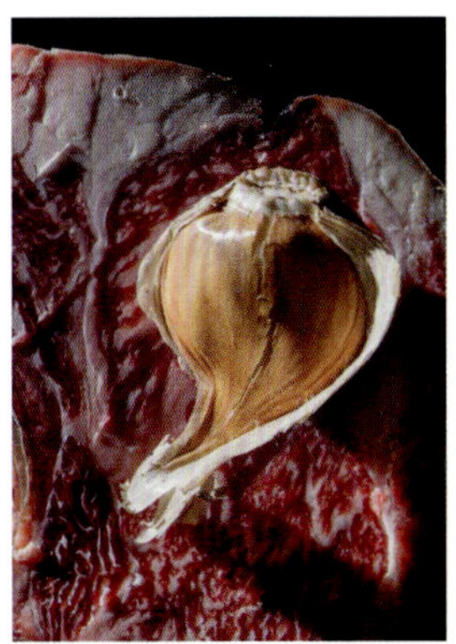

STILLES LICHT

Hierbei handelt es sich um einen Beleuchtungsstil, der technisch nicht so leicht zu definieren ist, obwohl er in seinem Erscheinungsbild recht offensichtlich ist und einen hohen Wiedererkennungswert aufweist. Er steht in krassem Gegensatz zu den vier zuvor vorgestellten Stilen, da er keine Extreme wie »weich bis hart« oder »ruhig bis dramatisch« in sich vereint. Er geht oft Hand in Hand mit einem zurückhaltenden Umgang mit dem Motiv, der Komposition und der Farbe.

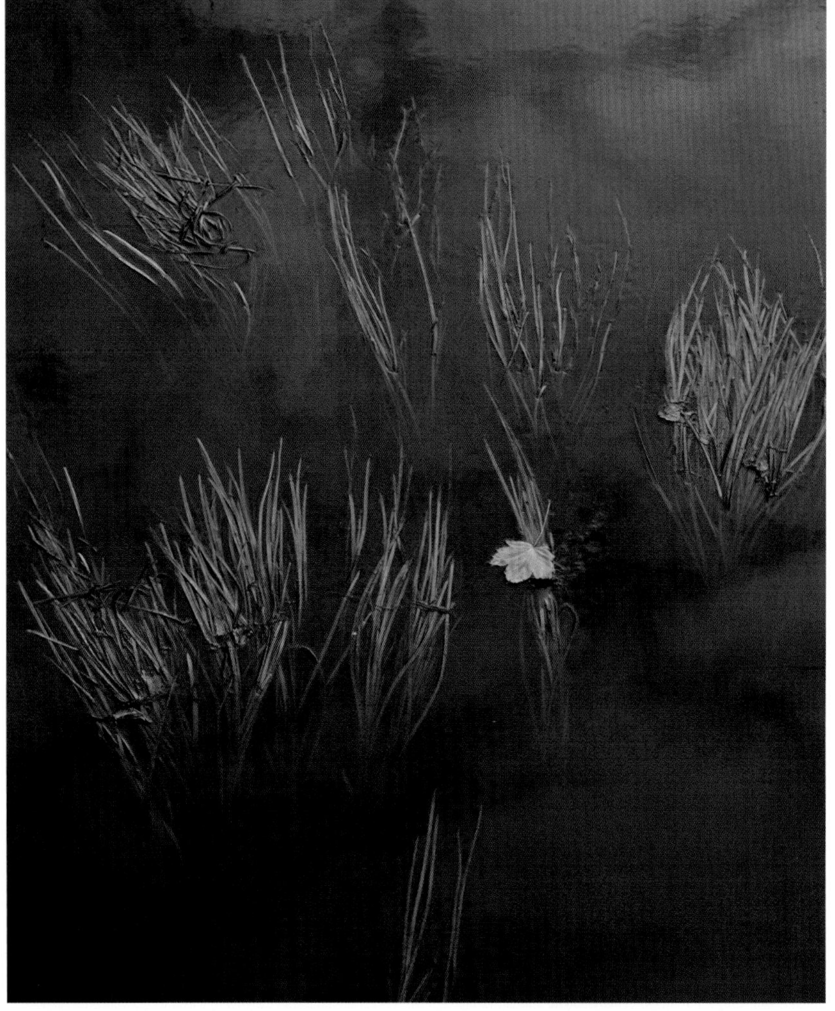

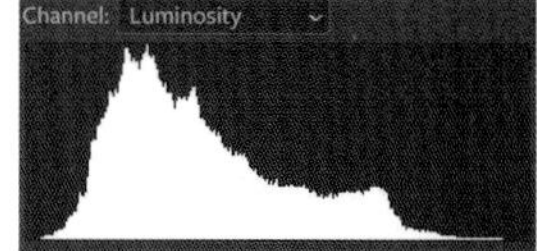

Ein seichtes Flussbett im teilweise milchig wirkenden Licht eines bedeckten Himmels am Ende des Tages. Allerdings zeigen einige Wolkenlücken ihre Reflexionen im Wasser. Die niedrige Farbsättigung unterstützt den Effekt. Das Histogramm zeigt auf, wie sich die Töne hauptsächlich in einer Hälfte konzentrieren und dass weder Schatten noch Lichter vorhanden sind.

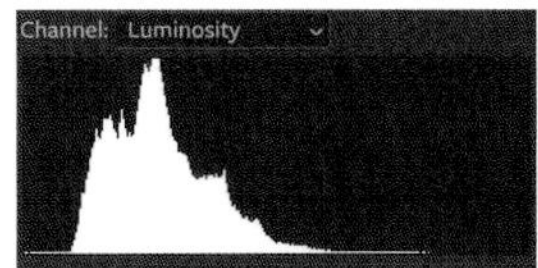

Obwohl diese Aufnahme durch herkömmliche Leuchtstoffröhren ausgeleuchtet wurde, glättet die niedrige Schärfentiefe mit einer Blende von *f*/1,4 das Licht und trägt damit zur ruhigen Bildwirkung bei. Auch hier konzentrieren sich die Tonwerte in einer Hälfte des Histogramms ohne prägnante Schatten und Lichter.

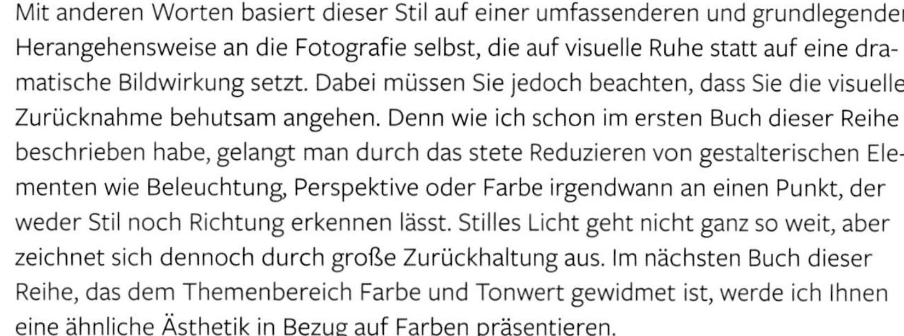

Mit anderen Worten basiert dieser Stil auf einer umfassenderen und grundlegenden Herangehensweise an die Fotografie selbst, die auf visuelle Ruhe statt auf eine dramatische Bildwirkung setzt. Dabei müssen Sie jedoch beachten, dass Sie die visuelle Zurücknahme behutsam angehen. Denn wie ich schon im ersten Buch dieser Reihe beschrieben habe, gelangt man durch das stete Reduzieren von gestalterischen Elementen wie Beleuchtung, Perspektive oder Farbe irgendwann an einen Punkt, der weder Stil noch Richtung erkennen lässt. Stilles Licht geht nicht ganz so weit, aber zeichnet sich dennoch durch große Zurückhaltung aus. Im nächsten Buch dieser Reihe, das dem Themenbereich Farbe und Tonwert gewidmet ist, werde ich Ihnen eine ähnliche Ästhetik in Bezug auf Farben präsentieren.

Dieser Stil lässt sich am besten über die Behandlung der Lichter und Schatten definieren, wobei die Mitteltöne weitgehend unberührt bleiben. Lichter sind zwar präsent, aber werden gedämpft dargestellt, sodass sie nur selten in die Nähe von reinem Weiß kommen. Schatten sind dagegen so gut wie nicht vorhanden – keine Schattenkanten und auch keine Schlagschatten. Diese Vorgehensweise ist Bestandteil einer lang anhaltenden, historischen Debatte über die Abbildung von Schatten. Geschmack und Mode sind dabei ständigen Veränderungen unterworfen, wobei aktuell gerade der Trend zu weichen Schatten geht, was bis zur völligen Abwesenheit wie in diesem Stil reicht. Leonardo da Vinci, dessen Ansichten stets einen Blick wert sind, schrieb Folgendes: »Die Trennung von Licht und Schatten mit zu hoher Präzision führt zu einer sehr schlechten Wirkung.« Stattdessen schlägt er vor: »Durch einige transparente Wolken zwischen Sonne und Motiv sind die Schattenkanten nicht mehr wahrnehmbar und die Schatten erscheinen weicher.«[1]

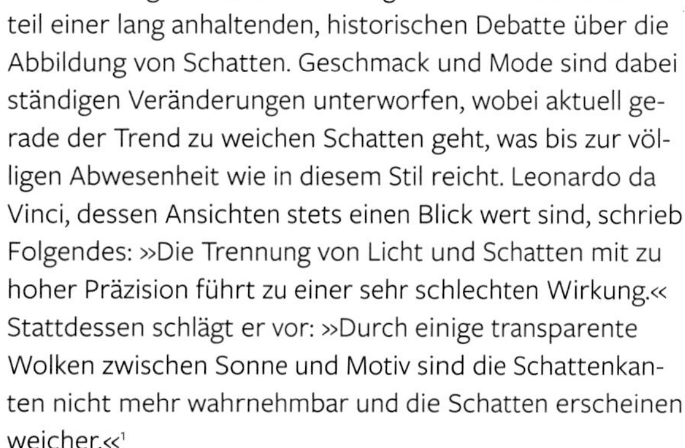

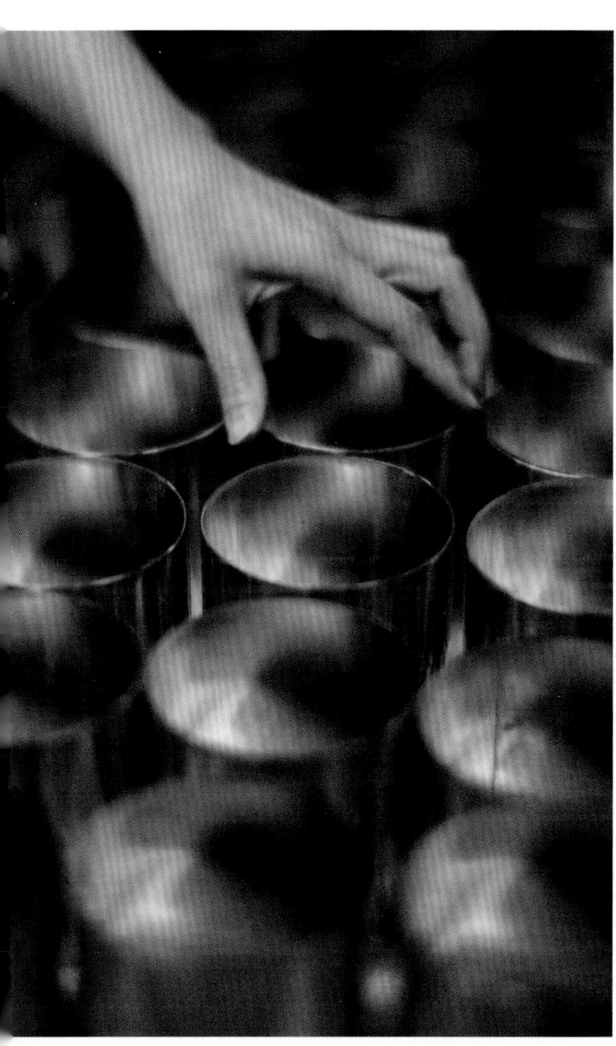

Unter den grundlegenden Szenarien aus Kapitel 3 sind die Varianten des einhüllenden Lichts (Seite 76) und des axialen Lichts (Seite 66) die besten Ausgangspunkte für diesen Stil. Der wichtigste Aspekt ist das fehlende Gefühl für die Richtung des Lichts, was bei kleinen Motiven leichter zu bewerkstelligen ist als bei ausgedehnten Szenen. Auch die Oberflächenbeschaffenheit des Motivs spielt eine Rolle, da bestimmte Materialien eine dämpfende Wirkung auf einfallendes Licht haben. Im Beispiel des Flussbetts fügen die Reflexionen im Wasser dem Bild eine weitere Ebene hinzu und hellen die Oberfläche auf, wodurch der Kontrast reduziert wird. Das Objektiv trägt ebenfalls zur Bildwirkung bei. In beiden Bildern kam ein asphärisches Zeiss-Objektiv mit Blende *f*/1,4 zum Einsatz, das große Bereiche und Unschärfen sehr weich darstellt, während sich im Fokus befindliche Objektkanten messerscharf abgebildet werden.

1 Leonardo da Vinci, *Eine Abhandlung über Malerei* (1632), übersetzt von J. F. Rigaud, Esq., London: J. Taylor, 1802 via *https://www.gutenberg.org/ebooks/46915*

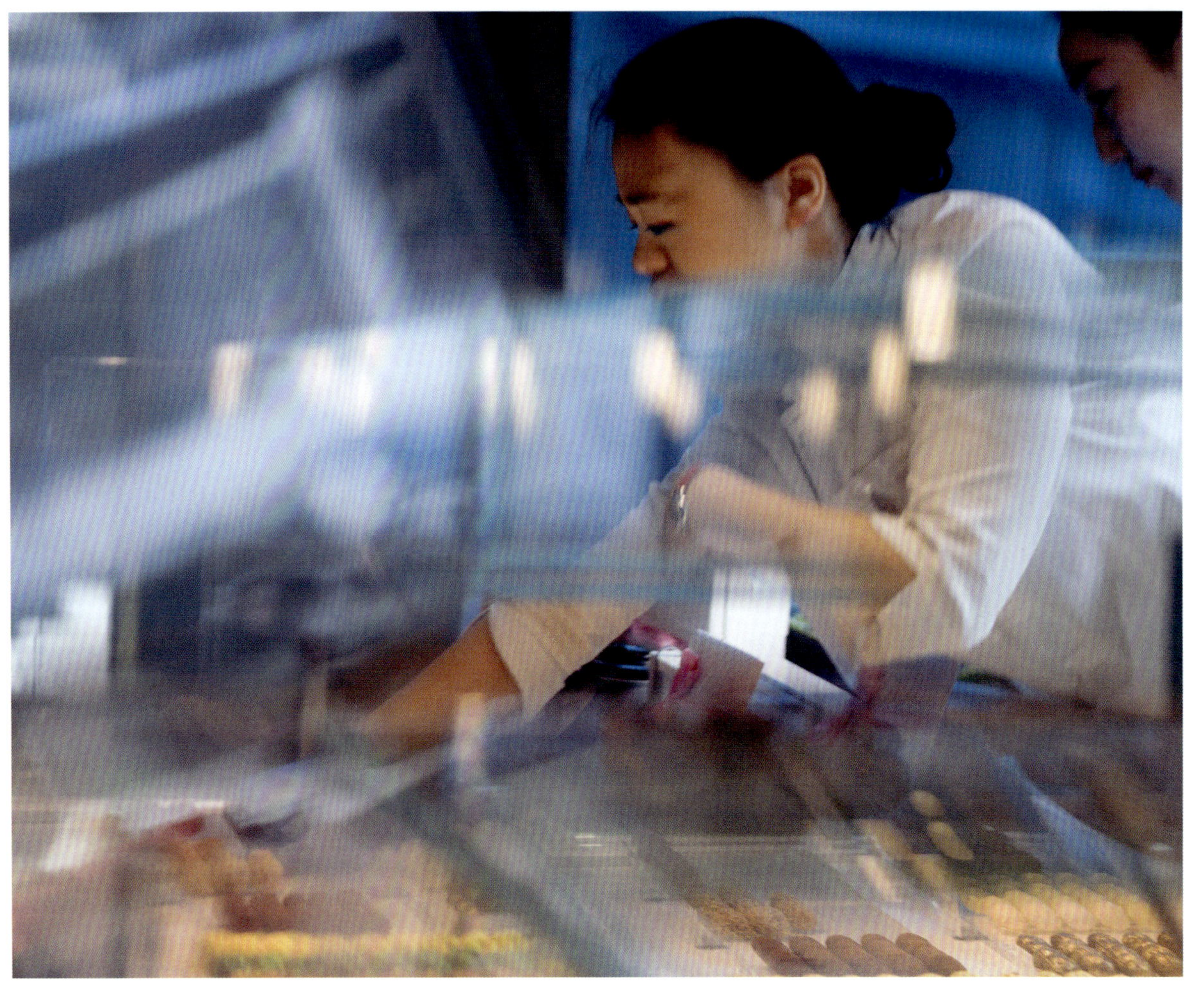

ÜBERLAGERTE LICHTER

Ich zögerte ein wenig, diesen Stil zum letzten in diesem Buch zu machen, da ich befürchtete, Sie würden zum Abschluss ein stilistisches Highlight erwarten – was dieser Stil definitiv nicht ist. Er kann jedoch auf eine lange Geschichte zurückblicken und kommt immer wieder in Mode. Überlagerte Lichter sind eine der vielen Möglichkeiten, ein Bild während der Aufnahme zu verfremden. Dies sollte nicht erst später bei der Nachbearbeitung geschehen, um die Experimentierfreude nicht zu dämpfen.

Das Schlafzimmer eines historischen Zuckerplantagenhauses auf Mauritius, das direkt neben der Spiegeltür eines Kleiderschranks fotografiert wurde. Das »Geisterbild« mit farbigen Lichtbrechungen sorgt für einen dezent ätherischen Effekt.

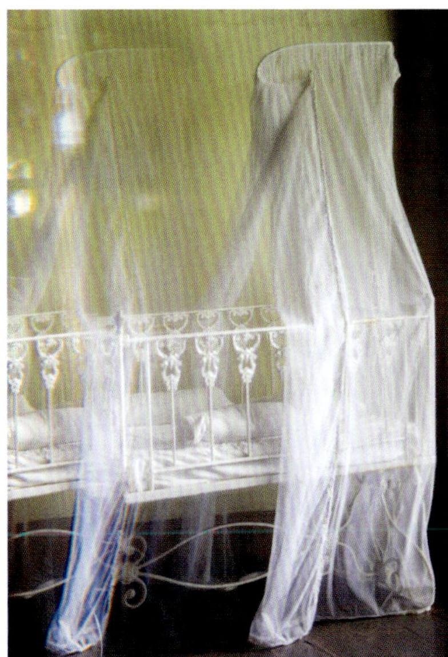

Diese Aufnahme einer handgefertigten Glasleuchte in einem zeitgenössischen japanischen Garten ist eine Überlagerung zweier Bilder. Eines wurde korrekt fokussiert, während das überlagerte, unscharfe Bild eine Fehlaufnahme war.

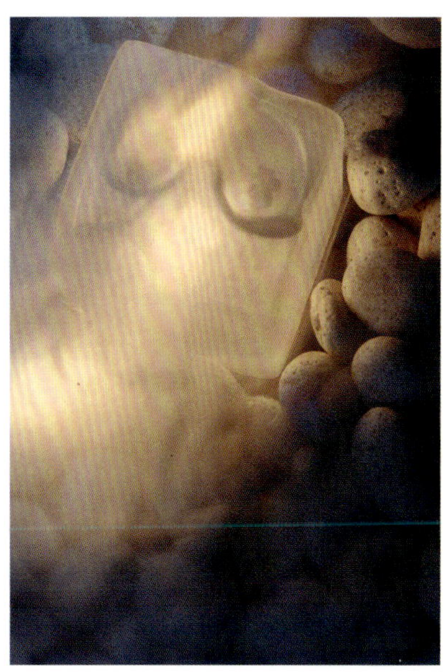

Wie in der Illustration dargestellt, wurde bei dieser Aufnahme eine Plexiglasplatte angewinkelt unter das Objektiv gehalten, sodass sie die Deckenbeleuchtung und andere Lichtreflexe ins Bild brachte, um eine schwebende Bildwirkung zu erzielen.

Dieser Stil wurde im 19. Jahrhundert bis in die Zeit des Piktorialismus hinein durch Weichzeichnerobjektive und Vorsatzlinsen begünstigt. Filter, die auf ein Objektiv geschraubt werden, führen jedoch zu allzu vorhersehbaren Effekten mit hohem Wiedererkennungswert. Eine weniger offensichtliche und freiere Herangehensweise ist der Verzicht auf jegliche Filter, indem die Reflexionen von Objekten in der unmittelbaren Umgebung auf reflektierenden Oberflächen sichtbar gemacht werden. Abhängig vom Lichteinfallswinkel werden die Reflexionen mehr oder weniger stark weichgezeichnet. Manchmal sind entsprechende Oberflächen bereits vorhanden, wobei Sie nicht darauf vertrauen können. So führt das Fotografieren in der Nähe einer Glasscheibe in einem spitzen Winkel zum gewünschten Effekt. Andernfalls bringen Sie einfach Ihre eigene Reflexionsfläche in Form einer transparenten Kunststoffscheibe mit, wie in der Illustration links zu sehen ist. Indem Sie die Platte nah am Objektiv positionieren und nach oben oder unten kippen, fangen Sie vorhandene Lichter in der Umgebung ein, sodass diese die fokussierte Szene überlagern.

In beiden Fällen entsteht ein aus mehreren Ebenen aufgebautes Bild, wie ich es im letzten Kapitel des Vorgängerbuchs dieser Reihe zum Thema Komposition beschrieben habe. In diesem Fall besteht diese Ebene ausschließlich aus Lichtern. Wie Sie in Kapitel 4 auf den Seiten 82 bis 103 gelernt haben, können Lichter visuell zum Charakter einer Aufnahme beitragen, ohne ein konkretes Motiv abzubilden. Am besten funktioniert diese Methode, wenn die reflektierten Lichter stark weichgezeichnet und/oder verzerrt sind. In diesem Fall erinnern die Reflexionen an die auf den Seiten 46 bis 49 und ab Seite 96 vorgestellten Blendenflecke – man kann sie mögen oder nicht.

INDEX

G

H

I

K

L

M

N

O

P

Q

T

U

V

W

X

Z